ISBN 978-1-332-37474-8
PIBN 10369318

1 MONTH OF
FREE
READING

at

www.ForgottenBooks.com

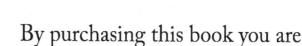

By purchasing this book you are eligible for one month membership to ForgottenBooks.com, giving you unlimited access to our entire collection of over 700,000 titles via our web site and mobile apps.

To claim your free month visit:

www.forgottenbooks.com/free369318

HISTOIRE

DES ORIGINES

DU CHRISTIANISME

LIVRE QUATRIÈME

QUI COMPREND DEPUIS L'ARRIVÉE DE SAINT PAUL A ROME
JUSQU'A LA FIN DE LA RÉVOLUTION JUIVE

(61-73)

ŒUVRES COMPLÈTES

D'ERNEST RENAN

FORMAT IN-8°

VIE DE JÉSUS. — 13e *édition*. . . . . 1 volume.
LES APOTRES. . . . . 1 volume.
SAINT PAUL, avec une carte des voyages de saint Paul. . . . . . 1 volume.
L'ANTECHRIST. . . . . 1 volume.
LA RÉFORME INTELLECTUELLE ET MORALE. — 3e *édition*. . . . . . 1 volume.
QUESTIONS CONTEMPORAINES. — 2e *édition*. . . . . 1 volume.
HISTOIRE GÉNÉRALE DES LANGUES SÉMITIQUES. — 4e *édition* —
    Imprimerie impériale. 1 volume.
ÉTUDES D'HISTOIRE RELIGIEUSE. — 6e *édition* . . . . 1 volume.
ESSAIS DE MORALE ET DE CRITIQUE. — 3e *édition* . . . . 1 volume.
LE LIVRE DE JOB, traduit de l'hébreu, avec une étude sur l'âge et le
    caractère du poeme. — 3e *édition*. . . . . 1 volume
LE CANTIQUE DES CANTIQUES, traduit de l'hébreu, avec une étude sur
    le plan, l'âge et le caractère du poeme. — 3e *édition*. . . . 1 volume.
DE L'ORIGINE DU LANGAGE. — 4e *édition*. . . . . 1 volume.
AVERROÈS ET L'AVERROISME, essai historique. — 3e *édition*. . . 1 volume.
DE LA PART DES PEUPLES SÉMITIQUES DANS L'HISTOIRE DE LA CIVI-
    LISATION. — 5e *édition*. . . . . Brochure.
LA CHAIRE D'HÉBREU AU COLLÉGE DE FRANCE, explications à mes
    collègues. — 3e *édition*. . . . . Brochure.

HISTOIRE LITTÉRAIRE DE LA FRANCE AU XIVe SIÈCLE, par Victor Le
    Clerc et Ernest Renan. 2 volumes.

PARIS. — J. CLAYE, IMPRIMEUR, 7, RUE SAINT-BENOIT — |1833

L'ANTECHRIST

PAR

ERNEST RENAN

MEMBRE DE L'INSTITUT

DEUXIÈME ÉDITION

PARIS

MICHEL LÉVY FRÈRES, ÉDITEURS

RUE AUBER, 3, PLACE DE L'OPÉRA

LIBRAIRIE NOUVELLE

BOULEVARD DES ITALIENS, 15, AU COIN DE LA RUE DE GRAMMONT

1873

Droits de reproduction et de traduction réservés

INTRODUCTION

CRITIQUE DES PRINCIPAUX DOCUMENTS ORIGINAUX
EMPLOYÉS DANS CE LIVRE.

Après les trois ou quatre ans de la vie publique de Jésus, la période que le présent volume embrasse fut la plus extraordinaire de tout le développement du christianisme. On y verra, par un jeu étrange de ce grand artiste inconscient qui semble présider aux caprices apparents de l'histoire, Jésus et Néron, le Christ et l'Antechrist opposés, affrontés, si j'ose le dire, comme le ciel et l'enfer. La conscience chrétienne est complète. Jusqu'ici elle n'a guère su qu'aimer; les persécutions des juifs, quoique assez rigoureuses, n'ont pu altérer le lien d'affection et de reconnaissance que l'Église naissante garde dans son cœur pour sa mère la Synagogue, dont elle est à

peine séparée. Maintenant, le chrétien a de quoi
haïr. En face de Jésus, se dresse un monstre qui est
l'idéal du mal, de même que Jésus est l'idéal du
bien. Réservé comme Hénoch, comme Élie, pour jouer
un rôle dans la tragédie finale de l'univers, Néron
complète la mythologie chrétienne, inspire le premier livre saint du nouveau canon, fonde par un
hideux massacre la primauté de l'Église romaine,
et prépare la révolution qui fera de Rome une ville
sainte, une seconde Jérusalem. En même temps,
par une de ces coïncidences mystérieuses qui ne sont
point rares aux moments des grandes crises de
l'humanité, Jérusalem est détruite, le temple dispa-
raît; le christianisme, débarrassé d'une attache devenue gênante pour lui, s'émancipe de plus en plus,
et suit, en dehors du judaïsme vaincu, ses propres
destinées.

Les dernières épîtres de saint Paul, l'épître aux
Hébreux, les épîtres attribuées à Pierre et à Jacques,
l'Apocalypse, sont, parmi les écrits canoniques, les
documents principaux de cette histoire. La première
épître de Clément Romain, Tacite, Josèphe, nous
fourniront aussi des traits précieux. Sur une foule
de points, notamment sur la mort des apôtres et les
relations de Jean avec l'Asie, notre tableau restera
dans le demi-jour; sur d'autres, nous pourrons con-

centrer de véritables rayons de lumière. Les faits matériels des origines chrétiennes sont presque tous obscurs; ce qui est clair, c'est l'enthousiasme ardent, la hardiesse surhumaine, le sublime mépris de la réalité, qui font de ce mouvement le plus puissant effort vers l'idéal dont le souvenir ait été conservé.

Dans l'Introduction de notre *Saint Paul,* nous avons discuté l'authenticité de toutes les épîtres qu'on attribue au grand apôtre. Les quatre épîtres qui se rapportent à ce volume, les épîtres aux Philippiens, aux Colossiens, à Philémon, aux Éphésiens, sont de celles qui prêtent à certains doutes. Les objections élevées contre l'épître aux Philippiens sont de si peu de valeur, que nous y avons à peine insisté. On a vu et on verra par la suite que l'épître aux Colossiens donne beaucoup plus à réfléchir, et que l'épître aux Éphésiens, quoique très-autorisée, présente une physionomie à part dans l'œuvre de Paul. Nonobstant les graves difficultés qu'on peut soulever, je tiens l'épître aux Colossiens pour authentique. Les interpolations qu'en ces derniers temps d'habiles critiques ont proposé d'y voir ne sont pas évidentes [1]. Le système de M. Holtzmann, à cet égard, est digne de son savant auteur; mais que de dangers dans cette

1. H. J. Holtzmann, *Kritik der Epheser- und Kolosserbriefe*, Leipzig, 1872.

méthode, trop accréditée en Allemagne, où l'on part
d'un type *a priori* qui doit servir de *criterium* absolu
pour l'authenticité des œuvres d'un écrivain! Que
l'interpolation et la supposition des écrits apostoliques aient été souvent pratiquées durant les deux
premiers siècles du christianisme, on ne saurait le
nier. Mais faire en pareille matière un strict discer-
nement du vrai et du faux, de l'apocryphe et de l'authentique, est une tâche impossible à remplir. Nous
voyons avec certitude que les épîtres aux Romains,
aux Corinthiens, aux Galates sont authentiques. Nous
voyons avec la même certitude que les épîtres à Timothée et à Tite sont apocryphes. Dans l'intervalle,
entre ces deux pôle de l'évidence critique, nous
tâtonnons. La grande école sortie de Christian Baur
a pour principal défaut de se figurer les juifs du
1er siècle comme des caractères entiers, nourris de
dialectique, obstinés en leurs raisonnements. Pierre,
Paul, Jésus même, ressemblent, dans les écrits de
cette école, à des théologiens protestants d'une université allemande, ayant tous une doctrine, n'en
ayant qu'une et gardant toujours la même. Or ce
qui est vrai, c'est que les hommes admirables qui
sont les héros de cette histoire changeaient et se
contredisaient beaucoup; ils usaient dans leur vie
trois ou quatre théories; ils faisaient des emprunts à

ceux de leurs adversaires envers qui, à une autre
époque, ils avaient été le plus durs. Ces hommes,
envisagés à notre point de vue, étaient susceptibles,
personnels, irritables, mobiles ; ce qui fait la fixité
des opinions, la science, le rationalisme, leur était
étranger. Ils avaient entre eux, comme les juifs de
tous les temps, des brouilles violentes, et néanmoins
ils faisaient un corps très-solide. Pour les comprendre, il faut se placer bien loin du pédantisme inhérent à toute scolastique ; il faut étudier plutôt les
petites coteries d'un monde pieux, les congréga-
tions anglaises et américaines, et principalement
ce qui s'est passé lors de la fondation de tous les
ordres religieux. Sous ce rapport, les facultés de
théologie des universités allemandes, qui seules pouvaient fournir la somme de travail nécessaire pour
débrouiller le chaos des documents relatifs à ces
curieuses origines, sont le lieu du monde où il était
le plus difficile qu'on en fît la vraie histoire. Car l'histoire, c'est l'analyse d'une vie qui se développe, d'un
germe qui s'épanouit, et la théologie, c'est l'inverse
de la vie. Uniquement attentif à ce qui confirme ou
infirme ses dogmes, le théologien, même le plus
libéral, est toujours, sans y penser, un apologiste ;
il vise à défendre ou à réfuter. L'historien, lui, ne
vise qu'à raconter. Des faits matériellement faux,

des documents même apocryphes ont pour lui une valeur, car ils peignent l'âme, et sont souvent plus vrais que la sèche vérité. La plus grande erreur, à ses yeux, est de transformer en fauteurs de thèses abstraites ces bons et naïfs visionnaires dont les rêves ont été la consolation et la joie de tant de siècles.

Ce que nous venons de dire de l'épître aux Colossiens, et surtout de l'épître aux Éphésiens, il faut le dire à plus forte raison de la première épître attribuée à saint Pierre, et des épîtres attribuées à Jacques, à Jude[1]. La deuxième épître attribuée à Pierre est sûrement apocryphe. On y reconnaît au premier coup d'œil une composition artificielle, un pastiche composé avec des lambeaux d'écrits apostoliques, surtout de l'épître de Jude[2]. Nous n'insistons pas sur ce point, car nous ne croyons pas que la *II^a Petri* ait, parmi les vrais critiques, un seul défenseur. Mais la fausseté de la *II^a Petri,* écrit dont l'objet principal est

1. Sur cette dernière, voir *Saint Paul,* p. 300 et suiv.

2. Comparez surtout le second chapitre de la *II^a Petri* à l'épître de Jude. Des traits comme *II^a Petri,* I, 14, 16-18; III, 1, 2, 5-7, 15-16, sont aussi des indices certains de fausseté. Le style n'a aucune ressemblance avec celui de la *I^a Petri* (observation de saint Jérôme, Epist. ad Hedib., c. 11 ; cf. *De viris ill.,* c. 1). Enfin l'épître n'est pas citée avant le IIIe siècle. Irénée (*Adv. hær.*, IV, IX, 2) et Origène (dans Eusèbe, *H. E.,* VI, 25) ne la connaissent pas ou l'excluent. Cf. Eus., *H. E.,* II', 25.

de faire prendre patience aux fidèles que lassaient les longs retards de la réapparition du Christ, prouve en un sens l'authenticité de la *I^a Petri*. Car, pour être apocryphe, la *II^a Petri* est un écrit assez ancien; or l'auteur de la *II^a Petri* croyait bien que la *I^a Petri* était l'œuvre de Pierre, puisqu'il s'y réfère et présente son écrit comme une « seconde épître », faisant suite à la première (III, 1-2) [1]. La *I^a Petri* est un des écrits du Nouveau Testament qui sont le plus anciennement et le plus unanimement cités comme authentiques [2]. Une seule grave objection se tire des emprunts qu'on y remarque aux épîtres de saint Paul et en particulier à l'épître dite aux Éphésiens [3]. Mais le secrétaire dont Pierre dut se servir pour écrire la lettre, si réellement il l'écrivit, put bien se permettre de tels emprunts. A toutes les époques, les prédicateurs et les publicistes ont été sans scrupules pour

1. Les imitations que l'auteur des épîtres à Timothée et à Tite ferait, dit-on, de la *I^a Petri,* en ce qui concerne les devoirs des femmes et des anciens, ne sont pas évidentes. Comp. cependant 1 Tim., II, 9 et suiv.; III, 11, à I Petri, III, 1 et suiv.; I Petri, v, 1 et suiv., à Tit., I, 5 et suiv.

2. Papias, dans Eusèbe, *H. E ,* III, 39; Polycarpe, *Epist.,* 1 (cf. I Petri, I, 8; Eusèbe, *H. E.,* IV, 14); Irénée, *Adv. hær.,* IV, IX, 2; XVI, 5 (cf. Eusèbe, *H. E.,* V, 8); Clément d'Alex., *Strom.,* III, 18; IV, 7; Tertullien, *Scorpiace,* 12; Origène, dans Eusèbe, *H. E.,* VI, 25; Eusèbe, *H. E.,* III, 25.

3. Voir ci-dessous, p. 112-113.

s'approprier ces phrases tombées au domaine public, qui sont en quelque sorte dans l'air. Nous voyons de même le secrétaire de Paul qui a écrit l'épître dite aux Éphésiens copier largement l'épître aux Colossiens. Un des traits qui caractérisent la littérature des épîtres est d'offrir beaucoup d'emprunts aux écrits du même genre composés antérieurement[1].

Les quatre premiers versets du chapitre v de la *I[a] Petri* excitent bien quelques soupçons. Ils rappellent les recommandations pieuses, un peu plates, empreintes d'un esprit hiérarchique, qui remplissent les fausses épîtres à Timothée et à Tite. En outre, l'affectation que met l'auteur à se donner pour « un témoin des souffrances du Christ » soulève des appréhensions analogues à celles que nous causent les écrits pseudo-johanniques par leur persistance à se présenter comme les récits d'un acteur et d'un spectateur. Il ne faut pourtant point s'arrêter à cela. Beaucoup de traits aussi sont favorables à l'hypothèse de l'authenticité. Ainsi les progrès vers la hiérarchie sont dans la *I[a] Petri* à peine sensibles. Non-seulement il n'y est pas question d'*episcopos*[2]; chaque

1. Voir, outre les épîtres insérées au Canon, les épîtres de Clément Romain, d'Ignace, de Polycarpe.

2. I Petri, ii, 25, montre que le sens du mot n'était pas encore spécialisé.

Église n'a même pas un *presbyteros ;* elle a des *pres-byteri* ou « anciens », et les expressions dont se sert l'auteur n'impliquent nullement que ces anciens formassent un corps distinct[1]. Une circonstance qui mérite d'être notée, c'est que l'auteur[2], tout en cherchant à relever l'abnégation dont Jésus fit preuve dans sa Passion, omet un trait essentiel raconté par Luc, et donne ainsi à croire que la légende de Jésus n'était pas encore arrivée, lorsqu'il écrivait, à tout son développement.

Quant aux tendances éclectiques et conciliatrices qu'on remarque dans l'Épître de Pierre, elles ne constituent une objection que pour ceux qui, avec Christian Baur et ses disciples, se figurent la dissidence de Pierre et de Paul comme une opposition absolue. Si la haine entre les deux partis du christianisme primitif avait été aussi profonde que le croit cette école, la réconciliation ne se serait jamais faite. Pierre n'était point un juif obstiné comme Jacques. Il ne faut pas, en écrivant cette histoire, songer seulement aux Homélies pseudo-clémentines et à l'Épître aux Galates ; il faut aussi rendre compte des *Actes des apôtres.* L'art de l'historien doit consister à présenter les

1. I Petri, v, 1 : πρεσβυτέρους ἐν ὑμῖν, leçon de *Vat.* et *Sin. ;* πρεσβυτέρους τοὺς ἐν ὑμῖν, leçon reçue.

2. I Petri, ii, 23. Cf. Luc, xxiii, 34

choses d'une façon qui n'atténue en rien les divisions des partis (ces divisions furent plus profondes
que nous ne saurions l'imaginer), et qui permette
néanmoins d'expliquer comment de pareilles divisions ont pu se fondre en une belle unité.

L'Épître de Jacques se présente à la critique à
peu près dans les mêmes conditions que l'Épître de
Pierre. Les difficultés de détail qu'on peut y opposer n'ont pas beaucoup d'importance. Ce qui est
grave, c'est cette objection générale tirée de la facilité
des suppositions d'écrits, dans un temps où il n'existait aucune garantie d'authenticité, et où l'on ne se
faisait aucun scrupule des fraudes pieuses. Pour des
écrivains comme Paul, qui nous ont laissé, de l'aveu
de tout le monde, des écrits certains, et dont la biographie est assez bien connue, il y a deux *criterium*
sûrs pour discerner les fausses attributions : c'est
1° de comparer l'œuvre douteuse aux œuvres universellement admises, et 2° de voir si la pièce en litige
répond aux données biographiques que l'on possède.
Mais s'il s'agit d'un écrivain dont nous n'avons que
quelques pages contestées et dont la biographie est
peu connue, on n'a le plus souvent pour se décider que
des raisons de sentiment, qui ne s'imposent pas. En
se montrant facile, on risque de prendre au sérieux
bien des choses fausses. En se montrant rigoureux,

o.i risque de rejeter comme fausses bien des choses vraies. Le théologien, qui croit procéder par des certitudes, est, je le répète, un mauvais juge pour de telles questions. L'historien critique a la conscience en repos, quand il s'est étudié à bien discerner les degrés divers du certain, du probable, du plausible, du possible. S'il a quelque habileté, il saura être vrai quant à la couleur générale, tout en prodiguant aux allégations particulières les signes de doute et les « peut-être ».

Une considération que j'ai trouvée favorable à ces écrits (première épître de Pierre, épîtres de Jacques et de Jude) trop rigoureusement exclus par une certaine critique, c'est la façon dont ils s'adaptent à un récit organiquement conçu. Tandis que la deuxième épître attribuée à Pierre, les épîtres prétendues de Paul à Timothée et à Tite sont exclues du cadre d'une histoire logique, les trois épîtres que nous venons de nommer y rentrent pour ainsi dire d'elles-mêmes. Les traits de circonstance qu'on y rencontre vont au-devant des faits connus par les témoignages du dehors, et s'en laissent embrasser. L'Épître de Pierre répond bien à ce que nous savons, surtout par Tacite, de la situation des chrétiens à Rome vers l'an 63 ou 64. L'Épître de Jacques, d'un autre côté, est le tableau parfait de l'état des *ébionim* à Jérusalem dans les

années qui précédèrent la révolte ; Josèphe nous donne
des renseignements tout à fait du même ordre [1]. L'hypothèse qui attribue l'Épître de Jacques à un Jacques
différent du frère du Seigneur n'a aucun avantage.
Cette épître, il est vrai, ne fut pas admise dans les
premiers siècles d'une façon aussi unanime que celle
de Pierre [2]; mais les motifs de ces hésitations paraissent avoir été plutôt dogmatiques que critiques ;
le peu de goût des Pères grecs pour les écrits
judéo-chrétiens en fut la cause principale.

Une remarque du moins qui s'applique avec
évidence aux petits écrits apostoliques dont nous
parlons, c'est qu'ils ont été composés avant la chute
de Jérusalem. Cet événement introduisit dans la situation du judaïsme et du christianisme un tel changement, qu'on discerne facilement un écrit postérieur
à la catastrophe de l'an 70 d'un écrit contemporain
du troisième temple. Des tableaux évidemment relatifs aux luttes intérieures des classes diverses de la
société hiérosolymitaine, comme celui que nous pré-

---

1. Voir ci-dessous, p. 52-53.

2. Clément Romain (*I ad Cor.*, c. 10 et 11 ; cf. Jac., II, 21,
23, 25), l'auteur du *Pasteur* (mand., XII, § 5 ; cf. Jac., IV, 7),
Irénée (*Adv. hær.*, IV, XVI, 2 ; cf. Jac., II, 23) paraissent l'avoir
lue. Origène (*In. Joh.*, tom. XIX, 6), Eusèbe (*H. E*, II, 23),
saint Jérôme (*De viris ill.*, 2) expriment des doutes.

sente l'Épître de Jacques (v, 1 et suiv.), ne se conçoivent pas après la révolte de l'an 66, qui mit fin au règne des sadducéens.

De ce qu'il y eut des épîtres pseudo-apostoliques, comme les épîtres à Timothée, à Tite, la *II^a Petri*, l'épître de Barnabé, ouvrages où l'on eut pour règle d'imiter ou de délayer des écrits plus anciens, il suit donc qu'il y eut des écrits vraiment apostoliques, entourés de respect, et dont on désirait augmenter le nombre [1]. De même que chaque poëte arabe de l'époque classique eut sa *kasida*, expression complète de sa personnalité; de même chaque apôtre eut son épître, plus ou moins authentique, où l'on crut garder la fine fleur de sa pensée.

Nous avons déjà parlé de l'Épître aux Hébreux [2]. Nous avons prouvé que cet ouvrage n'est pas de saint Paul, comme on l'a cru dans certaines branches de la tradition chrétienne; nous avons montré que la date de sa composition se laisse fixer avec assez de vraisemblance vers l'an 66. Il nous reste à examiner si l'on peut savoir qui en fut le véritable auteur, d'où elle a été écrite, et qui sont ces « Hébreux » auxquels, selon le titre, elle fut adressée.

---

1. Voir *II^a Petri*, III, 15-16, où les épîtres de Paul sont expressément mises parmi les Écritures sacrées.

2. *Saint Paul,* p. LI-LXI.

Les traits de circonstance que présente l'épître sont les suivants. L'auteur parle à l'Église destinataire en maître bien connu d'elle. Il prend à son égard presque un ton de reproche. Cette Église a reçu depuis longtemps la foi ; mais elle est déchue sous le rapport doctrinal, si bien qu'elle a besoin d'instruction élémentaire et n'est pas capable de comprendre une bien haute théologie [1]. Cette Église, du reste, a montré et montre encore beaucoup de courage et de dévouement, surtout en servant les saints [2]. Elle a souffert de cruelles persécutions, vers le temps où elle reçut la pleine lumière de la foi ; à cette époque, elle a été comme en spectacle [3]. Il y a de cela peu de temps ; car ceux qui composent actuellement l'Église ont eu part aux mérites de cette persécution, en sympathisant avec les confesseurs, en visitant les prisonniers, et surtout en supportant courageusement la perte de leurs biens. Dans l'épreuve, cependant, il s'était trouvé quelques renégats, et on agitait la question de savoir si ceux qui par faiblesse avaient apostasié pouvaient rentrer dans l'Église. Au moment où l'apôtre écrit, il semble qu'il y a encore des

---

1. Hebr., v, 11-14 ; vi, 11-12 ; x, 24-25 ; xiii entier.

2. Διακονήσαντες τοῖς ἁγίοις καὶ διακονοῦντες. vi, 10.

3 Hebr., x, 32 et suiv. ; cf. xii, 4 et suiv., 23.

membres de l'Église en prison [1]. Les fidèles de
l'Église en question ont. eu des chefs [2] illustres, qui
leur ont prêché la parole de Dieu et dont la mort a
été particulièrement édifiante et glorieuse [3]. L'Église
a néanmoins encore des chefs, avec lesquels l'auteur
de la lettre est en rapports intimes [4]. L'auteur de
la lettre, en effet, a connu l'Église dont il s'agit, et
paraît y avoir exercé un ministère élevé ; il a l'intention de retourner près d'elle, et il désire que ce
retour s'effectue le plus tôt possible [5]. L'auteur et
les destinataires connaissent Timothée. Timothée a
été en prison dans une ville différente de celle où
l'auteur réside au moment où il écrit ; Timothée vient
d'être mis en liberté. L'auteur espère que Timothée
viendra le rejoindre ; alors tous deux partiront ensemble pour aller visiter l'Église destinataire [6]. L'auteur
termine par ces mots : ἀσπάζονται ὑμᾶς οἱ ἀπὸ τῆς Ἰταλίας [7], mots qui ne peuvent guère désigner que des
Italiens demeurant pour le moment hors de l'Italie [8].

Quant à l'auteur lui-même, son trait dominant

1. Hebr., XIII, 3.
2. Ἡγούμενοι.
3. Hebr., XIII, 7.
4. Hebr., X II, 17, 24.
5. Hebr., XIII, 19.
6. Hebr., XIII, 23.
7. Hebr., XIII, 24.
8. Telle est la force de ἀπό. Opposez οἱ ἐν τῇ Ἀσίᾳ (II Tim ,

est un usage perpétuel des Écritures, une exégèse
subtile et allégorique, un style grec plus abondant,
plus classique, moins sec, mais aussi moins naturel que celui de la plupart des écrits apostoliques.
Il a une médiocre connaissance du culte qui se pratique au temple de Jérusalem[1], et pourtant ce culte
lui inspire une grande préoccupation. Il ne se sert
que de la version alexandrine de la Bible, et il fonde
des raisonnements sur des fautes de copistes grecs [2].
Ce n'est pas un juif de Jérusalem; c'est un helléniste,
en rapport avec l'école de Paul[3]. L'auteur, enfin, se
donne non pour un auditeur immédiat de Jésus, mais
pour un auditeur de ceux qui avaient vu Jésus, pour
un spectateur des miracles apostoliques et des premières manifestations du Saint-Esprit[4]. Il n'en tenait
pas moins un rang élevé dans l'Église : il parle avec
autorité [5]; il est très-respecté des frères auxquels
il écrit[6]; Timothée paraît lui être subordonné. Le
seul fait d'adresser une épître à une grande Église

1, 15), ἡ ἐν Βαϐυλῶνι συνεκλεκτή (I Petri, v, 13). Notez cependant
Act., XVII, 13.

1. Hebr., IX, 1 et suiv.
2. Hebr., X, 5, 37-38.
3. Hebr., III, 23.
4. Hebr., II, 3-4.
5. Hebr., V, 11-12; VI, 11-12; X, 24-25, XIII entier.
6. Hebr., XIII, 19-24.

indique un homme. important, un des personnages qui figurent dans l'histoire apostolique et dont le nom est célèbre.

Tout cela néanmoins ne suffit pas pour se prononcer avec certitude sur l'auteur de notre épître. On l'a attribuée avec plus ou moins de vraisemblance à Barnabé, à Luc, à Silas, à Apollos, à Clément Romain. L'attribution à Barnabé est la plus vraisemblable. Elle a pour elle l'autorité de Tertullien [1], qui présente le fait comme reconnu de tous. Elle a surtout pour elle cette circonstance que pas un seul des traits particuliers que présente l'épître ne contredit une telle hypothèse. Barnabé était un helléniste chypriote, à la fois lié avec Paul et indépendant de Paul. Barnabé était connu de tous, estimé de tous. On conçoit, enfin, dans cette hypothèse que l'épître ait été attribuée à Paul : ce fut, en effet, le sort de Barnabé d'être toujours perdu en quelque sorte dans les

---

1. *De pudicitia*, 20. « Exstat enim et Barnabæ titulus ad Hebræos. » Ces mots prouvent que le manuscrit dont se servait Tertullien offrait en tête de l'épître le nom de Barnabé. Cf. saint Jérôme, *De viris ill.*, 5. C'est à tort qu'on a présenté l'assertion de Tertullien comme une conjecture personnelle, mise en avant pour renforcer l'autorité d'un écrit qui servait ses idées montanistes. Sur l'argument tiré de la stichométrie du *Codex claromontanus*, voyez *Saint Paul*, p. LIII-LIV, note. L'épître d'ordinaire attribuée à saint Barnabé est un ouvrage apocryphe, écrit vers l'an 110 après J.-C.

rayons de la gloire du grand apôtre, et si Barnabé a composé quelque écrit, comme cela paraît bien pro- . bable, c'est parmi les œuvres de Paul qu'il est natu- rel de chercher les pages sorties de lui.

La détermination de l'Église destinataire peut être faite avec assez de vraisemblance. Les circonstances que nous avons énumérées ne laissent guère de choix qu'entre l'Église de Rome et celle de Jérusalem [1]. Le titre Πρὸς Ἑϐραίους fait d'abord songer à l'Église de Jérusalem [2]. Mais il est impossible de s'arrêter à une telle pensée. Des passages comme v, 11-14; vi, 11-12, et même vi, 10 [3], sont des non-sens, si on les suppose adressés par un élève des apôtres à cette Église mère, source de tout enseignement. Ce qui est dit de Timothée [4] ne se conçoit pas mieux; des personnes aussi engagées que l'auteur et que

1. C'est bien gratuitement qu'on a pensé à l'Église d'Alexan- drie. D'abord, il n'est pas prouvé qu'Alexandrie eût déjà une Église vers l'an 66. Cette Église, en tout cas, si elle existait, n'eut aucun rapport avec l'école de Paul; elle ne devait pas connaître Timothée. Les passages v, 12 ; x, 32 et suiv., et bien d'autres encore, ne conviendraient pas à une telle Église.

2. Comp. *Act*, vi, 1; Irénée, *Adv. hær.*, III, i, 1 ; Eusèbe, *Hist. eccl.*, III, 24, 25.

3. Διακονεῖν τοῖς ἁγίοις (cf. surtout Rom., xv, 25) s'applique aux devoirs de toutes les Églises envers l'Église de Jérusalem, et ne convient pas bien à l'Église de Jérusalem.

4 Hebr., xiii, 23.

Timothée dans le parti de Paul n'auraient pu adresser
à l'Église de Jérusalem un morceau supposant des
relations intimes. Comment admettre, par exemple,
que l'auteur, avec cette exégèse uniquement fondée
sur la version alexandrine, cette science juive incom-
plète, cette connaissance imparfaite des choses du
temple, eût osé faire la leçon de si haut aux maîtres par
excellence, à des gens parlant hébreu ou à peu près,
vivant tous les jours autour du temple, et qui savaient
beaucoup mieux que lui tout ce qu'il leur disait?
Comment admettre surtout qu'il les eût traités en
catéchumènes à peine initiés et incapables d'une forte
théologie? — Au contraire, si l'on suppose que les
destinataires de l'épître sont les fidèles de Rome, tout
s'arrange à merveille. Les passages, VI, 10 ; X, 32 et
suiv. ; XIII, 3, 7, sont des allusions à la persécution
de l'an 64 [1] ; le passage XIII, 7 s'applique à la mort
des apôtres Pierre et Paul ; enfin οἱ ἀπὸ τῆς Ἰταλίας
se justifie alors parfaitement ; car il est naturel que
l'auteur porte à l'Église de Rome les salutations de
la colonie d'Italiens qui était autour de lui. Ajoutons
que la première épître de Clément Romain [2] (ouvrage

---

1. Θλιϐόμενοι surtout prend alors un sens précis.
2. Comp Epist Clem. Rom al Cor. I, ch. 17, à Hebr., XI,
37, — c. 33 à Hebr., I, 3, 5, 7, 13 ; — c. 9 a Hebr., XI, 5, 7 ; —
c. 12 à Hebr., XI, 31.

certainement romain) fait à l'Épître aux Hébreux des emprunts suivis, et en calque le mode d'exposition d'une manière évidente.

Une seule difficulté reste à résoudre : Pourquoi le titre de l'épître porte-t-il Πρὸς Ἑϐραίους? Rappelons que ces titres ne sont pas toujours d'origine aposto-tique, qu'on les mit assez tard et quelquefois à faux, comme nous l'avons vu pour l'épître dite Πρὸς Ἐφεσίους. L'épître dite aux Hébreux fut écrite, sous le coup de la persécution, à l'Église qui était la plus poursuivie. En plusieurs endroits (par exemple, XIII, 23), on sent que l'auteur s'exprime à mots couverts. Peut-être le titre vague Πρὸς Ἑϐραίους fut-il un mot de passe pour éviter que la lettre ne devînt une pièce compromettante. Peut-être aussi ce titre vint-il de ce qu'on regarda, au IIᵉ siècle, l'écrit en question comme une réfutation des ébionites, qu'on appelait Ἑϐραῖοι. Un fait assez remarquable, c'est que l'Église de Rome eut toujours sur cette épître des lumières toutes par-ticulières; c'est de là qu'elle émerge, c'est là qu'on en fait d'abord usage. Tandis qu'Alexandrie se laisse aller à l'attribuer à Paul, l'Église de Rome maintient toujours qu'elle n'est pas de cet apôtre, et qu'on a tort de la joindre à ses écrits [1].

De quelle ville l'Épître aux Hébreux fut-elle

1. Voir *Saint Paul,* p. LVII.

écrite? Il est plus difficile de le dire. L'expression οἱ ἀπὸ τῆς Ἰταλίας montre que l'auteur était hors d'Italie. Une chose certaine encore, c'est que la ville d'où·l'épître fut écrite était une grande ville, où il y avait une colonie de chrétiens d'Italie, très-liés avec ceux de Rome. Ces chrétiens d'Italie furent probablement des fidèles qui avaient échappé à la persécution de l'an 64. Nous verrons que le courant de l'émigration chrétienne fuyant les fureurs de Néron se dirigea vers Éphèse. L'Eglise d'Éphèse,. d'ailleurs, avait eu pour noyau de sa formation primitive deux juifs venus de Rome, Aquila et Priscille; elle resta toujours en rapport direct avec Rome. Nous sommes donc portés à croire que l'épître en question fut écrite d'Éphèse. Le verset XIII, **23,** est, il faut l'avouer, alors assez singulier. Dans quelle ville, différente d'Éphèse et de Rome, et cependant en rapport avec Éphèse et Rome, Timothée avait-il été emprisonné? Quelque hypothèse que l'on adopte, il y a là une énigme difficile à expliquer.

L'Apocalypse est la pièce capitale de cette histoire. Les personnes qui liront attentivement nos chapitres XV, XVI, XVII, reconnaîtront, je crois, qu'il n'est pas un seul écrit dans le canon biblique dont la date soit fixée avec autant de précision. On peut déterminer cette date à quelques jours près. Le lieu

où l'ouvrage fut écrit se laisse aussi entrevoir avec
probabilité. La question de l'auteur du livre est sujette
à de bien plus grandes incertitudes. Sur ce point, on
ne peut, selon moi, s'exprimer avec une pleine assurance. L'auteur se nomme lui-même en tête du livre
(ι, 9) [1] : « Moi, Jean, votre frère et votre compagnon
de persécution, de royauté et de patience en Christ. »
Mais deux questions se posent ici : 1° l'allégation
est-elle sincère, ou bien ne serait-elle pas une de ces
fraudes pieuses dont tous les auteurs d'apocalypses
sans exception se sont rendus coupables ? Le livre, en
d'autres termes, ne serait-il pas d'un inconnu, qui
aurait prêté à un homme de premier ordre dans
l'opinion des Églises, à Jean l'apôtre, une vision
conforme à ses propres idées ? — 2° Étant admis que
le verset 9 du chapitre ι de l'Apocalypse soit sincère,
ce Jean ne serait-il pas un homonyme de l'apôtre ?

   Discutons d'abord cette seconde hypothèse ; car
c'est la plus facile à écarter. Le Jean qui parle ou
qui est censé parler dans l'Apocalypse s'exprime avec
tant de vigueur, il suppose si nettement qu'on le
connaît et qu'on n'a pas de difficulté à le distinguer
de ses homonymes [2], il sait si bien les secrets des
Églises, il y entre d'un air si résolu, qu'on ne peut

----

1. Comp. Apoc., ι, 4, et xxii, 8. Cf. ι, 1-2.
2. Apoc., xxii, 8.

guère se refuser à voir en lui un apôtre ou un digni-
taire ecclésiastique tout à fait hors de ligne. Or Jean
l'apôtre n'avait, dans la seconde moitié du premier siècle, aucun homonyme qui approchât de son
rang. Jean-Marc, quoi qu'en dise M. Hitzig, n'a rien à
faire ici. Marc n'eut jamais des relations assez suivies
avec les Églises d'Asie pour qu'il ait osé s'adresser à
elles sur ce ton. Reste un personnage douteux, ce
Presbyteros Johannes, sorte de sosie de l'apôtre,
qui trouble comme un spectre toute l'histoire de
l'Église d'Éphèse, et cause aux critiques tant d'embarras [1]. Quoique l'existence de ce personnage ait été
niée, et qu'on ne puisse réfuter péremptoirement
l'hypothèse de ceux qui voient en lui une ombre de
l'apôtre Jean, prise pour une réalité, nous inclinons
à croire que *Presbyteros Johannes* a en effet son identité à part [2]; mais qu'il ait écrit l'Apocalypse en 68

1. Voir *Vie de Jésus,* 13e édit., p. LXXII-LXXIII et p. 160.
2. Papias, dans Eus., *H. E.,* III, 39; Denys d'Alexandrie, dans
Eus., *H. E.,* VII, 25. Ces deux passages ne créent pas la certitude. En effet, Denys d'Alexandrie se contente d'induire *a priori*
de la différence du quatrième Évangile et de l'Apocalypse la
distinction de deux Jean, hypothèse dont il trouve la confirmation dans deux tombeaux « qu'on dit avoir existé à Éphèse et
porter tous les deux le nom de Jean. » Le passage de Papias est
peu précis, et, en toute hypothèse, paraît avoir besoin de correc-
ion. Le passage *Const. apost,* VII, 46, est de médiocre autorité.
Quant à Eusèbe (*H. E.,* III, 39), il fait simplement un rappro-

ou 69, comme le soutient encore M. Ewald, nous le nions absolument. Un tel personnage serait connu autrement que par un passage obscur de Papias et une thèse apologétique de Denys d'Alexandrie. On trouverait son nom dans les Évangiles, dans les *Actes,* dans quelque épître. On le verrait sortir de Jérusalem. L'auteur de l'Apocalypse est le plus versé dans les Écritures, le plus attaché au temple, le plus hébraïsant des écrivains du Nouveau Testament; un tel personnage n'a pu se former en province; il doit être originaire de Judée; il tient par le fond de ses entrailles à l'Église d'Israël. Si *Presbyteros Johannes* a existé, il fut un disciple de l'apôtre Jean, dans l'extrême vieillesse de ce dernier [1]; Papias paraît l'avoir touché d'assez près ou du moins avoir été son contemporain [2]. Nous admettons même que parfois il tint la

---

chement entre le passage de Papias et celui de Denys, et il n'affirme nullement l'existence des deux tombeaux. Saint Jérôme, *De viris ill.,* 9, 18, affirme la réalité des tombeaux; mais il nous apprend que de son temps beaucoup de personnes y voyaient deux *memoriæ* de l'apôtre Jean.

1. Étant admis que le passage *Constit. apost.,* VII, 46, se rapporte à lui, et que ce passage ait quelque valeur, *Presbyteros* aurait été le successeur de l'apôtre Jean dans l'épiscopat d'Éphèse.

2. Papias, dans Eus., *H. E.,* III, 39. Il semble qu'il faut lire, dans ce passage, οἱ τοῦ κυρίου [μαθητῶν] μαθηταὶ λέγουσιν. Car λέγουσιν suppose Aristion et *Presbyteros Johannes* vivant vers le temps de Papias. La phrase met Aristion et *Presbyteros Johannes* dans

plume pour son maître, et nous regardons comme
plausible l'opinion qui lui attribuerait la rédaction du
quatrième Évangile et de la première épître dite de
Jean. La deuxième et la troisième épître dites de
Jean, où l'auteur se désigne par les mots ὁ πρεσβύτερος, nous paraissent son œuvre personnelle et
avouée pour telle[1]. Mais certainement, à supposer que
Presbyteros Johannes soit pour quelque chose dans la
seconde classe des écrits johanniques (celle qui comprend le quatrième Évangile et les trois épîtres), il
n'est pour rien dans la composition de l'Apocalypse.
S'il y a quelque chose d'évident, c'est que l'Apocalypse, d'une part, l'Évangile et les trois épîtres,
d'autre part, ne sont pas sortis de la même main[2].
L'Apocalypse est le plus juif, le quatrième Évangile
est le moins juif des écrits du Nouveau Testament[3].
En admettant que l'apôtre Jean soit l'auteur de quel-

une autre catégorie que les apôtres, « disciples du Seigneur ».
Eusèbe exagère, en tout cas, en concluant de la phrase de Papias
que ce dernier a été auditeur d'Aristion et du *Presbyteros*.

1. Nous reviendrons sur tous ces points dans notre tome V.

2. C'est ce que Denys d'Alexandrie, dans la seconde moitié du
IIIe siècle, avait déjà parfaitement aperçu. Sa thèse, bornée à cela,
est un modèle de dissertation philologique et critique. Eusèbe,
H. E., VII, 25.

3. Le nom de « Juif », toujours pris comme synonyme
« d'adversaire de Jésus », dans le quatrième Évangile, est dans
l'Apocalypse le titre suprême d'honneur (II, 9 ; III, 9).

qu'un des écrits que la tradition lui attribue, c'est sûrement de l'Apocalypse, non de l'Évangile. L'Apocalypse répond bien à l'opinion tranchée qu'il semble avoir adoptée dans la lutte des judéo-chrétiens et de Paul ; l'Évangile n'y répond pas. Les efforts que firent, dès le IIIe siècle, une partie des Pères de l'Église grecque pour attribuer l'Apocalypse au *Presbyteros* [1], venaient de la répulsion que ce livre inspirait alors aux docteurs orthodoxes [2]. Ils ne pouvaient supporter la pensée qu'un écrit dont ils trouvaient le style barbare et qui leur paraissait tout empreint des haines juives fût l'ouvrage d'un apôtre. Leur opinion était le fruit d'une induction *a priori* sans valeur, non l'expression d'une tradition ou d'un raisonnement critique.

Si l'ἐγὼ Ἰωάννης du premier chapitre de l'Apocalypse est sincère, l'Apocalypse est donc bien réellement de l'apôtre Jean. Mais l'essence des apocalypses est d'être pseudonymes. Les auteurs des apocalypses de Daniel, d'Hénoch, de Baruch, d'Esdras, se présentent comme étant Daniel, Hénoch, Baruch, Esdras, en personne. L'Église du IIe siècle admettait sur le même pied que l'Apocalypse de Jean une Apocalypse

1. Denys d'Alexandrie, dans Eusèbe, *H. E.*, VII, 25 ; Eusèbe, *H. E.*, III, 39 ; saint Jérôme, *De viris ill.*, 9.
2. *Vie de Jésus,* 13e édit., p. 297, note 3, et ci-après, p 460.

de Pierre, qui était sûrement apocryphe [1]. Si, dans l'Apocalypse qui est restée canonique, l'auteur donne son nom véritable, c'est là une surprenante exception aux règles du genre. — Eh bien, cette exception, nous croyons qu'il faut l'admettre. Une différence essentielle sépare, en effet, l'Apocalypse canonique des autres écrits analogues qui nous ont été conservés. La plupart des apocalypses sont attribuées à des auteurs qui ont fleuri ou sont censés avoir fleuri des cinq et six cents ans, quelquefois des milliers d'années en arrière. Au IIe siècle, on attribua des apocalypses aux hommes du siècle apostolique. Le *Pasteur* et les écrits pseudo-clémentins sont de cinquante ou soixante ans postérieurs aux personnages à qui on les attribue. L'Apocalypse de Pierre fut probablement dans le même cas; au moins, rien ne prouve qu'elle eût rien de particulier, de topique, de personnel. L'Apocalypse canonique, au contraire, si elle est pseudonyme, aurait été attribuée à l'apôtre Jean du vivant de ce dernier, ou très-peu de temps après sa mort. N'était les trois premiers chapitres, cela serait strictement possible; mais est-il concevable que le faussaire eût eu la hardiesse d'adresser son œuvre apocryphe aux

1. Canon de Muratori, lignes 70-72; stichométrie du *Codex claromontanus*, dans Credner, *Gesch. der neutest. Kanon*, p. 177.

sept Églises qui avaient été en rapport avec l'apôtre ?
Et si l'on nie ces rapports, avec M. Scholten, on
tombe dans une difficulté plus grave encore ; car il
faut admettre alors que le faussaire, par une ineptie
sans égale, écrivant à des Églises qui n'ont jamais
connu Jean, présente son prétendu Jean comme ayant
été à Patmos, tout près d'Éphèse [1], comme sachant
leurs secrets les plus intimes et comme ayant sur
elles une pleine autorité. Ces Églises, qui, dans l'hypothèse de M. Scholten, savaient bien que Jean
n'avait jamais été en Asie ni près de l'Asie, se fussent-
elles laissé tromper à un artifice aussi grossier ? Une
chose qui ressort de l'Apocalypse, dans toutes les
hypothèses [2], c'est que l'apôtre Jean fut durant quelque
temps le chef des Églises d'Asie. Cela établi, il est
bien difficile de ne pas conclure que l'apôtre Jean
fut réellement l'auteur de l'Apocalypse ; car, la date
du livre étant fixée avec une précision absolue, on ne
trouve plus l'espace de temps nécessaire pour un
faux. Si l'apôtre, en janvier 69, vivait en Asie, ou
seulement y avait été, les quatre premiers chapitres
sont incompréhensibles de la part d'un faussaire. En

1. Supposer l'apôtre venu à Patmos, c'est le supposer venu à
Éphèse, Patmos étant en quelque sorte une dépendance d'Éphèse,
au point de vue de la navigation.

2. Voir l'appendice à la fin du volume, p. 559 et suivantes.

supposant, avec M. Scholten, l'apôtre Jean mort au commencement de l'an 69 (ce qui ne paraît pas conforme à la vérité), on ne sort guère d'embarras. Le livre, en effet, est écrit comme si le révélateur était encore vivant; il est destiné à être répandu sur-le-champ dans les Églises d'Asie; si l'apôtre eût été mort, la supercherie était trop évidente. Qu'eût-on dit à Éphèse, vers février 69, en recevant un pareil livre comme censé provenir d'un apôtre qu'on savait bien ne plus exister, et que, selon M. Scholten, on n'avait jamais vu?

L'examen intrinsèque du livre, loin d'infirmer cette hypothèse, l'appuie fortement. Jean l'apôtre paraît avoir été, après Jacques, le plus ardent des judéo-chrétiens; l'Apocalypse, de son côté, respire une haine terrible contre Paul et contre ceux qui se relâchaient dans l'observance de la loi juive. Le livre répond à merveille au caractère violent et fanatique qui paraît avoir été celui de Jean[1]. C'est bien là l'œuvre du « fils du tonnerre », du terrible *boanerge*, de celui qui ne voulait pas qu'on usât du nom de son maître si on n'appartenait au cercle le plus étroit des disciples, de celui qui, s'il l'avait pu, aurait fait pleuvoir le feu et le soufre sur les

1. Voir ci-dessous, p. 347-348.

Samaritains peu hospitaliers. La description de la cour céleste, avec sa pompe toute matérielle de trônes et de couronnes, est bien de celui qui, jeune, avait mis son ambition à s'asseoir, avec son frère, sur des trônes à droite et à gauche du Messie. Les deux grandes préoccupations de l'auteur de l'Apocalypse sont Rome (ch. XIII et suiv.) et Jérusalem (ch. XI et XII). Il semble qu'il a vu Rome, ses temples, ses statues, la grande idolâtrie impériale. Or un voyage de Jean à Rome, à la suite de Pierre, se laisse facilement supposer. Ce qui concerne Jérusalem est plus frappant encore. L'auteur revient toujours à « la ville aimée »; il ne pense qu'à elle; il est au courant de toutes les aventures de l'Église hiérosolymitaine durant la révolution de Judée (qu'on se rappelle le beau symbole de la femme et de sa fuite au désert); on sent qu'il avait été une des colonnes de cette Église, un dévot exalté du parti juif. Cela convient très-bien à Jean [1]. La tradition d'Asie Mineure semble de même avoir conservé le souvenir de Jean comme celui d'un sévère judaïsant. Dans la controverse de la Pâque, qui troubla si fortement les Églises durant la seconde moitié du IIe siècle, l'autorité de Jean est le principal argument que font valoir les Églises

---

1. Gal., II, 9. Jean paraît très-souvent en compagnie de Pierre : *Act.*, III, 1, 3, 4, 11, IV, 13, 19; VIII, 14.

d'Asie pour maintenir la célébration de la Pâque, conformément à la loi juive, au 14 de nisan. Polycarpe, en 160, et Polycrate, en 190, font appel à son autorité pour défendre leur usage antique contre les novateurs qui, s'appuyant sur le quatrième Évangile, ne voulaient pas que Jésus, la vraie pâque, eût mangé l'agneau pascal la veille de sa mort, et qui transféraient la fête au jour de la résurrection [1].

La langue de l'Apocalypse est également une raison pour attribuer le livre à un membre de l'Église de Jérusalem. Cette langue est tout à fait à part dans les écrits du Nouveau Testament. Nul doute que l'ouvrage n'ait été écrit en grec [2] ; mais c'est un grec calqué sur l'hébreu, pensé en hébreu, et qui ne pouvait guère être compris et goûté que par des gens sachant l'hébreu [3]. L'auteur est nourri des prophéties et des apocalypses antérieures à la sienne à un degré qui étonne ; il les sait évidemment par cœur. Il est familier avec la version grecque des livres sacrés [4] ;

1. Polycrate et Irénée, dans Eusèbe, *H. E.*, V, 24.

2. « Je suis l'alpha et l'oméga. » — Les mesures et les poids sont grecs.

3. Sans parler des mots sacramentels et du chiffre de la Bête, qui sont en hébreu (IX, 11 ; XVI, 16), les hébraïsmes se remarquent à chaque ligne. Notez en particulier, I, 4, l'indéclinabilité de la traduction grecque du nom de Jéhovah.

4. Il adopte plusieurs des expressions des Septante, même

mais c'est dans le texte hébreu que les passages
bibliques se présentent à lui. Quelle différence avec
le style de Paul, de Luc, de l'auteur de l'Épître aux
Hébreux, et même des Évangiles synoptiques! Un
homme ayant passé des années à Jérusalem, dans
les écoles qui entouraient le temple, pouvait seul être
à ce point imprégné de la Bible et participer aussi
vivement aux passions du peuple révolutionnaire,
à ses espérances, à sa haine contre les Romains.

Enfin, une circonstance qu'il n'est pas permis de
négliger, c'est que l'Apocalypse présente quelques
traits qui ont du rapport avec le quatrième Évangile
et avec les épîtres attribuées à Jean. Ainsi l'expression ὁ λόγος τοῦ θεοῦ, si caractéristique du quatrième
Évangile, se trouve pour la première fois dans l'Apocalypse [1]. L'image des « eaux vives » [2] est commune
aux deux ouvrages. L'expression d' « agneau de
Dieu », dans le quatrième Évangile [3], rappelle l'ex-

---

dans ce qu'elles ont d'inexact : σκηνὴ τοῦ μαρτυρίου = אהל מועד;
ὁ παντοκράτωρ = Jéhovah Sebaoth. Le verset du Ps. II, qu'il cite
souvent: « Il les fera paître avec une houlette de fer, » est entendu
d'après les Septante, et non d'après l'hébreu, sans doute parce que
le passage était passé sous cette forme dans l'exégèse messianique
des chrétiens.

1. Apoc., XIX, 13.
2. Apoc., XXI, 6; XXII, 1, 17 Cf. Jean, IV et X.
3. Jean, I, 29, 36.

pression d'Agneau, qui est ordinaire dans l'Apocalypse pour désigner le Christ. Les deux livres appliquent au Messie le passage de Zacharie, xii, 10, et le traduisent de la même manière [1]. Loin de nous la pensée de conclure de ces faits que la même plume ait écrit le quatrième Évangile et l'Apocalypse; mais il n'est pas indifférent que le quatrième Évangile, dont l'auteur n'a pu être sans lien quelconque avec l'apôtre Jean, offre dans son style et ses images quelques rapports avec un livre attribué pour des motifs sérieux à l'apôtre Jean.

La tradition ecclésiastique est hésitante sur la question qui nous occupe. Jusque vers l'an 150, l'Apocalypse ne semble pas avoir eu dans l'Église l'importance qui, d'après nos idées, aurait dû s'attacher à un écrit où l'on eût été assuré de posséder un manifeste solennel sorti de la plume d'un apôtre. Il est douteux que Papias l'admît comme ayant été rédigée par l'apôtre Jean. Papias était millénaire de la même manière que l'Apocalypse; mais il paraît qu'il déclarait tenir cette doctrine « de la tradition non écrite ». S'il avait allégué l'Apocalypse, Eusèbe le dirait [2], lui qui relève avec tant d'empressement toutes les citations

1. Apoc , i, 7; Jean, xix, 37. Cette traduction diffère de celle des Septante, et est p utôt conforme à l'hébreu.

2. *Hist. eccl.,* III, 39. Les témoignages d'André et d'Aréthas de Cappadoce sur ce point sont peu concluants.

que cet ancien Père fait d'écrits apostoliques. L'auteur du *Pasteur* d'Hermas connaît, ce semble, l'Apocalypse et l'imite [1]; mais il ne suit pas de là qu'il la tînt pour un ouvrage de Jean l'apôtre. C'est saint Justin qui, vers le milieu du IIe siècle, déclare le premier hautement que l'Apocalypse est bien une composition de l'apôtre Jean [2]; or saint Justin, qui ne sortit du sein d'aucune des grandes Églises, est une médiocre autorité en fait de traditions. Méliton, qui commenta certaines parties de l'ouvrage [3], Théophile d'Antioche [4] et Apollonius [5], qui s'en servirent beaucoup dans leurs polémiques, semblent cependant, comme Justin, l'avoir attribué à l'apôtre. Il en faut dire autant du *Canon de Muratori* [6]. A partir de l'an 200, l'opinion

1. Voir surtout Vis., IV, 1, 2; Simil., IX, 1 et suiv.

2. *Dial. cum Tryph.,* 81.

3. Eusèbe, *H. E.,* IV, 26; saint Jérôme, *De viris ill.,* 24. Comp. Méliton, *De veritate,* sub fin.

4. Eus., *H. E.,* IV, 24. On peut se demander si le mot Ἰωάννου, dans les deux passages d'Eusèbe relatifs à Méliton et à Théophile, n'est pas une addition explicative de l'historien ecclésiastique. Mais Eusèbe étant attentif à relever les passages d'où il résulte qu'on a douté de l'authenticité de l'Apocalypse, on doit supposer qu'il n'eût pas ajouté le mot Ἰωάννου, s'il ne l'eût rencontré dans les auteurs dont il parle.

5. Eusèbe, *H. E.,* V, 18.

6. Lignes 47-48, 70-72. Ce second passage semble cependant marquer une tendance à placer le livre parmi les apocryphes.

la plus répandue est que le Jean de l'Apocalypse est bien l'apôtre. Irénée [1], Tertullien [2], Clément d'Alexandrie [3], Origène [4], l'auteur des *Philosophumena* [5], n'ont là-dessus aucune hésitation. L'opinion contraire est toutefois fermement soutenue. Pour ceux qui s'écartaient de plus en plus du judéo-christianisme et du millénarisme primitifs, l'Apocalypse était un livre dangereux, impossible à défendre, indigne d'un apôtre, puisqu'il renfermait des prophéties qui ne s'étaient pas accomplies. Marcion, Cerdon et les gnostiques la rejetaient absolument [6] ; les *Constitutions apostoliques* l'omettent dans leur Canon [7] ; la vieille *Peschito* ne la contient pas. Les adversaires des rêveries montanistes, tels que le prêtre Caïus [8], les

1. *Adv. hær.,* IV, xx, 11 ; V, xxvi, 1 ; xxviii, 2 ; xxx, 1 ; xxxiv, 2, etc. Cf. Eusèbe, *H. E.,* V, 8.

2. *Adv. Marc.,* III, 14 ; IV, 5.

3. *Strom.,* VI, 13 ; *Pædag.,* II, 12.

4. Dans Eus., *H. E.,* VI, 25 ; *In Matth.,* tom. XVI, 6 ; *In Joh.,* tom. I, 14 ; II, 4, etc.

5. *Philosoph.,* VII, 36.

6. Tertullien, *Adv. Marc.,* IV, 5 ; livre *Adv. omnes hæreses,* parmi les œuvres de Tertullien, 6.

7. *Constit. apost.,* II, 57 ; VIII, 47 (Canons apost., n° 85).

8. Caïus, dans Eusèbe, *H. E.,* III, 28. Les doutes que peut laisser ce passage sont levés par le fragment de Denys d'Alexandrie, dans Eusèbe, VII, 25, et par ce qu'Épiphane dit des aloges. La traduction « comme s'il était un grand apôtre » est insoutenable. Cf. Théodoret, *Hær. fab.,* II, 3.

aloges [1], feignirent d'y voir l'œuvre de Cérinthe.
Enfin, dans la seconde moitié du IIIe siècle, l'école
d'Alexandrie, en haine du millénarisme renaissant
par suite de la persécution de Valérien, fait la critique du livre. avec une excessive rigueur et une
mauvaise humeur non dissimulée; l'évêque Denys
démontre parfaitement que l'Apocalypse ne saurait
être du même auteur que le quatrième Évangile, et
met à la mode l'hypothèse du *Presbyteros* [2]. Au
IVe siècle, l'Église grecque est tout à fait partagée [3].
Eusèbe, quoique hésitant, est en somme défavorable
à la thèse qui attribue l'ouvrage au fils de Zébédée.
Grégoire de Nazianze et presque tous les chrétiens
lettrés du même temps refusèrent de voir un écrit
apostolique dans un livre qui contrariait si vivement
leur goût, leurs idées d'apologétique et leurs préjugés
d'éducation. On peut dire que, si ce parti avait été
le maître, il eût relégué l'Apocalypse au rang du
Pasteur et des ἀντιλεγόμενα dont le texte grec a
presque disparu. Heureusement, il était trop tard
pour que de telles exclusions pussent réussir. Grâce

1. Épiph., hær. LI, 3-4, 32-35.

2. *Hist. eccl.,* VII, 25. Il est probable que la question avait
déjà été discutée par saint Hippolyte. Voir la liste de ses écrits
dans *Corpus inscr. gr.,* n° 8613, A, 3.

3. Eus., *H. E.,* III, 24; saint Jérôme, *Epist.* CXXIX, ad Darda-
num, 3.

à d'habiles contre-sens, un livre qui renferme d'atroces injures contre Paul s'est conservé à côté des œuvres mêmes de Paul, et forme avec celles-ci un volume censé provenir d'une seule inspiration.

Cette protestation persistante, qui constitue un fait si important de l'histoire ecclésiastique, est-elle d'un poids bien considérable aux yeux de la critique indépendante? On ne saurait le dire. Certainement Denys d'Alexandrie est dans le vrai, quand il établit que le même homme n'a pas pu écrire le quatrième Évangile et l'Apocalypse. Mais, placée devant ce dilemme, la critique moderne a répondu tout autrement que la critique du III\ siècle. L'authenticité de l'Apocalypse lui a paru bien plus admissible que celle de l'Évangile, et si, dans l'œuvre johannique, il faut faire une part à ce problématique *Presbyteros Johannes*, c'est bien moins l'Apocalypse que l'Évangile et les épîtres qu'il conviendrait de lui attribuer. Quel motif eurent, au III\ siècle, ces adversaires du montanisme, au IV\ siècle, ces chrétiens élevés dans les écoles helléniques d'Alexandrie, de Césarée, d'Antioche, pour nier que l'auteur de l'Apocalypse fût réellement l'apôtre Jean? Une tradition, un souvenir conservé dans les Églises? En aucune façon. Leurs motifs étaient des motifs de théologie *a priori*. D'abord, l'attribution de l'Apocalypse à l'apôtre rendait

presque impossible pour un homme instruit et sensé
d'admettre l'authenticité du quatrième Évangile, et
l'on eût cru alors ébranler le christianisme en doutant
de l'authenticité de ce dernier document. En outre,
la vision attribuée à Jean paraissait une source d'erreurs sans cesse renaissantes; il en sortait des recrudescences perpétuelles de judéo-christianisme, de
prophétisme intempérant, de millénarisme audacieux? Quelle réponse pouvait-on faire aux montanistes et aux mystiques du même genre, disciples parfaitement conséquents de l'Apocalypse, à ces troupes
d'enthousiastes qui couraient au martyre, enivrés
qu'ils étaient par la poésie étrange du vieux livre de
l'an 69? Une seule: prouver que le livre qui servait
de texte à leurs chimères n'était pas d'origine apostolique. La raison qui porta Caïus, Denys d'Alexandrie et tant d'autres à nier que l'Apocalypse fût
réellement de l'apôtre Jean est donc justement celle
qui nous porte à la conclusion opposée. Le livre est
judéo-chrétien, ébionite; il est l'œuvre d'un enthousiaste ivre de haine contre l'empire romain et le
monde profane; il exclut toute réconciliation entre le
christianisme, d'une part, l'empire et le monde, de
l'autre; le messianisme y est tout matériel; le règne
des martyrs pendant mille ans y est affirmé; la fin du
monde est déclarée très-prochaine. Ces motifs, où les

chrétiens raisonnables, sortis de la direction de Paul, puis de l'école d'Alexandrie, voyaient des difficultés insurmontables, sont pour nous des marques d'ancienneté et d'authenticité apostolique. L'ébionisme et le montanisme ne nous font plus peur; simples historiens, nous affirmons même que les adhérents de ces sectes, repoussés par l'orthodoxie, étaient les vrais successeurs de Jésus, des Douze et de la famille du Maître. La direction rationnelle que prend le christianisme par le gnosticisme modéré, par le triomphe tardif de l'école de Paul, et surtout par l'ascendant d'hommes tels que Clément d'Alexandrie et Origène, ne doit pas faire oublier ses vraies origines. Les chimères, les impossibilités, les conceptions matérialistes, les paradoxes, les énormités, qui impatientaient Eusèbe, quand il lisait ces anciens auteurs ébionites et millénaristes, tels que Papias, étaient le vrai christianisme primitif. Pour que les rêves de ces sublimes illuminés soient devenus une religion susceptible de vivre, il a fallu que des hommes de bon sens et de beaux génies, comme étaient ces Grecs qui se firent chrétiens à partir du IIIe siècle, aient repris l'œuvre des vieux visionnaires, et, en la reprenant, l'aient singulièrement modifiée, corrigée, amoindrie. Les monuments les plus authentiques des naïvetés du premier âge devinrent alors d'embarrassants

témoins, que l'on essaya de rejeter dans l'ombre. Il
arriva ce qui arrive d'ordinaire à l'origine de toutes
les créations religieuses, ce qui s'observa en particulier durant les premiers siècles de l'ordre francis-
cain : les fondateurs de la maison furent évincés par
les nouveaux venus; les vrais successeurs des premiers pères devinrent bientôt des suspects et des
hérétiques. De là ce fait que nous avons eu souvent
occasion de relever, savoir que les livres favoris du
judéo-christianisme ébionite et millénaire[1] se sont
bien mieux conservés dans les traductions latines et
orientales que dans le texte grec, l'Église grecque
orthodoxe s'étant toujours montrée fort intolérante à
l'égard de ces livres et les ayant systématiquement
supprimés.

Les raisons qui font attribuer l'Apocalypse à
l'apôtre Jean restent donc très-fortes, et je crois que
les personnes qui liront notre récit seront frappées
de la manière dont tout, en cette hypothèse, s'explique et se lie. Mais, dans un monde où les idées
en fait de propriété littéraire étaient si différentes de

---

1. Livre d'Hénoch, Apocalypse de Baruch, Assomption de
Moïse, Ascension d'Isaïe, 4e livre d'Esdras, et jusqu'à ces derniers
temps, le *Pasteur,* l'Épître de Barnabé. Par là s'explique aussi la
perte plus ou moins complète du texte grec de Papias, de saint
Irénée

ce qu'elles sont de nos jours, un ouvrage pouvait appartenir à un auteur de bien des manières. L'apôtre Jean a-t-il écrit lui-même le manifeste de l'an 69? On en peut certes douter. Il suffit pour notre thèse qu'il en ait eu connaissance, et que, l'ayant approuvé, il l'ait vu sans déplaisir circuler sous son nom. Les trois premiers versets du chapitre Ier, qui ont l'air d'une autre main que celle du Voyant, s'expliqueraient alors. Par là s'expliqueraient aussi des passages comme XVIII, 20; XXI, 14, qui inclinent à croire que celui qui tenait la plume n'était pas apôtre. Dans *Eph.*, II, 20, nous trouvons un trait analogue, et là nous sommes sûrs qu'entre Paul et nous il y a l'intermédiaire d'un secrétaire ou d'un imitateur. L'abus qui a été fait du nom des apôtres pour donner de la valeur à des écrits apocryphes[1] doit nous rendre très-soupçonneux. Beaucoup de traits de l'Apocalypse ne conviennent pas à un disciple immédiat de Jésus[2]. On est surpris de voir un des membres du comité intime où s'élabora l'Évangile nous présenter son ancien ami comme un Messie de gloire, assis sur le trône de

1. Aux preuves tant de fois alléguées, ajoutez Caïus et Denys d'Alexandrie, dans Eusèbe, *H. E.*, III, 28.

2. Le verset Apoc., I, 2, ne signifie pas que l'auteur ait été témoin de la vie de Jésus. Comp. I, 9, 19, 20; VI, 9; XX, 4; XXII, 8.

Dieu, gouvernant les peuples, et si totalement différent du Messie de Galilée que le Voyant à son aspect
frissonne et tombe à demi mort. Un homme qui avait
connu le vrai Jésus pouvait difficilement, même au
bout de trente-six ans, avoir subi une telle modification
dans ses souvenirs. Marie de Magdala, apercevant
Jésus ressuscité, s'écrie : « O mon maître! » et Jean ne
verrait le ciel ouvert que pour y retrouver celui qu'il
aima transformé en Christ terrible!... Ajoutons que
l'on n'est pas moins étonné de voir sortir de la plume
d'un des principaux personnages de l'idylle évangélique une composition artificielle, un vrai pastiche,
où l'imitation à froid des visions des anciens prophètes
se montre à chaque ligne. L'image des pêcheurs de
Galilée qui nous est offerte par les Évangiles synoptiques ne répond guère à celle d'écrivains, de lecteurs
assidus des anciens livres, de rabbins savants. Reste
à savoir si ce n'est pas le tableau des synoptiques
qui est faux, et si l'entourage de Jésus ne fut pas
beaucoup plus pédant, plus scolastique, plus analogue aux scribes et aux pharisiens, que le récit de
Matthieu, Marc et Luc ne porterait à le supposer.

Si l'on admet l'hypothèse que nous avons dite, et
d'après laquelle Jean aurait plutôt accepté l'Apocalypse qu'il ne l'aurait écrite de sa main, on obtient
un autre avantage, c'est d'expliquer comment le livre

fut si peu répandu, durant les trois quarts de siècle qui suivirent sa composition. Il est probable que l'auteur, après l'an 70, voyant Jérusalem prise, les Flavius solidement établis, l'empire romain reconstitué, et le monde obstiné à durer, malgré le terme de trois ans et demi qu'il lui avait assigné, arrêta lui-même la publicité de son ouvrage. L'Apocalypse, en effet, n'atteignit toute son importance que vers le milieu du IIe siècle, quand le millénarisme devint un sujet de discorde dans l'Église, et surtout quand les persécutions redonnèrent aux invectives contre la Bête du sens et de l'à-propos[1]. La fortune de l'Apocalypse fut ainsi attachée aux alternatives de paix et d'épreuves que traversa l'Église. Chaque persécution lui donna une vogue nouvelle; c'est quand les persécutions sont finies que le livre court de véritables dangers, et se voit sur le point d'être chassé du Canon, comme un pamphlet mensonger et séditieux.

Deux traditions dont j'ai admis en ce volume la plausibilité, savoir la venue de Pierre à Rome et le séjour de Jean à Éphèse, ayant donné lieu à de longues controverses, j'en ai fait l'objet d'un appendice à la fin du volume. J'ai en particulier discuté le

---

1. Voir la lettre des Églises de Vienne et de Lyon, dans Eusèbe, *H. E.*, V, 1, 10, 58 (notez ἡ γραφή).

récent mémoire de M. Scholten sur le séjour des apôtres en Asie avec le soin que méritent tous les écrits
de l'éminent critique hollandais. Les conclusions auxquelles je suis arrivé, et que je ne tiens, du reste,
que pour probables, exciteront certainement, comme
l'emploi que j'ai fait du quatrième Évangile en écrivant la *Vie de Jésus,* les dédains d'une jeune école
présomptueuse, aux yeux de laquelle toute thèse est
prouvée dès qu'elle est négative, et qui traite péremptoirement d'ignorants ceux qui n'admettent pas
d'emblée ses exagérations. Je prie le lecteur sérieux
de croire que je le respecte assez pour ne rien négliger de ce qui peut servir à trouver la vérité dans
l'ordre des études dont je l'entretiens. Mais j'ai pour
principe que l'histoire et la dissertation doivent être
distinctes l'une de l'autre. L'histoire ne peut être bien
faite qu'après que l'érudition a entassé des biblio-
thèques entières d'essais critiques et de mémoires ;
mais, quand l'histoire arrive à se dégager, elle ne
doit au lecteur que l'indication de la source originale
sur laquelle chaque assertion s'appuie. Les notes
occupent le tiers de chaque page dans ces volumes
que je consacre aux origines du christianisme. Si
j'avais dû m'obliger à y mettre la bibliographie, les
citations d'auteurs modernes, la discussion détaillée
des opinions, les notes eussent rempli au moins

les trois quarts de la page. Il est vrai que la méthode que j'ai suivie suppose des lecteurs versés dans les recherches sur l'Ancien et le Nouveau Testament, ce qui est le cas de bien peu de personnes en France. Mais combien de livres sérieux auraient le droit d'exister si, avant de les composer, l'auteur avait dû être sûr qu'il aurait un public pour les bien comprendre? J'affirme d'ailleurs que même un lecteur qui ne sait pas l'allemand, s'il est au courant de ce qui a été écrit dans notre langue sur ces matières, peut fort bien suivre ma discussion. L'excellent recueil intitulé *Revue de théologie,* qui s'imprimait jusqu'à ces dernières années à Strasbourg, est une encyclopédie d'exégèse moderne, qui ne dispense pas sûrement de remonter aux livres allemands et hollandais, mais où toutes les grandes discussions de la théologie savante depuis un demi-siècle ont eu leur écho. Les écrits de MM. Reuss, Réville, Scherer, Kienlen, Coulin, et en général les thèses de la faculté de Strasbourg [1] offriront également aux lecteurs dési-

1. On m'a si souvent reproché les courtes listes bibliographiques d'ouvrages français que j'ai données dans les volumes antérieurs, bien que j'eusse formellement averti que ces listes n'avaient d'autre but que de répondre à ceux qui m'accusaient de supposer chez le lecteur français des connaissances antérieures qu'il ne pouvait avoir, que je me les interdis cette fois-ci. Le pédantisme, l'ostentation du savoir, le soin de ne négliger aucun

reux de plus amples renseignements une solide instruction. Il va sans le dire que ceux qui pourront
lire les écrits de Christian Baur, le père de toutes
ces études, de Zeller, de Schwegler, de Volkmar,
de Hilgenfeld, de Lucke, de Lipsius, de Holtzmann,
d'Ewald, de Keim, de Hausrath, de Scholten, seront mieux édifiés encore. J'ai proclamé toute ma
vie que l'Allemagne s'était acquis une gloire éternelle en fondant la science critique de la Bible et les
études qui s'y rapportent. Je l'ai dit assez haut pour
qu'on n'eût pas dû m'accuser de passer sous silence
des obligations que j'ai cent fois reconnues. L'école
des exégètes allemands a ses défauts; ces défauts
sont ceux qu'un théologien, quelque libéral qu'il soit,
ne peut éviter; mais la patience, la ténacité d'esprit, la bonne foi qui ont été déployées dans cette
œuvre d'analyse sont chose vraiment admirable.
Entre plusieurs très-belles pierres que l'Allemagne
a posées dans l'édifice de l'esprit humain, élevé à
frais communs par tous les peuples, la science bi-

---

de ses avantages, sont tellement devenus la règle de certaines
écoles, qu'on n'y admet plus l'écrivain sobre qui, selon la maxime
de nos vieux maîtres de Port-Royal, sait se borner, ne fait jamais
profession de science, et dans un livre ne donne pas le quart des
recherches que ce livre a coûtées. L'élégance, la modestie, la
politesse, l'atticisme passent maintenant pour des manières de
gens arrierés.

blique est peut-être le bloc qui a été taillé avec le plus de soin, celui qui porte au plus haut degré le cachet de l'ouvrier.

Pour ce volume, comme pour les précédents, je dois beaucoup à l'érudition toujours prête et à l'inépuisable complaisance de mes savants confrères et amis, MM. Egger, Léon Renier, Derenbourg, Waddington, Boissier, de Longpérier, de Witte, Le Blant, Dulaurier, qui ont bien voulu me permettre de les consulter journellement sur les points se rapportant à leurs études spéciales. M. Neubauer a revu la partie talmudique. Malgré ses travaux à la Chambre, M. Noël Parfait a bien voulu ne pas me discontinuer ses soins de correcteur accompli. Enfin, je dois exprimer ma vive reconnaissance à MM. Amari, Pietro Rosa, Fabio Gori, Fiorelli, Minervini, de Luca, qui, durant un voyage d'Italie que j'ai fait l'année dernière, ont été pour moi les plus précieux des guides. On verra comment ce voyage se rattachait par plusieurs côtés au sujet du présent volume. Quoique je connusse déjà l'Italie, j'avais soif de saluer encore une fois la terre des grands souvenirs, la mère savante de toute renaissance. Selon une légende rabbinique, il y avait à Rome, durant ce long deuil de la beauté qu'on appelle le moyen âge, une statue antique conservée en un lieu secret, et si belle que les

Romains venaient de nuit la baiser furtivement. Le
fruit de ces embrassements profanes fut, dit-on,
l'Antechrist [1]. Ce fils de la statue de marbre est
bien certainement au moins un fils de l'Italie. Toutes
les grandes protestations de la conscience humaine
contre les excès du christianisme sont venues autrefois de cette terre ; de là encore elles viendront dans
l'avenir.

Je ne cacherai pas que le goût de l'histoire, la
jouissance incomparable qu'on éprouve à voir se
dérouler le spectacle de l'humanité, m'a surtout
entraîné en ce volume. J'ai eu trop de plaisir à le
faire pour que je demande d'autre récompense que
de l'avoir fait. Souvent je me suis reproché de tant
jouir en mon cabinet de travail, pendant que ma
pauvre patrie se consume dans une lente agonie ;
mais j'ai la conscience tranquille. Lors des élections
de 1869, je m'offris aux suffrages de mes conci-
toyens ; toutes mes affiches portaient en grosses lettres : « Pas de révolution ; pas de guerre ; une
guerre sera aussi funeste qu'une révolution. » Au
mois de septembre 1870, je conjurai les esprits éclairés de l'Allemagne et de l'Europe de songer à l'affreux malheur qui menaçait la civilisation. Pendant
le siége, dans Paris, au mois de novembre 1870, je

[1]. Voir Buxtorf, *Lex. chald. talm. rabb.*, p. 221.

m'exposai à une forte impopularité en conseillant la réunion d'une assemblée, ayant les pouvoirs pour traiter de la paix. Aux élections de 1871, je répondis aux ouvertures qu'on me fit : « Un tel mandat ne peut être ni recherché, ni refusé. » Après le rétablissement de l'ordre, j'ai appliqué tout ce que j'ai d'attention aux réformes que je considère comme les plus urgentes pour sauver notre pays. J'ai donc fait ce que j'ai pu. Nous devons à notre patrie d'être sincères avec elle; nous ne sommes pas obligés d'employer le charlatanisme pour lui faire accepter nos services ou agréer nos idées.

Peut-être, d'ailleurs, ce volume, bien que s'adressant avant tout aux curieux et aux artistes, contiendra-t-il plus d'un enseignement. On y verra le crime poussé jusqu'à son comble et la protestation des saints élevée à des accents sublimes. Un tel spectacle ne sera pas sans fruit religieux. Je crois autant que jamais que la religion n'est pas une duperie subjective de notre nature, qu'elle répond à une réalité extérieure, et que celui qui en aura suivi les inspirations aura été le bien inspiré. Simplifier la religion n'est pas l'ébranler, c'est souvent la fortifier. Les petites sectes protestantes de nos jours, comme le christianisme naissant, sont là pour le prouver. La grande erreur du catholicisme est de croire qu'on

peut lutter contre les progrès du matérialisme avec
une dogmatique compliquée, s'encombrant chaque
jour d'une nouvelle charge de merveilleux.

Le peuple ne peut plus porter qu'une religion
sans miracles; mais une telle religion pourrait être
bien vivante encore, si, prenant leur parti de la dose
de positivisme qui est entrée dans le tempérament
intellectuel des classes ouvrières, les personnes qui
ont charge d'âmes réduisaient le dogme autant qu'il
est possible, et faisaient du culte un moyen d'éducation morale, de bienfaisante association. Au-dessus
de la famille et en dehors de l'État, l'homme a besoin de l'Église. Les États-Unis d'Amérique ne font
durer leur étonnante démocratie que grâce à leurs
sectes innombrables. Si, comme on peut le supposer, le catholicisme ultramontain ne doit plus réussir,
dans les grandes villes, à ramener le peuple à ses
temples, il faut que l'initiative individuelle crée des
petits centres où le faible trouve des leçons, des secours moraux, un patronage, parfois une assistance
matérielle. La société civile, qu'elle s'appelle commune, canton ou province, État ou patrie, a des
devoirs pour l'amélioration de l'individu; mais ce
qu'elle fait est nécessairement limité. La famille doit
beaucoup plus; mais souvent elle est insuffisante;
quelquefois elle manque tout à fait. Les associations

créées au nom d'un principe moral peuvent seules donner à tout homme venu en ce monde un lien qui le rattache au passé, des devoirs envers l'avenir, des exemples à suivre, un héritage de vertu à recevoir et à transmettre, une tradition de dévouement à continuer.

L'ANTECHRIST

CHAPITRE PREMIER.

PAUL CAPTIF A ROME.

Les temps étaient étranges, et jamais peut-être l'espèce humaine n'avait traversé de crise plus extraordinaire. Néron entrait dans sa vingt-quatrième année. La tête de ce malheureux jeune homme, placé à dix-sept ans par une mère scélérate à la tête du monde, achevait de s'égarer. Depuis longtemps bien des indices avaient causé de l'inquiétude à ceux qui le connaissaient. C'était un esprit prodigieusement déclamatoire, une mauvaise nature, hypocrite, légère, vaniteuse ; un composé incroyable d'intelligence fausse, de méchanceté profonde, d'égoïsme atroce et sournois, avec des raffinements inouïs de subtilité. Pour faire de lui ce monstre qui n'a pas de

second dans l'histoire et dont on ne trouve l'analogue que dans les annales pathologiques de l'écha-
faud, il fallut cependant des circonstances particulières[1]. L'école de crime où il avait grandi,
l'exécrable influence de sa mère, l'obligation où
cette femme abominable le mit presque de débuter
dans la vie par un parricide, lui firent bientôt concevoir le monde comme une horrible comédie, dont il
était le principal acteur. A l'heure où nous sommes,
il s'est détaché complétement des philosophes, ses
maîtres; il a tué presque tous ses proches, mis à la
mode les plus honteuses folies; une partie de la
société romaine, à son exemple, est descendue au
dernier degré de la dépravation. La dureté antique
arrivait à son comble; la réaction des justes instincts
populaires commençait. Vers le moment où Paul
entra dans Rome, la chronique du jour était celle-ci :

Pedanius Secundus, préfet de Rome, personnage
consulaire, venait d'être assassiné par un de ses
esclaves, non sans qu'on pût alléguer en faveur du
coupable des circonstances atténuantes. D'après la
loi, tous les esclaves qui, au moment du crime, avaient
habité sous le même toit que l'assassin devaient être
mis à mort. Près de quatre cents malheureux étaient

---

1. Voir la réflexion de Pausanias, VII, XVII, 3.

dans ce cas. Quand on apprit que l'atroce exécution allait avoir lieu, le sentiment de justice qui dort sous la conscience du peuple le plus avili se révolta. Il y eut une émeute; mais le sénat et l'empereur décidèrent que la loi devait avoir son cours[1].

Peut-être parmi ces quatre cents innocents, immolés en vertu d'un droit odieux, y avait-il plus d'un chrétien. On avait touché le fond de l'abîme du mal; on ne pouvait plus que remonter. Des faits moraux d'une nature singulière se passaient jusque dans les rangs les plus élevés de la société[2]. Quatre ans auparavant, on s'était fort entretenu d'une dame illustre, Pomponia Græcina, femme d'Aulus Plautius, le premier conquérant de la Bretagne[3]. On l'accusait de « superstition étrangère ». Elle était toujours vêtue de noir et ne sortait pas de son austérité. On attribuait bien cette mélancolie à d'horribles souvenirs, surtout à la mort de Julie, fille de Drusus, son amie intime, que Messaline avait fait périr; un de ses fils paraît aussi avoir été victime d'une des monstruosités les plus énormes de Néron[4]; mais il était clair que Pomponia

1. Tac., *Ann.,* XIV, 42 et suiv.
2. Tertullien, *Apolog.,* 1.
3. Voir Borghesi, Œuvres compl., t. II, p. 17-27; Ovide, *Pontiques,* I, vi; II, vi; IV, ix. Cf. Tacite, *Agricola,* 4.
4. Suétone, *Néron,* 35.

Græcina portait au cœur un deuil plus profond et peut-être de mystérieuses espérances. Elle fut remise, selon l'ancienne coutume, au jugement de son mari. Plautius assembla les parents, examina l'affaire en famille et déclara sa femme innocente. Cette noble dame vécut longtemps encore, tranquille sous la protection de son mari, toujours triste, et fort respectée. Il semble qu'elle ne dit son secret à personne[1]. Qui sait si les apparences que des observateurs superficiels prenaient pour une humeur sombre n'étaient pas la grande paix de l'âme, le recueillement calme, l'attente résignée de la mort, le dédain d'une société sotte et méchante, l'ineffable joie du renoncement à la joie? Qui sait si Pomponia Græcina ne fut pas la première sainte du grand monde, la sœur aînée de Mélanie, d'Eustochie et de Paula[2]?

Cette situation extraordinaire, si elle exposait l'Église de Rome aux contre-coups de la politique, lui donnait en retour une importance de premier ordre,

---

1. Tac., *Ann.,* XIII, 32.

2. La famille des Pomponius Græcinus, selon certaines hypothèses, aurait eu, durant des siècles, une grande importance dans l'Église de Rome; ce nom figurerait au cimetière de Saint-Calliste (inscription du iiie ou ive siècle, d'une restitution douteuse : de Rossi, *Roma sotterranea,* I, p. 306 et suiv.; II, p. 360 et suiv.; inscr. tav. XLIX-L, n° 27). L'identification de Pomponia

quoiqu'elle fût peu nombreuse[1]. Rome, sous Néron, ne ressemblait nullement aux provinces. Quiconque aspirait à une grande action devait y venir. Paul avait, à cet égard, une sorte d'instinct profond qui le guidait. Son arrivée à Rome fut dans sa vie un événement presque aussi décisif que sa conversion. Il crut avoir atteint le sommet de sa vie apostolique, et se rappela sans doute le rêve où, après une de ses journées de lutte, Christ lui apparut et lui dit : « Courage ! comme tu m'as rendu témoignage à Jérusalem, tu me rendras témoignage à Rome[2]. »

Dès qu'on fut près des murs de la ville éternelle, le centurion Julius conduisit ses prisonniers aux *castra prœtoriana*, bâtis par Séjan, près de la voie Nomentane. et les remit au préfet du prétoire[3]. Les appelants à l'empereur étaient, en entrant dàns Rome, tenus pour prisonniers de l'empereur, et comme tels confiés à la garde impériale[4]. Les préfets du prétoire étaient d'ordinaire au nombre de deux ; mais à

Græcina avec la *Lucina* dont le souvenir est rattaché aux plus anciennes sépultures chrétiennes nous paraît plus que hasardée. Il n'y a eu qu'une seule Lucina, celle du iiie siècle.

1. *Act.,* xxviii, 21 et suiv.

2. *Act.,* xxiii, 11. Cf. xix, 21 ; xxvii, 24.

3. Phil., i, 13 ; *Act.,* xxviii, 16 ; Suétone, *Tibère,* 37.

4. Comp. Pline, *Epist.,* X, 65 ; Jos-, *Ant.,* XVIII, vi, 6, 7 ; Philostrate, *Soph.,* II, xxxii, 1.

ce moment il n'y en avait qu'un[1]. Cette charge
capitale était depuis l'an 51 entre les mains du
noble Afranius Burrhus[2], qui, un an après, devait
expier par une mort pleine de tristesse le crime
d'avoir voulu faire le bien en comptant avec le mal.
Paul n'eut sans doute aucun rapport direct avec
lui. Peut-être cependant la façon humaine dont
l'apôtre paraît avoir été traité fut-elle due à l'influence que cet homme juste et vertueux exerçait
autour de lui. Paul fut constitué à l'état de *custodia
militaris,* c'est-à-dire confié à un frumentaire préto-
rien[3], auquel il était enchaîné, mais non d'une façon
incommode ou continue. Il eut la permission de
vivre dans une pièce louée à ses frais, peut-être
dans l'enceinte des *castra prœtoriana,* où tous venaient
librement le voir[4]. Il attendit deux ans en cet état
l'appel de sa cause. Burrhus mourut en mars 62; il
fut remplacé par Fenius Rufus et par l'infâme
Tigellin, le compagnon de débauches de Néron,
l'instrument de ses crimes. Sénèque, à partir de ce

1. V. Tillemont, *Hist. des emp.,* I, p. 702.

2. Cf. Jos., *Ant.,* XX, VIII, 9.

3. *Act.,* XXVIII, 20. Comp. *Saint Paul,* p. 536; Jos., *Ant.,*
XVIII, VI, 7; Sénèque, *De tranq. animœ,* 10. On trouve des
frumentaires appartenant à tous les corps [Renier].

4. *Act.,* XXVIII, 16, 17, 20, 23, 30; Phil., I, 7, 13, 14, 17, 30;
Col., IV, 3, 4, 18; Eph., II, 1; III, 1; VI, 19-20.

moment, se retire des affaires. Néron n'a plus pour
conseils que les Furies.

Les relations de Paul avec les fidèles de Rome
avaient commencé, nous l'avons vu, pendant le dernier séjour de l'apôtre à Corinthe. Trois jours après
son arrivée, il voulut, comme il en avait l'habitude,
se mettre en rapport avec les principaux *hakamim*.
Ce n'est pas au sein de la synagogue que la chrétienté de Rome s'était formée; c'étaient des croyants
débarqués à Ostie ou à Pouzzoles qui en se grou-
pant avaient constitué la première Église de la capitale du monde; cette Église n'avait presque aucune
liaison avec les diverses synagogues de la même ville[1].
L'immensité de Rome et la masse d'étrangers qui s'y
rencontraient[2] étaient cause que l'on s'y connaissait
peu et que des idées fort opposées pouvaient s'y produire côte à côte sans se toucher. Paul fut donc
amené à se comporter selon la règle qu'il suivait, lors
de sa première et de sa seconde mission, dans les
villes où il apportait le germe de la foi. Il fit prier
quelques-uns des chefs de synagogue de venir le

---

1. *Act.,* xxviii, 21 et suiv.

2. La population juive de Rome pouvait être de vingt ou trente
mille âmes, en comptant les femmes et les enfants. Jos., *Ant.,*
XVII, xi, 1; XVIII, iii, 5; Tacite, *Ann.,* II, 85. Le passage célèbre
du *Pro Flacco* suppose à peu près le même chiffre.

trouver. Il leur présenta sa situation sous le jour le plus favorable, protesta qu'il n'avait rien fait et ne voulait rien faire contre sa nation, qu'il s'agissait de l'espérance d'Israël, c'est-à-dire de la foi en la résurrection. Les juifs lui répondirent qu'ils n'avaient jamais entendu parler de lui, ni reçu de lettre de Judée à son sujet, et exprimèrent le désir de l'entendre exposer lui-même ses opinions. « Car, ajoutèrent-ils, nous avons ouï dire que la secte dont tu parles provoque partout de vives contradictions. » On fixa l'heure de la discussion, et un assez grand nombre de juifs se réunirent dans la petite chambre occupée par l'apôtre pour l'entendre. La conférence dura une journée presque entière; Paul énuméra tous les textes de Moïse et des prophètes qui prouvaient, selon lui, que Jésus était le Messie. Quelques-uns crurent; le plus grand nombre resta incrédule. Les juifs de Rome se piquaient d'une très-exacte observance[1]. Ce n'est pas là que Paul pouvait avoir beaucoup de succès. On se sépara en grand discord; Paul, mécontent, cita un passage d'Isaïe[2], très-familier aux prédicateurs chrétiens[3], sur l'aveuglement volontaire

---

1. Φιλέντολοι. Voir *Saint Paul,* p. 104 et suiv.

2. Is., VI, 6 et suiv.

3. Matth., XIII, 14; Marc, XIV, 12; Luc, VIII, 10; Jean, XII, 40; Rom., XI, 8.

des hommes endurcis qui ferment leurs yeux et bouchent leurs oreilles pour ne voir ni entendre la vérité. Il termina, dit-on, par sa menace ordinaire de porter aux gentils, qui le recevraient mieux, le royaume de Dieu, dont les juifs ne voulaient pas.

Son apostolat parmi les païens fut, en effet, couronné d'un bien plus grand succès. Sa cellule de prisonnier devint un foyer de prédication ardente. Pendant les deux ans qu'il y passa, il ne fut pas gêné une seule fois dans l'exercice de ce prosélytisme[1]. Il avait près de lui quelques-uns de ses disciples, au moins Timothée et Aristarque[2]. Il semble que tour à tour ses amis demeuraient avec lui et partageaient sa chaîne[3]. Les progrès de l'Évangile étaient surprenants[4]. L'apôtre faisait des miracles, passait pour disposer de la puissance céleste et des esprits[5]. La prison de Paul fut ainsi plus féconde que ne l'avait été sa libre activité. Ses chaînes, traînées au prétoire et qu'il montrait partout avec une sorte d'ostenta-

1. *Act.*, xxviii, 30-31; Phil., i, 7.

2. Phil., i, 1; ii, 19 et suiv.; Col., iv, 10; Philem., 24. Luc dut faire une absence; car Paul n'envoie pas son salut aux Philippiens.

3. Col., iv, 10; Philem , 13, 23.

4. Phil., i, 12.

5. Rom., xv, 18-19, mis en rapport avec la légende de Simon le Magicien.

tion, étaient à elles seules comme une prédication[1].
A son exemple, et animés par la façon dont il supportait la captivité, ses disciples et les autres
chrétiens de Rome prêchaient hardiment.

Ils ne rencontrèrent d'abord aucun obstacle [2]. La
Campanie même et les villes du pied du Vésuve
reçurent, peut-être de l'Église de Pouzzoles, les
germes du christianisme, qui trouvait là les conditions où il avait accoutumé de croître, je veux dire un
premier sol juif pour le recevoir [3]. D'étranges conquêtes se firent. La chasteté des fidèles était un
attrait puissant; ce fut par cette vertu que plusieurs

1. Phil., ɪ, 13.
2. Ibid., ɪ, 14.
3. Garrucci, dans le *Bullettino archeologico napolitano,* nouv.
série, 2ᵉ année, p. 8; de Rossi, *Bull. di arch. crist.,* 1864, p. 69
et suiv., 92 et suiv.; Zangemeister, *Inscr. parietariœ,* n° 679.
Pour les juifs à Pouzzoles, voir Minervini, dans le *Bullettino
archeologico napolitano,* nouv. série, 3ᵉ année, p. 105. Pour les
juifs à Pompéi, voir Garrucci, même recueil, 2ᵉ année, p. 8 (*Ques
tioni pompeiane,* p. 68). Sur les Tyriens, Syriens, Nabatéens,
Alexandrins, Maltais de Pouzzoles, voir *Saint Paul,* p. 114;
Mommsen, *Inscr. regni neapol.,* n° 2462; Fiorelli, *Iscr. lat. del
museo di Nap.,* nᵒˢ 691, 692, 693; Minervini, *Monum. antichi
inediti,* I (Naples, 1852), p. 40-43; append., p. vɪɪ-ɪx; *Zeitschrift
der d. m. G.,* 1869, 150 et suiv.; *Journal asiatique,* avril 1873.
Cf. Gervasio dans les *Mem. della R. Accad. Ercolanese,* t. IX;
Scherillo, *La venuta di S. Pietro in Napoli* (Naples, 1859),
p. 97-149. Notez Tertullien, *Apol.,* 40.

dames romaines furent amenées au christianisme[1];
les bonnes familles, en effet, conservaient encore
pour les femmes une solide tradition de modestie et
d'honnêteté. La secte nouvelle eut des adeptes jusque
dans la maison de Néron[2], peut-être parmi les juifs,
qui étaient nombreux[3] dans les rangs inférieurs du
service, parmi ces esclaves et ces affranchis, consti-
tués en colléges, dont la condition confinait à ce qu'il

1. Cette idée sert de base aux Actes de Pierre, tels qu'ils
sont rapportés par le Pseudo-Lin.

2. Phil., IV, 22 (cf. *Philosophumena*, IX, 12; Gruter, 642, 8;
Cardinali, *Dipl.*, p. 221, n° 410). Ce que disent saint Jean Chrysostome (Opp., 1, p. 48; II, p. 168; IX, p. 349; XI, p. 673, 722,
édit. Montfaucon), saint Astère (édit. Combefis, p. 168), Théophy-
lacte (in II Tim., IV, 16), Glycas (*Ann.*, p. 236, édit. de Paris) des
rapports de Paul avec une des maîtresses et avec un domestique
favori de Néron provient d'anciens actes de Pierre et Paul. Comp.
les Passions apocryphes de Pierre et de Paul attribuées à saint
Lin, dans *Bibl. patrum maxima*, t. II, 1re part., p. 67 et suiv.;
les actes de saint Tropez, dans *Acta SS. Maii*, IV, 1re part., p. 6
(où l'expression d'Adon, *magnus in officio Cæsaris Neronis*, est
notable; cf. Gruter, 599, 6; *Rhein. Museum*, nouv. série, t. VI,
p. 16); *Acta Petri et Pauli*, publiés par Tischendorf (*Acta
apost. apocr.*), § 31, 80, 84 (ms. de Paris). C'est sans motif qu'on
a identifié cette courtisane légendaire avec Acté. Cependant l'inscription, Orelli, 735, n'est pas une objection. Cette inscription
n'est pas l'épitaphe d'Acté, ainsi qu'on l'a cru. Greppo, *Trois
mémoires* (Paris, 1840), 1er mém. et additions.

3. Voir ci-après, p. 157 et suiv. Rappelons la juivè Acmé, servante de Livie; le samaritain Thallus, affranchi de Tibère (Jos.,
Ant., XVII, v, 7; XVIII, vi, 4; *B. J.*, I, xxxiii, 6; xxxiii, 7.)

y avait de plus infime et de plus élevé, de plus brillant et de plus misérable[1]. Quelques vagues indices feraient croire que Paul eut des relations avec des membres ou des affranchis de la famille *Annœa*[2]. Une

1. Tac., *Hist.*, II, 92.

2. On a découvert il y a quelques années à Ostie l'inscription suivante, laquelle paraît du iiie siècle :

D ❧ M
M·ANNEO·
PAVLO·PETRO·
M·ANNEVS·PAVLVS·
FILIO·CARISSIMO·

(De Rossi, *Bull.*, 1867, p. 6 et suiv. ; cf. Denys d'Alex., dans Eusèbe, *Hist. eccl.*, VII, xxv, 14; dès le iiie siècle, il y a de nombreux *Pierre* : Pierre de Lampsaque, Pierre d'Alexandrie, Pierre qu'on associe à Marcellin ; les *Paul* sont plus nombreux encore : Paul de Samosate, etc.) A partir du ive siècle, l'opinion de rapports entre Sénèque et saint Paul est reçue, et amène la fabrication d'une correspondance apocryphe (saint Jérôme, *De viris ill.*, 12; Augustin, *Epist.*, CLIII, ad Macedon., 14; cf. Pseudo-Lin, p. 70-71). Cette opinion venait de ressemblances qu'on avait cru remarquer entre les doctrines du philosophe et celles de l'apôtre (Tertullien, *De anima,* 20), ressemblances qui ne supposent nullement un emprunt. Paul eut des rapports avec Gallion, frère de Sénèque, et des relations officielles (non peut-être personnelles) avec Burrhus, ami de Sénèque; mais le peu de souci que ces gens d'esprit avaient des superstitions populaires (*Act.,* xviii, 12 et suiv.) ne nous laisse pas le droit de supposer *a priori* que la curiosité de Sénèque ait été le moins du monde éveillée sur Paul. L'opinion d'après laquelle Sénèque aurait dû, comme consul du second semestre de l'an 57 (de Rossi, *Bull.,* 1866, p. 60, 62), juger de l'appel de saint Paul repose sur une chronologie insoutenable de la vie de l'apôtre. Dans son livre perdu *Contre les*

chose hors de doute, en tout cas, c'est que dès cette
époque la distinction nette des juifs et des chrétiens
se fit à Rome pour les personnes bien informées. Le
christianisme parut une « superstition » distincte,
sortie du judaïsme, ennemie de sa ~mère et haïe de
sa mère[1]. Néron, en particulier, était assez au courant de ce qui se passait, et s'en faisait rendre compte
avec une certaine curiosité. Peut-être déjà quelqu'un
des intrigants juifs qui l'entouraient enflammait-il
son imagination du côté de l'Orient, et lui avait-il
promis ce royaume de Jérusalem qui fut le rêve de
ses dernières heures, sa dernière hallucination[2].

Nous ne savons avec certitude le nom d'aucun
des membres de cette Église de Rome du temps de
Néron. Un document de valeur douteuse énumère,
comme amis de Paul et de Timothée, Eubule, Pudens,

---

superstitions, Sénèque parlait des juifs, non des chrétiens (saint
Augustin, *De civit. Dei,* VI, 11). L'antipathie qu'il avait contre les
juifs (saint Augustin, *loc. cit.*) lui eût fait mal accueillir saint
Paul et les chrétiens, s'il avait été en rapport avec eux. Un
homme qui parle du judaïsme comme il le fait n'a pu être disciple
de Paul.

1. « Has superstitiones, licet contrarias sibi, iisdem tamen
auctoribus profectas; christianos ex judæis exstitisse. » Phrase
de Tacite, conservée par Sulpice Sévère. Bernays, *Ueber die
Chronik des Sulpicius Severus* (Berlin, 1861), p. 57. Cf. Tac.,
Ann., XV, 44.

2. Suétone, *Néron,* 40.

Claudia et ce Linus que la tradition ecclésiastique présentera plus tard comme le successeur de Pierre dans l'épiscopat de Rome[1]. Les éléments nous manquent également pour apprécier le nombre des fidèles, même d'une manière approximative[2].

Tout semblait aller au mieux ; mais l'école acharnée qui avait pris pour tâche de combattre jusqu'au bout du monde l'apostolat de Paul ne s'était pas endormie. Nous avons vu les émissaires de ces ardents conservateurs le suivre en quelque sorte à la piste, et l'apôtre des gentils laisser derrière lui dans les mers où il passe un long sillage de haine. Paul, présenté sous les traits d'un homme funeste, qui enseigne à manger des viandes sacrifiées aux idoles et à forniquer avec des païennes, est

1. II Tim., IV, 21. Ce passage a servi plus tard de base aux légendes relatives au sénateur Pudens et à sa famille. Sur le nom de Linus, voir Le Bas, *Inscr.*, III, n° 1081. Ces noms grecs à Rome indiquent, en général, des esclaves ou des affranchis. Cf. Suétone, *Claude,* 25; *Galba,* 14 ; Tacite, *Hist.,* I, 13. Le *cognomen gentililium* des affranchis pouvait seul être latin. Pour Claudia, comp. Claudia Aster (ci-après, p.158-159), Κλαυδία πιστή (inscr. à Rome, Orelli, I, p. 367). Notez aussi, parmi les affranchis d'Acté, *Claudia* (Orelli, n° 735; Fabretti, *Inscr.,* p. 124-126). Sur Rom., XVI, voir *Saint Paul,* p. LXV et suiv.

2. Pour le chiffre de la population juive de Rome, voir ci-dessus, p. 7, note 2. La population chrétienne n'était sans doute qu'une faible fraction de la population juive.

signalé d'avance et désigné à la vindicte de tous.
On a peine à le croire, mais on n'en peut douter,
puisque c'est Paul lui-même qui nous l'apprend [1].
Même à ce moment solennel, décisif, il trouva encore
devant lui de mesquines passions. Des adversaires,
des membres de cette école judéo-chrétienne que
depuis dix ans il rencontrait partout sous ses pas,
entreprirent pour lui faire pièce une sorte de contre-
prédication de l'Évangile. Envieux, disputeurs, aca-
riâtres, ils cherchaient les occasions de le contra-
rier, d'aggraver la position du prisonnier, d'exciter
les juifs contre lui, de rabaisser le mérite de ses
chaînes. La bonne volonté, l'amour, le respect que
lui témoignaient les autres, leur conviction hautement proclamée que les chaînes de l'apôtre étaient
la gloire et la meilleure défense de l'Évangile, le
consolaient de tous ces déboires. « Qu'importe, d'ailleurs? » écrivait-il vers ce temps [2].....

Pourvu que le Christ soit prêché, que le prédicateur soit
sincère ou que la prédication soit pour lui un prétexte, je
me réjouis et je me réjouirai toujours. Quant à moi, j'ai le
ferme espoir que cette fois-ci encore les choses tourneront
à mon plus grand bien, à la liberté de l'Évangile, et

1. Phil., I, 15-17; II, 20-21.
2. Ibid., I, 18 et suiv.

que mon corps, soit que je vive, soit que je meure, servira
à la gloire de Christ. D'un côté, Christ est ma vie, et mourir est pour moi un avantage; de l'autre, si je vis, je verrai
fructifier mon œuvre; aussi ne sais-je lequel choisir. Je
suis comprimé entre deux désirs contraires : d'une part,
quitter ce monde et aller rejoindre Christ; de l'autre,
rester avec vous. Le premier serait meilleur pour moi;
mais le second vaut mieux pour vous.

Cette grandeur d'âme lui donnait une assurance,
une gaieté, une force merveilleuses. « Si mon sang,
écrit-il à une de ses Églises, est la libation dont
doit être arrosé le sacrifice de votre foi, tant mieux,
tant mieux! Et vous aussi, dites : tant mieux! avec
moi[1]. » Il croyait cependant plus volontiers à son
acquittement, et même à un prompt acquittement[2]; il y voyait le triomphe de l'Évangile, et
partait de là pour de nouveaux projets. Il est vrai
qu'on ne voit plus sa pensée se diriger vers l'Occident. C'est à Philippes, c'est à Colosses qu'il songe
à se retirer jusqu'au jour de l'apparition du Seigneur. Peut-être avait-il acquis une connaissance
plus précise du monde latin, et avait-il vu que, hors
de Rome et de la Campanie, pays devenus par l'immi-
gration syrienne fort analogues à la Grèce et à l'Asie

1. Phil., ii, 17-18.
2. Phil., i, 25 ; ii, 24 ; Col., iv, 3-4 ; Philem., 22.

Mineure, il rencontrerait, ne fût-cc qu'à cause de la langue, de grandes difficultés. Il savait peut-être un peu de latin [1]; mais il n'en savait pas assez pour une prédication fructueuse. Le prosélytisme juif et chrétien, au premier siècle, s'exerça peu dans les cités vraiment latines; il se renferma dans des villes telles que Rome, Pouzzoles, où, par suite des constants arrivages d'Orientaux, le grec était très-répandu. Le programme de Paul était suffisamment rempli; l'Évangile avait été prêché dans les deux mondes [2]; il avait atteint, selon les larges images du langage prophétique [3], les extrémités de la terre, toutes les nations qui sont sous le ciel. Ce que Paul rêvait maintenant, c'était de prêcher librement à Rome [4], puis de revenir vers ses Églises de Macédoine et d'Asie [5], et d'attendre patiemment avec elles, dans la prière et l'extase, la venue du Christ.

En somme, peu d'années dans la vie de l'apôtre furent plus heureuses que celles-ci [6]. D'immenses consolations venaient de temps en temps le trouver;

1. Le trait rapporté par Dion Cassius, LX, 17, porterait à le croire par induction.

2. *Act.,* I, 8; XXIII, 11; Col., I, 23.

3. Comp. Rom., XV, 19.

4. Col., IV, 3-4.

5. Phil., I, 26-27; II, 24; Philem., 22.

6. Phil., I, 7.

il n'avait rien à craindre de la malveillance des
juifs. Le pauvre logement du prisonnier était le
centre d'une étonnante activité. Les folies de la Rome
profane, ses spectacles, ses scandales, ses crimes,
les ignominies de Tigellin, le courage de Thraséas,
l'horrible destin de la vertueuse Octavie, la mort de
Pallas touchaient peu nos pieux illuminés. La figure de
ce. monde passe, disaient-ils. La grande image d'un
avenir divin leur faisait-fermer les yeux sur la boue
pétrie de sang où leurs pieds étaient plongés. Vraiment, la prophétie de Jésus était accomplie. Au
milieu des ténèbres extérieures, où règne Satan, au
milieu des pleurs et des grincements de dents, est
fondé le petit paradis des élus. Ils sont là, en leur
monde fermé, revêtu à l'intérieur de lumière et
d'azur, dans le royaume de Dieu leur père. Mais au
dehors, quel enfer!... O Dieu, qu'il est affreux de
demeurer dans ce royaume de la Bête, où le ver ne
meurt pas, où le feu ne s'éteint pas!

Une des plus grandes joies que Paul ressentit à
cette époque de sa vie fut l'arrivée d'un message de sa
chère Église de Philippes [1], la première qu'il eût fondée
en Europe, et où il avait laissé tant d'affections dévouées. La riche Lydie, celle qu'il appelait « sa vraie

---

1. Phil , i, 13, et ii, 23, semblent indiquer que ceci eut lieu
peu de temps après l'arrivée de Paul à Rome.

épouse[1] », ne l'oubliait pas. Épaphrodite, envoyé de
l'Église, apportait une somme d'argent[2], dont l'apôtre
devait avoir grand besoin, vu les frais qu'entraînait
son nouvel état. Paul, qui avait toujours fait une exception pour l'Église de Philippes, et reçu d'elle ce qu'il ne
voulait devoir à aucune autre[3], accepta encore cette
fois avec bonheur. Les nouvelles de l'Église étaient
excellentes. A peine quelques petites querelles entre les
deux diaconesses Evhodie et Syntyché étaient-elles
venues troubler la paix[4]. Des tracasseries suscitées par
des malveillants, et d'où il résulta quelques emprisonnements, ne servirent qu'à montrer la patience des
fidèles[5]. L'hérésie des judéo-chrétiens, la prétendue nécessité de la circoncision, rôdait autour d'eux
sans les entamer[6]. Quelques mauvais exemples de
chrétiens mondains et sensuels, dont l'apôtre parle
avec larmes[7], ne venaient pas, à ce qu'il semble, de
leur Église. Epaphrodite resta quelque temps auprès
de Paul et fit une maladie, conséquence de son

1. Voir dans *Saint Paul*, p. 148-149, les doutes qui restent
sur ce point.
2. Phil., II, 25, 30 ; IV, 10 et suiv.
3. Voir *Saint Paul,* p. 148.
4. Phil., I, 27 ; II, 2 et suiv.; IV, 2.
5. Phil., I, 28-30. Comp. *Act.,* XVI, 23.
6. Phil., III, 2 et suiv.
7. *Ibid.,* III, 18-19.

dévouement, qui faillit le conduire à la mort. Un vif désir de revoir Philippes s'empara de cet homme excellent; il souhaita calmer lui-même les inquiétudes que concevaient ses amies. Paul, de son côté, voulant faire cesser au plus vite les craintes des pieuses dames, le congédia promptement[1], en lui remettant pour les Philippiens une lettre pleine de tendresse[2], écrite de la main de Timothée. Jamais il n'avait trouvé de si douces expressions pour rendre l'amour qu'il portait à ces Églises toutes bonnes et toutes pures, qu'il portait en son cœur.

Il les félicite, non-seulement de croire au Christ, mais d'avoir souffert pour lui. Ceux d'entre eux qui sont en prison doivent être fiers de subir le traitement qu'ils ont vu autrefois infliger à leur apôtre et auquel ils savent qu'il est actuellement soumis. Ils sont comme un petit groupe élu d'enfants de Dieu au milieu d'une race corrompue et perverse, comme des flambeaux

1. Phil., II, 25 et suiv.

2. On a supposé que l'épître aux Philippiens telle que nous l'avons se compose de deux épîtres cousues ensemble, et dont la première finirait aux mots : τὸ λοιπὸν, ἀδελφοί μου, χαίρετε ἐν κυρίῳ (III, 1), le préambule de la deuxième ayant été supprimé. Τὰ αὐτά semble en effet se rapporter à une épître antérieure, et Polycarpe admet qu'il y eut plusieurs épîtres de Paul aux Philippiens (*Ad Phil.*, 3).

au milieu d'un monde obscur[1]. Il les prémunit
contre l'exemple des chrétiens moins parfaits[2], c'est-à-
dire de ceux qui ne sont pas dégagés de tout préjugé
juif[3]. Les apôtres de la circoncision sont traités avec
la plus grande dureté[4] :

Gare aux chiens, aux mauvais ouvriers, à tous ces
mutilés! C'est nous qui sommes les vrais circoncis, nous
qui adorons selon l'esprit de Dieu, qui mettons notre
gloire et notre confiance en Christ Jésus, non en la chair.
Si je voulais me relever par ces distinctions charnelles, je
le pourrais à meilleur droit que personne; moi, circoncis
le huitième jour, de la pure race d'Israël, de la tribu de
Benjamin, Hébreu fils d'Hébreux, ancien pharisien, ancien
persécuteur, ancien observateur zélé des justices légales.
Eh bien, tous ces avantages, je les tiens au point de vue
du Christ pour des infériorités, pour des ordures, depuis
que j'ai appris ce qu'a de transcendant la connaissance
du Christ Jésus. Pour gagner Christ, j'ai perdu tout le reste;
j'ai échangé ma propre justice, venant de l'observation de
la Loi, contre la vraie justice selon Dieu, qui vient de la
foi en Christ, afin de participer à sa résurrection et de
ressusciter, moi aussi, d'entre les morts, comme j'ai participé à ses souffrances, et comme j'ai pris sur moi l'image
de sa mort. Je suis loin d'avoir atteint ce but; mais je le

1. Phil., i, 29-30; ii, 12-18.
2. *Ibid.,* iv, 18-19.
3. *Ibid.,* iii, 15-17.
4. *Ibid.,* iii, 2 et suiv.

poursuis. Oubliant ce qui est en arrière, toujours tendu vers ce qui est en avant, j'aspire comme le coureur au prix de la victoire placé à l'extrémité de la carrière. Tel est le sentiment des parfaits.

Et il ajoute :

Notre patrie est dans le ciel, d'où nous attendons pour sauveur le Seigneur Jésus-Christ, qui transformera notre corps misérable et le rendra semblable à son corps glorieux, par l'étendue de sa puissance et grâce au décret divin qui lui a soumis toute chose. Voilà, frères que j'aime et regrette de ne plus voir, vous, ma joie et ma couronne, voilà la doctrine à laquelle il faut nous tenir, mes bien-aimés[1].

Il les exhorte surtout à la concorde et à l'obéissance. La forme de vie qu'il leur a donnée, la façon dont ils l'ont vu pratiquer le christianisme est la bonne ; mais, après tout, chaque fidèle a sa révélation, son inspiration personnelle, qui vient aussi de Dieu[2]. Il prie « sa vraie épouse » (Lydie) de réconcilier Evhodie et Syntyché, de leur venir en aide, de les seconder dans leur office de servantes des pauvres[3]. Il veut qu'on se réjouisse[4] : « LE SEIGNEUR EST PRO-

1. Phil., III, 20, 21 ; IV, 1.
2. *Ibid.*, III, 15-17.
3. *Ibid.*, IV, 2-3.
4. *Ibid.*, II, 1, 18 ; III, 1 ; IV, 4.

CHE [1]. » Son remercîment pour l'envoi d'argent que lui ont fait les riches dames de Philippes est un modèle de bonne grâce et de vive piété :

J'ai éprouvé une grande joie dans le Seigneur a propos de cette refloraison tardive de votre amitié, qui vous a fait enfin penser à moi; vous y pensiez bien; mais vous n'aviez pas d'occasion. Je ne dis pas cela pour insister sur ma pauvreté; j'ai appris à me contenter de ce que j'ai. Je sais être dans la pénurie et je sais avoir du superflu; je suis habitué à tout, à être rassasié et à souffrir la faim, à surabonder et à manquer du nécessaire. Je puis tout en celui qui me fortifie. Mais vous, vous avez bien fait de contribuer à soulager ma détresse. Ce n'est pas au don que je regarde, mais au profit qui en résulte pour vous. J'ai tout ce qu'il me faut, je surabonde même, depuis que j'ai reçu par Épaphrodite votre offrande, sacrifice de bonne odeur, hostie bien accueillie, agréable à Dieu [2]!

Il recommande l'humilité, qui nous fait regarder les autres comme supérieurs à nous, la charité, qui nous fait songer aux autres plus qu'à nous, selon l'exemple de Jésus. Jésus avait en lui toute la divinité en puissance; il aurait pu, durant sa vie terrestre, se montrer dans sa splendeur divine; mais l'économie de la rédemption eût alors été renversée.

1. Phil., IV, 5.
2. *Ibid.*, IV, 10-18.

Aussi s'est-il dépouillé de son éclat naturel, pour prendre l'apparence d'un esclave. Le monde l'a vu semblable à un homme; à ne regarder que les dehors, on l'eût pris pour un homme. « Il s'est humilié lui-même, se faisant obéissant jusqu'à la mort, et à la mort de la croix. Voilà pourquoi Dieu l'a exalté, et lui a donné un nom au-dessus de tout autre, voulant qu'au nom de Jésus tout genou fléchisse au ciel, sur la terre et dans les enfers, et que toute langue confesse le Seigneur Jésus-Christ, à la gloire de Dieu le Père[1]. »

Jésus, on le voit, grandissait d'heure en heure dans la conscience de Paul. Si Paul n'admet pas encore sa complète égalité avec Dieu le Père, il croit à sa divinité et présente toute sa vie terrestre comme l'exécution d'un plan divin, réalisé par une incarnation. La prison faisait sur lui l'effet qu'elle produit d'ordinaire sur les fortes âmes. Elle l'exaltait, et provoquait dans ses idées de vives et profondes révolutions. Peu après avoir expédié la lettre aux Philippiens, il leur envoya Timothée, pour s'informer de leur état et leur porter de nouvelles instructions[2]. Timothée dut revenir assez promp-

1. Phil., ii, 4-11.
2. Phil., ii, 19-23. Il n'est pas sûr cependant que Paul ait exécuté le projet qu'il énonce dans ce passage.

tement[1]. Luc paraît aussi vers ce temps avoir fait
une absence de courte durée[2].

1. Il est près de Paul, en effet, quand celui-ci écrit aux Colossiens et à Philémon.

2. Il ne figure pas dans l'épître aux Philippiens, et il figure
dans les épîtres aux Colossiens et à Philémon.

CHAPITRE II.

Les chaînes de Paul, son entrée à Rome, toute triomphale selon les idées chrétiennes, les avantages que lui donnait sa résidence dans la capitale du monde ne laissaient point de repos au parti de Jérusalem. Paul était pour ce parti une sorte de stimulant, un émule actif, contre lequel on murmurait et que l'on cherchait néanmoins à imiter. Pierre, notamment, toujours partagé, envers son audacieux confrère, entre une vive admiration personnelle et le rôle que son entourage lui imposait, Pierre, dis-je, passait sa vie, traversée aussi par de nombreuses épreuves[1], à copier Paul, à le suivre de loin dans ses courses, à trouver après lui les fortes positions qui pouvaient assurer le succès de l'œuvre commune. Ce fut probablement à l'exemple de Paul qu'il se fixa, vers l'an 54, à An-

---

1. Clém. Rom., *Ad Cor. I,* ch. 5.

tioche. Le bruit répandu en Judée et en Syrie, dans la
seconde moitié de l'an 61, de l'arrivée de Paul à Rome
put de même lui inspirer l'idée d'un voyage vers l'Occident.

Il semble qu'il vint avec toute une société apostolique. D'abord son interprète Jean-Marc, qu'il appelait
« son fils », le suivait d'ordinaire[1]. L'apôtre Jean, nous
l'avons plus d'une fois remarqué, paraît aussi en
général avoir accompagné Pierre[2]. Quelques indices

1. Col., iv, 10; Philem., 24; I Petri, v, 13. Cf. Papias, dans
Eus., *H. E.*, III, 39; Irénée, *Adv. hær.*, III, i, 1; Tertullien,
Adv. Marc., IV, 5; Clément d'Alex., dans Eusèbe, *H. E.*, VI, 14;
Origène, dans Eusèbe, *H. E.*, VI, 25; Eusèbe, *H. E.*, II, 15;
Épiph., *Adv. hær.*, li, 6; saint Jérôme, ep. 150, ad Hedibiam,
c. 11. Notez un personnage appelé Μάρκος Πέτρος, probablement
chrétien, l'an 278 à Bostra (Waddington, *Inscr.*, n° 1909).

2. *Act.*, i, 13; iii, 1, 3, 4, 11; iv, 13, 19; viii, 14; Jean, xxi
entier; Gal., ii, 9. L'impression des massacres de l'an 64 et l'horreur de la ville de Rome sont si vives dans l'Apocalypse, qu'on est
porté à croire que l'auteur de ce livre s'était trouvé mêlé auxdits
événements, ou du moins qu'il avait vu Rome (notez surtout les
ch. xiii, xvii). Le choix qu'il fait de Patmos pour y placer sa
vision s'explique bien aussi dans cette hypothèse, Patmos étant
un bon port de relâche et en quelque sorte la dernière station pour
celui qui va en cabotant de Rome à Éphèse. Nous montrerons,
quand il s'agira de l'Apocalypse, que ce choix ne peut guère
s'expliquer par aucun autre motif. Nous discuterons plus tard la
tradition sur Jean devant la porte Latine. Quoique le quatrième
Évangile ne soit pas l'œuvre personnelle de Jean, relevons cependant ce qu'a de particulier le passage *Jean*, xxi, 15-23 (voir *les*

portent même à croire que Barnabé fut du voyage[1].

Enfin, il n'est pas impossible que Simon de Gitton se soit de son côté transporté dans la capitale du monde[2], attiré par l'espèce de charme que cette ville exerçait sur tous les chefs de secte[3], les charlatans, les magiciens et les thaumaturges[4]. Rien n'était

Apôtres, p. 33-34). Cela est bien de quelqu'un qui a vu Pierre, a reçu ses confidences, a été témoin de sa mort.

1. L'auteur de l'Épître aux Hébreux semble avoir été à Rome ; or Barnabé paraît l'auteur de l'Épître aux Hébreux. Voir l'introd.

2. Justin, *Apol. I,* 26, 56 ; Irénée, *Adv. hær.,* I, xxiii, 1 ; *Philosophumena,* VI, 20 ; *Constit. apost.,* VI, 9 ; Eusèbe, *H. E.,* II, 13-14. Il est vrai que les indices sur lesquels Justin et Irénée se fondent provenaient de singulières bévues. Voir *les Apôtres,* p. 266 et suiv. La présence de Simon à Rome est la base des Actes apocryphes de Pierre (Tischendorf, *Acta apost. apocr.,* p. 13 et suiv.; cf. *Récognitions,* II, 9 ; III, 63-64), dont la première rédaction fut ébionite. Eusèbe en admet la donnée fondamentale (*H. E.,* II, 14). Irénée même (l. c.) semble s'y rapporter. Cf. *Constit. apost.,* l. c., et *Philosoph.,* l. c. La façon dont l'auteur des *Actes des apôtres* parle de Simon, laissant croire à la possibilité de sa conversion (viii, 24), semble supposer que Simon vivait encore quand il écrivait. Le passage Tacite, *Ann.,* XII, 52, n'est pas une objection contre le séjour de Simon à Rome. Cf. Tac., *Ann.,* XIV, 9 ; *Hist.,* I, 22. L'emploi abusif qui fut fait au iie siècle du nom de Simon pour désigner Paul ne prouve ni contre l'existence réelle de Simon, ni même contre son voyage à Rome.

3. Les chefs de sectes gnostiques du iie siècle viennent presque tous à Rome.

4. Jamais les *mathematici,* les *chaldæi,* les γόητες de toute sorte n'avaient abondé à Rome autant qu'à ce moment. Tac., *Ann.,*

plus familier aux Juifs que le voyage d'Italie. L'historien Josèphe vint à Rome en l'an 62 ou 63 pour obtenir la délivrance de prêtres juifs, très-saints personnages qui, pour ne rien manger d'impur, ne vivaient en pays étranger que de noix et de figues, et que Félix avait envoyés rendre raison d'on ne sait quel délit à l'empereur[1]. Qui étaient ces prêtres ? Leur affaire était-elle sans lien avec celle de Pierre et de Paul ? Le manque de preuves historiques laisse planer sur tous ces points beaucoup de doutes. Le fait même sur lequel les catholiques modernes font reposer l'édifice de leur foi est loin d'être certain[2]. Nous croyons

XII, 52 ; *Hist.*, I, 22 ; II, 62 ; Dion Cassius, LXV, 1 ; LXVI, 9 ; Suétone, *Tib.*, 36 ; *Vitellius,* 14 ; Juvénal, vi, 542 et suiv.; Eusèbe, *Chron.*, année 9 de Domitien ; Zonaras, *Ann.*, VI, 5.

1. Jos., *Vita,* 3.

2. Il est bien sûr que Pierre n'était pas à Rome quand Paul écrivit l'épître aux Romains (cf. Denys de Cor., dans Eus., *H. E.,* II, 25). Paul ne se mêlait jamais des Églises fondées par les apôtres de la circoncision (Gal., ii, 7-8 ; II Cor., x, 16 ; Rom., xv, 18-20). Il n'y était pas non plus quand Paul y arriva. *Act.,* xxviii, 17 et suiv., le prouve. Le système d'Eusèbe (*Chron.,* ad ann. 2 Claudii ; *H. E.,* II, 14) et de saint Jérôme (*De viris illustr.,* 1) sur la venue de Pierre à Rome l'an 42 est par conséquent insoutenable. Mais rien ne s'oppose à ce qu'il y soit venu plus tard, et certains indices rendent cela probable : 1° une tradition établie dès le second siècle (Denys de Corinthe, Caïus, Clément d'Alexandrie, Origène, cités dans Eusèbe, *H. E.,* II, 15, 25 ; III, 1 ; VI, 14 ; Ignace, *Ad Rom.,* 4 ; Irénée, *Adv. hær.,* III, i, 1 ; iii, 3 ; Tertul-

cependant que les « Actes de Pierre », tels que les racontaient les ébionites, n'étaient fabuleux que dans le détail. La conception fondamentale de ces Actes, Pierre courant le monde à la suite de Simon le Magicien pour le réfuter, apportant le vrai Évangile

lien, *Scorp.*, 15; *Præscr.*, 36; Κήρυγμα Παύλου, cité dans le *De non iterando baptismo,* à la suite des Œuvres de saint Cyprien, p. 139, édit. Rigault), et qui n'est pas sans poids, bien qu'on y ait mêlé des erreurs évidentes et qu'on y puisse voir un parti pris *a priori* de donner le prince des apôtres pour fondateur à l'Église de la capitale du monde (l'Église de Corinthe voulut aussi avoir Pierre pour fondateur; or Pierre n'a certainement pas fondé l'Église de Corinthe); 2° le fait certain que Pierre est mort martyr (voir ci-après, ch. viii); or ce n'est guère qu'à Rome qu'un tel martyre se conçoit; 3° l'épître *I Petri,* qui se donne comme ayant été écrite à Rome; cet argument garde toute sa force, même si l'épître est l'œuvre d'un faussaire; il resterait bien remarquable, en effet, que le faussaire, pour donner de la créance à son attribution, datât l'épître de Rome; 4° le système, légendaire dans la forme, mais très-sérieux au fond, qui veut que Pierre ait suivi par tout le monde les traces de Simon le Magicien (entendez : Paul), et soit venu à Rome pour le combattre (Περίοδοι et Κήρυγμα Πέτρου, ouvrages qui servirent de base aux Récognitions et aux Homélies pseudo-clémentines, puis au Πέτρου καὶ Παύλου κήρυγμα, déjà cité par Héracléon et Clément d'Alexandrie : Lipsius, *Rœmische Petrussage,* p. 13 et suiv.; Hilgenfeld, *Nov. Test. extra can. rec.,* IV, 52 et suiv.; cf. Eus., *H. E.,* II, 14; *Philosophum.,* VII, 20; *Const. apost.,* VI, 9; comp. le Κήρυγμα syriaque de Pierre, dans Cureton, *Anc. syr. doc.,* p. 35-41). — Quant aux lieux de Rome où l'on rattache les souvenirs du séjour de Pierre, tels que la maison de Pudens sur le Viminal, la maison

qui doit renverser l'Évangile de l'imposteur[1], « venant
après lui comme la lumière après les ténèbres, comme
la science après l'ignorance, comme la guérison après
la maladie », cette conception est vraie, quand on a
mis le nom de Paul à la place de celui de Simon, et
qu'au lieu de la haine féroce que les ébionites témoignèrent toujours contre le prédicateur des gentils, on
se figure entre les deux apôtres une simple opposition
de principes, n'excluant ni la sympathie ni l'accord
sur le point fondamental, l'amour de Jésus. Dans ce
voyage entrepris par le vieux disciple galiléen pour
suivre la trace de Paul, nous admettons même volontiers que Pierre, suivant Paul de près, toucha à
Corinthe, où il avait avant sa venue un parti considérable[2], et qu'il y donna beaucoup de force aux

de Prisca sur l'Aventin, l'endroit dit *ad nymphas B. Petri, ubi
baptizabat,* sur la voie Nomentane, leurs titres sont faibles ou nuls,
bien que ce dernier endroit soit un très-vieux centre chrétien.
V. Bosio, *Roma sott.,* édit. de 1650, p. 400-402 ; de Rossi, *Roma
sott.,* I, p. 189 et suiv.; *Bull.,* 1867, p. 37 et suiv., 48, 49 et
suiv. ; Actes de sainte Pudentienne et de sainte Praxède, *Act. SS.
Maii,* IV, 1ʳᵉ partie, p. 299 et suiv. (pour *Pio,* lisez *Paulo*); Actes
de saint Marcel, *Acta SS. Jan.,* II, p. 7. L'inscription publiée dans
le numéro du 17 mars 1870 du journal de Naples, *Il trionfo della
Chiesa cattolica,* est une fraude grossière. Voir l'appendice à la
fin du volume.

1. Hom. pseudo-clém., II, 17; III, 59.

2. I Cor., I, 12; III, 22; IX, 5.

judéo-chrétiens, de telle sorte que plus tard
l'Église de Corinthe put prétendre avoir été fondée
par les deux apôtres, et soutenir, en faisant une
légère erreur de date, que Pierre et Paul avaient été
chez elle en même temps et de là étaient partis de
compagnie pour trouver la mort à Rome[1].

Quelles furent à Rome les relations des deux
apôtres? Certains indices portent à croire qu'elles
furent assez bonnes[2]. Nous verrons bientôt Marc,
le secrétaire de Pierre, chargé d'une mission de son
maître, partir pour l'Asie avec une recommandation
de Paul[3]; en outre, l'épître attribuée à Pierre, écrit
d'une authenticité très-soutenable, présente de nombreux emprunts faits aux épîtres de Paul. Deux véri-
tés sont nécessaires à maintenir dans toute cette histoire: la première est que des divisions profondes (bien
plus profondes que celles qui furent jamais, dans la
suite de l'histoire de l'Église, la matière d'aucun
schisme) partagèrent les fondateurs du christianisme,

1. Denys de Corinthe, dans Eusèbe, *Hist. eccl.*, II, 25 (édit.
Heinichen; le texte est incertain et obscur). Origène, Eusèbe, Epi-
phane, saint Jérôme admettent une prédication de Pierre en Asie
Mineure, uniquement à cause de *I Petri*, ɪ, 1, motif tout à fait
insuffisant.

2. Cf. le Κήρυγμα Παύλου, cité dans l'ouvrage *De non iter.
bapt.*, l. c.

3. Col., ɪv, 10.

et que la forme de la polémique, conformément aux habitudes des gens du peuple, fut entre eux singulièrement âpre[1] ; la seconde, c'est qu'une pensée supérieure réunit, même de leur vivant, ces frères ennemis, en attendant la grande réconciliation que l'Église devait opérer d'office entre eux après leur mort. Cela se voit souvent dans les mouvements religieux. Il faut aussi, dans l'appréciation de ces débats, tenir grand compte du caractère juif, vif et susceptible, porté aux violences de langage. Dans ces petites coteries pieuses, on se brouillait, on se raccommodait sans cesse ; on avait des mots aigres, et néanmoins on s'aimait. Parti de Pierre, parti de Paul, ces divisions n'avaient pas beaucoup plus de conséquence que celles qui séparent de nos jours les différentes fractions de l'Église positiviste. Paul avait à ce sujet un mot excellent : « Que chacun reste dans le type d'enseignement qu'il a reçu[2] ; » règle admirable que l'Église romaine ne suivra guère plus tard. L'adhésion à Jésus suffisait ; les divisions confessionnelles, si l'on peut s'exprimer ainsi, étaient une

1. Voir l'Épître de Jude, les chapitres II et III de l'Apocalypse, les traits fanatiques attribués à Jean (II Joh., 10-11 ; Irénée, *Adv. hær.*, III, III, 4), sans parler des duretés que présentent à chaque page les épîtres de Paul.

2. Εἰς ὃν παρεδόθητε τύπον διδαχῆς (Rom., VI, 17).

simple question d'origine indépendante des mérites
personnels du croyant.

Un fait pourtant qui a sa gravité, et qui porterait
à croire que les bons rapports ne se rétablirent pas
entre les deux apôtres, c'est que, dans le souvenir de
la génération suivante, Pierre et Paul sont les chefs
de partis opposés au sein de l'Église ; c'est que l'auteur de l'Apocalypse, le lendemain de la mort des
apôtres, au moins de la mort de Pierre, est, de tous
les judéo-chrétiens, le plus haineux contre Paul [1].
Paul se regardait comme le chef des païens convertis
partout où il y en avait ; c'était là son interprétation
du pacte d'Antioche ; les judéo-chrétiens l'entendaient évidemment d'une façon différente. Il est probable que ce dernier parti, qui avait toujours été très-
fort à Rome, tira de l'arrivée de Pierre une grande
cause de prépondérance. Pierre devint son chef et le
chef de l'Église de Rome. Or le prestige sans égal de
Rome donnait à un pareil titre la plus grande importance. On voyait quelque chose de providentiel
dans le rôle de cette ville extraordinaire [2]. Par
suite de la réaction qui se produisait contre Paul,
Pierre devenait de plus en plus, en vertu d'une

1. Voir *Saint Paul*, p. 367 et suiv. Notez surtout Apoc., xxi,
14, qui exclut Paul du nombre des apôtres.
2. Voir l'Apocalypse tout entière.

sorte d'opposition, le chef des apôtres [1]. Le rapprochement se fit bien vite chez des esprits faciles à frapper. Le chef des apôtres dans la capitale du monde! quoi de plus parlant? La grande association d'idées qui devait dominer les destinées de l'humanité pendant des milliers d'années venait de se constituer. Pierre et Rome deviennent inséparables; Rome est prédestinée à être la capitale du christianisme latin; la légende de Pierre, premier pape, est écrite d'avance; mais il faudra quatre ou cinq siècles pour que cela se débrouille. Rome, en tout cas, ne se douta guère, le jour où Pierre y mit le pied, que ce jour réglait son avenir, et que le pauvre Syrien qui venait d'entrer dans ses murs prenait possession d'elle pour des siècles.

La situation morale, sociale, politique, s'aggravait de jour en jour. On ne parlait que de prodiges et de malheurs [2]; les chrétiens en étaient plus affectés que personne [3]; l'idée que Satan est le dieu de ce

---

1. Lettre de Clément à Jacques, en tête des Homélies pseudo-clémentines, 1.

2. Tacite, *Ann.*, XIV, 12, 22; XV, 22; Suétone, *Néron,* 36, 39; Dion Cassius, LXI, 16, 18; Philostrate, *Apoll.*, IV, 43; Sénèque, *Quœst. nat.,* VI, 1, p. 454; Eusèbe, C*hron ,* aux années 7, 9, 10 de Néron.

3. Voir l'Apocalypse.

monde s'enracinait chez eux de plus en plus[1]. Les
spectacles leur paraissaient démoniaques. Ils n'y
allaient jamais; mais ils entendaient les gens du
peuple en parler. Un Icare qui, dans l'amphithéâtre
en bois du Champ de Mars, prétendit se soutenir en
l'air, et qui s'en vint tomber sur la stalle même de
Néron, en le couvrant de son sang[2], les frappa beaucoup, et devint l'élément capital d'une de leurs
légendes. Le crime de Rome atteignait les dernières
limites du sublime infernal; c'était déjà un usage
dans la secte, soit par précaution contre la police,
soit par goût du mystère, de ne désigner cette ville
que par le nom de Babylone[3]. Les juifs avaient coutume d'appliquer ainsi à des choses modernes des
noms propres symboliques empruntés à leur vieille
littérature sacrée[4].

Cette antipathie peu dissimulée pour un monde
qu'ils ne comprenaient pas devenait le trait caractéristique des chrétiens. « La haine du genre humain »

.

1. II Cor., iv, 4; Eph., vi, 12; Jean, xii, 31; xiv, 30.

2. Suétone, *Néron,* 12. V. ci-après, p. 44.

3. I Petri, v, 13. Comp. Apocal., xiv-xviii; *Carm. sibyll.,*
V, 142, 158.

4. C'est ainsi qu'*Édom* servit à désigner Rome et l'empire
romain. V. Buxtorf, *Lex. chald., talm., rabb.,* au mot אדום.
Il en fut de même du nom de *Cuthéen,* appliqué aux Samaritains
et en général aux gentils.

passait pour le résumé de leur doctrine[1]. Leur
mélancolie apparente était une injure à « la félicité du siècle » ; leur croyance à la fin du monde
contrariait l'optimisme officiel, selon lequel tout
renaissait. Les signes de répulsion qu'ils faisaient en
passant devant les temples donnaient l'idée qu'ils ne
songeaient qu'à les brûler[2]. Ces vieux sanctuaires de
la religion romaine étaient extrêmement chers aux
patriotes ; les insulter, c'était insulter Évandre, Numa,
les ancêtres du peuple romain, les trophées de ses
victoires[3]. On chargeait les chrétiens de tous les
méfaits ; leur culte passait pour une superstition
sombre, funeste à l'empire ; mille récits atroces ou
honteux circulaient sur leur compte ; les hommes les
plus éclairés y croyaient et regardaient ceux qu'on
désignait ainsi à leur haine comme capables de tous
les crimes.

Les nouveaux sectaires ne gagnaient guère d'adhérents que dans les basses classes ; les gens bien élevés
évitaient de prononcer leur nom, ou, quand ils y
étaient obligés, s'excusaient presque[4] ; mais, dans

1. Tacite, *Ann.,* XV, 44 (cf. *Hist.,* V, 5) ; Suétone, *Néron,* 16.
2. Cf. I Petri, IV, 4. « Pessimus quisque, spretis religionibus
patriis... » Tacite, *Hist.,* V, 5.
3. Tacite, *Ann.,* XV, 41, 44 ; *Hist.,* V, 5.
4. « Quos... vulgus christianos appellabat. » Tacite, *Ann.,* XV, 44.

le peuple, les progrès étaient extraordinaires; on eût dit une inondation, quelque temps endiguée, qui faisait irruption[1]. L'Église de Rome était déja tout un peuple[2]. La cour et la ville commençaient sérieusement à parler d'elle; ses progrès furent quelque temps la nouvelle du jour[3]. Les conservateurs songeaient avec une sorte de terreur à ce cloaque d'immondices qu'ils se figuraient dans les bas-fonds de Rome; ils parlaient avec colère de ces espèces de mauvaises herbes indéracinables, qu'on arrache toujours, qui repoussent toujours[4].

Quant à la populace malveillante, elle rêvait des forfaits impossibles pour les attribuer aux chrétiens. On les rendait responsables de tous les malheurs publics. On les accusait de prêcher la révolte contre l'empereur et de chercher à soulever les esclaves[5]. Le chrétien arrivait à être dans l'opinion ce que fut par moments le juif du moyen âge, le bouc émissaire de toutes les calamités, l'homme qui ne

---

1. « Rursus erumpebat. » Tacite, *Ann.*, XV, 44.

2. « Multitudo ingens. » Tacite, *ibid.*

3. « Genus hominum superstitionis novæ ac maleficæ. » Suétone, *Néron,* 16.

4. « Genus hominum in civitate nostra et vetabitur semper et retinebitur. » Tac., *Hist.*, I, 22; cf. *Ann.*, XII, 52. Κολουσθὲν μὲν πολλάκις, αὐξηθὲν δὲ ἐπὶ πλεῖστον. Dion Cassius, XXXVII, 17.

5. Rom., xiii, 1 et suiv.; I Petri, ii, 13, 18.

pense qu'au mal, l'empoisonneur de fontaines, le mangeur d'enfants, l'allumeur d'incendies[1]. Dès qu'un crime était commis, le plus léger indice suffisait pour arrêter un chrétien et le faire mettre à la torture. Souvent le nom seul de chrétien suffisait pour amener l'arrestation. Quand on les voyait s'éloigner des sacrifices païens, on les injuriait[2]. L'ère des persécutions était ouverte en réalité; elle durera désormais avec de courts intervalles jusqu'à Constantin. Dans les trente années qui se sont écoulées depuis la première prédication chrétienne, les Juifs seuls ont persécuté l'œuvre de Jésus; les Romains ont défendu les chrétiens contre les Juifs; maintenant les Romains se font persécuteurs à leur tour. De la capitale, ces terreurs, ces haines se répandaient dans les provinces et provoquaient les plus criantes injustices[3]. Il s'y mêlait d'atroces plaisanteries; les murs des lieux où se réunissaient les chrétiens étaient couverts de caricatures et d'inscriptions injurieuses ou obscènes contre les frères et les sœurs[4]. L'habitude de repré-

1. Tacite, *Ann.*, XV, 44; Suétone, *Néron,* 16; Sénèque, cité par saint Augustin, *De civ. Dei,* VI, 11; I Petri, II, 12, 15; III, 16; cf. II Petri, II, 12.

2. I Petri, IV, 4.

3. I Petri, I, 6; II, 19-20; III, 14; IV, 12 et suiv.; V, 9, 10; Jac., II, 6; Tertullien, *Ad nat.,* I, 7.

4. De Rossi, *Bull. di arch. crist.,* 1864, p. 69 et suiv.

senter Jésus sous la forme d'un homme à tête d'âne
était déjà peut-être établie[1].

Personne ne doute aujourd'hui que ces accusa-
tions de crimes et d'infamie ne fussent calomnieuses ;
mille raisons portent même à croire que les directeurs
de l'Église chrétienne ne donnèrent pas le moindre
prétexte au mauvais vouloir qui allait bientôt amener
contre eux de si cruelles violences. Tous les chefs
des partis qui divisaient la société chrétienne étaient
d'accord sur l'attitude à garder envers les fonction-

1. M. de Rossi (*Bull.*, 1864, p. 72) croit avoir lu sur les murs
d'une salle de Pompéi qui lui semble avoir servi à des réunions
chrétiennes : *Mulus hic muscellas docuit* (V. Zangemeister, *Inscr.
parietariæ*, n° 2016 : *musciillas*). Comp. la pierre gravée publiée
par Stefanone (*Gemmæ*, Venise, 1646, tab. xxx), représentant un
âne faisant le maître d'école devant quelques enfants respectueu-
sement inclinés (republiée par Fr. Münter, *Primordia Ecclesiæ
africanæ*, Hafniæ, 1829, p. 218 [cf. p. 167 et suiv.], et par F.-X.
Kraus, *Das Spott-crucifix vom Palatin*, Vienne, 1869, traduit par
Ch. de Linas, Arras, 1870). Le musée de Luynes (Bibl. nat., cabinet
des antiques, terres cuites, n° 779) possède une terre cuite, provenant de Syrie, qui semble représenter Jésus en caricature, sous
la forme d'un petit homme à longue robe, tenant un livre ; grosse
tête d'âne, longues oreilles, yeux auxquels on a voulu donner une
expression mystique et doucereuse, détail obscène. Comp. aussi
le crucifix grotesque du Palatin (Garrucci, *Il crocifisso graffito*,
Rome, 1857 ; Kraus-Linas précité ; *Comptes rendus de l'Acad.
des inscr.*, 1870, p. 32-36 : les doutes de la page 36 se sont for-
tifiés pour nous). Voir Tertullien, *Apol.*, 16 ; Minutius Félix, 9, 28
Celse, dans Origène, *Contra Celsum*, VI, 31.

naires romains. On pouvait bien au fond tenir ces magistrats pour suppôts de Satan, puisqu'ils protégeaient l'idolâtrie et qu'ils étaient les soutiens d'un monde livré à Satan[1]; mais, dans la pratique, les frères étaient pour eux pleins de respect. La faction ébionite seule partageait les sentiments exaltés des zélotes et autres fanatiques de Judée. Les apôtres, en politique, se montrent à nous comme essentiellement conservateurs et légitimistes. Loin de pousser l'esclave à la révolte, ils veulent que l'esclave soit soumis au maître, même le plus injuste et le plus dur, comme s'il servait Jésus-Christ en personne, et cela non par nécessité, pour échapper aux châtiments, mais par conscience, parce que Dieu le veut. Derrière le maître, il y a Dieu lui-même. L'esclavage était si loin de paraître contre nature, que les chrétiens avaient des esclaves, et des esclaves chrétiens[2]. Nous avons vu Paul réprimer la tendance aux soulèvements politiques qui se manifestait vers l'an 57, prêcher aux fidèles de Rome et sans doute de bien d'autres Églises la soumission aux puissances, quelle que soit leur origine, établir en principe que le gendarme est un ministre de Dieu et qu'il n'y a que les

1. Luc, IV, 6; Jean, XII, 31; Eph., VI, 12.
2. I Petri, II, 18; Col., III, 22, 25; IV, 1; Eph., VI, 5 et suiv., et l'épisode d'Onésime.

méchants qui le redoutent. Pierre, de son côté, était
le plus tranquille des hommes; nous allons bientôt
trouver la doctrine de la soumission aux puissances
enseignée sous son nom, presque dans les mêmes
termes que chez Paul[1]. L'école qui se rattacha plus
tard à Jean partageait les mêmes sentiments sur
l'origine divine de la souveraineté[2]. Une des plus
grandes craintes des chefs était de voir les fidèles
compromis dans de mauvaises affaires, dont l'odieux
vînt à retomber sur l'Église tout entière[3]. Le langage
des apôtres, à ce moment suprême, fut d'une extrême
prudence. Quelques malheureux mis à la torture,
quelques esclaves fustigés s'étaient laissés aller à
l'injure, appelant leurs maîtres idolâtres, les menaçant de la colère de Dieu[4]. D'autres, par excès
de zèle, déclamaient tout haut contre les païens et
leur reprochaient leurs vices; les confrères plus
sensés les appelaient avec esprit « évêques » ou « sur-
veillants de ceux du dehors[5] ». Il leur arrivait de
cruelles mésaventures; les sages directeurs de la
communauté, loin de les exalter, leur disaient assez

1. I Petri, ii, 13 et suiv.
2. Jean, xix, 11.
3. I Petri, ii, 11-12; iv, 15.
4. *Ibid.*, ii, 23.
5. Ἀλλοτριεπίσκοποι.

clairement qu'ils n'avaient que ce qu'ils méritaient[1].

Toutes sortes d'intrigues que l'insuffisance des documents ne nous permet pas de démêler aggravaient la position des chrétiens. Les Juifs étaient très-puissants auprès de l'empereur et de Poppée[2]. Les « mathématiciens », c'est-à-dire les devins, entre autres un certain Balbillus d'Éphèse, entouraient l'empereur, et, sous prétexte d'exercer la partie de leur art qui consistait à détourner les fléaux et les mauvais présages, lui donnaient d'atroces conseils[3]. La légende qui mêle à tout ce monde de sorciers le nom de Simon le Magicien[4] est-elle sans aucun fondement? Cela se peut sans doute; mais le contraire se peut aussi. L'auteur de l'Apocalypse est fort préoccupé d'un « faux prophète », qu'il représente comme un suppôt de Néron, comme un thaumaturge faisant tomber le feu du ciel, donnant

---

1. I Petri, iv, 15.

2. Voir ci-dessous, p. 157-159.

3. Suét., *Nér.*, 34, 36, 40 ; Tac., *Hist.*, I, 22.

4. Homélies pseudo-clém., ii, 34 ; *Récognitions*, I, 74 ; III, 47, 57, 63, 64 ; Faux actes de Pierre, Tischendorf, p. 30 et suiv.; Pseudo-Lin, en *Bibl. max. Patrum*, II, 1re partie, p. 67 ; Pseudo-Marcellus, dans Fabricius, *Codex apocr. N. T.*, III, p. 635 et suiv. ; Pseudo-Abdias, I, 16 et suiv. ; *Const. apost.*, VI, 9 ; Irénée, *Adv. hær.*, I, xxiii, 1 ; Eusèbe, *H. E.*, II, 14; Pseudo-Hégésippe, *De excidio Hieros.*, III, 2; Épiphane, hær. xxi, 5; Arnobe, *Adv. gentes*, II, 13 ; Philastre, hær. xxix; Sulpice Sévère, II, 28, etc. Cf. de Rossi, *Bullettino*, 1867, p. 70-71.

la vie et la parole à des statues, marquant les hommes
du caractère de la Bête[1]. C'est peut-être de Balbillus qu'il s'agit; il faut reconnaître cependant que
les prodiges attribués au Faux Prophète par l'Apocalypse ont beaucoup de ressemblance avec les tours
d'escamotage que la légende attribue à Simon[2]. L'emblème d'un agneau-dragon, sous lequel le Faux Prophète est désigné dans le même livre[3], convient mieux
également à un faux Messie tel qu'était Simon de Gitton
qu'à un simple sorcier. D'un autre côté, la légende
de Simon précipité du ciel n'est pas sans analogie
avec un accident qui arriva dans l'amphithéâtre,
sous Néron, à un acteur qui jouait le rôle d'Icare[4].
Le parti arrêté chez l'auteur de l'Apocalypse de s'exprimer en énigmes jette sur tous ces événements
beaucoup d'obscurité; mais on ne se trompe pas
en cherchant derrière chaque ligne de ce livre
étrange des allusions aux circonstances anecdotiques
les plus minutieuses du règne de Néron.

Jamais, du reste, la conscience chrétienne ne fut

1. Apoc., xiii, 14-17; xvi, 13; xix, 20.
2. *Récognitions,* II, 9; *Philosophumena,* VI, 20; *Constit.
apost.,* VI, 9.
3. Apoc., xiii, 11.
4. Suétone, *Néron,* 12; Dion Chrysostome, Orat. xxi, 9; Juvénal, iii, 78-80. Cf. *Récognitions,* II, 9. Juvénal suppose le faux
Icare né en Grèce.

plus oppressée, plus haletante qu'à ce moment. On se croyait en un état provisoire et de très-courte durée. On attendait chaque jour l'apparition solennelle. « Il vient!... Encore une heure!... Il est proche!... » étaient les mots qu'on se disait à tout instant[1]. L'esprit du martyre, cette pensée que le martyr glorifie le Christ par sa mort, et que cette mort est une victoire, était déjà universellement répandu[2]. Pour le païen, d'un autre côté, le chrétien devenait une chair naturellement dévolue au supplice. Un drame qui avait vers ce temps beaucoup de succès était celui de *Laureolus,* où l'acteur principal, sorte de Tartuffe fripon, était crucifié sur la scène aux applaudissements de l'assistance et mangé par un ours. Ce drame était antérieur à l'introduction du christianisme à Rome; on le trouve représenté dès l'an 41; mais il semble au moins qu'on en fit l'application aux martyrs chrétiens; le petit nom de *Laureolus,* répondant à *Stéphanos,* pouvait provoquer ces allusions [3].

1. Phil., iv, 5; Jac., v, 8; I Petri, iv, 7; Hebr., x, 37; I Joh., ii, 18.

2. Phil., i, 20; Jean, xxi, 19. Comp. l'expression τρόπαια dans Caïus, cité par Eus., *H. E.,* II, 25.

3. Suétone, *Caïus,* 57; Juvénal, viii, 186 et suiv.; Martial, *Spectac.,* vii.

CHAPITRE III.

Le mauvais vouloir dont l'Eglise chrétienne était l'objet à Rome, peut-être même en Asie Mineure et en Grèce, se faisait sentir jusqu'en Judée[1]; mais la persécution avait ici de tout autres causes. C'étaient les riches sadducéens, l'aristocratie du temple, qui se montraient acharnés contre les bons pauvres et blasphémaient le nom de « chrétien[2] ». Vers le temps où nous sommes, se répandit une lettre de Jacques, « serviteur de Dieu et du Seigneur Jésus-Christ », adressée « aux douze tribus de la dispersion[3] ». C'est un des plus beaux morceaux de la première littérature chrétienne, rappelant tantôt l'Évangile, tantôt la

1. Jac., i, 2-4, 12; iv, 9; v, 7 et suiv. L'épître de Jacques et celle de Pierre débutent par une exhortation à la patience.
2. Jac., ii, 6-7; v, 1 et suiv.
3. Voir ci-après, p. 114-115.

sagesse dòuce et reposée de l'Ecclésiaste[1]. L'authenticité de tels écrits, vu le nombre des fausses lettres
apostoliques qui circulaient[2], est toujours douteuse.
Peut-être le parti judéo-chrétien, habitué à faire
jouer à son gré l'autorité de Jacques, lui attribua-t-il
ce manifeste, où le désir de contredire les novateurs
se fait sentir[3]. Certainement, si Jacques y eut quelque
part, il n'en fut pas le rédacteur. Il est douteux que
Jacques sût le grec; sa langue était le syriaque[4]; or
l'Épître de Jacques est de beaucoup l'ouvrage le mieux
écrit du Nouveau Testament; la grécité en est pure
et presque classique[5]. A cela près, le morceau convient parfaitement au caractère de Jacques. L'auteur
est bien un rabbin juif; il tient fortement à la Loi;
pour désigner la réunion des fidèles, il se sert du mot
de « synagogue[6] »; il est adversaire de Paul; son
épître ressemble pour le ton aux Évangiles synoptiques, que nous verrons plus tard sortir de la
famille chrétienne dont Jacques avait été le chef.
Et néanmoins, le nom du Christ y est mentionné

---

1. Voir surtout le chap. III, sur la langue, charmant petit morceau dans le goût des anciens parabolistes hébreux.

2. II Thess., II, 2.

3. Comp. Rom., III, 27-28; IV, 2-5; V, 1, à Jac., II, 21-24.

4. Eusèbe, *Demonstr. evang.*, III, 5 et 7.

5. L'Épître de Jude a le même caractère.

6. Jac., II, 2. Plus loin, v, 14, il emploie ἐκκλησία.

à peine deux ou trois fois, avec la simple qualité de Messie, et sans aucune des hyperboles ambitieuses qu'entassait déjà l'ardente imagination de Paul.

Jacques, ou le moraliste juif qui a voulu se couvrir de son autorité, nous introduit tout d'abord dans un petit cénacle de persécutés. Les épreuves sont un bonheur, car, en mettant la foi au creuset, elles produisent la patience; or la patience est la perfection de la vertu ; l'homme éprouvé recevra la couronne de vie[1]. Mais ce qui préoccupe surtout notre docteur, c'est la différence du riche et du pauvre. Il avait dû se produire dans la communauté de Jérusalem quelque rivalité entre les frères favorisés de la fortune et ceux qui ne l'étaient pas. Ceux-ci se plaignaient de la dureté des riches, de leur superbe, et gémissaient entre eux[2].

Que le frère humble songe à sa noblesse et le riche à sa bassesse; car la richesse passera comme la fleur des champs[3]... Mes frères, point de différence de personnes en la foi de Notre-Seigneur Jésus, le Christ de gloire. Je suppose qu'il entre dans votre synagogue un homme ayant un anneau d'or au doigt et revêtu d'habits brillants, qu'il

1. Jac., i, 2-4, 12.
2. Cf. Jac., iv, 11; v, 9.
3. Jac., i, 9-11.

entre aussi un pauvre en habits sales, que vous disiez au
premier : « Toi, prends cette bonne place, » et que vous
disiez au pauvre : « Toi, reste debout, » ou bien « Assieds-
toi sous l'escabeau de mes pieds » ; n'est-ce pas là ce qui
s'appelle faire des distinctions entre frères, vous établir
juges, dans le mauvais sens? Écoutez, mes frères bien-
aimés, Dieu n'a-t-il pas choisi les pauvres selon le monde
pour les enrichir selon la foi et les constituer héritiers du
royaume qu'il a promis à ceux qui l'aiment? Et après cela,
vous faites affront au pauvre! Ne sont-ce pas les riches qui
vous tyrannisent et qui vous traînent devant les tribunaux?
Ne sont-ce pas eux qui blasphèment le beau nom[1] qu'on
prononce en vous nommant[2]?...

L'orgueil, la corruption, la brutalité, le luxe des
riches sadducéens étaient, en effet, arrivés à leur
comble[3]. Les femmes achetaient d'Agrippa II le
pontificat pour leur mari à prix d'or[4]. Martha,
fille de Boëthus, l'une de ces simoniaques, quand elle
allait voir officier son mari, faisait étendre des tapis

1. C'est-à-dire le nom de « Christ », d'où *christianus* est
dérivé.

2. Jac., ii, 1 et suiv.

3. Talm. de Bab., *Ioma,* 9 *a,* 35 *b;* Derenbourg, *Hist. de
la Palest.,* p. 234-236.

4. Ainsi Martha, fille de Boëthus, pour Jésus fils de Gamala.
Mischna, *Jebamoth,* vi, 4; Talm. de Bab., *Jebamoth,* 61 *a; Ioma,*
18 *a;* Jos., *Ant.,* XX, ix, 4, 7; Derenbourg, *Hist. de la Pal.,*
p. 248-49.

depuis la porte de sa maison jusqu'au sanctuaire [1].
Le pontificat s'était ainsi singulièrement abaissé. Ces
prêtres mondains rougissaient de ce que leurs fonctions
avaient de plus saint. Les pratiques du sacrifice étaient
devenues repoussantes pour des gens raffinés, que leur
devoir condamnait au métier de boucher et d'équar-
risseur ! Plusieurs se faisaient faire des gants de soie,
pour ne pas gâter par le contact des victimes la peau
de leurs mains. Toute la tradition talmudique, d'accord sur ce point avec les Évangiles et avec l'Épître de
Jacques, nous représente les prêtres des dernières
années avant la ruine du temple comme gourmands,
adonnés au luxe, durs pour le pauvre peuple. Le
Talmud contient la liste fabuleuse de ce qu'il fallait
pour l'entretien de la cuisine d'un grand prêtre; cela
dépasse toute vraisemblance, mais indique l'opinion
dominante. « Quatre cris sortirent des parvis du
temple, dit une tradition; le premier : « Sortez d'ici,
« descendants d'Éli ; vous souillez le temple de l'Éter-
« nel ; » le second : « Sortez d'ici, Issachar de Kaphar-
« Barkaï, qui ne respectez que vous-même, et qui
« profanez les victimes consacrées au ciel » (c'était
celui qui s'enveloppait les mains de soie en faisant
son service); le troisième : « Ouvrez-vous, portes ;

1. Midrasch *Eka*, I, 16.

« laissez entrer Ismaël, fils de Phabi, le disciple
« de Pinehas[1], pour qu'il remplisse les fonctions du
« pontificat; » le quatrième : « Ouvrez-vous, portes;
« laissez entrer Jean, fils de Nébédée, le disciple des
« gourmands, pour qu'il se gorge de victimes[2]. »
Une sorte de chanson ou plutôt de malédiction contre
les familles sacerdotales, qui courut vers le même
temps les rues de Jérusalem, nous a été conservée :

> Peste soit de la maison de Boëthus!
> Peste soit d'eux à cause de leurs bâtons!
> Peste soit de la maison de Hanan!
> Peste soit d'eux à cause de leurs complots!
> Peste soit de la maison de Canthéras!
> Peste soit d'eux à cause de leurs kalams!
> Peste soit de la famille d'Ismaël fils de Phabi!
> Peste soit d'eux à cause de leurs poings!

Ils sont grands prêtres, leurs fils sont trésoriers, leurs gendres
préposés, et leurs valets frappent sur nous avec des bâtons[3].

La guerre était ouverte entre ces prêtres opu-

---

1. Allusion au fils d'Éli, qui profitait des sacrifices, et non au
pontife modèle des temps mosaïques. Ce Pinehas, fils d'Éli, n'est
pas, il est vrai, un personnage légendaire; son frère Hophni avait
autant de droits d'être cité que lui; mais on a pu choisir Pinehas
pour amener un jeu de mots. V. Derenbourg, *Hist. de la Palest.*,
p. 233-234, note.

2. Talm. de Bab., *Pesachim,* 57 *a; Kerithoth,* 28 *a.*

3. Tosifta *Menachoth,* ad calcem; Talm. de Bab., *Pesachim,*
57 *a.* Derenbourg, *Hist. de la Pal.,* p. 233 et suiv.

lents, amis des Romains, prenant les emplois lucra-
tifs pour eux et leur famille, et les prêtres pauvres,
soutenus par le peuple. C'étaient tous les jours des
rixes sanglantes. L'impudence et l'audace des familles
pontificales alla jusqu'à envoyer leurs gens sur les
aires pour enlever les dîmes qui appartenaient au
haut clergé; ils battaient ceux qui refusaient; les
pauvres prêtres étaient dans la misère[1]. Qu'on se
figure les sentiments de l'homme pieux, du démocrate juif, riche des promesses de tous les prophètes,
maltraité dans le temple (sa maison!) par les laquais
insolents de prêtres épicuriens et incrédules! Les
chrétiens groupés autour de Jacques faisaient cause
commune avec ces opprimés, qui probablement étaient
comme eux de saintes gens (*hasidim*), très-agréables
au peuple. La mendicité semblait devenue une vertu
et le signe du patriotisme. Les classes riches étaient
amies des Romains, et, à vrai dire, la grande fortune
dépendant des Romains, on ne pouvait guère y
arriver que par une sorte d'apostasie et de trahison. Haïr les riches était ainsi une marque de piété.
Forcés pour ne pas mourir de faim de travailler à
ces constructions des Hérodiens, où ils ne voyaient
qu'un pompeux étalage de vanité, les *hasidim* se con-

1. Jos., *Ant.*, XX, VIII, 8 ; IX, 2.

sidéraient comme victimes des infidèles. « Pauvre »
passait pour synonyme de « saint[1] ».

Maintenant, riches, pleurez, hurlez sur les malheurs qui
vont vous arriver. Vos richesses sont pourries ; vos habits
sont mangés aux vers ; votre or, votre argent sont rouillés;
leur rouille rendra témoignage contre vous[2], et mangera vos
chairs comme un feu. Vous avez thésaurisé dans les derniers
jours[3]! Voilà que le salaire des ouvriers qui ont mois-
sonné vos campagnes crie, et la voix des faucheurs est
venue jusqu'aux oreilles du Seigneur Sabaoth. Vous avez
fait bonne chère sur la terre, vous avez vécu dans les
délices; vous avez été comme les bêtes, qui mangent le
jour où on doit les égorger. Vous avez condamné, vous
avez tué le juste qui ne vous résistait pas[4].

On sent déjà fermenter dans ces curieuses pages
l'esprit des révolutions sociales qui allaient dans
quelques années ensanglanter Jérusalem. Nulle part
ne s'exprime avec autant de force le sentiment
d'aversion pour le monde qui fut l'âme du christianisme primitif. « Se garder immaculé du monde »

1. Voir *Vie de Jésus,* p. 187 et suiv. (13e édit.).

2. Cette rouille prouve, en effet, que le riche est avare et
amasse depuis très-longtemps.

3. Thésauriser, quand la fin du monde est si évidemment
proche, ne peut passer que pour de la folie.

4. Jac., v, 1 et suiv.

est le précepte suprême[1]. « Celui qui veut être l'ami du monde est constitué l'ennemi de Dieu[2]. » Tout désir est une vanité, une illusion[3]. La fin est si proche! Pourquoi se plaindre les uns des autres? Pourquoi se faire des procès? Le vrai juge arrive ; il est à la porte[4].

Et maintenant, vous autres qui dites : « Aujourd'hui ou demain, nous irons dans telle ville, et nous y passerons un an, et nous ferons le commerce, et nous gagnerons de l'argent, » sans savoir ce que sera demain votre vie (car vous n'êtes qu'une vapeur visible un moment, puis disparaissant), que vous feriez bien mieux de dire : « Si le Seigneur veut et si nous vivons, nous ferons ceci ou cela[5]! »

Quand il parle de l'humilité, de la patience, de la miséricorde, de l'exaltation des humbles, de la joie qui est au fond des larmes[6], Jacques semble avoir gardé le souvenir des propres paroles de Jésus. On sent néanmoins qu'il tenait beaucoup à la Loi[7]. Tout un paragraphe de son épître[8] est consacré à prému-

1. Jac., i, 27.
2. *Ibid.,* iv, 4.
3. *Ibid.,* i, 14 et suiv.; iv, 1 et suiv.
4. *Ibid.,* iv, 1 ; v, 7-9.
5. Jac., iv, 13-15. Comp. Luc, xii, 15 et suiv.
6. Jac., ii, 8 et suiv.; iv, 6 et suiv.; v, 7 et suiv.
7. *Ibid.,* ii, 10 et suiv.; iv, 11.
8. *Ibid.,* ii, 14 et suiv.

nir les fidèles contre la doctrine de Paul sur l'inutilité des œuvres et sur le salut par la foi[1]. Une phrase de Jacques (II, 24) est la négation directe d'une phrase de l'Épître aux Romains (III, 28). En opposition avec l'apôtre des gentils (Rom., IV, 1 et suiv.), l'apôtre de Jérusalem soutient (II, 21 et suiv.) qu'Abraham fut sauvé par les œuvres, que la foi sans les œuvres est une foi morte. Les démons ont la foi, et apparemment ne sont pas sauvés. Sortant ici de sa modération habituelle, Jacques appelle son adversaire un « homme creux[2] ». Dans un ou deux autres endroits[3], on peut voir une allusion détournée aux débats qui divisaient déjà l'Église, et qui rempliront l'histoire de la théologie chrétienne quelques siècles plus tard.

Un esprit de haute piété et de charité touchante animait cette Église de saints. « La religion pure et immaculée devant le Dieu Père, disait Jacques, est de veiller sur les orphelins et les veuves dans leur détresse[4]. » Le pouvoir de guérir les maladies, sur-

---

1. En cela Jacques est ébionite. Voir *Philosophumena*, VII, 34; X, 22.

2. Jac., II, 20. Comparez le mot de Rabbi Siméon, contemporain de Jacques. *Pirke aboth,* I, 17.

3. Jac., I, 22 et suiv., v, 19-20.

4. *Ibid.,* I, 27.

tout par des onctions d'huile[1], était considéré comme de droit commun parmi les fidèles; même les non-croyants voyaient dans cette médicamentation un don particulier aux chrétiens[2]. Les anciens furent censés en jouir au plus haut degré, et devinrent ainsi des espèces de médecins spirituels. Jacques attache à ces pratiques de médecine surnaturelle la plus grande importance. Le germe de presque tous les sacrements catholiques était déjà posé. La confession des péchés, depuis longtemps pratiquée par les juifs[3], était regardée comme un excellent moyen de pardon et de guérison, deux idées inséparables dans les croyances du temps[4].

1 Cf. Grégoire de Tours, I, 41. La médecine par l'huile et la prière a toujours été par excellence la médecine sémitique. On la retrouve chez les Arabes.

2. Voir les récits des guérisons opérées par des *minim* de Caphar-Nahum (chrétiens), dans le Talmud. Le guérisseur en pareil cas s'appelle presque toujours Jacques (Jacob de Caphar-Schekania, Jacob de Caphar-Naboria, Jacob de Caphar-Hanania), et la guérison s'opère au nom de Jésus, fils de Pandéra. Midrasch *Kohéleth,* i, 8 ; vii, 26 ; Talm. de Babyl., *Aboda zara,* 27 *b ;* Talmud de Jérusalem, *Aboda zara,* ii, fol. 40 *d ; Schabbath,* xiv, sub fin. Ces traditions se rapportent au premier siècle. Cf. *Vie de Jésus,* 13ᵉ édit., p. 506, note 3.

3. II Sam., xii, 13 ; Lévit., v, 1 ; Ps. xxxii ; Jos., *Ant.,* VIII, v, 6 ; Mischna, *Ioma,* iii, 9 ; iv, 2 ; vi, 3.

4. Math., iii, 6 ; Marc, i, 5 ; *Act.,* xix, 18. Cf. *Vie de Jésus,* p. 260 et suiv.

Quelqu'un parmi vous est-il dans la peine? qu'il prie. Quelqu'un est-il dans la joie? qu'il chante. Quelqu'un parmi vous est-il malade? qu'il appelle les anciens de l'Église, et que ceux-ci prient sur lui, en l'oignant d'huile au nom du Seigneur, et la prière de la foi sauvera le malade, et le Seigneur le rétablira, et, s'il a commis des péchés, ils lui seront remis. Confessez donc vos péchés les uns aux autres, et priez l'un sur l'autre, afin que vous guérissiez. Car la prière d'un juste est bien forte, quand elle s'applique à un objet déterminé.

Les apocalypses apocryphes, où les passions religieuses du peuple s'exprimaient avec tant de force, étaient avidement accueillies dans ce petit groupe de juifs exaltés[1], ou plutôt naissaient à côté de lui, presque dans son sein, de telle sorte que le tissu de ces écrits singuliers et celui des écrits du Nouveau Testament sont souvent difficiles à démêler l'un de l'autre[2]. On prenait réellement ces pamphlets, nés de la veille, pour des paroles d'Hénoch, de Baruch, de Moïse. Les croyances les plus étranges sur les enfers, sur les anges rebelles, sur les géants coupables qui amenèrent le déluge, se répandaient et avaient pour source principale les livres d'Hénoch[3].

1. Jud., 6, 9, 14-15; I Petri, III, 19-20.
2. Voir *Vie de Jésus,* 13e édit., p. XLII-XLIII, note 4.
3. I Petri, III, 19-20, 22; Jud., 6, 9; Apoc., XX, 7; II Petri,

Il y avait en toutes ces fables de vives allusions aux
événements contemporains. Ce prévoyant Noé, ce pieux
Hénoch, qui ne cessent de prédire le déluge à des
étourdis qui, pendant ce temps-là, mangent, boivent,
se marient, s'enrichissent[1], que sont-ils, si ce n'est
les voyants des derniers jours, avertissant en vain une
génération frivole, qui ne veut pas admettre que le
monde est près de finir? Une branche entière, une sorte
de période de vie souterraine s'ajoutait à la légende
de Jésus. On se demandait ce qu'il fit durant les
trois jours qu'il passa dans le tombeau[2]. On voulut
que pendant ce temps il fût descendu, en livrant un
combat à la Mort, dans les prisons infernales où étaient
renfermés les esprits rebelles ou incrédules[3]; que là
il eût prêché les ombres et les démons, et préparé leur
délivrance[4]. Cette conception était nécessaire pour

II, 4, 11. Voir *Hénoch,* ch. 6 et suiv., en comparant Gen., v, 22;
VI, 1 et suiv.; Étienne de Byz., au mot ἰκόνιον.

1. Cf. Luc, XVII, 26 et suiv.

2. Pour l'acheminement de l'imagination vers ce dogme, voir
Act., II, 24, 27, 31.

3. I Petri, III, 22, Vulgate.

4. I Petri, III, 19-20, 22; IV, 6; passage interpolé de Jérémie:
Justin, *Dial. cum Tryph.,* 72; Irénée, III, xx, 4 ; IV, xxii, 1 ;
xxvii, 2; xxxiii, 1, 12; V, xxxi, 1 ; Tertullien, *De anima,* 7, 55;
Clém. d'Alex., *Strom.,* VI, 6; Origène, *Contra Cels.,* II, 43 ;
Hippolyte, *De Antichristo,* c. 26. Les efforts des théologiens pro-

que Jésus fût, dans toute la force du terme, l'universel sauveur; aussi saint Paul s'y prêtait-il en ses
derniers écrits [1]. Pourtant les fictions dont il s'agit
ne prirent point leur place dans le cadre des Évangiles synoptiques, sans doute parce que ce cadre était
déjà fixé quand elles naquirent. Elles restèrent flot-
tantes hors des textes évangéliques, et ne trouvèrent
leur forme que bien plus tard dans l'écrit apocryphe
dit « Évangile de Nicodème [2] ».

Le travail par excellence de la conscience chrétienne s'accomplissait cependant dans le silence en
Judée ou dans les pays voisins. Les Évangiles synoptiques se créaient membre par membre, comme un
organisme vivant se complète peu à peu et atteint,
sous l'action d'une mystérieuse raison intime, la
parfaite unité. A la date où nous sommes, y avait-il
déjà quelque texte écrit sur les actes et les paroles de
Jésus? L'apôtre Matthieu, si c'est de lui qu'il s'agit,
avait-il rédigé en hébreu les discours du Seigneur?

testants pour atténuer ce vieux mythe chrétien pèchent contre
toute critique.

1. Phil., II, 10; Col., I, 20; Ephes., I, 10; IV, 9. Voir dejà
Rom., XIV, 9. Cf. Hermas, *Past.,* Sim., IX, 16; Clém. d'Alex.,
Strom., II, 9; VI, 6.

2. Deuxième partie de cet écrit. Cette partie peut n'être que
du IVe siècle. Comp. symbole de Sirmium, dans Socrate, *Hist.
eccl.,* II, 37.

Marc, ou celui qui prit son nom, avait-il confié au papier ses notes sur la vie de Jésus [1]? On en peut douter. Paul, en particulier, n'avait sûrement entre les mains aucun écrit sur les paroles de Jésus. Possédait-il du moins une tradition orale, et en quelque sorte mnémonique, de ces paroles? On remarque chez lui une telle tradition pour le récit de la Cène [2], peut-être pour celui de la Passion, et jusqu'à un certain point pour celui de la Résurrection [3], mais non pour les paraboles et les sentences. Jésus est à ses yeux une victime expiatoire, un être surhumain, un ressuscité, non un moraliste. Ses citations des paroles de Jésus sont indécises et ne se rapportent pas aux discours que les Évangiles synoptiques mettent dans la bouche de Jésus [4]. Les épîtres apostoliques que nous possédons, outre celles de Paul, ne font non plus supposer l'existence d'aucune rédaction de ce genre.

Ce qui paraît résulter de là, c'est que certains

1. Papias, dans Eusèbe, *H. E.,* III, 39. Que l'Évangile de Luc n'existât pas, c'est ce que I Petri, ii, 23, comparé à Luc, xxiii, 34, suffirait pour prouver.

2. I Cor., xi, 23 et suiv. La version de Paul se rapproche surtout de celle de Luc.

3. I Cor., xv, 3 et suiv.

4. I Thess., iv, 8, 9; v, 2, 6   Gal., v, 14; I Cor., vii, 10, 12, 25, 40; xiii, 2; II Cor., iii, 6; Rom., xii, 14, 19; xiii, 9, 10. *Act.,* xx, 35, ne prouve rien pour Paul.

récits, comme celui de la Cène, de la Passion
et de la Résurrection, étaient sus par cœur, en des
termes qui n'admettaient que peu de variantes [1].
Le plan des Évangiles synoptiques était déjà probablement arrêté [2]; mais, tandis que les apôtres vivaient,
des livres qui eussent prétendu fixer la tradition dont
ils se croyaient les seuls dépositaires n'auraient eu
aucune chance de se faire accepter [3]. Pourquoi, d'ailleurs, écrire la vie de Jésus? Il va revenir. Un monde
à la veille de finir n'a pas besoin de livres nouveaux.
C'est quand les témoins seront morts qu'il sera capital
de rendre durable par l'écriture une image qui va
s'effaçant chaque jour [4]. A cet égard, les Églises
de Judée et des pays voisins avaient une grande
supériorité. La connaissance des discours de Jésus
y était bien plus exacte et plus étendue qu'ailleurs.

1. I Cor., xi, 23 et suiv. Notez la ressemblance du récit de
la Passion dans le quatrième Évangile et dans les synoptiques.

2. Il est bien remarquable que la légende de la vie souterraine de Jésus n'entre pas dans ce plan. Or la légende de la vie
souterraine se forma vers l'an 60.

3. Irénée, *Adv. hær.*, III, 1, veut que Marc n'ait écrit qu'après
la mort de Pierre.

4. L'Église saint-simonienne présente de nos jours un phénomène du même ordre. La mort d'Enfantin a été le signal d'ouvrages sur Saint-Simon et les origines de la secte; de son vivant,
Enfantin n'eût pas souffert de tels écrits, qui eussent été une
diminution de son importance.

On remarque sous ce rapport une certaine différencé entre l'Épître de Jacques et les épîtres de Paul. Le petit écrit de Jacques est tout imprégné d'une sorte de parfum évangélique ; on y entend parfois comme un écho direct de la parole de Jésus ; le sentiment de la vie de Galilée s'y retrouve encore avec vivacité[1].

Nous ne savons rien d'historique sur les missions envoyées directement par l'Église de Jérusalem. Cette Église, d'après ses principes mêmes, devait n'être guère portée à la propagande. En général, il y eut peu de missions ébionites et judéo-chrétiennes. L'esprit étroit des *ébionim* n'admettait que des missionnaires circoncis. D'après le tableau qui nous est tracé par des écrits du second siècle, suspects d'exagération, mais fidèles à l'esprit hiérosolymitain, le prédicateur judéo-chrétien était tenu dans une sorte de suspicion ; on s'assurait de lui ; on lui imposait des épreuves, un noviciat de six ans[2] ; il devait avoir des papiers en règle, une sorte de confession de foi libellée, conforme à celle des apôtres de Jérusalem.

---

1. Notez Jac., I, 6, 27 ; II, 1 et suiv., 8, 10, 13 ; IV, 11 et suiv., 13 et suiv. ; v, 12, et surtout le passage v, 14 et suiv., si conforme aux idées des synoptiques sur les guérisons de malades et la rémission des péchés. Notez aussi dans Jacques l'exaltation de la pauvreté et la haine des riches.

2. Attestation de Jacques, en tête des Homélies pseudo-clémentines, § 1. Cf. *Saint Paul,* p. 292.

De telles entraves étaient un obstacle absolu à un apostolat fécond; dans de pareilles conditions, le christianisme n'eût jamais été prêché. Aussi les envoyés de Jacques nous paraissent-ils bien plus occupés de renverser les fondations de Paul que de fonder pour leur compte. Les Églises de Bithynie, de Pont, de Cappadoce, qui apparaissent vers ce temps à côté des Églises d'Asie et de Galatie [1], ne provenaient pas, il est vrai, de Paul; mais il n'est pas probable qu'elles fussent davantage l'œuvre de Jacques ou de Pierre; elles durent sans doute leur fondation à cette prédication anonyme des fidèles qui fut la plus efficace de toutes. Nous supposons, au contraire, que la Batanée, le Hauran, la Décapole et en général toute la région à l'est du Jourdain, qui sera bientôt le centre et la forteresse du judéo-christianisme, furent évangélisés par des adeptes de l'Église de Jérusalem. On trouvait bien vite de ce côté la limite de la puissance romaine. Or les pays arabes ne se prêtaient nullement à la prédication nouvelle, et les terres soumises aux Arsacides étaient peu ouvertes aux efforts venant des pays romains. Dans la géographie des apôtres, la terre est fort · petite. Les premiers chrétiens ne songent jamais au

1. I Petri, I, 1.

monde barbare ni au monde persan ; le monde arabe lui-même existe à peine pour eux. Les missions de saint Thomas chez les Parthes, de saint André chez les Scythes, de saint Barthélemi dans l'Inde appartiennent à la légende. L'imagination chrétienne des premiers temps se tourne peu vers l'Est ; le but des pérégrinations apostoliques était l'extrémité de l'Occident[1] ; à l'Orient, on dirait que les missionnaires regardent déjà le terme comme atteint. .

Édesse entendit-elle dès le premier siècle le nom de Jésus? Y eut-il dès cette époque du côté de l'Osrhoène une chrétienté parlant syriaque? Les fables dont cette Église a entouré son berceau ne permettent pas de s'exprimer sur ce point avec certitude[2]. Il est

1. V. *Saint Paul*, p. 493 et suiv.

2. La liste régulière des évêques d'Édesse commence vers l'an 300. V. Assémani, *Bibl. or.*, I, p. 424 et suiv. Ce qu'on lit dans Cureton, *Ancient syriac documents relative to the earliest establishment of christianity in Edessa* (Londres, 1864), p. 23, 61, 71-72, est plein d'anachronismes et de contradictions. Tout ce qui concerne l'apostolat de Thaddée ou Adée (ce deuxième nom n'est qu'une altération du premier) et le christianisme de l'Abgar Uchamas est apocryphe et fabuleux. Le faux Leboubna d'Édesse, dans Cureton, ouvr. cité, p. 6-23 (cf. ibid., 108-112); le même, traduit de l'arménien, publié par Alishan (Venise, 1868), et dans V. Langlois, *Coll. des hist. de l'Arm*, I, p. 313 et suiv. (cf. Cureton, p. 166). Comp. Moïse de Khorène, *Hist. d'Arm.*, II, ch. 26-36; Faustus de Byzance, III, 1 ; *Généal. de la fam. de saint Grég.*, 1 (Langlois, *Coll.*

bien probable cependant que les fortes relations que le judaïsme avait de ce côté[1] servirent à la propagation du christianisme. Samosate et la Comagène eurent de bonne heure des personnes instruites faisant partie de l'Église ou du moins très-favorables à Jésus[2]. Ce fut d'Antioche en tout cas que cette région de l'Euphrate reçut la semence de la foi[3].

Les nuages qui s'amoncelaient sur l'Orient troublèrent le cours de ces prédications pacifiques. La bonne administration de Festus ne put rien contre le mal que la Judée portait dans son sein. Les brigands, les zélotes, les sicaires, les imposteurs de toute espèce

précitée, t. II); Eusèbe, *H. E.*, I, 13, II, 1 ; Assém., *Bibl. or.,* I, 318 ; III, 1re part., p. 289, 302, 611 ; Nicéphore, II, 7, 40; saint Éphrem, *Carmina nisibena,* p. 138 (édit. Bickell); Lequien, *Oriens christ.,* II, col. 1101-1102. Les actes des martyrs Scherbil et Barsamia, qui auraient souffert sous Trajan (Cureton, ouvr. cité, p. 41-72; cf. *Acta SS. Jan.,* II, p. 1026), n'ont pas beaucoup de valeur. La version *Peschito* est de la fin du second siècle Bardesane, il est vrai, suppose avant lui un assez long établissement du christianisme.

1. Se rappeler tout ce qui concerne le séjour de la famille royale de l'Adiabène à Jérusalem.

2. Lettre de Mara, fils de Sérapion, dans Cureton, *Spicil. syr.,* p. 73-74. Cet écrit est probablement de l'an 73.

3. Le faux Leboubna, dans Cureton, *op. cit.,* p. 23; dans Langlois, p. 325. Édesse et même Séleucie sur le Tigre reconnurent d'abord la suprématie ecclésiastique d'Antioche. Assémani, *Bibl. or.,* II, p. 396; III, 2e partie, p. dcxx; Lequien, *Or. christ.,* II, col. 1104-1105.

couvraient le pays. Un magicien se présenta, après vingt autres, promettant au peuple le salut et la fin de ses maux, s'il voulait l'accompagner au désert. Ceux qui le suivirent furent massacrés par les soldats romains[1]; mais personne ne fut désabusé des faux prophètes. Festus mourut en Judée vers le commencement de l'an 62. Néron lui donna pour successeur Albinus. Vers le même temps, Hérode Agrippa II ôta le pontificat à Joseph Cabi pour le donner à Hanan, fils du célèbre Hanan ou Anne, qui avait contribué plus que personne à la mort de Jésus. Ce fut le cinquième des fils d'Anne qui occupa cette dignité[2].

Hanan le Jeune était un homme hautain, dur, audacieux. C'était la fleur du sadducéisme, la complète expression de cette secte cruelle et inhumaine, toujours portée à rendre l'exercice de l'autorité insupportable et odieux. Jacques, frère du Seigneur, était connu dans tout Jérusalem comme un âpre défenseur des pauvres, comme un prophète à la façon

---

1. Jos., *Ant.,* XX, VIII, 10; *B. J.,* II, XIV, 1.

2. Jos., *Ant.,* XX, IX, 1. Josèphe, dans la *Guerre des Juifs,* parle de Hanan le Jeune avec beaucoup d'éloges (*B. J.,* IV, V, 2); mais on sent, dans la *Guerre,* la tendance à relever tous ceux que les révolutionnaires de Jérusalem ont assassinés. Les *Antiquités* méritent ici plus de créance.

antique, invectivant contre les riches et les puissants[1]. Hanan résolut sa mort. Profitant de l'absence
d'Agrippa et de ce que Albinus n'était pas encore
arrivé en Judée, il rassembla le sanhédrin judiciaire,
et fit comparaître devant lui Jacques et quelques
autres saints. On les accusait de violation de la Loi ;
ils furent condamnés à la lapidation. L'autorisation
d'Agrippa était nécessaire pour rassembler le sanhédrin[2], et celle d'Albinus eût dû être légalement re-
quise pour procéder au supplice ; mais le violent Hanan
passait par-dessus toutes les règles. Jacques fut en
effet lapidé, près du temple. Comme on avait peine
à l'achever, un foulon lui cassa la tête avec le bâton
qui lui servait pour apprêter les étoffes. Il avait,
dit-on, quatre-vingt-seize ans[3].

La mort de ce saint personnage fit le plus mauvais effet dans la ville. Les dévots pharisiens, les

1. Jac., v, 1 et suiv. Il n'est pas impossible que ce morceau
ait été publié dans Jérusalem comme une sorte de prophétie. Le
verset 4 semble contenir une allusion au fait raconté par Josèphe,
Ant., XX, viii, 8 ; ix, 2.

2. Dans le membre de phrase χωρὶς τῆς ἐκείνου γνώμης, ἐκείνου
paraît se rapporter au roi ; cette explication est plus conforme à
ce qu'on sait de la constitution d'alors.

3. Jos., *Ant.*, XX, ix, 1 ; Hégésippe, dans Eus., *H. E.*, II, 23,
et IV, 22 ; Clément d'Alex., dans Eus., *H. E.*, II, 1 ; Épiph.,
hær. lxxviii, 14. Le récit d'Hégésippe est légendaire dans les
détails.

stricts observateurs de la Loi furent très-mécontents.
Jacques était universellement estimé; on le tenait
pour un des hommes dont les prières avaient le plus
d'efficacité. On prétend qu'un réchabite (probablement un essénien) ou, selon d'autres, Siméon, fils de
Clopas, neveu de Jacques, s'écria pendant qu'on le
lapidait : « Cessez; que faites-vous? Quoi! vous tuez
le juste, qui prie pour vous ? » On lui appliqua le
passage d'Isaïe, III, 10, tel qu'on l'entendait alors :
« Supprimons, disent-ils, le juste, parce qu'il nous
est incommode; voilà pourquoi le fruit de leurs
œuvres est dévoré. » On fit sur sa mort des élégies
hébraïques, pleines d'allusions à des passages bibliques et à son nom d'Obliam[1]. Presque tout le monde
enfin se trouva d'accord pour inviter le roi Hérode
Agrippa II à mettre des bornes à l'audace du grand
prêtre. Albinus fut informé de l'attentat de Hanan,
quand il était déjà parti d'Alexandrie pour la Judée.
Il écrivit à Hanan une lettre menaçante, puis il
le destitua. Hanan n'occupa ainsi le pontificat que
trois mois. Les malheurs qui fondirent bientôt sur
la nation furent regardés par beaucoup de personnes comme la conséquence du meurtre de Jacques[2]. Quant aux chrétiens, ils virent dans cette

1. On en sent des traces dans le morceau d'Hégésippe.
2. Josèphe et Eusèbe, endroits cités. V. *Saint Paul*, p. 80,

mort un signe des temps, une preuve que les catastrophes finales approchaient[1].

L'exaltation, en effet, prenait à Jérusalem des
proportions étranges. L'anarchie était à son comble;
les zélotes, quoique décimés par les supplices, étaient
maîtres de tout. Albinus ne ressemblait nullement à
Festus; il ne songeait qu'à faire argent de sa conni-
vence avec les brigands[2]. De toutes parts, on voyait
les pronostics de quelque chose d'inouï. Ce fut sur la
fin de l'an 62 qu'un nommé Jésus, fils de Hanan,
sorte de Jérémie ressuscité, commença à courir jour
et nuit les rues de Jérusalem en criant : « Voix de
l'Orient ! Voix de l'Occident ! Voix des quatre vents!
Voix contre Jérusalem et le temple ! Voix contre les
mariés et les mariées ! Voix contre tout le peuple ! »
On le fouetta : il répéta le même cri. On le battit de
verges jusqu'à ce qu'on lui découvrît les os ; à chaque
coup, il répétait d'une voix lamentable : « Malheur!
malheur sur Jérusalem ! » On ne le vit jamais parler
à personne. Il allait répétant toujours : « Malheur!
malheur sur Jérusalem ! » sans injurier ceux qui le

note 4, pour ce qui concerne l'addition faite par Origène au passage de Josèphe.

1. Il est permis de voir des allusions à la mort de Jacques dans
Matth., xxiv, 9 ; Marc, xiii, 9 et suiv.; xxi, 12 et suiv.

2. Jos., *Ant.,* XX, ix ; *B. J.,* II, xiv, 1.

battaient, ni remercier ceux qui lui donnaient l'aumône. Il continua ainsi jusqu'au siége, sans que sa voix parût jamais affaiblie[1].

Si ce Jésus, fils de Hanan, ne fut pas disciple de Jésus, son cri fatidique fut au moins l'expression vraie de ce qu'il y avait au fond de la conscience chrétienne. Jérusalem avait comblé la mesure. Cette ville qui tue les prophètes, lapide ceux qu'on lui envoie, flagelle les uns, crucifie les autres, est désormais la ville de l'anathème. Vers le temps où nous sommes arrivés, se formaient ces petites apocalypses que les uns attribuaient à Hénoch[2], les autres à Jésus, et qui offrent les plus grandes analogies avec les exclamations de Jésus, fils de Hanan[3]. Ces morceaux entrèrent plus tard dans le cadre des Évangiles synoptiques; on les présenta comme des discours que Jésus aurait tenus en ses derniers jours[4]. Peut-être déjà le mot d'ordre était-il donné de quitter la

1. Josèphe, *B. J.,* VI, v, 3.

2. Cf. Epître de Barnabé, 4, 16 (texte grec), en comp. Matth., XXIV, 22; Marc, XIII, 20. Voir *Vie de Jésus,* 13ᵉ édit., p. XLII-XLIII, note 4.

3. Comparez surtout φωνὴ ἐπὶ νυμφίους καὶ νύμφας (Jos., *l. c*) à Matth. XXIV, 19; Marc, XIII, 17; Luc, XXI, 23.

4. Matth., XXIV, 3 et suiv.; Marc, XIII, 3 et suiv.; Luc, XXI, 7 t suiv.

Judée et de fuir vers les montagnes[1]. Toujours est-il que les Évangiles synoptiques portèrent profondément le signe de ces angoisses; ils en gardèrent comme une marque de naissance, une empreinte indélébile. Aux tranquilles axiomes de Jésus, se mêlèrent les couleurs d'une apocalypse sombre, les pressentiments d'une imagination inquiète et troublée. Mais la douceur des chrétiens les mit à l'abri des folies qui agitaient les autres parties de la nation possédées comme eux des idées messianiques. Pour eux, le Messie était venu; il avait été au désert; il était monté au ciel depuis trente ans; les imposteurs ou les exaltés qui cherchaient à entraîner le peuple derrière eux étaient de faux christs et de faux prophètes[2]. La mort de Jacques et peut-être de quelques autres frères[3] les portait, d'ailleurs, de plus en plus à séparer leur cause de celle du judaïsme. En butte à la haine de tous, ils se consolaient en songeant aux préceptes de Jésus. Selon plusieurs, Jésus avait prédit qu'au milieu de toutes

1. Matth., XXIV, 16; Marc, XIII, 14; Luc, XXI, 21.

2. Comp. Jos., *Ant.,* XX, VIII, 6, 10, à Matth., XXIV, 5, 11, 23, 26; Marc, XIII, 6, 21, 22; Luc, XXI, 8.

3. Τινὰς ἑτέρους, dit Josèphe, *Ant.,* XX, IX, 1. Mais il n'est pas sûr que ces « quelques autres » fussent chrétiens.

ces épreuves, un seul de leurs cheveux ne tomberait pas[1].

La situation était si précaire, on sentait si bien qu'on était à la veille d'une catastrophe, qu'il ne fut pas donné de successeur immédiat à Jacques dans la présidence de l'Église de Jérusalem[2]. Les autres « frères du Seigneur », tels que Jude, Siméon, fils de Clopas, continuèrent d'être les principales autorités dans la communauté. Après la guerre, nous les verrons servir de point de ralliement à tous les fidèles de Judée[3]. Jérusalem n'a plus que huit ans à vivre, et même, bien avant l'heure fatale, l'éruption du volcan lancera au loin le petit groupe de Juifs pieux que rattachait les uns aux autres le souvenir de Jésus.

1. Luc, xxi, 18-19.
2. Eusèbe, *Hist. eccl.,* III, 11.
3. Eusèbe, *Hist. eccl.,* III, 11 ; IV, 5, 20, 22 (d'après Hégésippe); *Const. apost.,* VII, 46.

CHAPITRE IV.

Paul, cependant, subissait en prison les lenteurs d'une administration à moitié détraquée par l'extravagance du souverain et son mauvais entourage. Timothée, Luc, Aristarque et, selon certaines traditions, Titus, étaient avec lui. Tychique l'avait rejoint de nouveau. Un certain Jésus, surnommé *Justus*[1], lequel était circoncis, un Démétrius ou Démas, prosélyte incirconcis[2], qui était, ce semble, de Thessalonique, un personnage douteux du nom de Crescent, figurent encore près de sa personne et lui servent de coadjuteurs[3]. Marc, qui, selon notre hypo-

1. Cf. pour ce nom chez les juifs, *Corp. inscr. gr.,* nº 9922; *Bereschith rabba,* sect. VI.

2. Cette circonstance se conclut des versets Col., IV, 11 et 14, comparés entre eux.

3. Col., I, 1 ; IV, 7, 10, 11, 14 ; Philémon, 1, 24 ; Eph., VI, 21 ; II Tim. (apocryphe), IV, 9-12.

thèse, était venu à Rome en compagnie de Pierre,
se réconcilia, paraît-il, avec celui dont il avait partagé la première activite apostolique, et dont il
s'était séparé violemment[1]; il servait probablement
d'intermédiaire entre Pierre et l'apôtre des gentils[2].
En tout cas, Paul, vers ce temps, était très-mécon-
tent des chrétiens de la circoncision; il les jugeait
peu bienveillants envers lui, et déclarait ne pas trouver
parmi eux de bons collaborateurs[3].

D'importantes modifications, amenées peut-être
par les relations nouvelles qu'il eut dans la capitale
de l'empire, centre et confluent de toutes les idées,
s'accomplissent, vers le temps où nous sommes, dans
la pensée de Paul, et rendent les écrits de cette
époque de sa vie sensiblement différents de ceux
qu'il composa durant sa deuxième et sa troisième
mission. Le développement interne de la doctrine
chrétienne s'opérait rapidement. En quelques mois
de ces années fécondes, la théologie marchait plus
vite qu'elle ne le fit ensuite en des siècles. Le dogme
nouveau cherchait son équilibre, et se créait de tous
les côtés, pour appuyer ses parties faibles, des sup-

1. Voir *Saint Paul,* p. 20, 32.
2. Col., IV, 10; Philémon, 24; II Tim., IV, 11; I Petri,
V, 13.
3. Col., IV, 11.

pléments, des étais. On eût dit un animal dans sa crise génétique, se poussant un membre, se transformant un organe, se coupant un appendice, pour arriver à l'harmonie de la vie, c'est-à-dire à l'état où tout dans l'être vivant se répond, s'épaule et se tient.

Le feu d'une activité dévorante n'avait jamais jusque-là laissé à Paul le loisir de mesurer le temps, ni de trouver que Jésus tardait beaucoup à reparaître; mais ces longs mois de prison le forcèrent à se replier sur lui-même. La vieillesse, d'ailleurs, commençait à venir pour lui[1]; une sorte de maturité triste succédait aux ardeurs de sa passion. La réflexion se faisait jour et l'obligeait à compléter ses idées, à les réduire en théorie. Il devenait mystique, théologien, spéculatif, de pratique qu'il était. L'impétuosité d'une conviction aveugle et absolument incapable de revenir en arrière ne pouvait l'empêcher de s'étonner parfois que le ciel ne s'ouvrît pas plus vite, que la trompette finale ne retentît pas plus tôt. La foi de Paul n'en était pas ébranlée, mais elle voulait d'autres points d'appui. Son idée du Christ se modifiait. Son rêve désormais, c'est moins le Fils de l'homme, apparaissant sur les nuées, et présidant

1. Philémon, 9.

à la résurrection générale, qu'un Christ établi dans
la divinité, incorporé à elle, agissant en elle et
avec elle. La résurrection pour lui n'est plus dans
l'avenir; elle a l'air d'avoir eu déjà lieu[1]. — Quand
on a changé une fois, on change toujours; on peut être
à la fois le plus passionné et le plus mobile des
hommes. Ce qu'il y a de sûr, c'est que les grandes
images de l'apocalypse finale et de la résurrection,
qui étaient autrefois si familières à Paul, qui se
présentent en quelque sorte à chaque page des lettres
de la seconde et de la troisième mission, et même dans
l'épître aux Philippiens[2], ont une place secondaire
dans les derniers écrits de sa captivité[3]. Elles y sont
remplacées par une théorie du Christ, conçu comme
une sorte de personne divine, théorie fort analogue à
celle du *Logos,* qui, plus tard, trouvera sa forme
définitive dans les écrits attribués à Jean.

Le même changement se remarque dans le style.
La langue des épîtres de la captivité a plus d'am-
pleur; mais elle a perdu un peu de sa force. La
pensée est menée avec moins de vigueur. Le dictionnaire diffère notablement du premier vocabulaire de
Paul. Les termes favoris de l'école johannique,

1. Col., ii, 12; iii, 1. Voir cependant II Tim., ii, 18.
2. Phil., i, 6; ii, 16; iii, 20 et suiv.; iv, 5.
3. Col., iii, 4.

« lumière », « ténèbres », « vie », « amour », etc.,
deviennent dominants[1]. La philosophie syncrétique
du gnosticisme se fait déjà sentir. La question de la
justification par Jésus n'est plus aussi vive; la guerre
de la foi et des œuvres semble apaisée au sein de
l'unité de la vie chrétienne, composée de science et
de grâce[2]. Christ, devenu l'être central de l'univers,
concilie en sa personne divinisée l'antinomie des deux
christianismes. Certes, ce n'est pas sans motifs qu'on
a suspecté l'authenticité de tels écrits; ils ont pour
eux cependant de si fortes preuves[3], que nous aimons
mieux attribuer les différences de style et de pensée
dont nous venons de parler à un progrès naturel
dans la manière de Paul. Les écrits antérieurs et certainement authentiques de Paul contiennent le germe
de ce langage nouveau. « Christ » et « Dieu » s'y
échangent presque comme des synonymes; Christ y
exerce des fonctions divines; on l'invoque comme
Dieu; il est l'intermédiaire obligé auprès de Dieu.
L'ardeur avec laquelle on s'attachait à Jésus faisait
qu'on lui rapportait toutes les théories qui avaient

1. Col., I, 12, 13; III, 4; Ephes., v, 8, 11, 13. Comp. Phil., II, 16.
2. Col., I, 10, III, 9-10; Eph., II, 8-10. Notez ἐξ ἔργων, et non
plus ἐξ ἔργων νόμου (Gal., II, 16), qui n'aurait guère eu de sens pour
les hellénistes purs.
3. Voir *Saint Paul,* introd., p. VII et suiv.

de la vogue dans quelque partie du monde juif. Supposons qu'un homme répondant aux aspirations assez
diverses de la démocratie s'élève de nos jours. Ses
partisans diraient aux uns : « Vous êtes pour l'organisation du travail ; c'est lui qui est l'organisation du
travail ; » aux autres : « Vous êtes pour la morale
indépendante ; c'est lui qui est la morale indépendante ; » à d'autres : « Vous êtes pour la coopération ;
c'est lui qui est la coopération ; » à d'autres : « Vous êtes
pour la solidarité ; c'est lui qui est la solidarité. »

La nouvelle théorie de Paul peut se résumer à
peu près ainsi qu'il suit [1] :

Ce monde est le règne des ténèbres, c'est-à-dire
de Satan et de sa hiérarchie infernale, laquelle remplit l'atmosphère. Le règne des saints, au contraire,
sera le règne de la lumière. Or les saints sont ce
qu'ils sont, non par leur propre mérite (avant Christ,
tous étaient ennemis de Dieu), mais par l'application
que Dieu leur fait des mérites de Jésus-Christ, le fils
de son amour. C'est le sang de ce fils, versé sur
la croix, qui efface les péchés, réconcilie avec Dieu
toute créature et fait régner la paix au ciel et sur
la terre. Le Fils est l'image du Dieu invisible, le

---

1. Épître aux Colossiens et Épître aux Éphésiens, tout
entières.

premier-né des créatures; tout a été créé en lui,
par lui et pour lui, choses célestes et terrestres,
visibles et invisibles, trônes, puissances, domina-
tions[1]. Il était avant toute chose, et tout existe en
lui. L'Église et lui forment un seul corps, dont il est
la tête. Comme en toute chose il a toujours tenu le
premier rang, il le tiendra aussi dans la résurrection.
Sa résurrection est le commencement de l'universelle
résurrection. La plénitude de la divinité habite cor-
porellement en lui. — Jésus est ainsi le dieu de
l'homme, une sorte de premier ministre de la création, placé entre Dieu et l'homme[2]. Tout ce que le
monothéisme dit des rapports de l'homme avec Dieu
peut, selon la théorie actuelle de Paul, être dit des
rapports de l'homme avec Jésus[3]. La vénération
pour Jésus, qui chez Jacques ne dépasse pas le
culte de dulie ou d'hyperdulie[4], atteint chez Paul
la proportion d'un véritable culte de latrie, comme

1. Classes d'anges. Comp. Rom., VIII, 38 ; I Cor., XV, 24 ;
I Petri, III, 22 ; *Test. des douze patr.*, Lévi, 3 et suiv.
   2. C'est ainsi que Philon appelle le Verbe ἡμῶν τῶν ἀτελῶν θεός.
Legis alleg., III, 73.
   3. Je fais abstraction du verset Col., II, 2. La complète incertitude de la vraie leçon de la fin de ce verset empêche qu'on
puisse raisonner dessus.
   4. Jac., I, 1.

aucun Juif n'en avait jusque-là voué au fils d'une
femme.

Ce mystère, que Dieu préparait depuis l'éternité,
la maturité des temps étant venue, il l'a révélé à ses
saints des derniers jours. Le moment est arrivé où
chacun doit compléter pour sa part l'œuvre de Christ;
or on complète l'œuvre de Christ par la souffrance; la
souffrance est donc un bien dont il faut se réjouir, se
glorifier. Le chrétien, en participant de Jésus, est rempli comme lui de la plénitude[1] de la divinité. Jésus,
en ressuscitant, a tout vivifié avec lui. Le mur de séparation que la Loi créait entre le peuple de Dieu et
les gentils, Jésus l'a fait tomber; avec les deux por-
tions de l'humanité réconciliées, il a fait une nouvelle humanité; toutes les vieilles haines, il les a
tuées sur la croix. Le texte de la Loi était comme le
billet d'une dette dont l'humanité ne pouvait s'acquit-
ter; Jésus a détruit la valeur du billet, en le clouant
à sa croix. Le monde créé par Jésus est donc un
monde entièrement nouveau; Jésus est la pierre
angulaire du temple que Dieu se bâtit. Le chrétien
est mort à la terre, enseveli avec Jésus au tombeau;
sa vie est cachée en Dieu avec Christ. En attendant
que Christ apparaisse et l'associe à sa gloire, il mor-

---

1. Πλήρωμα. Col., ii, 10; Ephes., iii, 19; comp. Jean, i, 16.

tifie son corps, éteignant tous ses désirs naturels, prenant en tout le contre-pied de la nature, dépouillant le « vieil homme », revêtant « le nouveau », renouvelé selon l'image de son Créateur. A ce point de vue, il n'y a plus de Grec ni de Juif, de circoncis ni d'incirconcis, de barbare ni de Scythe, d'esclave ni d'homme libre; Christ est tout; Christ est en tous. Les saints sont ceux à qui Dieu, par don gratuit, a fait l'application des mérites de Christ, et qu'il a ainsi prédestinés à l'adoption divine, avant même que le monde existât. L'Église est une, comme Dieu lui-même est un; son œuvre est l'édification du corps de Christ; le but final de toutes choses est la réalisation de l'homme parfait, l'union complète de Christ avec tous ses membres, un état où Christ sera vraiment la tête d'une humanité régénérée selon son propre modèle, d'une humanité recevant de lui le mouvement et la vie par une série de membres liés entre eux et subordonnés les uns aux autres. Les puissances ténébreuses de l'air combattent pour empêcher cet avénement. Une lutte terrible aura lieu entre elles et les saints. Ce sera un mauvais jour; mais, armés des dons du Christ, les saints triompheront.

De telles doctrines n'étaient pas entièrement originales. C'étaient en partie celles de l'école juive d'Égypte, et notamment celles de Philon. Ce Christ devenu une hypostase divine est le *logos* de la philosophie juive alexandrine, le *mémera* des paraphrases chaldaïques, prototype de toute chose, par qui tout a été créé [1]. Ces puissances de l'air [2], auxquelles l'empire du monde a été donné [3], ces hiérarchies bizarres, célestes et infernales [4], sont celles de la cabbale juive et du gnosticisme. Ce *pléroma* mystérieux, but final de l'œuvre de Christ, ressemble fort au *pléroma* divin que la gnose place au sommet de l'échelle universelle. La théosophie gnostique et cabbaliste, qu'on peut regarder comme

1. Philon, *De profugis,* 2, 19, 20, 26 ; *Vita Mosis,* II, 12; *De mundi opif.,* 4-8; *De confus. ling.,* 14, 19, 28; *De migr. Abr.,* 1-2; *De somniis,* I, 13, 37, 41; II, 37; *De monarchia,* II, 5; *Quod Deus immut.,* 6, 36: *De agric. Noe,* 12; *De plant. Noe,* 2, 4; *Legis alleg.,* I, 18; III, 31, 59-61; *De cherubim,* 11, 35; *De mundo,* 2, 3; *Quis rer. div. hœres,* 26, 38, 42, 44, 48; *De poster. Caini,* 35; fragm. dans Eus., *Prœp. evang.,* VII, 13; dans Jean Damascène (Mangey, II, p. 655).

2. Philon, *De somniis,* I, 22; *Testam. des douze patr.,* Lévi, 3; Benjamin, 3; Mischna, *Aboth,* v, 6; Talmud de Babylone, *Beracoth,* 6 *a;* Tanhuma, fin de la section *Mischpatim;* Ialkout sur *Job,* § 913. Comp. Plutarque, *Quœst. rom.,* 14.

3. Cf. Jamblique, *De myst. Ægypt.,* II, 3, p. 41-43, Gale; *Testament de Salomon,* dans Fabricius, *Cod. pseud. V. T.,* I, 1047.

4. Cf. I Petri, III, 22; Ignatii (ut fertur) *ad Trallianos* Epist.,4, 5.

la mythologie du monothéisme, et que nous avons
cru voir poindre chez Simon de Gitton, se présente dès le Iᵉʳ siècle avec ses caractères principaux. Rejeter systématiquement au IIᵉ siècle tous
les documents où l'on trouve des traces d'un pareil
esprit est fort téméraire. Cet esprit était en germe
dans Philon et dans le christianisme primitif. La
conception théosophique du Christ devait sortir
nécessairement de la conception messianique du Fils
de l'homme, quand il serait bien constaté, après une
longue attente, que le Fils de l'homme ne venait
pas. Dans les épîtres les plus incontestablement authentiques de Paul, il y a certains traits qui restent
peu en deçà des exagérations que présentent les
épîtres écrites en prison [1]. L'Épître aux Hébreux,
antérieure à l'an 70, montre la même tendance à
placer Jésus dans le monde des abstractions méta-
physiques. Tout cela deviendra sensible au plus
haut degré quand nous parlerons des écrits johanniques. Chez Paul, qui n'avait point connu Jésus,
cette métamorphose de l'idée du Christ était en
quelque sorte inévitable. Tandis que l'école qui possédait la tradition vivante du maître créait le Jésus

---

1. Par exemple, II Cor., IV, 4, Satan est appelé « le dieu de
ce monde ». Comp. Jean, XII, 31.

des Évangiles synoptiques, l'homme exalté qui n'avait
vu le fondateur du christianisme que dans ses rêves le
transformait de plus en plus en un être surhumain,
en une sorte d'archée métaphysique qu'on dirait
n'avoir jamais vécu.

Cette transformation, du reste, ne s'opérait pas
seulement dans les idées de Paul. Les Eglises issues
de lui marchaient dans le même sens. Celles d'Asie
Mineure, surtout, étaient poussées par une sorte de
travail secret aux idées les plus exagérées sur la divinité de Jésus. Cela se conçoit. Pour la fraction du
christianisme qui était sortie des entretiens familiers
du lac de Tibériade, Jésus devait toujours rester
l'aimable fils de Dieu qu'on avait vu passer parmi les
hommes avec cette attitude charmante et ce fin sourire;
mais, quand on prêchait Jésus aux gens de quelque
canton perdu de la Phrygie, quand le prédicateur déclarait ne l'avoir jamais vu et affectait presque de ne
rien savoir de sa vie terrestre[1], que pouvaient penser
ces bons et naïfs auditeurs de celui qu'on leur prêchait? Comment pouvaient-ils se le figurer? — Comme
un sage? comme un maître plein de charme? Ce
n'est nullement ainsi que Paul présentait le rôle de
Jésus. Paul ignorait ou feignait d'ignorer le Jésus

1. II Cor., v, 16.

historique. — Comme le Messie, comme le Fils de
l'homme devant apparaître dans les nues au grand
jour du Seigneur? Ces idées étaient étranges pour
les gentils et supposaient la connaissance des livres
juifs. — Évidemment, l'image qui devait le plus souvent s'offrir à ces bons provinciaux était celle d'une
incarnation, d'un Dieu revêtant une forme humaine
et se promenant sur la terre [1]. Cette idée était très-
familière à l'Asie Mineure; Apollonius de Tyane allait
bientôt l'exploiter à son profit. Pour concilier une
telle manière de voir avec le monothéisme, un seul
parti restait : concevoir Jésus comme une hypostase
divine incarnée, comme une sorte de dédoublement
du Dieu unique, ayant pris la forme humaine pour
l'accomplissement d'un plan divin. Il faut se rappeler
que nous ne sommes plus en Syrie. Le christianisme
a passé de la terre sémitique aux mains de races
ivres d'imagination et de mythologie. Le prophète
Mahomet, dont la légende est si purement humaine
chez les Arabes, est devenu de même, chez les schiites
de la Perse et de l'Inde, un être complétement surnaturel, une sorte de Vischnou et de Bouddha.

Quelques relations que l'apôtre eut avec ses
Églises d'Asie Mineure, justement vers ce temps, lui

---

1. Voir l'épisode de Paul à Lystres. *Saint Paul,* p. 44-46.

fournirent l'occasion d'exposer la nouvelle forme qu'il s'était habitué à donner à ses idées. Le pieux Épaphrodite ou Épaphras, docteur et fondateur de l'Église de Colosses, et chef des Églises des bords du Lycus, arriva près de lui avec une mission desdites Églises [1]. Paul n'avait jamais été dans cette vallée; mais on y admettait son autorité [2]. On l'y reconnaissait même pour l'apôtre du pays, et chacun s'envisageait comme lui devant la foi [3]. Apprenant sa captivité, les Églises de Colosses, de Laodicée sur le Lycus, d'Hiérapolis députèrent Épaphras pour partager sa chaîne [4], le consoler, l'assurer de l'amitié des fidèles et probablement lui offrir les secours d'argent dont il pouvait avoir besoin [5]. Ce que rapportait Épaphras du zèle des nouveaux convertis remplit Paul de satisfaction [6]; la foi, la charité, l'hospitalité étaient admirables [7]; mais le christianisme prenait dans ces Églises de la Phrygie une direction singulière. Loin du contact des grands apôtres,

1. Col., i, 7-8; ii, 1; iv, 12-13, 15-16.
2. Col., ii, 1, 5; Ephes., iii, 2; iv, 21.
3. Phil., 19.
4. Philem., 23.
5. Col., i, 7. Je lis ὑπὲρ ὑμῶν, avec Griesbach, Tischendorf, le texte reçu et le *Sinaiticus*.
6. Col., i, 4, 9; Ephes., i, 15.
7. Col., i, 4.

soustraites à toute influence juive, composées presque uniquement de païens [1], ces Églises inclinaient à une sorte de mélange du christianisme, de la philosophie grecque et des cultes locaux [2]. Dans cette paisible petite ville de Colosses, au bruit des cascades, au milieu des gouffres d'écume, en face d'Hiérapolis et de son éblouissante montagne [3], grandissait chaque jour la croyance à la pleine divinité de Jésus-Christ. Rappelons que la Phrygie était un des pays qui avaient le plus d'originalité religieuse. Ses mystères renfermaient ou avaient la prétention de renfermer un symbolisme élevé. Plusieurs des rites qu'on y pratiquait n'étaient pas sans analogie avec ceux du culte nouveau [4]. Pour des chrétiens sans tradition antérieure, n'ayant pas traversé le même apprentissage de monothéisme que les juifs, la tentation devait être forte d'associer le dogme chrétien à de vieux symboles, qui se présen-

1. Ephes., ii, 19 et suiv.; iii, 1 et suiv.; iv, 17, 22 ; en se rappelant que l'épître dite aux Éphésiens fut, à ce qu'il semble, destinée aux Églises de la vallée du Lycus. V. *Saint Paul*, p. xiv et suiv., et ci-après, p. 91-93.

2. Col. ii, 4, 8.

3. Voir *Saint Paul*, p. 358-360.

4. Garrucci, *Tre sepolcri* (Naples, 1852), et *Les mystères du syncrétisme phrygien*, dans les *Mél. d'arch.* des PP. Cahier et Martin, vol. IV (1856), p. 1 et suiv.

taient ici comme un legs de la plus respectable antiquité. Ces chrétiens avaient été de dévots païens,
avant d'adopter les idées venues de Syrie ; peut-être
en les adoptant n'avaient-ils pas cru rompre formellement avec leur passé. Et d'ailleurs, quel est l'homme
vraiment religieux qui répudie complétement l'enseignement traditionnel à l'ombre duquel il sentit
d'abord l'idéal, qui ne cherche pas des conciliations,
souvent impossibles, entre sa vieille foi et celle à
laquelle il est arrivé par le progrès de sa pensée?

Au IIe siècle, ce besoin de syncrétisme prendra
une importance extrême et amènera le plein développement des sectes gnostiques. Nous verrons, à la
fin du Ier siècle, des tendances analogues remplir
l'Église d'Éphèse de troubles et d'agitation. Cérinthe et l'auteur du quatrième Évangile partaient
au fond d'un principe identique, de l'idée que la
conscience de Jésus fut un être céleste distinct de son
apparence terrestre [1]. Dès l'an 60, Colosses était déjà
atteint du même mal. Une théosophie mêlée de
croyances indigènes [2], de judaïsme ébionite [3], de philosophie [4], et de données empruntées à la prédication

1. Irénée, *Adv. hœr.*, I, xxvi, 1.
2. Concile de Laodicée de l'an 364, canons 35 et 36 ; Théodoret, sur Col., ii, 17 et 18.
3. Col., ii, 11-12, 16-23.
4 Col., ii, 8.

nouvelle, y trouvait déjà d'habiles interprètes [1]. Un culte d'*éons* incréés, une théorie très-développée d'anges et de démons [2], le gnosticisme, enfin, avec ses pratiques arbitraires, ses abstractions réalisées, commençait à se produire, et, par ses trompeuses douceurs, minait la foi chrétienne en ses parties les plus vives et les plus essentielles. Il s'y mêlait des renoncements contre nature, un faux goût de l'humiliation, une prétendue austérité refusant son droit à la chair [3], en un mot toutes les aberrations du sens moral qui devaient produire les hérésies phrygiennes du IIe siècle (montanistes, pépuziens, cataphryges), lesquelles se rattachaient elles-mêmes au vieux levain mystique des galles, des corybantes, et dont les derniers survivants sont les derviches de nos jours. La différence des chrétiens d'origine païenne et des chrétiens d'origine juive se marquait ainsi de jour en jour. La mythologie et la métaphysique chrétiennes naissaient dans les Églises de Paul. Sortis de races polythéistes, les païens convertis trouvaient toute simple l'idée d'un Dieu fait homme,

1. Col., II, 4, 8.
2. Col., I, 16; II, 10, 15, 18; Eph., I, 21; VI, 12. Comp. I Tim., I, 4; VI, 20; Epiph., hær. XXI, 2; Tertullien, *Præscr.*, 33; Irénée, I, XXXI, 2.
3. Col., II, 18, 22, 23.

tandis que l'incarnation de la divinité était pour les juifs quelque chose de blasphématoire et de révoltant.

Paul, voulant garder près de lui Épaphras, dont il songeait à utiliser l'activité [1], résolut de répondre à la députation des Colossiens en leur envoyant Tychique d'Éphèse, qu'il chargea en même temps de commissions pour les Églises d'Asie [2]. Tychique devait faire une tournée dans la vallée du Méandre[3], visiter les communautés, leur donner des nouvelles de Paul, leur transmettre de vive voix sur la situation de l'apôtre à l'égard des autorités romaines des détails qu'il ne croyait pas prudent de confier au papier [4], enfin remettre à chacune des Églises des lettres séparées que Paul leur adressait [5]. Il était recommandé à celles de ces Églises

1. Col., iv, 12-13 ; Philem., 23.

2. Col., iv, 7-8 ; Ephes., vi, 21-22 ; cf. II Tim., iv, 12. Voir *Saint Paul,* p. 539.

3. La route la plus commode pour aller de Rome en cette partie de la Phrygie était d'aborder à Éphèse ou à Milet et de remonter les vallées du Méandre et du Lycus.

4. Ces sortes de précautions se remarquent dans plusieurs épîtres, dans les *Actes* et dans l'Apocalypse. Cf. l Joh., 12 ; II Joh., 13.

5. Col., iv, 13, 16. Les deux villes de Laodicée et de Hiérapolis sont si voisines, qu'on peut supposer que la même épître

qui étaient voisines les unes des autres de se communiquer réciproquement leurs lettres, et de les lire
tour à tour en assemblée [1]. Tychique put, en outre,
être porteur d'une espèce d'encyclique, calquée sur
l'épître aux Colossiens, et préservée pour les Églises
auxquelles Paul n'avait rien de particulier à dire.
L'apôtre paraît avoir laissé à ses disciples ou secré-
taires le soin de rédiger cette circulaire [2], sur le plan
qu'il leur donna, ou d'après le type qu'il leur montra [3].

L'épître adressée dans cette circonstance aux
Colossiens nous a été conservée [4]. Paul la dicta à
Timothée [5], la signa et ajouta de son écriture : *Souvenez-vous de mes chaînes* [6]. Quant à l'épître circulaire que Tychique remit sur son chemin aux Églises

---

servit à toutes les deux. Paul les associe, iv, 13. Si, au verset
iv, 16, il ne nomme que Laodicée, c'est que Laodicée est un peu
plus près de Colosses que Hiérapolis.

1. Col., iv, 16.

2. Il est remarquable que la suscription de l'épître dite aux
Éphésiens ne porte pas le nom de Timothée. Le style de cette
épître diffère non-seulement du style ordinaire de Paul, mais
même du style particulier de l'épître aux Colossiens.

3. Voyez *Saint Paul*, p. xx et suiv. L'épître aux Romains
paraît avoir eu le même caractère de circulaire.

4. Pour les doutes sur l'authenticité de cette épître, voir *Saint
Paul*, p. vii et-suiv.

5. Col., i, 1.

6. Col., iv, 18.

qui n'avaient pas de lettre nominative, il semble que
nous l'avons dans l'épître dite aux Éphésiens [1].
Certainement, cette épître n'eut pas les Éphésiens
pour destinataires, puisque l'apôtre s'y adresse
exclusivement à des païens convertis [2], à une Église
qu'il n'avait jamais vue [3], et à laquelle il n'a pas d'avis
spécial à donner. Les anciens manuscrits de l'épître
dite aux Éphésiens portaient en blanc dans la suscription la désignation de l'Église destinataire [4]; le
manuscrit du Vatican et le *Codex sinaïticus* offrent
une particularité analogue [5]. On a supposé que cette
prétendue lettre aux Ephésiens est en réalité la lettre
aux Laodicéens, qui fut écrite en même temps que
celle aux Colossiens [6]. Nous avons dit ailleurs [7] les
raisons qui nous empêchent d'admettre cette opinion,

---

1. Voir *Saint Paul,* p. xii et sulv.

2. ii, 11 et suiv., 19 et suiv.; iii, 1 et suiv.; iv, 17, 22.

3. i, 15; iii, 2; iv, 21.

4. Saint Basile, *Contra Eunomium,* II, 19; saint Jérôme,
sur Eph., i, 1. Remarquez aussi le vague des formules finales, vi,
23, 24.

5. Dans ces deux manuscrits, ἐν Ἐφέσῳ a été ajouté par une
main plus moderne. Le manuscrit de Vienne (67) présente les
mots ἐν Ἐφέσῳ biffés.

6. Col., iv, 16. C'était l'opinion de Marcion. Tertullien, *Adv.
Marc.,* V, 11 ; Épiphane, hær. xlii, 9, 11. Cf. Canon de Muratori,
lignes 62 et suiv.

7. *Saint Paul,* p. xx-xxi, note.

et qui nous portent à voir plutôt dans la pièce dont il s'agit une lettre doctrinale que saint Paul aurait fait reproduire à plusieurs exemplaires et répandre en Asie. Tychique, en passant à Éphèse, sa patrie, put montrer un de ces exemplaires aux anciens; ceux-ci purent le garder comme morceau d'édification, et il est parfaitement admissible que ce soit cette copie qui ait servi, quand on fit la collection des lettres de Paul [1]; de là viendrait le titre que l'épître en question porte aujourd'hui. Ce qu'il y a de certain, c'est que l'épître dite aux Éphésiens n'est guère qu'une imitation paraphrasée de l'épître aux Colossiens, avec quelques additions tirées d'autres épîtres de Paul et peut-être d'épîtres perdues.

Cette épître dite aux Éphésiens forme, avec l'épître aux Colossiens, le meilleur exposé des théories de Paul vers la fin de sa carrière. Les épîtres aux Colossiens et aux Éphésiens ont, pour le dernier période de la vie de l'apôtre, le même prix qu'a l'épître aux Romains pour l'âge de son grand apostolat. Les idées du fondateur de la théologie chrétienne y sont arrivées au plus haut degré d'épuration. On sent ce dernier travail de spiritualisation

---

1. Pour l'épître aux Romains, ce fut aussi l'exemplaire de l'Église la plus célèbre qui fit loi.

que les grandes âmes près de s'éteindre font subir à leur pensée, et au delà duquel il n'y a plus que la mort.

Certes, Paul était dans le vrai en combattant cette dangereuse maladie du gnosticisme, qui allait bientôt menacer sérieusement la raison humaine, cette chimérique religion des anges [1], à laquelle il oppose son Christ supérieur à tout ce qui n'est pas Dieu [2]. On lui sait gré encore du dernier assaut qu'il livre à la circoncision, aux vaines pratiques, aux préjugés juifs [3]. La morale qu'il tire de sa conception transcendante du Christ est admirable à beaucoup d'égards. Mais que d'excès, grand Dieu ! Que cet audacieux dédain de toute raison, ce brillant éloge de la folie, cette fougue de paradoxe préparent de revers à la parfaite sagesse, qui fuit toute extrémité ! Ce « vieil homme », que Paul secoue si rudement, réagira ; il démontrera qu'il ne méritait pas tant d'anathèmes. Tout ce passé frappé d'une injuste sentence redeviendra un principe-de « renaissance » pour le monde, amené par le christianisme au dernier degré de l'épuisement. Paul sera en ce sens un des plus dan-

1. Col., ii, 18.
2. Col., i, 16 ; ii, 10, 15 ; Ephes., i, 21 ; vi, 12.
3. Col., ii, 11-12, 16-23 ; Eph., ii et iii.

gereux ennemis de la civilisation. Les recrudescences
de l'esprit de Paul seront autant de défaites pour
l'esprit humain. Paul mourra quand l'esprit humain
triomphera. Ce qui sera le triomphe de Jésus sera la
mort de Paul.

L'apôtre terminait son épître aux Colossiens en
envoyant à ces derniers les compliments et les vœux
de leur saint et dévoué catéchiste Épaphras. Il les
priait en même temps de faire un échange de lettres
avec l'Église de Laodicée [1]. A Tychique, qui devait
porter la correspondance, il adjoignit comme mes-
sager un certain Onésime, qu'il appelle « un fidèle et
cher frère [2] ». Rien de plus touchant que l'histoire
de cet Onésime. Il avait été l'esclave de Philémon,
un des principaux de l'Église de Colosses; il s'enfuit
de chez son maître, en le volant, et alla se cacher à
Rome. Là, il entra en relations avec Paul, peut-être
par l'intermédiaire d'Épaphras, son compatriote.
Paul le convertit, le décida à retourner vers son
maître, et le fit partir pour l'Asie en compagnie de
Tychique. Afin de calmer les appréhensions qui pouvaient rester au pauvre Onésime, Paul dicta à

1. Col., IV, 12 et suiv. Voir ci-dessus, p. 90-91.
2. Col., IV, 9 et Philem. entier. *Onésime* était un nom d'esclave. Suétone, *Galba,* 13.

Timothée pour Philémon un billet, vrai petit chef-
d'œuvre de l'art épistolaire, qu'il remit entre les
mains du délinquant :

PAUL, PRISONNIER DE JÉSUS-CHRIST, ET FRÈRE TIMOTHÉE, A
     PHILÉMON, NOTRE BIEN-AIMÉ ET NOTRE COLLABORATEUR, ET A
     SOEUR APPIA, ET A ARCHIPPE, NOTRE COMPAGNON D'ARMES, ET
     A L'ÉGLISE QUI EST DANS TA MAISON.

Grâce et paix descendent sur vous tous des mains de
Dieu notre père et du Seigneur Jésus-Christ.

Je rends sans cesse grâces à mon Dieu, quand ton
souvenir se présente à moi dans mes prières. J'entends
parler, en effet, de ta foi au Seigneur Jésus, de ta charité
pour tous les saints. Puisse ta foi se communiquer effica-
cement et te révéler toujours ce qui pour nous est le bien,
en vue de Christ! Ta charité, en effet, m'a causé beaucoup
de joie et de consolation; car les entrailles des saints ont
été réjouies par toi, frère. Voilà pourquoi, bien que j'eusse
beaucoup de droits en Christ de te prescrire ce que tu dois
faire, j'aime mieux te le demander au nom de la charité,
et en mon nom,... au nom de Paul vieux et maintenant
prisonnier de Christ Jésus.

Je viens donc te prier pour mon fils, que j'ai engendré
dans les fers, pour Onésime, qui autrefois ne t'a guère été
utile[1], mais qui maintenant peut l'être beaucoup à toi et
à moi. Je te l'ai renvoyé, lui, c'est-à-dire mes entrailles.
Je voulais d'abord le garder près de moi, pour qu'il

---

1. Allusion au nom d'*Onésime*, qui veut dire « utile ».

me servît à ta place dans les chaînes de l'Évangile; mais je n'ai rien voulu faire sans ton avis, de peur que cette bonne action n'eût l'air de t'avoir été imposée, et ne vînt pas de ton plein gré. Peut-être, en effet, Onésime n'a-t-il été quelque temps séparé de toi qu'afin que tu le retrouves à jamais[1], non plus comme esclave, mais comme frère bien-aimé au lieu d'esclave. Il est cela pour moi; à combien plus forte raison doit-il l'être pour toi, et selon la chair et selon Christ! Si donc tu es en communion avec moi, reçois-le comme moi-même. Et s'il t'a fait quelque tort, s'il té doit quelque chose, passe-le à mon compte.

Paul prit alors la plume, et, pour donner à sa lettre la valeur d'une vraie créance, ajouta ces mots :

Moi, Paul, j'ai écrit ceci de ma main. Je payerai sans reproche et sans te rappeler ce que, de ton côté, tu me dois. Oui, frère, puissé-je être content de toi dans le Seigneur ! Réjouis mes entrailles en Christ.

Puis il se remit à dicter :

Confiant en ton obéissance, je t'ai écrit, sachant que tu feras plus que je ne te dis. Prépare-toi aussi à me recevoir ; car j'espère que, grâce à vos prières, je vous serai rendu. Épaphras, mon compagnon de chaîne en Christ Jésus, Marc , Aristarque, Démas, Luc, mes collaborateurs, te saluent.

---

1. Il y a peut-être ici une allusion au Lévitique, xxv, 46, passage qui servait de base à beaucoup de disputes rabbiniques.

Que la grâce de Notre-Seigneur Jésus-Christ soit avec votre esprit!

On voit que Paul se faisait de singulières illusions. Il se croyait à la veille d'une délivrance, il formait de nouveaux plans de voyages, et se voyait au centre de l'Asie Mineure [1], au milieu des Églises qui le révéraient comme leur apôtre sans l'avoir jamais entendu. Jean-Marc, aussi, se préparait à visiter l'Asie, sans doute au nom de Pierre. Déjà les Églises de la Phrygie avaient été informées de la prochaine arrivée de ce frère. Dans la lettre aux Colossiens, Paul inséra une nouvelle recommandation à son sujet [2]. Le tour de cette recommandation est assez froid. Paul craignait que les dissentiments qu'il avait eus avec Jean-Marc et plus encore les liaisons de Marc avec le parti de Jérusalem ne missent ses amis d'Asie dans l'embarras, que ceux-ci n'hésitassent à recevoir un homme dont ils avaient appris jusqu'alors à se défier. Paul alla au-devant de ces malentendus et ordonna à ses Églises de com-

---

1. Il est vrai que ceci répond médiocrement à *Act.*, xix, 21 ; Rom., xv, 23-24. Comp. Phil., i, 25; ii, 24. Peut-être Paul, pour tenir en éveil ses disciples et ses Églises, leur parlait-il de prochains voyages, même quand il ne faisait qu'en entrevoir la possibilité.

2. Col., iv, 10. Cf. I Petri, v, 13.

munier avec Marc, dans le cas où il passerait par
leur pays. Marc était cousin de Barnabé, dont le
nom, cher aux Galates, ne devait pas être inconnu
aux gens de la Phrygie[1]. On ignore la suite de ces
incidents. Un effroyable tremblement de terre venait
justement d'ébranler toute la vallée du Lycus. L'opu-
lente Laodicée se rebâtit avec ses propres ressources[2]; mais Colosses ne sut se relever; elle disparut presque du nombre des Églises[3]; l'Apocalypse,
en 69, ne la mentionne pas. Laodicée et Hiérapolis
héritèrent de toute son importance dans l'histoire du
christianisme.

Paul se consolait par son activité apostolique
des tristesses qui l'assaillaient de toutes parts. Il se
disait qu'il souffrait pour ses chères Églises; il s'envisageait comme la victime qui ouvrait aux gentils
les portes de la famille d'Israël[4]. Vers les derniers
mois de sa prison, il connut pourtant le découragement et l'abandon[5]. Déjà, écrivant aux Philippiens,
il disait, en opposant la conduite de son cher et

1. Colosses est à une quarantaine de lieues d'Antioche de
Pisidie, qui faisait partie de la province de Galatie.

2. Tacite, *Ann.,* XIV, 27; cf. Apoc., III, 17 et suiv. V. *Saint
Paul,* p. 357-358.

3. Colosses n'a pas de monnaies impériales [Waddington].

4. Col., I, 24; Eph., III, 1.

5. Col., IV, 11; II Tim., I, 15; II, 17-18; III, 1 et suiv., 13; IV,

fidèle Timothée à celle de quelques autres : « Chacun cherche son intérêt, non l'intérêt de Christ Jésus[1]. » Timothée seul paraît n'avoir jamais excité aucune plainte chez ce maître sévère, aigri, difficile à contenter. Il n'est pas admissible que Aristarque, Épaphras, Jésus dit *Justus,* l'aient délaissé[2]; mais plusieurs d'entre eux purent se trouver absents à la fois; Titus était en mission[3]; d'autres qui lui devaient tout, notamment des gens d'Asie, entre lesquels on cite Phygelle et Hermogène, cessèrent de le fréquenter[4]. Lui, autrefois si entouré, il se vit dans l'isolement. Les chrétiens de la circoncision l'évitaient[5]. Luc, à certains moments, fut seul avec lui[6]. Son caractère, qui avait toujours été un peu morose, s'exaspérait; on ne pouvait presque plus vivre en sa compagnie. Paul eut de la sorte un cruel sentiment de l'ingratitude des hommes. Chaque mot qu'on lui prête vers ce temps est plein de mécontentement et

3 et suiv., 6-16. Ce dernier écrit n'est pas de Paul; mais il peut contenir des renseignements vrais.

1. Phil., II, 20-21.

2. Les épîtres aux Colossiens et à Philémon, en effet, les présentent comme fidèles.

3. II Tim., IV, 10.

4. II Tim., I, 15.

5. Col., IV, 11, selon le sens le plus probable. Cf. Tit., I, 10.

6. II Tim., IV, 11.

d'aigreur [1]. L'Église de Rome, étroitement affiliée à celle de Jérusalem, était pour la plus grande partie judéo-chrétienne. Le judaïsme orthodoxe, très-fort à Rome, devait lui faire une rude guerre. Le vieil apôtre, le cœur brisé, appelait la mort [2].

S'il s'agissait d'une autre nature et d'une autre race, nous essayerions de nous figurer Paul, en ces derniers jours, arrivant à reconnaître qu'il a usé sa vie pour un rêve, répudiant tous les prophètes sacrés pour un écrit qu'il n'avait guère lu jusque-là, l'*Ecclésiaste* (livre charmant, le seul livre aimable qui ait été composé par un juif), et proclamant que l'homme heureux est celui qui, après avoir coulé sa vie en joie jusqu'à ses vieux jours avec la femme de sa jeunesse, meurt sans avoir perdu de fils [3]. Un trait qui caractérise les grands hommes européens est, à certaines heures, de donner raison à Épicure, d'être pris de dégoût tout en travaillant avec ardeur, et,

1. II Tim., tout entière.

2. II Tim., IV, 6-8, très-beau passage, que plusieurs tiennent pour réellement sorti de la plume de Paul, mais qui paraît en contradiction avec les projets de voyage que Paul ne cessait de former. Il ne semble pas que, dans sa prison, Paul ait jamais eu un pressentiment si net de sa fin prochaine.

3.   Θάρσει· τέθνηκας γὰρ ἀπενθήτοις ἐπὶ τέκνοις,
       Ζώουσαν προλιπὼν ἣν ἐπόθεις ἄλοχον.

Inscr. de Beyrouth (*Mission de Phénicie*; p. 347).

après avoir réussi, de douter si la cause qu'ils ont
servie valait tant de sacrifices. Beaucoup osent se
dire, au fort de l'action, que le jour où l'on commence à être sage est celui où, délivré de tout souci,
on contemple la nature et l'on jouit. Bien peu du
moins échappent aux tardifs regrets. Il n'y a guère
de personne dévouée, de prêtre, de religieuse qui, à
cinquante ans, ne pleure son vœu, et néanmoins ne
persévère. Nous ne comprenons pas le galant homme
sans un peu de scepticisme; nous aimons que l'homme
vertueux dise de temps à autre . « Vertu, tu n'es
qu'un mot; » car celui qui est trop sûr que la vertu
sera récompensée n'a pas beaucoup de mérite; ses
bonnes actions ne paraissent plus qu'un placement
avantageux. Jésus ne fut pas étranger à ce sentiment
exquis; plus d'une fois il semble que son rôle divin
lui pesa. Sûrement, il n'en fut point ainsi pour saint
Paul; il n'eut pas son agonie de Gethsémani, et c'est
une des raisons qui nous le rendent moins aimable.
Tandis que Jésus posséda au plus haut degré ce que
nous regardons comme la qualité essentielle d'une
personne distinguée, je veux dire le don de sourire
de son œuvre, d'y être supérieur, de ne pas s'en
laisser obséder, Paul ne fut pas à l'abri du défaut
qui nous choque dans les sectaires; il crut lourdement. Nous voudrions que par moments, comme nous,

il se fût assis fatigué au bord du chemin, et qu'il eût
aperçu la vanité des opinions arrêtées. Marc-Aurèle,
le représentant le plus glorieux de notre race, ne le
cède à personne en vertu, et cependant il ne sut
pas ce que c'est que le fanatisme. Cela ne s'est
jamais vu en Orient; notre race seule est capable de
réaliser la vertu sans la foi, d'unir le doute à l'espérance. Livrées à l'entraînement terrible de leur tempérament, exemptes des vices délicats de la civilisation grecque et romaine, ces fortes âmes juives étaient
comme de puissants ressorts, qui ne se détendaient
jamais. Jusqu'au bout sans doute, Paul vit devant lui
la couronne impérissable qui lui était préparée, et,
comme un coureur, redoubla d'efforts à mesure qu'il
approchait du but[1]. Il avait d'ailleurs des instants
de consolation. Onésiphore d'Éphèse, étant venu à
Rome, le chercha et, sans rougir de sa chaîne, le
servit et rafraîchit son cœur[2]. Démas, au contraire,
se dégoûta des doctrines absolues de l'apôtre et le
quitta[3]. Paul paraît l'avoir toujours traité avec une
certaine froideur[4].

1. II Tim., iv, 6 et suiv. Nous usons de cette épître comme
d'une sorte de roman historique, fait avec un sentiment très-juste
de la situation de Paul en ses derniers temps.
2. II Tim., i, 16-18.
3. II Tim., iv, 9.
4. Col., iv, 14.

Paul comparut-il devant Néron ou, pour mieux dire, devant le conseil auquel ressortissait son appel[1]? Cela est presque certain[2]. Des renseignements, d'une valeur douteuse, il est vrai, nous parlent d'une « première défense », où personne ne l'assista, et d'où, fort de la grâce qui le soutenait, il sortit à son avantage, si bien qu'il se comparait à un homme qui a été sauvé d'entre les dents d'un lion[3]. Il est très-probable que son affaire se termina, au bout de deux ans de prison à Rome[4] (commencement de l'an 63), par un acquittement[5]. On ne voit pas quel intérêt aurait eu l'autorité romaine à le condamner pour une querelle de secte, qui la touchait peu. De solides

1. Dion Cassius, LIII, 22.

2. L'auteur des *Actes,* en effet, savait ce qu'il en fut. Il n'eût pas mis dans la bouche de Paul, *Act.,* XXIII, 11, et XXVII, 24, une prophétie qu'il eût su ne pas s'être réalisée. Μαρτυρῆσαι, dans le premier de ces passages, désigne un témoignage public et solennel, à cause du parallélisme avec le premier membre du verset. Μαρτυρήσας ἐπὶ τῶν ἡγουμένων (Clem. Rom., *Ad Cor. I,* ch. 5; comp. Luc, XXI, 12) paraît se rapporter à la comparution devant le conseil de Néron. Cf. I Petri, II, 13 et suiv.

3. II Tim., IV, 16-17, en observant que, quand Paul est censé écrire cette épître, il est toujours prisonnier (I, 8, etc.).

4. *Act.,* XXVIII, 30.

5. *Act.,* XXVIII, 31, serait bien singulier, si la prison de Paul se termina par une exécution. On peut dire, d'un autre côté, que, si Paul eût été acquitté, l'auteur des *Actes,* toujours désireux de

indices, d'ailleurs, prouvent que Paul, avant de mourir, exécuta encore une série de voyages apostoliques et de prédications, mais non dans les pays de Grèce et d'Asie qu'il avait déjà évangélisés[1].

Il y a cinq ans, peu de mois avant son arrestation, Paul, écrivant de Corinthe aux fidèles de Rome, leur annonçait l'intention d'aller en Espagne. Il ne voulait pas, disait-il, exercer chez eux son ministère; c'est seulement en passant qu'il comptait les voir et jouir d'eux quelque.temps; puis ils lui feraient la conduite et faciliteraient son voyage vers les pays situés au delà [2]. Le séjour de l'apôtre à Rome était ainsi subordonné à un apostolat lointain, lequel paraissait

montrer les Romains favorables au christianisme et de prouver que celui-ci a des antécédents qui établissent sa légalité, n'eût pas manqué de le dire, et eût continué son récit. Nous montrerons bientôt que Clément Romain, la deuxième Épître à Timothée et le Canon de Muratori supposent dans la vie de Paul des voyages postérieurs à sa captivité. Cf. Eusèbe, *H. E.*, II, 22; saint Jérôme, *De viris ill.*, 5; Euthalius, dans Zaccagni, *Coll. monum. vet. Eccl. gr.*, p. 531 et suiv., témoignages faibles, sans doute, puisqu'ils ne reposent sur aucune tradition directe, et qu'on y sent un système ayant pour base l'authenticité des Épîtres à Timothée et de l'Épître à Tite.

1. *Act.*, xx, 25, exclut tout retour de Paul dans les pays qu'il avait visités. L'auteur des *Actes* connaissait bien la suite de la vie de Paul, et ne lui eût pas prêté un langage erroné.

2. Rom., xv, 24, 28.

être son but principal. — Durant sa prison de Rome, Paul semble parfois avoir changé d'intention relativement à ses courses occidentales. Il exprime aux Philippiens et au Colossien Philémon l'espérance de venir les voir[1]; mais sûrement il n'exécuta pas ce dessein[2]. — Sorti de prison, que fit-il ? Il est naturel de supposer qu'il suivit son premier plan, et se mit en route dès qu'il put. De sérieuses raisons portent à croire qu'il réalisa son projet de voyage en Espagne[3]. Ce voyage avait dans son esprit une

1. Phil., i, 25-27; ii, 24; Philém., 22.

2. *Act.,* xx, 25.

3. 1° Le Canon dit de Muratori, pièce de la seconde moitié du iie siècle et écrite à Rome, en parle comme d'une chose bien connue (lignes 37-38; voir la lecture de Laurent, *Neutest. Stud.,* p. 108-110, 200). — 2° La première épître de Clément Romain (ch. 5) dit que Paul a prêché ἐπὶ τὸ τέρμα τῆς δύσεως, expression peu naturelle pour désigner Rome, dans un écrit composé à Rome. Il est vrai que, dans l'épître apocryphe de Clément à Jacques, qui est en tête des Homélies, et qui, elle aussi, a été écrite à Rome, des expressions plus fortes encore sont employées à propos de Pierre, qui pourtant, de l'aveu de l'auteur, n'avait été que jusqu'à Rome (ch. 1). Ajoutons que saint Paul, Rom., xvi, 26, affirme que le mystère de Christ a été révélé εἰς πάντα τὰ ἔθνη, quoique lui-même avoue dans la même épître qu'il n'a prêché que jusqu'en Illyrie (xv, 19), expression qui doit même être restreinte d'après II Cor., x, 14, 16, où il dit qu'il n'a pas prêché au delà d'eux. — 3° Le partisan de Paul qui a composé la deuxième épître à Timothée croyait qu'après sa sortie de prison, Paul compléta sa mission apostolique en visitant les pays qui lui manquaient pour avoir

haute signification dogmatique ; il y tenait beaucoup[1].
Il s'agissait de pouvoir dire que la bonne nouvelle
avait touché l'extrémité de l'Occident, de prouver
que l'Évangile était accompli, puisqu'il avait été
entendu au bout du monde[2]. Cette façon d'exagérer
un peu l'étendue de ses voyages était familière à
Paul[3]. L'idée générale des fidèles était qu'avant l'apparition du Christ, le royaume de Dieu devait avoir
été prêché partout[4]. D'après la manière de parler

évangélisé « toutes les nations » (iv, 17). Ces nouveaux voyages
ne se firent pas du côté de l'Orient (*Act.*, xx, 25). — Cf. saint
Épiphane, hær. xxvii, 6 ; saint Athanase, *Epist. ad Dracontium,*
Opp., t. I, 1ʳᵉ partie, p. 265 (Paris, 1698) ; saint Jean Chrysostome, Opp., t. VII, p. 725 ; XI, p. 724 ; Théodoret, in Phil., i, 25,
et in II Tim., iv, 17 ; Hippolyte de Thèbes, *De duodecim
apost.* (dans Gallandi, *Bibl. patrum,* vol. XIV, p. 117). Tous ces
passages prouvent peu de chose, car ils reposent non sur une tradition directe, mais sur une interprétation de Rom., xv, 28.
Eusèbe ne veut rien savoir d'un tel épisode. En général, la tradition du voyage de Paul en Espagne a été frappée, dans l'opinion
ecclésiastique du iiiᵉ et du ivᵉ siècle, d'une sorte de défaveur,
parce qu'on a préféré *a priori* la version d'après laquelle saint
Paul mourait martyr avec saint Pierre à Rome, et que le voyage
d'Espagne semblait contredire cette version.

1. Comp. saint Ignace, *Ad Rom.,* 2.

2. Apoc., xiv, 6. Comp. Méliton, *De veritate,* p. xl, lignes 18-19
(*Spicil. Sol.,* t. II).

3. V. *Saint Paul,* p. 492-495.

4. Καὶ κηρυχθήσεται τοῦτο τὸ εὐαγγέλιον τῆς βασιλείας ἐν ὅλῃ τῇ οἰκουμένῃ
εἰς μαρτύριον πᾶσιν τοῖς ἔθνεσιν· καὶ τότε ἥξει τὸ τέλος. Matth., xxiv, 14.

des apôtres, il suffisait qu'il eût été prêché dans une ville pour qu'il eût été prêché dans un pays, et il suffisait qu'il eût été prêché à dix personnes pour que toute la ville l'eût entendu.

Si Paul fit ce voyage, il le fit sans doute par mer. Il n'est pas absolument impossible que quelque port du midi de la Gaule ait reçu l'empreinte du pied de l'apôtre. En tout cas, il ne resta de cette course problématique vers l'Occident aucun fruit appréciable.

CHAPITRE V.

A la fin de la captivité de Paul, les *Actes des Apôtres* et les Épîtres nous manquent à la fois. Nous tombons dans une nuit profonde, qui contraste singulièrement avec la clarté historique des dix années qui précèdent. Sans doute pour ne pas être forcé de raconter des faits où l'autorité romaine jouait un rôle odieux [1], l'auteur des *Actes,* toujours respectueux pour cette autorité, et désireux de montrer qu'elle a été bien des fois favorable aux chrétiens, s'arrête tout à coup. Ce fatal silence répand une grande incertitude sur des événements que nous aimerions tant à savoir. Heureusement, Tacite et l'Apocalypse vont introduire dans cette grande nuit un rayon de vive lumière. Le moment est venu où le christianisme, jusqu'ici tenu dans le secret des petites

1. Voir *les Apôtres,* introd., p. XXII-XXIII.

gens qui lui devaient leur joie, va éclater dans l'histoire par un coup de tonnerre, dont le retentissement sera long.

Nous avons vu que les apôtres ne négligeaient aucun effort pour ramener à la modération leurs frères exaspérés par les iniquités dont ils étaient les victimes. Ils n'y réussissaient pas toujours. Diverses condamnations avaient été prononcées contre des chrétiens, et on avait pu présenter ces sentences comme des répressions de crimes ou de délits. Avec une admirable droiture de sens, les apôtres tracèrent le code du martyre. Est-on condamné pour le nom de « chrétien », il faut se réjouir[1]. On croyait se rappeler que Jésus avait dit : « Vous serez en haine à tous à cause de mon nom[2]. » Mais, pour avoir le droit d'être fier de cette haine, il faut être irréprochable. Ce fut en partie pour calmer des effervescences inopportunes, prévenir des actes d'insubordination envers l'autorité publique, et aussi pour bien établir son droit de parler à toutes les Églises, que Pierre, vers ce temps, crut devoir imiter Paul et écrire aux Églises d'Asie Mineure, sans distinction de juifs ni de païens convertis une lettre circulaire ou catéchétique. Les épîtres étaient à la mode : de simple cor-

1. I Petri, iv, 14 et suiv.
2. Matth., x, 22; xxiv, 9; Marc, xiii, 13; Luc, xxi, 12, 17.

respondance, l'épître était devenue un genre de littérature, une forme fictive servant de cadre à des petits traités de religion[1]. Nous avons vu saint Paul sur la fin de sa vie adopter cet usage. Chacun des apôtres, un peu à son exemple, voulut avoir son épître, spécimen de son style et de sa manière d'enseigner, contenant ses maximes favorites, et, quand l'un d'eux n'en avait pas, on lui en prêta. Ces nouvelles épîtres, qu'on appela plus tard « catholiques », ne supposaient pas qu'on eût quelque chose à mander à quelqu'un ; elles étaient la pièce personnelle de l'apôtre, son sermon, sa pensée dominante, sa petite théologie en huit ou dix pages. Il s'y mêlait des lambeaux de phrases tirées du trésor commun de l'homilétique et qui, à force d'avoir été citées, avaient perdu toute signature, et n'appartenaient plus à personne.

Marc était de retour du voyage d'Asie Mineure[2] qu'il avait entrepris sur l'ordre de Pierre et avec des recommandations de Paul[3], voyage qui avait peut-être été le signe de la réconciliation des deux apôtres.

---

1. Voir *Saint Paul*, introd., p. LXXII. Les doutes qui restent sur l'authenticité de la *I^a Petri* sont examinés dans l'introduction du présent volume.

2. I Petri, v, 13.

3. Col., iv, 10.

Ce voyage avait mis Pierre en rapport avec les Églises d'Asie et l'autorisãit à leur adresser un enseignement doctrinal. Marc, selon son habitude, servit de secrétaire et d'interprète à Pierre pour la rédaction de l'épître. Il est douteux que Pierre sût parler ou écrire le grec et le latin; sa langue était le syriaque [1]. Marc était à la fois en relation avec Pierre et avec Paul, et c'est là peut-être ce qui explique un fait singulier que présente l'Épître de Pierre, je veux parler des emprunts que fait l'auteur de cette épître aux écrits de saint Paul [2]. Il est certain que Pierre ou son secrétaire (ou le faussaire qui a usurpé son nom) avait sous les yeux l'épître aux Romains et l'épître dite aux Éphésiens [3],

1. Eusèbe, *Demonstr. evang.*, III, 5 et 7.

2. On peut entendre I Petri, v, 12, comme si Silvanus avait servi de secrétaire pour la rédaction de l'épître. Si le Silvanus en question est identique au Silvanus ou Silas, compagnon de Paul, l'induction que nous croyons pouvoir tirer de la collaboration de Marc aurait encore plus de force en s'appliquant à lui.

3. Comp. I Petri, ɪ, 1 et suiv., à Eph., ɪ, 4-7; I Petri, ɪ, 3, à Eph., ɪ, 3; I Petri, ɪ, 14, à Eph., ɪɪ, 3, et Rom., xɪɪ, 2; I Petri, ɪ, 21, à Rom., ɪv, 24; I Petri, ɪɪ, 5, à Rom., xɪɪ, 1; I Petri, ɪɪ, 6-10, à Rom., ɪx, 25, 32 et suiv.; I Petri, ɪɪ, 11, à Rom., vɪɪ, 23; I Petri, ɪɪ, 13, à Rom., xɪɪɪ, 1-4; I Petri, ɪɪ, 18, à Eph., vɪ, 5; I Petri, ɪɪɪ, 1, à Eph., v, 22; I Petri, ɪɪɪ, 9, à Rom., xɪɪ, 17; Petri, ɪɪɪ, 22, à Rom., vɪɪɪ, 34, et Eph., ɪ, 20; I Petri, ɪv, 1, à Rom., vɪ, 6; I Petri, ɪv, 10 et suiv., à Rom., xɪɪ, 6 et suiv.; I Petri,

justement les deux épîtres « catholiques » de Paul,
celles qui sont de vrais traités généraux, et qui étaient
universellement répandues. L'Église de Rome pouvait avoir un exemplaire de l'épître dite aux Éphésiens, écrit récent, sorte de formulaire général
de la foi dernière de Paul, adressé en guise de
circulaire à plusieurs Églises; à plus forte raison
possédait-elle l'Épître aux Romains. Les autres écrits
de Paul, qui ont bien plus le caractère de lettres
particulières, ne devaient pas se trouver à Rome.
Quelques passages, moins caractérisés, de l'Épître
de Pierre paraissent empruntés à Jacques[1]. Pierre,
que nous avons toujours vu tenir dans les controverses apostoliques une position assez flottante,
voulut-il, en faisant, si l'on peut s'exprimer ainsi,
parler Jacques et Paul par la même bouche, montrer que les contradictions de ces deux apôtres
n'étaient qu'apparentes? Comme gage de conciliation,
voulut-il se faire le démonstrateur d'idées pau-
liennes, mitigées, il est vrai, et privées de leur couronnement nécessaire, la justification par la foi? Il

v, 1, à Rom., viii, 18; I Petri, v, 5, à Eph., v, 21, etc. Cf. *Saint
Paul,* p. xxii, note; lxxii, note 1.

1. Comp. I Petri, i, 6-7, à Jac., i, 2; I Petri, i, 24, à Jac., i,
10 et suiv.; I Petri, iv, 8, à Jac., v, 20; I Petri, v, 5, 9, à Jac.,
iv, 6, 7, 10.

est plus probable que Pierre, peu habitué à écrire
et ne se dissimulant pas sa stérilité littéraire, n'hésita
pas à s'approprier des phrases pieuses qui se répétaient sans cesse autour de lui, et qui, bien que parties de systèmes différents, ne se contredisaient pas
d'une manière formelle. Pierre semble, heureusement pour lui, être resté toute sa vie un théologien
fort médiocre; la rigueur d'un système conséquent
ne doit pas être cherchée dans son écrit.

La différence des points de vue où se plaçaient
habituellement Pierre et Paul se trahit, du reste,
dès la première ligne de cet écrit : « Pierre, apôtre
de Jésus-Christ, aux élus expatriés de la dispersion
de Pont, de Galatie, etc. » De telles expressions
sont toutes juives. La famille d'Israël, selon les idées
palestiniennes, se composait de deux fractions :
d'une part, ceux qui habitaient la terre sainte; de
l'autre, ceux qui ne l'habitaient pas[1], compris sous
le nom général de « la dispersion[2] ». Or, pour
Pierre et pour Jacques[3], les chrétiens, même païens
d'origine[4], sont si bien une portion du peuple

1. *Toschabim* = παρεπίδημοι.
2. *Galoutha* = διασπορά. Cf. Jean, VII, 35.
3. Comp. Jac., I, 1.
4. Les passages I Petri, I, 14, 18; II, 9, 10; III, 6; IV, 3,
s'adressent notoirement à des païens convertis.

d'Israël, que toute l'Église chrétienne hors de Jérusalem rentre à leurs yeux dans la catégorie des
expatriés. Jérusalem est encore le seul point du
monde où, d'après eux, un chrétien n'est pas exilé [1].

L'Épître de Pierre, malgré son mauvais style, bien
plus analogue à celui de Paul qu'à celui de Jacques
et de Jude, est un touchant morceau, où se reflète
admirablement l'état de la conscience chrétienne vers
la fin du règne de Néron [2]. Une tristesse douce, une
confiance résignée la remplit. Les temps suprêmes
approchent [3]. Il faut qu'ils soient précédés d'épreuves,
d'où les élus sortiront épurés comme par le feu.
Jésus, que les fidèles aiment sans l'avoir vu, auquel
ils croient sans le voir, va bientôt apparaître pour
les remplir de joie. Prévu par Dieu de toute éternité,
annoncé par les prophètes, le mystère de la rédemption s'est accompli par la mort et la résurrection de
Jésus. Les élus, appelés à renaître dans le sang de
Jésus, sont un peuple de saints, un temple spirituel,

1. Cf. I Petri, ii, 11-12.

2. Si la lettre est supposée, hypothèse que le grand nombre
de fausses lettres apostoliques qui circulèrent oblige toujours de
mentionner, il faut dire au moins que le faussaire sut se placer avec une grande justesse dans l'esprit du temps où la lettre
aurait pu être écrite. Le synchronisme de cette lettre avec l'Apocalypse est frappant. Voir surtout iv, 7, 14, 15, 16 ; v, 13.

3. I Petri, i, 7, 13 ; iv, 7, 13 ; v, 1, 10.

un sacerdoce royal offrant des victimes spirituelles.

Mes très-chers, je vous supplie de vous comporter parmi les gentils comme il convient à des étrangers, à des expatriés, veillant soigneusement sur votre conduite, afin que ceux qui vous calomnient et vous présentent comme des malfaiteurs, à la vue de vos bonnes œuvres, glorifient Dieu au jour de sa visite. Soyez soumis à toute humaine créature, à cause du Seigneur ; au roi, comme souverain ; aux gouverneurs, comme délégués par le roi pour châtier les malfaiteurs et louer ceux qui font le bien. C'est la volonté de Dieu que, par votre bonne conduite, vous fermiez la bouche à des détracteurs aveugles et ignorants. Comportez-vous comme de vrais hommes libres ; non comme des hommes pour lesquels la liberté est un manteau qui couvre leur malice, mais comme des serviteurs de Dieu. Soyez respectueux pour tout le monde, aimez les frères, craignez Dieu, respectez le roi. Esclaves, soyez soumis avec crainte à vos maîtres, non-seulement à ceux qui sont bons et humains, mais encore à ceux qui sont méchants. C'est une grâce de souffrir injustement pour sa foi. Si, après avoir commis une faute, vous supportez patiemment les soufflets, quel est votre mérite ? Mais si, après avoir fait le bien, vous supportez patiemment les sévices, voilà ce qui s'appelle une grâce aux yeux de Dieu. Christ a souffert pour vous, vous laissant ainsi un exemple à suivre. Outragé, il n'outragea pas ; maltraité, il ne menaça pas ; il remit sa cause à celui qui juge avec justice[1].

1. I Petri, ii, 11 et suiv.

L'idéal de la Passion, ce touchant tableau de Jésus souffrant sans rien dire, exerçait déjà, on le voit, une influence décisive sur la conscience chrétienne. On peut douter que le récit en fût déjà écrit; ce récit se chargeait tous les jours de circonstances nouvelles [1]; mais les traits essentiels, fixés dans la mémoire des fidèles, étaient pour eux de perpétuelles exhortations à la patience. Une des principales thèses chrétiennes était « que le Messie devait souffrir [2] ». Jésus et le vrai chrétien se présentaient de plus en plus à l'imagination sous la forme d'un agneau silencieux entre les mains du boucher. On l'embrassait en esprit, ce doux agneau tué jeune par les méchants; on renchérissait sur les traits d'affectueuse compassion, d'amoureuse tendresse d'une Madeleine auprès du tombeau. Cette innocente victime, avec le couteau enfoncé dans la plaie, arrachait des larmes à tous ceux qui l'avaient connue. L'expression d' « Agneau de Dieu » pour désigner Jésus était déjà formée [3]; on y mêlait l'idée de

1. Le passage I Petri, ii, 23, suppose que le trait de Jésus priant pour ses bourreaux (Luc, xxiii, 34) n'était pas connu de Pierre ou de l'auteur de l'épître quel qu'il soit.

2. Luc, xxiv, 26; *Act.,* xvii, 3; xxvi, 23.

3. I Petri, i, 19; ii, 22-25; *Act.,* viii, 32; Jean, i, 29, 36; Apocalypse tout entière; *Epistola Barnabœ,* c. 5.

l'agneau pascal [1] ; un des symbolismes les plus essentiels de l'art chrétien était en germe dans ces figures. Une telle imagination, qui frappait tant François d'Assise et le faisait pleurer, venait de ce beau passage où le second Isaïe, décrivant l'idéal du prophète d'Israël (l'homme de douleur), le montre comme une brebis que l'on conduit à la mort et qui n'ouvre pas la bouche devant celui qui la tond [2].

Ce modèle de soumission, d'humilité, Pierre en fait la loi de toutes les classes de la société chrétienne. Les anciens doivent gouverner leur troupeau avec déférence, en évitant les airs de commandement; les jeunes doivent être soumis aux anciens [3]; la femme surtout, sans faire la prêcheuse, doit être, par le charme discret de sa piété, le grand missionnaire de la foi.

Et vous, femmes, semblablement, soyez soumises à vos maris, afin que ceux d'entre eux qui seraient rebelles à la prédication soient gagnés, en dehors de la prédication, par la considération de votre vie pure et timorée. Cherchez non la parure du dehors, qui consiste dans des cheveux entrelacés avec art, des bijoux d'or, de riches vêtements, mais

1. Jean, XIX, 36; Justin, *Dial. cum Tryph.*, 40.
2. Is., LIII, 7.
3. I Petri, v, 1-5.

la beauté cachée du cœur, le charme impérissable d'un esprit tranquille et doux; telle est la vraie richesse devant Dieu. C'est ainsi qu'autrefois se paraient les saintes femmes, espérant en Dieu et soumises à leur mari; c'est ainsi que Sara, dont vous êtes devenues les bonnes filles,... obéissait à Abraham, l'appelant « son seigneur ». — Et vous, hommes, de votre côté, traitez les femmes comme un être plus éclairé doit traiter un être plus faible; respectez-les comme les cohéritières de la grâce de vie. Enfin, soyez tous pleins de concorde, de sympathie, de fraternité, de miséricorde, d'humilité, ne rendant pas le mal pour le mal, l'outrage pour l'outrage, au contraitre toujours bénissant... Qui pourra vous faire du mal, si vous ne cherchez que le bien ? Et si vous souffrez quelque chose pour la justice, félicitez-vous-en [1] !

L'espérance du royaume de Dieu, avouée par les chrétiens, donnait lieu à des malentendus [2]. Les païens s'imaginaient qu'ils parlaient d'une révolution politique sur le point de s'accomplir.

Ayez une apologie toujours prête pour ceux qui vous demandent des explications sur vos espérances ; mais faites cette apologie avec douceur et timidité, forts de votre bonne conscience, afin que ceux qui calomnient la vie honnête que vous menez en Christ rougissent de leurs injures; car il vaut mieux souffrir en faisant le bien (si telle est la volonté

1. I Petri, iii, 1 et suiv.
2. Cf. Hégésippe, dans Eus., *H. E.*, III, 20.

de Dieu) qu'en faisant le mal [1]... Assez longtemps vous avez fait la volonté des païens, en vivant dans le libertinage, les mauvais désirs, l'ivrognerie, les orgies, les festins, les cultes idolâtriques les plus coupables. Ils s'étonnent maintenant de ce que vous évitez de vous précipiter avec eux dans ce débordement de crimes, et ils vous injurient. Ils rendront raison à celui qui est près de juger les vivants et les morts... La fin de toute chose approche [2]... Mes très-chers, ne vous étonnez pas de l'incendie qui s'allume pour vous éprouver, comme si c'était là quelque chose d'étrange; mais réjouissez-vous d'avoir part aux souffrances du Christ, afin que vous triomphiez au jour de la révélation de sa gloire. Si vous êtes injuriés au nom de Christ, vous êtes heureux... Que personne de vous ne soit puni comme meurtrier, comme voleur, comme malfaiteur, comme critique indiscret de ceux du dehors; mais, si quelqu'un souffre comme « chrétien », qu'il ne rougisse pas; au contraire, qu'il glorifie Dieu en ce nom; car le temps est venu où le jugement va commencer par la maison de Dieu. S'il commence par nous, quelle sera la fin de ceux qui n'obéissent pas à l'Évangile de Dieu? Le juste ne sera sauvé qu'à peine; que deviendront l'impie, le pécheur? Que ceux donc qui souffrent selon la volonté de Dieu recommandent au Créateur fidèle leurs âmes en toute nnocence [3]... Humiliez-vous sous la main puissante de Dieu, pour qu'il vous exalte, quand le temps sera venu...

1. I Petri, iii, 15 et suiv.
2. I Petri, iv, 3 et suiv.
3. I Petri, iv, 12 et suiv.

Soyez sobres, veillez; votre adversaire, le diable, comme un lion rugissant, rôde cherchant une proie. Résistez-lui, fermes en la foi, sachant que les mêmes souffrances que vous éprouvez, vos frères répandus dans le monde entier les éprouvent aussi. Le Dieu de toute grâce, après un peu de souffrance, vous guérira, vous confirmera, vous fortifiera. A lui soit la force dans tous les siècles. *Amen*[1].

Si cette épître, comme nous le croyons volontiers, est vraiment de Pierre, elle fait beaucoup d'honneur à son bon sens, à sa droiture, à sa simplicité. Il ne s'y arroge aucune autorité ; parlant aux anciens, il se présente comme un d'entre eux[2]. Il ne se relève que parce qu'il a été témoin des souffrances du Christ et qu'il espère participer à la gloire qui sera bientôt révélée[3]. La lettre fut portée en Asie par un certain Silvanus, lequel peut n'avoir pas été distinct du Silvanus ou Silas qui fut compagnon de Paul[4]. Pierre l'aurait alors choisi comme étant déjà connu des fidèles d'Asie Mineure, par suite du voyage qu'il avait fait chez eux avec Paul[5]. Pierre envoie les salutations de Marc à ces Églises lointaines

1. I Petri, v, 6 et suiv.
2. Συμπρεσϐύτερος.
3. I Petri, v, 1.
4. Ὡς λογίζομαι, I Petri, v, 12, incline à le croire.
5. Il est cependant difficile d'entendre le passage comme s'il y avait τοῦ ὑμῖν πιστοῦ.

d'une façon qui suppose également que Marc n'était pas pour elles un inconnu [1]. La lettre se terminait par les souhaits d'usage. L'Église de Rome y est désignée par ces mots : « l'élue qui est à Babylone. » La secte était surveillée de près ; une lettre trop claire, interceptée, pouvait amener d'affreux malheurs. Afin de dépister les soupçons de la police, Pierre choisit pour désigner Rome le nom de l'antique capitale de l'impiété asiatique, nom dont la signification symbolique n'échappait à personne et qui allait bientôt fournir la donnée fondamentale d'un poëme tout entier [2].

1. I Petri, v, 13. Cf. Col., iv, 10.

2. I Petri, v, 13 ; Eusèbe, *H. E.,* II, xv, 2. Comp. Apoc., xiv, 8 ; xvi, 19 ; xvii, 5 ; xviii, 2, 10, 21 ; *Carmina sib.,* V, 142, 158 ; Midrasch *Schir hasschirim* rabba, i, 6 ; Commodien, *Instr.,* acrost. xli, 12 ; Apocalypse d'Esdras, i, 1, 28, 32. Il est invraisemblable qu'il s'agisse, dans la *I[a] Petri,* de Babylone sur l'Euphrate. Le christianisme, au i[er] siècle, ne s'étendit nullement vers la Babylonie. Peu d'années avant l'époque où nous sommes arrivés, les juifs avaient été chassés de Babylone, et même ils avaient dû abandonner Séleucie et Ctésiphon pour Néhardéa et Nisibe (Jos., *Ant.,* XVIII, ix, 8, 9). Au iiie siècle, il n'y a pas encore de *minim* à Néhardéa. Talm. de Bab., *Pesachim,* 56 *a.* Rien de plus commun chez les Juifs que ces noms symboliques : Esther, iii, 1, 10 ; viii, 3, 5 ; Apoc., xi, 8. C'est ainsi qu'ils ont quelquefois désigné Rome par *Ninive* (Buxtorf, *Lex. chald.,* col. 221), l'empire romain par *Edom,* les chrétiens par *Couthim,* les Slaves par *Chanaan.* V. ci-dessus, p. 36.

CHAPITRE VI.

La manie furieuse de Néron était arrivée à son paroxysme. C'était la plus horrible aventure que le monde eût jamais courue. L'absolue nécessité des temps avait tout livré à un seul, à l'héritier du grand nom légendaire de César; un autre régime était impossible, et les provinces, d'ordinaire, se trouvalent assez bien de celui-ci; mais il recélait un immense danger. Quand le césar perdait l'esprit, quand toutes les artères de sa pauvre tête, troublée par un pouvoir inouï, éclataient en même temps, alors c'étaient des folies sans nom. On était livré à un monstre. Nul moyen de le chasser; sa garde, composée de Germains, qui avait tout à perdre s'il tombait, s'acharnait autour de lui; la bête acculée se baugeait et se défendait avec rage. Pour Néron, ce fut quelque chose à la fois d'épouvantable et de

grotesque, de grandiose et d'absurde. Comme le
césar était fort lettré, sa folie fut principalement
littéraire. Les rêves de tous les siècles, tous les
poëmes, toutes les légendes, Bacchus et Sardana-
pale, Ninus et Priam, Troie et Babylone, Homère et
la fade poétique du temps, ballottaient comme un
chaos dans un pauvre cerveau d'artiste médiocre,
mais très-convaincu [1], à qui le hasard avait confié
le pouvoir de réaliser toutes ses chimères. Qu'on se
figure un homme à peu près aussi sensé que les
héros de M. Victor Hugo, un personnage de mardi
gras, un mélange de fou, de jocrisse et d'acteur,
revêtu de la toute-puissance et chargé de gouverner le
monde. Il n'avait pas la noire méchanceté de Domitien [2], l'amour du mal pour le mal; ce n'était pas
non plus un extravagant comme Caligula; c'était un
romantique consciencieux, un empereur d'opéra, un
mélomane tremblant devant le parterre et le faisant
trembler [3], ce que serait de nos jours un bourgeois
dont le bon sens aurait été perverti par la lecture
des poëtes modernes et qui se croirait obligé d'imiter
dans sa conduite Han d'Islande et les Burgraves. Le
gouvernement étant la chose pratique par excel-

1. Suétone, *Néron,* 20, 49.
2. Suétone, *Néron,* 39. Cf. Jos., *Ant.,* XX, VIII, 3.
3. Suétone, *Néron,* 23, 24.

lence, le romantisme y est tout à fait déplacé. Le
romantisme est chez lui dans le domaine de l'art;
mais l'action est l'inverse de l'art. En ce qui touche
à l'éducation d'un prince surtout, le romantisme est
funeste. Sénèque, sous ce rapport, fit bien plus de
mal à son élève, par son mauvais goût littéraire,
que de bien par sa belle philosophie. C'était un
grand esprit, un talent hors de ligne, et un homme
au fond respectable, malgré plus d'une tache, mais
tout gâté par la déclamation et la vanité littéraire,
incapable de sentir et de raisonner sans phrases. A
force d'exercer son élève à exprimer des choses qu'il
ne pensait pas, à composer d'avance des mots sublimes, il en fit un comédien jaloux, un rhéteur
méchant, disant des paroles d'humanité quand il
était sûr qu'on l'écoutait[1]. Le vieux pédagogue voyait
avec profondeur le mal de son temps, celui de son
élève et le sien propre, quand il s'écriait dans ses
moments de sincérité : *Literarum intemperantia labo-
ramus* [2].

Ces ridicules parurent d'abord chez Néron assez
inoffensifs; le singe s'observa quelque temps et garda
la pose qu'on lui avait apprise. La cruauté ne se

1. Suétone, *Néron,* 10.
2. Sénèque, *Lettres à Lucilius,* cvi, 12.

déclara chez lui qu'après la mort d'Agrippine ; elle l'envahit bien vite tout entier. Chaque année maintenant est marquée par ses crimes : Burrhus n'est plus, et tout le monde croit que Néron l'a tué ; Octavie a quitté la terre abreuvée de honte ; Sénèque est dans la retraite, attendant son arrêt à chaque heure, ne rêvant que tortures, endurcissant sa pensée à la méditation des supplices, s'évertuant à prouver que la mort est une délivrance [1]. Tigellin maître de tout, la saturnale est complète. Néron proclame chaque jour que l'art seul doit être tenu pour chose sérieuse, que toute vertu est un mensonge, que le galant homme est celui qui est franc et avoue sa complète impudeur, que le grand homme est celui qui sait abuser de tout, tout perdre, tout dépenser [2]. Un homme vertueux est pour lui un hypocrite, un séditieux, un personnage dangereux et surtout un rival ; quand il découvre quelque horrible bassesse qui donne raison à ses théories, il éprouve un accès de joie. Les dangers politiques de l'enflure et de ce faux esprit d'émulation, qui fut dès l'origine le ver rongeur de la culture latine, se dévoilaient. Le cabotin avait réussi à se donner droit de vie et de mort sur son auditoire ;

1. Comparez *Consol. ad Marciam*, 20.
2. Suétone, *Néron*, 20, 29, 30 ; Dion Cassius, LXI, 4, 5.

le *dilettante* menaçait les gens de la torture s'ils n'admiraient ses vers. Un monomane grisé par la gloriole littéraire, qui tourne les belles maximes qu'on lui a fait apprendre en plaisanteries de cannibale, un gamin féroce visant aux applaudissements des turlupins de carrefour, voilà le maître que l'empire subissait. On n'avait pas encore vu de pareille extravagance. Les despotes de l'Orient, terribles et graves, n'eurent point de ces fous rires, de ces débauches d'esthétique perverse. La folie de Caligula avait été courte; ce fut un accès, et puis Caligula était surtout un bouffon; il avait vraiment de l'esprit; au contraire, la folie de celui-ci, d'ordinaire niaise, était parfois épouvantablement tragique. Ce qu'il y avait de plus horrible était de le voir, par manière de déclamation, jouer avec ses remords, en faire des matières de vers. .De cet air mélodramatique qui n'appartenait qu'à lui, il se disait tourmenté par les Furies, citait des vers grecs sur les parricides. Un dieu railleur paraissait l'avoir créé pour se donner l'horrible charivari d'une nature humaine où tous les ressorts grinceraient, le spectacle obscène d'un monde épileptique, comme doit être une sarabande des singes du Congo ou une orgie sanglante d'un roi du Dahomey.

A son exemple, tout le monde semblait pris de

vertige. Il s'était formé une compagnie d'odieux espiègles, qu'on appelait les « chevaliers d'Auguste », ayant pour occupation d'applaudir les folies du césar, d'inventer pour lui des farces de rôdeurs de nuit [1]. Nous verrons bientôt un empereur sortir de cette école [2]. Un déluge d'imaginations de mauvais goût, de platitudes, de mots prétendus comiques, un argot nauséabond, analogue à l'esprit de nos plus petits journaux, s'abattirent sur Rome et y firent la mode [3]. Caligula avait déjà créé ce genre funeste d'histrion impérial. Néron le prit hautement pour modèle [4]. Ce ne fut pas assez pour lui de conduire des chars dans le cirque, de s'égosiller en public, de faire des tournées de chanteur en province [5]; on le vit pêcher avec des filets d'or, qu'il tirait avec des cordes de pourpre [6], dresser lui-même ses claqueurs, mener de faux triomphes, se décerner toutes les couronnes de la

1. Pline, *H. N.*, XIII, xxii (43).

2. Suétone, *Othon*, 2.

3. Tacite, *Annales*, XIV, 14, 15, 16. Voir les mots de Néron dans Suétone, pour comprendre le genre de plaisanteries qu'il affectionnait. Cf. Tacite, *Annales*, XIV, 57 ; Dion Cassius, LXII, 14; LXIII, 8.

4. Suétone, *Néron*, 30.

5. Tacite, *Ann.*, XV, 33 et suiv., Suétone, *Néron*, 20, 22, 24, 25.

6. Eusèbe, *Chron.*, an 6 de Néron.

Grèce antique, organiser des fêtes inouïes, jouer au théâtre des rôles sans nom [1].

La cause de ces aberrations était le mauvais goût du siècle, et l'importance déplacée qu'on accordait à un art déclamatoire, visant à l'énorme, ne rêvant que monstruosités [2]. En tout, ce qui dominait, c'était le manque de sincérité, un genre fade comme celui des tragédies de Sénèque, l'habileté à peindre des sentiments non sentis, l'art de parler en homme vertueux sans l'être. Le gigantesque passait pour grand; l'esthétique était tout à fait dévoyée : c'était le temps des statues colossales, de cet art matérialiste, théâtral et faussement pathétique, dont le chef-d'œuvre est le *Laocoon* [3], admirable statue assurément, mais dont la pose est trop celle d'un premier ténor chantant son *canticum*, et où toute l'émotion est tirée de la douleur du corps. On ne se contentait plus de la douleur toute morale des Niobides, rayon-

---

1. Suétone, *Néron,* 11, 20, 21, 23, 24, 25, 27, 30; Tacite, *Ann.*, XV, 37, etc.; Dion Cassius, LXI, 17-21; LXII, 15.

2. Juvénal, *Sat.*, I, init.; Martial, *Spectac.*

3. Nous ne prétendons pas trancher la question de la date de cet ouvrage; mais c'est vers le temps où nous sommes qu'on commence d'y voir un chef-d'œuvre sans égal. Pline, *H. N.*, XXXVI, v (4). Cf. Overbeck, *Die antiken Schriftquellen zur Gesch. der bild Künste,* p. 391-392; H. Brunn, *Gesch. der griech. Künstler,* I, p. 469 et suiv., 495 et suiv.

nante de beauté; on voulait l'image de la torture
physique; on s'y complaisait, comme le xviie siècle
dans un marbre de Puget. Les sens étaient usés;
des ressources grossières, que les Grecs s'étaient à
peine permises dans leurs représentations les plus
populaires, devenaient l'élément essentiel de l'art. Le
peuple était, à la lettre, affolé de spectacles, non de
spectacles sérieux, de tragédies épurantes, mais de
scènes à effet, de fantasmagories. Un goût ignoble
de « tableaux vivants » s'était répandu. On ne se
contentait plus de jouir en imagination des récits
exquis des poëtes; on voulait voir les mythes représentés en chair, dans ce qu'ils avaient de plus féroce
ou de plus obscène; on s'extasiait devant les groupes,
les attitudes des acteurs; on y cherchait des effets
de statuaire. Les applaudissements de cinquante
mille personnes, réunies dans une cuve immense,
s'échauffant réciproquement, étaient chose si eni-
vrante, que le souverain lui-même en venait à
porter envie au cocher, au chanteur, à l'acteur; la
gloire du théâtre passait pour la première de toutes.
Pas un seul des empereurs dont la tête eut quelque
partie faible ne sut résister à la tentation de cueillir
les couronnes de ces tristes jeux. Caligula y avait
laissé le peu de raison qu'il eut en partage; il passait la journée au théâtre à s'amuser avec les

oisifs[1] ; plus tard, Commode, Caracalla disputeront à Néron sur ce point la palme de la folie. On fut obligé de faire des lois pour défendre aux sénateurs et aux chevaliers de descendre dans l'arène, de lutter comme gladiateurs, ou de se battre contre les bêtes. Le cirque était devenu le centre de la vie; le reste du monde ne semblait fait que pour les plaisirs de Rome. C'étaient sans cesse de nouvelles inventions plus étranges les unes que les autres, conçues et ordonnées par le chorége souverain. Le peuple allait de fête en fête, ne parlant que de la dernière journée[2], attendant celle qu'on lui promettait, et finissait par être très-attaché au prince qui faisait ainsi de sa vie une bacchanale sans fin. La popularité que Néron obtint par ces honteux moyens ne saurait être mise en doute; elle suffit pour qu'après sa mort Othon ait pu arriver à l'empire en relevant son souvenir, en l'imitant, en rappelant que lui-même avait été l'un des mignons de sa coterie.

On ne peut pas dire précisément que le malheureux manquât de cœur, ni de tout sentiment du bien et du beau. Loin d'être incapable d'amitié, il

1. Suétone, *Caius,* 18.

2. Voir les épigrammes de Martial, surtout le *Liber de spectaculis,* qui représentent à beaucoup d'égards les petits journaux du temps.

se montrait souvent bon camarade, et c'était là justement ce qui le rendait cruel; il voulait être aimé
et admiré pour lui-même, et s'irritait contre ceux qui
n'avaient pas envers lui ces sentiments. Sa nature
était jalouse, susceptible, et les petites trahisons le
mettaient hors de lui. Presque toutes ses vengeances
s'exercèrent sur des personnes qu'il avait admises
dans son cercle intime (Lucain, Vestinus), mais qui
abusèrent de la familiarité qu'il encourageait pour
le percer de leurs railleries [1]; car il sentait ses ridicules et craignait qu'on ne les vît. La principale cause
de sa haine contre Thraséas fut qu'il désespéra d'obtenir son affection [2]. La citation grotesque du mauvais hémistiche

Sub terris tonuisse putes

perdit Lucain [3]. Sans se priver jamais des services d'une
Galvia Crispinille [4], il aima vraiment quelques femmes;
et ces femmes, Poppée, Acté, l'aimèrent. Après la mort
de Poppée, arrivée par sa brutalité, il eut une sorte
de repentir des sens presque touchant; il fut long-

1. Tacite, *Ann.*, XV, 68.
2. Plutarque, *Prœc. ger. reip.*, xiv, 10. Comp. Tacite, *Ann.*,
XVI, 22; Dion Cassius, LXII, 26.
3. Suétone, fragm. de la *Vie de Lucain*.
4. *Magistra libidinum Neronis*. Tac., *Hist.*, I, 78; cf. Dion
Cassius, LXIII, 12.

temps sous l'obsession d'un sentiment tendre, chercha
tout ce qui lui ressemblait, poursuivit des substitu-
tions insensées [1]. Poppée, de son côté, eut pour lui
des sentiments qu'une femme si distinguée n'aurait
pas avoués pour un homme vulgaire. Courtisane du
plus grand monde, habile à relever par des recherches de modestie calculée les attraits d'une rare
beauté et d'une suprême élégance [2], Poppée con-
servait dans le cœur, malgré ses crimes, une religion
instinctive qui l'inclinait vers le judaïsme [3]. Néron
semble avoir été très-sensible chez les femmes au
charme qui résulte d'une certaine piété associée à
la coquetterie. Ces alternatives d'abandon et de
fierté, cette femme qui ne sortait que le visage en
partie voilé [4], ce parler aimable, et surtout ce culte
touchant de sa propre beauté qui fit que, son miroir
lui ayant un jour montré quelques taches, elle eut
un accès de désespoir tout féminin, et souhaita de

---

1. Dion Cassius, LXII, 28 ; LXIII, 12, 13 ; Pline, XXXVII,
III (12).

2. Tacite, *Ann.*, XIII, 45. Voir le buste du Capitole (n° 17) et
celui du Vatican (n° 408).

3. Θεοσεβὴς γὰρ ἦν. Jos., *Ant.*, XX, viii, 11 ; cf. *Vita*, 3. Ce que
dit Tacite (*Ann.*, XVI, 6 ; cf. *Hist.*, V, 5) de ses funérailles confirme tout à fait cette hypothèse. Cf. Pline, XII, xviii (41). Observez aussi son goût pour les devins. Tac., *Hist.*, I, 22.

4. « Ne satiaret adspectum, vel quia sic decebat. »

mourir[1], tout cela saisit vivement l'imagination ardente
d'un jeune débauché, sur qui les semblants de la
pudeur exerçaient une illusion toute-puissante. Nous
verrons bientôt Néron, dans son rôle d'Antechrist,
créer en un sens l'esthétique nouvelle et repaître
le premier ses yeux du spectacle de la pudicité chrétienne dévoilée. La dévote et voluptueuse Poppée le
tenait dans un ordre de sentiments analogues. Le
reproche conjugal qui amena sa mort[2] suppose que,
dans ses relations les plus intimes avec Néron, elle
n'abandonna jamais la hauteur qu'elle affectait au
début de leurs relations[3]. — Quant à Acté, si elle ne
fut pas chrétienne, ainsi qu'on l'a supposé, il ne s'en
fallut pas de beaucoup. C'était une esclave originaire
d'Asie, c'est-à-dire d'un pays avec lequel les chrétiens de Rome avaient des relations journalières. On
a souvent remarqué que les belles affranchies qui
eurent le plus d'adorateurs étaient fort adonnées
aux religions orientales[4]. Acté garda toujours des
goûts simples, et ne se détacha jamais complétement
de son petit monde d'esclaves[5]. Elle appartint d'abord

1. Dion Cassius, LXII, 28.
2. Suétone, *Néron,* 35.
3. Tacite, *Ann.,* XIII, 46.
4. Ovide, Properce, les peintures de Pompéi, nous montrent
la vogue qu'avait dans ce monde le culte d'Isis.
5. Tacite, *Ann.,* XIII, 46.

à la famille *Annœa*, autour de laquelle nous avons
vu les chrétiens s'agiter et se grouper ; ce fut poussée
par Sénèque qu'elle joua, dans la plus monstrueuse
et la plus tragique des circonstances, un rôle qui,
vu sa condition servile, ne peut être qualifié que
d'honnête[1]. Cette pauvre fille[2], humble, douce, et
que plusieurs monuments nous montrent entourée
d'une famille de gens portant des noms presque chrétiens (*Claudia, Felicula, Stephanus, Crescens, Phœbe,
Onesimus, Thallus, Artemas, Helpis*)[3], fut le premier amour de Néron adolescent. Elle lui fut fidèle
jusqu'à la mort ; nous la retrouverons, à la villa de
Phaon, rendant pieusement les derniers devoirs au
cadavre dont tout le monde s'écartait avec horreur.

Et disons-le, en effet, quelque singulier que
cela puisse paraître, on conçoit que, malgré tout,
les femmes l'aient aimé. Ce fut un monstre, une
créature absurde, mal faite, un produit incongru de
la nature ; mais ce ne fut pas un monstre vulgaire.
On eût dit que le sort, par un caprice étrange, avait
voulu réaliser en lui l'*hircocerf* des logiciens, un être

1. Tacite, *Ann.*, XIII, 13 ; XIV, 2. Voir ci-dessus, p. 12-13.

2. Tacite, *Ann.*, XIII, 12, 13, 46 ; Suétone, *Néron,* 28 ; Dion
Cassius, LXI, 7.

3. Fabretti, *Inscr.,* p. 124-126, Orelli, nᵒˢ 735, 2885 ; Henzen, nᵒˢ 5412, 5413.

hybride, bizarre, incohérent, le plus souvent haïs-
sable, mais que cependant par moments on ne pouvait s'empêcher de plaindre. Le sentiment des femmes
reposant plus sur la sympathie et le goût personnel
que sur les rigoureuses appréciations de l'éthique,
il leur suffit d'un peu de beauté ou de bonté
morale, même souverainement faussées, pour que
leur indignation s'éteigne dans la pitié. Elles sont
surtout indulgentes pour l'artiste égaré par l'ivresse
de son art, pour un Byron, victime de sa chimère,
et poussant la naïveté jusqu'à traduire en actes son
inoffensive poétique. Le jour où Acté déposa le
cadavre sanglant de Néron dans la sépulture des
Domitius, elle pleura sans doute sur la profanation
des dons naturels connus d'elle seule; le même
jour, plus d'une chrétienne, on peut le croire, pria
pour lui.

Quoique d'un talent médiocre, il avait des parties de l'âme d'un artiste : il peignait bien, sculptait
bien; ses vers étaient bons, nonobstant une certaine
emphase d'écolier[1], et, malgré tout ce que l'on put
dire, il les faisait lui-même; Suétone vit ses brouil-
lons autographes couverts de ratures[2]. Il comprit le

1. Suétone, fragm. de la *Vie de Lucain.*
2. Suétone, *Néron,* 52.

premier l'admirable paysage de Subiaco et s'y fit
une délicieuse résidence d'été. Son esprit, dans
l'observation des choses naturelles, était juste et
curieux; il avait le goût des expériences, des nouvelles inventions, des choses ingénieuses[1]; il voulait
savoir les causes, et démêla très-bien le charlatanisme des sciences prétendues magiques, ainsi que
le néant de toutes les religions de son temps[2].
Le biographe que nous citions tout à l'heure nous a
conservé le récit de la manière dont s'éveilla en lui
la vocation de chanteur[3]. Il dut son initiation au
cithariste le plus renommé du siècle, à Terpnos. On
le vit passer des nuits entières assis à côté du musicien, étudiant son jeu, perdu dans ce qu'il entendait,
suspendu, haletant, enivré, respirant avidement l'air
d'un autre monde qui s'ouvrait devant lui au contact
d'un grand artiste. Ce fut là aussi l'origine de son
dégoût pour les Romains, en général faibles connais-
seurs, et de sa préférence pour les Grecs, selon lui
seuls capables de l'apprécier, et pour les Orientaux,
qui l'applaudissaient à tout rompre. Dès lors, il n'ad-

1. Sénèque, *Quæst. nat.*, VI, 8; Pline, *H. N.*, XI, XLIX (109);
XIX, III (15); XXXVII, III (11).

2. Suétone, *Néron*, 56; Pline, XXX, II (5); Pausanias, II,
XXXVII, 5.

3. Suétone, *Néron*, 20.

mit plus d'autre gloire que celle de l'art; une nouvelle vie se révélait à lui; l'empereur s'oublia; nier
son talent fut le crime d'État par excellence; les ennemis de Rome furent ceux qui ne l'admiraient pas.

Son affectation d'être en tout le chef de la mode
était sûrement ridicule. Cependant il faut dire qu'il
y avait en cela plus de politique qu'on ne pense.
Le premier devoir du césar (vu la bassesse des temps)
était d'occuper le peuple. Le souverain était avant
tout un grand organisateur de fêtes; l'amuseur en
chef devait être amené à payer de sa personne[1].
Beaucoup des énormités qu'on reprochait à Néron
n'avaient toute leur gravité qu'au point de vue des
mœurs romaines et de la sévère tenue à laquelle on
avait été habitué jusque-là. Ce monde viril était
révolté de voir l'empereur donner audience au sénat
en robe de chambre brodée, passer des revues dans
un négligé insupportable, sans ceinture, avec une
sorte de foulard autour du cou, pour la conservation
de sa voix[2]. Les vrais Romains s'indignaient avec
raison de l'introduction des habitudes de l'Orient.
Mais il était inévitable que la civilisation la plus
vieille et la plus usée domptât par sa corruption la

1. Voir les causes de mécontentement contre Galba : Suétone,
Galba, 12, 13.

2. Dion Cassius, LXXIII, 13, 20, 25; Suétone, *Néron,* 51.

plus jeune. Déjà Cléopâtre[1] et Antoine avaient rêvé un empire oriental. On suggérait à Néron lui-même une royauté du même genre[2] ; réduit aux abois, il songera à demander la préfecture de l'Égypte. D'Auguste à Constantin, chaque année représente un progrès dans les conquêtes de la partie de l'empire qui parlait grec sur la partie qui parlait latin.

Il faut se rappeler, d'ailleurs, que la folie était dans l'air. Si l'on excepte l'excellent noyau de société aristocratique qui arrivera au pouvoir avec Nerva et Trajan, un manque général de sérieux faisait que les hommes les plus considérables jouaient en quelque sorte avec la vie. Le personnage qui représentait et résumait le temps, « l'honnête homme » de ce règne de l'immoralité transcendante, c'était Pétrone[3]. Il donnait le jour au sommeil, la nuit aux affaires et aux amusements. Il n'était point de ces dissipateurs qui se ruinent en débauches grossières ; c'était un voluptueux profondément versé dans la science du plaisir. L'aisance naturelle et l'abandon de ses discours et de ses actions lui donnaient un air de simplicité qui charmait. Pendant qu'il fut proconsul en Bithynie et plus tard consul, il se montra capable

1. Horace, *Odes,* I, XXXVII.
2. Suétone, *Néron,* 40 ; Tacite, *Ann.,* XV, 36.
3. Tacite, *Ann.,* XVI, 18-20.

des plus grandes affaires. Revenu au vice ou à la fan-
faronnade du vice, il fut admis dans la cour intime
de Néron, et devint l'arbitre du bon goût en toute
chose[1]; rien n'était galant, délicieux que Pétrone ne
l'eût approuvé. L'affreux Tigellin, qui régnait par sa
bassesse et sa méchanceté, craignit un rival qui le
surpassait dans la science des voluptés; il réussit à
le perdre. Pétrone se respectait trop pour lutter
contre ce misérable. Il ne voulut point cependant
quitter brusquement la vie. Après s'être ouvert les
veines, il les fit refermer, puis se les ouvrit de nouveau, s'entretenant de bagatelles avec ses amis, les
écoutant causer, non de l'immortalité de l'âme et des
opinions des philosophes, mais de chansons et de
poésies légères. Il choisit ce moment pour récom-
penser quelques-uns de ses esclaves, et en faire
châtier d'autres. Il se mit à table et dormit. Ce
Mériméc sceptique, au ton froid et exquis, nous a
laissé un roman[2] d'une verve, d'une finesse accomplies, en même temps que d'une corruption raffinée,
qui est le parfait miroir du temps de Néron. Après
tout, n'est pas roi de la mode qui veut. L'élégance de
la vie a sa maîtrise, au-dessous de la science et de la

1. *Elegantiæ arbiter.*

2. L'opinion qui attribue le *Satyricon* à l'*arbiter elegantiæ*
de Néron me paraît au moins très-probable.

morale. La fête de l'univers manquerait de quelque chose, si le monde n'était peuplé que de fanatiques iconoclastes et de lourdauds vertueux.

On ne saurait nier que le goût de l'art ne fût chez les hommes de ce temps vif et sincère. On ne faisait plus guère de belles choses; mais on recherchait avidement les belles choses des siècles passés. Ce même Pétrone, une heure avant de mourir, faisait casser son vase myrrhin, pour que Néron ne l'eût pas[1]. Les objets d'art atteignaient des prix fabuleux. Néron en raffolait[2]. Épris de l'idée du grand, mais y joignant aussi peu de bon sens qu'il est possible, il rêvait des palais chimériques, des villes comme Babylone, Thèbes et Memphis. La demeure impériale sur le Palatin (l'ancienne maison de Tibère) avait été assez modeste et d'un caractère essentiellement privé jusqu'au règne de Caligula[3]. Ce dernier, qu'il faut considérer en tout comme le créateur de l'école de gouvernement où l'on croit trop volontiers que Néron n'eut pas de maître, agrandit considérablement la maison de Tibère[4]. Néron affectait de s'y trouver

1. Pline, XXXVII, ii (7).
2. Suétone, *Néron,* 47.
3. Voir les plans photographiés des fouilles de M. Rosa. Étudier surtout la maison de Livie.
4. Suétone, *Caius,* 22.

à l'étroit, et n'avait pas assez de railleries pour ses
prédécesseurs, qui s'étaient contentés de si peu. Il
se fit ébaucher en matériaux provisoires une résidence qui égalait les palais de la Chine et de l'Assy-
rie. Cette maison, qu'il appelait « transitoire » et
qu'il méditait de rendre bientôt définitive, était tout
un monde. Avec ses portiques de trois milles de
long, ses parcs où paissaient des troupeaux, ses soli-
tudes intérieures, ses lacs entourés de perspectives de
villes fantastiques, ses vignes, ses forêts, elle couvrait
un espace plus grand que le Louvre, les Tuileries et
les Champs-Élysées réunis[1] : elle s'étendait depuis
le Palatin jusqu'aux jardins de Mécène, situés sur les
hauteurs des Esquilies[2]. C'était une vraie féerie ; les
ingénieurs Sévère et Celer s'y étaient surpassés. Néron
voulait la faire exécuter de telle sorte qu'on pût l'appeler « la Maison d'or ». On le charmait en l'entretenant de folles entreprises qui pussent éterniser sa
mémoire[3]. Rome surtout le préoccupait. Il voulait la
rebâtir de fond en comble et qu'elle s'appelât *Néro-
polis.*

---

1. Suétone, *Néron,* 31 ; Tacite, *Ann.,* XV, 39, 42 ; Pline,
XXXIII, III (16) ; XXXVI, xv (24).

2. Vers l'église Saint-Eusèbe.

3. Suétone, *Néron,* 16, 31 ; Tacite, *Ann.,* XV, 42, 46 ; Pline,
H. N., IV, iv (5) ; XIV, vi (8).

Rome, depuis un siècle, devenait la merveille du monde; elle égalait pour la grandeur les anciennes capitales de l'Asie. Ses édifices étaient beaux, forts et solides; mais les rues paraissaient mesquines aux gens à la mode, car le goût se portait chaque jour de plus en plus vers les constructions banales et décoratives; on aspirait à ces effets d'ensemble qui font la joie des badauds, on en venait à rechercher mille frivolités inconnues aux anciens Grecs. Néron était à la tête du mouvement; la Rome qu'il imaginait eût été quelque chose comme le Paris de nos jours, une de ces villes artificielles, bâties par ordre supérieur, dans le plan desquelles on a visé surtout à obtenir l'admiration des provinciaux et des étrangers. Le jeune insensé s'enivrait de ces plans malsains. Il désirait aussi voir quelque chose d'étrange, quelque spectacle grandiose, digne d'un artiste; il voulait un événement qui marquât une date pour son règne. « Jusqu'à moi, disait-il, on ne savait pas l'étendue de ce qui est permis à un prince [1].» Toutes ces suggestions intérieures d'une fantaisie désordonnée semblèrent prendre un corps dans un événement bizarre, qui a eu pour le sujet qui nous occupe les conséquences les plus importantes.

1. Suétone, *Néron*, 37.

La manie incendiaire étant contagieuse et souvent compliquée d'hallucination, il est très-dangereux de la réveiller dans les têtes faibles où elle dort. Un des traits du caractère de Néron était de ne pouvoir résister à l'idée fixe d'un crime. L'incendie de Troie, qu'il jouait depuis son enfance [1], l'obsédait d'une manière terrible [2]. Une des pièces qu'il fit représenter dans une de ses fêtes était l'*Incendium* d'Afranius, où l'on voyait sur la scène un embrasement [3]. Dans un de ses accès de fureur égoïste contre le sort, il s'écria : « Heureux Priam, qui a pu voir de ses yeux son empire et sa patrie périr à la fois [4] ! » Dans une autre circonstance, entendant citer un vers grec du *Bellérophon* d'Euripide qui signifiait :

Moi mort, puissent la terre et le feu se confondre !

— « Oh non ! dit-il, mais bien moi vivant [5] ! » La tradition selon laquelle Néron brûla Rome uniquement pour avoir la répétition de l'incendie de Troie [6] est

1. Ces jeux étaient fort à la mode. Dion Cass., XLVIII, 20 ; LIV, 26 ; Suét., *Jul.*, 39 ; *Aug.*, 43 ; *Tib.*, 6 ; *Caius*, 18 ; *Claude*, 21 ; *Néron*, 7 ; Servius, ad Virg. *Æn.*, V, 602. Cf. Perse, ı, 4, 51.
2. Suétone, *Néron*, 7, 11, 22, 47 ; Tacite, *Ann.*, XV, 39 ; Dion Cassius, LXII, 16, 18, 29.
3. Suétone, *Néron*, 11.
4. Dion Cassius, LXII, 16. Cf. LVIII, 23.
5. Suétone, *Néron*, 38. Cf. Dion Cassius, LVIII, 23.
6. Eusèbe, *Chron.*, à l'année 65 ; Orose, VII, 7. Le mot rap-

sûrement exagérée, puisque, comme nous le montrerons, Néron était absent de la ville quand le feu se déclara ; cependant cette version n'est pas dénuée de toute vérité ; le démon des drames pervers, qui s'était emparé de lui, fut, comme chez les scélérats d'une autre époque, un des acteurs essentiels de l'horrible attentat.

Le 19 juillet de l'an 64, le feu prit à Rome avec une violence extrême [1]. Il commença près de la porte Capène, dans la partie du Grand Cirque contiguë au mont Palatin et au mont Cœlius. Ce quartier renfermait beaucoup de boutiques, pleines de matières inflammables, où l'incendie se répandit avec une prodigieuse rapidité. De là, il fit le tour du Palatin, ravagea le Vélabre [2], le Forum, les Ca-

porté par Dion Cassius (LXII, 16) fut dit sans doute dans le feu roulant des paradoxes littéraires, et ne doit pas être pris trop au sérieux. Des conversations de gens de talent, racontées par des domestiques ou des philistins qui écoutent aux portes, peuvent sortir de là bien transformées.

1. Tacite, *Ann.*, XV, 38-44, 52 ; Suétone, *Néron*, 31, 38, 39 ; *Vesp.*, 8 ; Dion Cassius, LXII, 16-18 ; Pline, *Hist. natur.*, XVII, 1 (1) ; Eusèbe, *Chron.*, ad ann. 65 ; Orelli, *Inscr.*, n° 736, qui paraît bien authentique. Sulpice Sévère (II, 29) copie Tacite presque textuellement. Orose (VII, 7) copie principalement Suétone.

2. Le temple d'Hercule mentionné par Tacite, *Ann.*, XV, 41, était sur l'emplacement de l'église actuelle de Sainte-Anastasie. La *Regia* et le temple de Vesta étaient également au pied du Palatin.

rines[1], monta sur les collines, endommagea fortement le Palatin[2], redescendit dans les vallées, dévorant pendant six jours et sept nuits des quartiers compactes et percés de rues tortueuses. Un énorme abatis de maisons que l'on fit au pied des Esquilies[3] l'arrêta quelque temps ; puis il se ralluma et dura trois jours encore. Le nombre des morts fut considérable. De quatorze régions dont la ville était composée, trois furent entièrement détruites, sept autres furent réduites à des murs noircis. Rome était une ville prodigieusement serrée, d'une population très-dense[4]. Le désastre fut effroyable et tel qu'on n'en avait jamais vu de pareil.

Néron était à Antium quand l'incendie éclata. Il ne rentra dans la ville que vers le moment où le feu approchait de sa maison « transitoire ». Il fut impossible de rien arracher aux flammes. Les

1. C'était le quartier des *consulares* dont parle Suétone, *Néron*, 38.

2. Tacite, *Ann.*, XV, 39, 41 ; Dion Cassius, LXII, 18. Le temple de Jupiter Stator était sur le Palatin. Le feu gagna sans doute la colline par l'espèce d'isthme qui, à la hauteur de l'arc de Titus, joint le plateau du Palatin à la *Summa sacra via*.

3. Vers le bas de la rue Saint-Jean-de-Latran.

4. Voir *Saint Paul*, p. 107, note 3. On peut se figurer l'ancienne Rome par le *Corpo di Napoli*. Les pauvres gens passaient leur vie en plein air, et ne rentraient chez eux que pour coucher par chambrées de huit et dix personnes.

maisons impériales du Palatin, la maison « transitoire » elle-même, avec ses dépendances, tout le
quartier environnant, furent abîmés [1]. Néron évidemment ne tenait pas beaucoup à ce qu'on sauvât sa
résidence. La sublime horreur du spectacle le transportait. On voulut plus tard que, monté sur une
tour, il eût contemplé l'incendie, et que là, en habit
de théâtre, une lyre à la main, il eût chanté, sur le
rhythme touchant de l'élégie antique, la ruine
d'Ilion [2].

1. Pour l'étendue de l'incendie, voir la discussion topogra-
phique de Noël des Vergers, art. *Néron,* dans la *Nouvelle biogr.
générale,* t. XXXVII, col. 729-730.

2. Le récit de Tacite (*Ann.,* XV, 39) exclut cette circonstance. Tacite parle, il est vrai, d'un bruit selon lequel Néron, pendant l'incendie, aurait chanté la ruine de Troie « sur son théâtre domestique ». Ce fait, s'il était exact, n'aurait pu se passer qu'à Antium ;
ce qui serait bien gauche. Il est évident que Tacite rapporte ce bruit
sans l'adopter. Les récits de Suétone et de Dion ne concordent pas
dans les détails : l'un place la scène aux Esquilies, l'autre au Palatin. — L'anecdote vint sans doute du poëme intitulé *Troica,* que
Néron composa et lut en public l'année suivante, et qui offrait un
double sens, comme le poëme de Lucain intitulé *Catacausmos
Iliacus,* composé vers le même temps. Dion Cassius, LXII, 29 ;
Servius ad Virg., *Georg.,* III, 36 ; *Æn.,* V, 370 ; Perse, i, 123 ;
Stace, *Silv.,* II, vii, 58-64 ; Juvénal, viii, 221 ; Pétrone, p. 105
(édit. Bücheler). L'inconvenance de pareilles allusions frappa tout
le monde, et fit dire que Néron « jouait de la lyre sur les ruines
de la patrie ». (L'expression *patriæ ruinis* est dans Tacite, *Ann.,*
XV, 42.) Cette phrase sera devenue une anecdote, et, comme la

C'était là une légende, fruit du temps et des exagérations successives ; mais un point sur lequel l'opinion universelle se prononça tout d'abord, ce fut que l'incendie avait été ordonné par Néron, ou du moins ravivé par lui quand il allait s'éteindre[1]. On crut reconnaître des personnes de sa maison l'allumant de divers côtés. En certains endroits, le feu fut

légende naît d'ordinaire d'un mot juste, d'un sentiment vrai, transformé en réalité au moyen de violences faites au temps et à l'espace, on aura rapporté le chant des *Troica* aux jours de la catastrophe. L'anecdote offrait une difficulté capitale à ceux qui, comme Tacite, savaient qu'au début de l'incendie Néron était à Antium ; pour rendre leur récit moins inconsistant, ils supposèrent que Néron avait chanté son élégie « sur une scène domestique ». Ceux qui ne savaient pas que Néron se trouva pendant la plus grande partie de l'incendie à Antium transportèrent l'historiette à Rome, où chacun choisit pour la placer le point le plus théâtral. La prétendue *Torre di Nerone* qu'on montre aujourd'hui est du moyen âge.

1. Suétone (38), Dion Cassius (LXXII, 16) et Pline l'Ancien, *Hist. nat.*, XVII, i (1), le disent positivement. Tacite (*Ann.*, XV, 38) ne se prononce pas. Plus loin cependant (XV, 67), « l'incendie » est reproché à Néron comme un crime notoire. Dans ses derniers jours, Néron voulut encore brûler Rome. Suétone, *Néron*, 43. Certes, il faut faire dans de pareils bruits la part des bavardages populaires et de la malveillance. Ce qu'il y a de grave contre Néron, c'est qu'il est difficile d'admettre que la propagation d'un incendie aussi extraordinaire se soit faite sans qu'on y ait aidé, dans une ville comme Rome, bâtie en pierre pour la plus grande partie. L'inscription Orelli, n° 736, prouve bien le caractère exceptionnel de l'incendie. Les incendies sous Titus et sous Commode, quoique très-considérables, restèrent bien au-dessous de celui-ci.

mis, dit-on, par des hommes feignant l'ivresse. La conflagration avait eu l'air de naître simultanément sur plusieurs points à la fois. On raconta que, pendant l'incendie, on avait vu les soldats et les veilleurs chargés de l'éteindre l'attiser et empêcher les efforts qu'on faisait pour le circonscrire, tout cela avec un air de menace et à la façon de gens qui exécutent des ordres officiels [1]. De grosses constructions de pierre, voisines de la demeure impériale, et dont Néron convoitait l'emplacement, furent renversées comme dans un siége. Lorsque le feu reprit, il commença par des bâtiments qui appartenaient à Tigellin. Ce qui confirma les soupçons, c'est qu'après l'incendie, Néron, sous prétexte de nettoyer les ruines à ses frais pour laisser la place libre aux ʼpropriétaires, se chargea d'enlever les démolitions, si bien qu'il ne fut permis à personne d'en approcher. Ce fut bien pis, quand on le vit tirer bon parti des ruines de la patrie, quand on vit le nouveau palais de Néron, cette « Maison d'or » qui était depuis longtemps le jouet de son imagination en délire, se relever sur l'emplacement de l'ancienne résidence provisoire, agrandi des espaces que l'in-

---

1. Peut-être étaient-ce des malfaiteurs, augmentant le désastre pour profiter du pillage.

cendie avait déblayés [1]. On pensa qu'il avait voulu préparer les terrains de ce nouveau palais, justifier la reconstruction qu'il projetait depuis longtemps, se procurer de l'argent en s'appropriant les débris de l'incendie, satisfaire enfin sa folle vanité, qui lui faisait désirer d'avoir Rome à rebâtir pour qu'elle datât de lui et qu'il pût lui donner son nom.

Tout porte à croire que ce n'était point là une calomnie. Le vrai, quand il s'agit de Néron, peut n'être guère vraisemblable. Qu'on ne dise pas qu'avec son pouvoir il avait des moyens plus simples que l'incendie pour se procurer les terrains qu'il désirait. Le pouvoir des empereurs, sans bornes en un sens, trouvait d'un autre côté bientôt sa limite dans les usages, les préjugés d'un peuple conservateur au plus haut degré de ses monuments religieux. Rome était pleine de sanctuaires, de lieux saints, d'*areæ,* d'édifices qu'aucune loi d'expropriation n'aurait pu faire disparaître. César et plusieurs autres empereurs avaient vu leurs desseins d'utilité publique, surtout en ce qui concerne la rectification du cours du Tibre, traversés par cet obstacle. Pour exécuter ses plans insensés, Néron n'avait réellement qu'un moyen, l'incendie. La situation ressemblait à ce qu'elle est à

1. Suétone, *Néron,* 31, 38.

Constantinople et dans les grandes villes musulmanes, dont le renouvellement est empêché par les mosquées et les *ouakouf*. En Orient, l'incendie n'est qu'un faible expédient; car, après l'incendie, le terrain, considéré comme une sorte de patrimoine inaliénable des croyants, reste sacré. A Rome, où la religion s'attachait à l'édifice plus qu'à l'emplacement, la mesure se trouva efficace. Une nouvelle Rome, à rues larges et alignées, se reconstruisit assez vite d'après les plans de l'empereur et sur les primes qu'il offrit.

Tout ce qu'il y avait d'hommes honnêtes dans la ville fut outré. Les plus précieuses antiquités de Rome, les maisons des anciens capitaines décorées encore de dépouilles triomphales, les objets les plus saints, les trophées, les ex-voto antiques, les temples les plus respectés, tout le matériel du vieux culte des Romains avait disparu. Ce fut comme le deuil des souvenirs et des légendes de la patrie. Néron avait beau se mettre en frais pour soulager la misère dont il était la cause; on avait beau faire remarquer que tout s'était borné en dernière analyse à une opération de nettoyage et d'assainissement, que la nouvelle ville serait bien supérieure à l'ancienne; aucun vrai Romain ne voulut le croire; tous ceux pour lesquels une ville est autre chose qu'un amas de pierres furent blessés au cœur; la conscience de la patrie était atteinte. Ce temple bâti par Évandre, cet autre élevé par Servius Tullius, l'enceinte sacrée de Jupiter Stator, le palais de Numa, ces pénates du peuple romain, ces monuments de tant de victoires, ces chefs-d'œuvre de l'art grec, comment en réparer la perte? Que valaient auprès de cela des somptuosités de parade, de vastes perspectives monumentales, des lignes droites sans fin? On fit des cérémonies expiatoires, on consulta les livres de la Sibylle, les dames surtout célébrèrent divers *piacula*. Mais il restait le sentiment secret d'un crime, d'une infamie. Néron commençait à trouver qu'il avait été un peu trop loin.

CHAPITRE VII.

Une idée infernale lui vint alors à l'esprit. Il cherca s'il n'y avait pas au monde quelques misérables, encore plus détestés que lui de la bourgeoisie romaine, sur lesquels il pût faire tomber l'odieux de l'incendie. Il songea aux chrétiens. L'horreur que ces derniers témoignaient pour les temples et pour les édifices les plus vénérés des Romains rendait assez acceptable l'idée qu'ils fussent les auteurs d'un incendie dont l'effet avait été de détruire ces sanctuaires. Leur air triste devant les monuments paraissait une injure à la patrie. Rome était une ville très-religieuse, et une personne protestant contre les cultes nationaux se reconnaissait bien vite. Il faut se rappeler que certains juifs rigoristes allaient jusqu'à ne pas vouloir toucher une monnaie présentant une effigie et voyaient un aussi grand crime dans le fait de regarder ou de porter une image que dans celui de la sculpter. D'autres refusaient de passer par une porte de ville surmontée d'une statue [1]. Tout cela provoquait les railleries et le mauvais vouloir du peuple. Peut-être les discours des chrétiens sur la grande conflagration finale [2], leurs sinistres prophéties, leur affectation à répéter que le monde allait bientôt finir, et finir par le feu, contribuèrent-ils à les faire prendre pour des incendiaires. Il n'est même pas inadmissible que plusieurs fidèles aient commis des imprudences et qu'on ait eu des prétextes pour les accuser d'avoir voulu, en préludant aux flammes célestes, justifier à tout prix leurs oracles. Quel *piaculum*, en tout cas, pouvait être plus efficace que le supplice de ces ennemis des dieux? En les voyant atrocement torturer, le peuple dirait : « Ah! sans doute, voilà les coupables! » Il faut se rappeler que l'opinion publique regardait comme choses avérées les crimes les plus odieux que l'on prêtait aux chrétiens [3].

Repoussons bien loin de nous l'idée que les pieux disciples de Jésus aient été coupables à un degré

1. *Philosophumena*, IX, 26. « Non Cæsaribus honor. » Tac., *Hist.*, V, 5.

2. Comp. *Carmina sibyllina*, IV, 172 et suiv. (morceau écrit vers l'an 75). Cf. II Petri, III, 7-13.

3. Tacite, *Ann.*, XV, 44.

quelconque du crime dont on les accusait; disons
seulement que bien des indices purent égarer l'opinion. Cet incendie, ils ne l'avaient pas allumé, mais
sûrement ils s'en réjouirent [1]. Les chrétiens dési-
raient la fin de la société et la prédisaient. Dans
l'Apocalypse, ce sont les prières secrètes des saints
qui brûlent la terre, la font trembler [2]. Pendant le
désastre, l'attitude des fidèles dut paraître équivoque;
quelques-uns sans doute manquèrent de témoigner
du respect et du regret devant les temples consumés,
ou même ne cachèrent pas une certaine satisfaction.
On conçoit tel conventicule au fond du Transtévère,
où l'on se soit dit : « N'est-ce pas là ce que nous
prédisions? » Souvent il est dangereux de s'être
montré trop prophète. « Si nous voulions nous venger, dit Tertullien, une seule nuit, quelques flambeaux suffiraient [3]. » L'accusation d'incendie était
élevée fréquemment contre les juifs, à cause de leur
vie à part [4]. Le même crime était un de ces *flagitia
cohærentia nomini* [5] qui faisaient partie de la défini-
tion d'un chrétien.

1. Apoc., XVIII.
2. Apoc., VIII, 3-5.
3. Tertullien, *Apol.*, 37.
4. Les Juifs, en 67, furent accusés d'avoir voulu brûler
Antioche. Jos., *B. J.*, VII, III, 2-4.
5. Pline, *Epist.*, X, 97.

Sans avoir contribué en rien à la catastrophe du 19 juillet, les chrétiens pouvaient donc être tenus, si l'on peut s'exprimer ainsi, pour des incendiaires de désir. Dans quatre ans et demi, l'Apocalypse nous offrira un chant sur l'incendie de Rome, auquel probablement l'événement de 64 fournit plus d'un trait. La destruction de Rome par les flammes fut bien un rêve juif et chrétien; mais ce ne fut qu'un rêve; les pieux sectaires se contentèrent sûrement de voir en esprit les saints et les anges applaudir du haut du ciel à ce qu'ils regardaient comme une juste expiation [1].

On a peine à croire que l'idée d'accuser les chrétiens de l'incendie du mois de juillet soit venue d'elle-même à Néron. Certes, si le césar eût connu de près les bons frères, il les eût étrangement haïs. Les chrétiens ne pouvaient naturellement comprendre le mérite qu'il y avait à poser ainsi en « jeune premier » sur l'avant-scène de la société de son temps; or ce qui exaspérait Néron, c'était qu'on méconnût son talent d'artiste et de chef de rôle. Mais Néron ne fit sans doute qu'entendre parler des chrétiens; il ne se trouva jamais en rapport personnel avec eux. Par qui l'atroce expédient dont il s'agit lui fut-il suggéré? Il est probable d'abord que de plusieurs

1. Apoc., XVIII.

côtés dans la ville on conçut des soupçons [1]. La secte, à cette époque, était fort connue dans le monde officiel. On en parlait beaucoup [2]. Nous avons vu que Paul avait des relations avec des personnes attachées au service du palais impérial [3]. Une chose bien extraordinaire, c'est que, parmi les promesses que certaines personnes avaient faites à Néron, pour le cas où il viendrait à être destitué de l'empire, était celle de la domination de l'Orient et nommément du royaume de Jérusalem [4]. Les idées messianiques prenaient souvent chez les juifs de Rome la forme de vagues espérances d'un empire romain oriental; Vespasien profita plus tard de ces imaginations [5]. Depuis l'avénement de Caligula jusqu'à la mort de Néron, les cabales juives ne cessèrent pas à Rome [6]. Les juifs avaient beaucoup contribué à l'avénement et au maintien de la famille de Germanicus. Soit par les Hérodes, soit par d'autres intrigants, ils

1. Dion Cassius, LXII, 18 (ταῖς πὴν πόλιν ἐμπρήσασι κατα-ρώμενοι).

2. « Cum maxime Romæ orientem. » Tertullien, *Apolog.*, 5.

3. Phil., iv, 22.

4. Suétone, *Néron*, 40. Cf. Tacite, *Ann.*, XV, 36.

5. Tacite, *Hist.*, I, 10; V, 13; Suét., *Vesp.*, 4. Cf. Jos., *B. J.*, III, viii, 9; Talm. de Bab., *Gittin*, 56 *a*.

6. Notez l'importance des juifs aux yeux de Martial, de Perse et de Juvénal. Voyez surtout Perse, v, 179 et suiv.

assiégeaient le palais, trop souvent pour perdre leurs ennemis [1]. Agrippa II avait été très-puissant sous Caligula et sous Claude ; quand il demeurait à Rome, il y jouait le rôle d'un personnage influent. Tibère Alexandre, d'un autre côté, occupait les plus hautes fonctions [2]. Josèphe enfin se montre assez favorable à Néron ; il trouve qu'on l'a calomnié, il rejette tous ses crimes sur son mauvais entourage. Quant à Poppée, il en fait une pieuse personne, parce qu'elle était favorable aux juifs, qu'elle appuyait les requêtes des zélés, et aussi peut-être parce qu'elle adopta une partie de leurs rites. Il la connut en l'an 62 ou 63, obtint par elle la grâce de prêtres juifs arrêtés, et garda d'elle le plus reconnaissant souvenir [3]. Nous avons la touchante épitaphe d'une juive nommée Esther, née à Jérusalem et affranchie de Claude ou de Néron, qui charge son camarade Arescusus de veiller à ce qu'on nè mette rien sur sa pierre sépulcrale de contraire à la Loi, comme par exemple les lettres **D. M** [4]. Rome possédait des acteurs et des

1. Josèphe, *Ant.*, XVIII, XIX, XX.

2. *Mém. de l'Académie des inscr. et belles-lettres,* XXVI, 1re partie, p. 294 et suiv.

3. Jos., *Ant.*, XX, viii, 3, 11 ; xi, 1 ; *B. J.,* IV, ix, 2 ; *Vita,* 3. Voir ci-dessus, p. 29.

4. Mommsen, *Inscr. regni Neap.,* n° 6467 (sans égard pour les observations de Garrucci, *Cimitero,* p. 24-25; j'ai vérifié l'in-

actrices d'origine juive [1]; sous Néron, c'était là un moyen naturel d'arriver à l'empereur. On nomme en particulier un certain Alityrus, mime juif, fort aimé de Néron et de Poppée ; c'est par lui que Josèphe fut introduit auprès de l'impératrice [2]. Néron, plein de haine pour tout ce qui était romain, aimait à se tourner vers l'Orient, à s'entourer d'Orientaux [3], à nouer des intrigues en Orient [4].

Tout cela suffit-il pour fonder une hypothèse plausible? Est-il permis d'attribuer à la haine des juifs contre les chrétiens le caprice féroce qui exposa les plus inoffensifs des hommes aux supplices les plus monstrueux? Il est sûrement fâcheux pour les juifs d'avoir eu leurs entrées secrètes chez Néron et Poppée au moment où l'empereur conçut contre les disciples de Jésus une odieuse pensée [5]. Tibère

scription au musée de Naples). Pour le nom d'*Aster,* v. Renier, *Insc. de l'Alg.,* n° 3340.

1. C'est à tort, cependant, qu'on a conclu des larves funéraires qui se voient sur le couvercle du sarcophage de la juive Faustina (Lupi, *Epit. Sev.,* p. 177-178; *Corpus inscr. gr.,* n° 9920) que cette Faustina était actrice.

2. Jos., *Vita,* 3.

3. Hélius, Polyclète, Icèle, Patrobius, Épaphrodite. Cf. Tacite, *Hist.,* II, 95.

4. Tac., *Ann.,* XV, 36; Suét., *Néron,* 34, 36, 40, 47; *Carm. sib.,* V, 146 et suiv.

5. L'hypothèse d'une jalousie de la juive Poppée et de la

Alexandre, en particulier, était alors dans sa pleine faveur [1], et un tel homme devait détester les saints. Les Romains confondaient d'ordinaire les juifs et les chrétiens [2]. Pourquoi cette fois la distinction fut-elle si bien faite? Pourquoi les juifs, contre lesquels les Romains avaient la même antipathie morale et les mêmes griefs religieux que contre les chrétiens [3], ne furent-ils pas touchés cette fois? Des supplices de juifs eussent été un *piaculum* tout aussi efficace. Clément Romain, ou l'auteur (certainement romain) de l'épître qu'on lui attribue, dans le passage où il fait allusion aux massacres des chrétiens ordonnés par Néron, les explique d'une manière très-obscure pour nous, mais bien caractéristique. Tous ces malheurs sont « l'effet de la jalousie [4] », et ce mot « jalousie » signifie évidemment ici des divisions intérieures, des animosités entre membres de la même

chrétienne Acté est bien peu probable, puisque le christianisme d'Acté est douteux.

1. Jos., *B. J.,* II, xv, 1.

2. Tertullien, *Apol.,* 21. Sénèque ne les distinguait pas; les chrétiens n'eurent jamais d'individualité pour lui. Augustin, *De civit. Dei,* VI, c. 11.

3. Comp. Tac., *Ann.,* XV, 44; *Hist.,* V, 5, et la phrase restituée, d'après Sulpice Sévère, par Bernays, *Uber die Chronik de Sulp. Severus,* p. 57.

4. Διὰ ζῆλον. Clém. Rom., *Ad Cor. I,* ch. 3, 5 et 6.

confrérie ¹. De là naît un soupçon, corroboré par
ce fait incontestable que les juifs, avant la destruction de Jérusalem, furent les vrais persécuteurs des
chrétiens et ne négligèrent rien pour les faire dispa-
raître². Une tradition très-répandue au iv° siècle
voulait que la mort de Paul et même celle de Pierre,
qu'on ne séparait pas de la persécution de l'an 64,
eussent eu pour cause la conversion d'une des maîtresses et d'un favori de Néron ³. Une autre tradition
y vit une conséquence de la défaite de Simon le
Magicien⁴. Avec un personnage aussi fantasque que
Néron, toute conjecture est hasardée. Peut-être le
choix des chrétiens pour l'affreux massacre ne fut-il
qu'une lubie de l'empereur ou de Tigellin⁵. Néron
n'avait besoin de personne pour concevoir un dessein capable de déjouer par sa monstruosité toutes
les règles ordinaires de l'induction historique.

1. Clém. Rom., épître citée, c. 3.
2. *Actes des Apôtres* à chaque page. Comp. *Actes de saint
Polycarpe,* 17-18. Notez *licet contrarias sibi,* dans le discours
de Titus. Sulp. Sev. (Tacite), II, xxx, 6.
3. Voir ci-dessus, p. 11, note 2.
4. *Acta Petri et Pauli,* 78 ; Pseudo-Marcellus ; Pseudo-Lin ;
Pseudo-Abdias, I, 18 ; Pseudo-Hégésippe, III, 2 ; Grégoire de
Tours, *Hist. eccl.,* I, 24.
5. L'intervention de Tigellin y compromettrait Poppée. « Pop-
pæa et Tigellino coram, quod erat sævienti principi intimum
consiliorum. » Tacite, *Ann.,* XV, 61.

On arrêta d'abord un certain nombre de personnes soupçonnées de faire partie de la secte nouvelle, et on les entassa dans une prison [1], qui était
déjà un supplice à elle seule [2]. Elles confessèrent leur
foi, ce qui put être considéré comme un aveu du crime
qu'on en jugeait inséparable. Ces premières arrestations en amenèrent un très-grand nombre d'autres [3].
La plupart des inculpés paraissent avoir été des prosélytes observant les préceptes et les conventions du
pacte de Jérusalem [4]. Il n'est pas admissible que de
vrais chrétiens aient dénoncé leurs frères ; mais on
put saisir des papiers ; quelques néophytes à peine
initiés purent céder à la torture. On fut surpris de la
multitude des adhérents qu'avaient réunis ces doctrines ténébreuses ; on en parla non sans épouvante.
Tous les hommes sensés trouvèrent l'accusation
d'avoir mis le feu extrêmement faible. « Leur vrai
crime, disait-on, c'est la haine du genre humain. »
Quoique persuadés que l'incendie était le crime de
Néron, beaucoup de Romains sérieux virent dans ce
coup de filet de la police une façon de délivrer la

1. Συνηθροίσθη. Clém. Rom., *Ad Cor. I, 6.*
2. *Pasteur* d'Hermas, I, vis. III, 2.
3. *Multitudo ingens,* Tacite, *Ann.,* XV, 44 ; πολὺ πλῆθος ἐκλεκτῶν, Clém. Rom., *Ad Cor. I,* 6 ; ὄχλος πολύς, *Apoc.,* VII, 9, 14.
4. Apoc., XII, 17, qui paraît une allusion aux atrocités de
l'an 64.

ville d'une peste très-meurtrière. Tacite, malgré
quelque pitié, est de cet avis[1]. Quant à Suétone,
il range parmi les mesures louables de Néron les
supplices qu'il fit subir aux partisans de la nouvelle
et malfaisante superstition[2].

Ces supplices furent quelque chose d'effroyable.
On n'avait jamais vu de pareils raffinements de
cruauté. Presque tous les chrétiens arrêtés étaient
des *humiliores*, des gens de rien. Le supplice de ces
malheureux, quand il s'agissait de lèse-majesté ou
de sacrilége, consistait à être livrés aux bêtes ou
brûlés vifs dans l'amphithéâtre[3], avec accompagne-
ment de cruelles flagellations[4] Un des traits les plus
hideux des mœurs romaines était d'avoir fait du supplice une fête, et de la vue de la tuerie un jeu public[5].

1. *Ann.*, XV, 44.·.

2. *Néron*, 16.

3. Paul, *Sentent.*, V, xxix, 1 : « Humiliores bestiis objiciuntur
vel vivi exuruntur; honestiores capite puniuntur. » Ulpien, *Digeste*,
l. 6, pr., *ad legem Juliam peculatus* (xlviii, 13). Comp. θεατρι-
ζόμενοι, Hebr., x, 33; Jos., *B. J.*, VII, iii, 1 ; lettre des Églises de
Lyon et de Vienne, dans Eus., *H. E.*, V, 1; *Mart. Polyc.*, 11-13:
Tertullien, *Apol.*, 12 ; Lactance, *De mortibus persecut.*, 13, 21.
Mourir dans le cirque était aussi la peine des esclaves criminels.
Pétrone, p. 145-146 (éd. Bücheler).

4. *Past.* d'Herm., I, vis. iii, 2. Comp. les Actes des martyrs de
Lyon (Eus., *H. E.*, V, i, 38) et d'Afrique, § 18 (Ruinart, p. 100).

5. Philon, *In Flaccum*, § 10; Jos., *B. J.*, VIII, iii, 1; Suétone,
Néron, 12.

La Perse, à ses moments de fanatisme et de terreur, avait connu d'affreux déploiements de tortures ; plus d'une fois elle y avait goûté une sorte de volupté sombre ; mais jamais avant la domination romaine on n'avait été jusqu'à chercher dans ces horreurs un divertissement public, un sujet de rires et d'applaudissements. Les amphithéâtres[1] étaient devenus les lieux d'exécution ; les tribunaux fournissaient l'arène. Les condamnés du monde entier étaient acheminés sur Rome pour l'approvisionnement du cirque et l'amusement du peuple[2]. Que l'on joigne à cela une atroce exagération dans la pénalité, qui faisait que de simples délits étaient punis de mort ; qu'on y ajoute de nombreuses erreurs judiciaires, résultat d'une procédure criminelle défectueuse, on concevra que toutes les idées fussent perverties. Les suppliciés étaient considérés bien plutôt comme des malheureux que comme des criminels ; en bloc, on les tenait pour presque innocents, *innoxia corpora*[3].

A la barbarie des supplices, cette fois, on ajouta la dérision. Les victimes furent gardées pour une

---

1. Les amphithéâtres de ce temps étaient en bois. La construction des amphithéâtres en pierre date des empereurs flaviens. Suét., *Vesp.*, 9.

2. *Martyrium S. Ignatii*, 2 : εἰς τέρψιν τοῦ δήμου.

3. Manilius, *Astron.*, V, 646 et suiv. Comparez les idées que le moyen âge attacha aux mots *marturiare, martroi*.

fête, à laquelle on donna sans doute un caractère
expiatoire. Rome compta peu de journées aussi
extraordinaires. Le *ludus matutinus,* consacré aux
combats d'animaux[1], vit un défilé inouï. Les condamnés, couverts de peaux de bêtes fauves, furent
lancés dans l'arène, où on les fit déchirer par des
chiens ; d'autres furent crucifiés[2] ; d'autres, enfin,
revêtus de tuniques trempées dans l'huile, la poix ou
la résine, se virent attachés à des poteaux et réservés
pour éclairer la fête de nuit. Quand le jour baissa, on
alluma ces flambeaux vivants. Néron offrit pour le
spectacle les magnifiques jardins qu'il possédait au
delà du Tibre et qui occupaient l'emplacement actuel
du Borgo, de la place et de l'église Saint-Pierre [3].
Il s'y trouvait un cirque, commencé par Caligula,
continué par Claude, et dont un obélisque, tiré d'Héliopolis (celui-là même qui marque de nos jours le
centre de la place Saint-Pierre), était la borne[4]. Cet

1. Sénèque, *Epist.,* 7 ; Suétone, *Claude,* 34 ; Martial, X, xxv ;
XIII, xcv ; Tertullien, *Apol.,* 15. Cf. Ovide, *Metam.,* XI, 26 ;
Virgile (*redeunt spectacula mane*) ; Orelli, nos 2553, 2554. Les
martyrs de Carthage (§ 17) font leur dernier repas le soir.

2. La leçon *aut flammandi atque* donne lieu à des doutes
(v. Bernays, *Ueber die Chronik des Sulp. Sev.,* p. 54-55, note),
mais sans grave conséquence. Peut-être le second *aut* est-il de
trop. *Flammandi,* au sens de *ut flammarentur,* est bon.

3. Le « Pré Noiron » du moyen âge.

4. Suétone, *Claude,* 21 ; Tacite, *Ann.,* XIV, 14 ; Pline, *Hist.*

endroit avait déjà vu des massacres aux flambeaux.
Caligula, en se promenant, y fit décapiter à la lueur
des torches un certain nombre de personnages con-
sulaires, de sénateurs et de dames romaines[1]. L'idée
de remplacer les falots par des corps humains
imprégnés de substances inflammables put paraître
ingénieuse. Comme supplice, cette façon de brûler
vif n'était pas neuve ; c'était la peine ordinaire des
incendiaires, ce qu'on appelait la *tunica molesta*[2] ;
mais on n'en avait jamais fait un système d'illumination. A la clarté de ces hideuses torches, Néron, qui
avait mis à la mode les courses du soir[3], se montra
dans l'arène, tantôt mêlé au peuple en habit de
jockey, tantôt conduisant son char et recherchant
les applaudissements. Il y eut pourtant quelques
signes de compassion. Même ceux qui croyaient les
chrétiens coupables et qui avouaient qu'ils avaient

nat., XVI, xl (76) ; XXXVI, xi (15). Ce cirque est la « naumachie » dont parlent les *Actes de Pierre*. Cf. Platner et Bunsen,
Beschreibung der Stadt Rom, II, i, 39. L'obélisque a été déplacé
par Sixte V. Il était autrefois dans la sacristie de Saint-Pierre.

1. Sénèque, *De ira,* III, 18.
2. Juvénal, *Sat ,* i, 155-156 ; viii, 233-235 ; Martial, *Epigr.,*
X, xxv, 5. Comp. Sénèque, *De ira,* III, 3. Notez l'*uri* de l'engage-
ment des gladiateurs. Hor., *Sat.,* II, vii, 58 ; Pétrone, p. 149
(Bücheler) ; Sénèque, *Epist.,* 37.
3. Suétone, *Néron,* 35.

mérité le dernier supplice eurent horreur de ces cruels plaisirs. Les hommes sages eussent voulu qu'on fît seulement ce qu'exigeait l'utilité publique, qu'on purgeât la ville d'hommes dangereux, mais qu'on n'eût pas l'air de sacrifier des criminels à la férocité d'un seul[1].

Des femmes, des vierges furent mêlées à ces jeux horribles[2]. On se fit une fête des indignités sans nom qu'elles souffrirent. L'usage s'était établi sous Néron de faire jouer aux condamnés dans l'amphi-théâtre des rôles mythologiques, entraînant la mort

---

1. Tacite, *Ann.*, XV, 44; Suét., *Néron*, 16; Clém. Rom., *Ad Cor. I*, c. 6; Tertullien, *Apol.*, 5 (il en appelle aux *commentarii* officiels); *Ad nat.*, I, 7; *Scorpiace*, 15; Eus., *H. E.*, II, 22, 25; *Chron.*, ad ann. 13 Ner.; Lactance, *De mort. persec.*, 2. Sulpice Sévère, *Hist. sacra*, II, 29; Orose, VII, 7; Grégoire de Tours, I, 24; Georges le Syncelle, *Chron.*, p. 339. L'écho de cette persécution et les allusions aux supplices qu'on fit souffrir aux chrétiens se trouvent dans Apoc., VI, 9 et suiv.; VII, 9 et suiv.; XII, 10-12 et même 17; XIII, 7, 10, 15-16; XIV, 12-13; XVI, 6; XVII, 6; XVIII, 24; XX, 4; Hebr., X, 32 et suiv.; *Pasteur* d'Hermas, I, visio III, c. 2; *Carm. sibyll.*, IV, 136; V, 136 et suiv., 385 et suiv., peut-être Matth., XXIV, 9 (θλίψις). Nous montrerons bientôt que l'Apocalypse est sortie directement de la persécution de Néron. L'inscription relative à cette persécution (Orelli, n° 730) est fausse.

2. Clém. Rom., *Ad Cor. I*, c. 6. Διὰ ζῆλος διωχθεῖσαι γυναῖκες Δαναΐδες καὶ Δίρκαι, αἰκίσματα δεινὰ καὶ ἀνόσια παθοῦσαι ἐπὶ τὸν τῆς πίστεως βέβαιον δρόμον κατήντησαν, καὶ ἔλαβον γέρας γενναῖον αἱ ἀσθενεῖς τῷ σώματι.

de l'acteur. Ces hideux opéras, où la science des
machines atteignait à des effets prodigieux [1],
étaient chose nouvelle; la Grèce eût été surprise, si
on lui eût suggéré une pareille tentative pour appliquer la férocité à l'esthétique, pour faire de l'art
avec la torture. Le malheureux était introduit dans
l'arène richement costumé en dieu ou en héros voué
à la mort, puis représentait par son supplice quelque
scène tragique des fables consacrées par les sculp-
teurs et les poëtes [2]. Tantôt c'était Hercule furieux,
brûlé sur le mont OEta, arrachant de dessus sa peau
la tunique de poix enflammée; tantôt Orphée mis
en pièces par un ours, Dédale précipité du ciel et
dévoré par les bêtes, Pasiphaé subissant les étreintes
du taureau, Attys [3] meurtri; quelquefois, c'étaient
d'horribles mascarades, où les hommes étaient
accoutrés en prêtres de Saturne, le manteau rouge
sur le dos, les femmes en prêtresses de Cérès, portant les bandelettes au front [4]; d'autres fois enfin, des

1. Martial, *Spectac.*, xxi.
2. Martial, *Spectac.*, v (cf. Suétone, *Néron*, 12; Apulée,
Metam., I, 10), viii (cf. Suét., *l. c.*), xxi; Tertullien, *Apolog.*, 15
(cf. 9); *Ad nationes*, I, 10. La *tunica molesta* impliquait d'ordinaire la représentation d'Hercule sur le mont OEta (Juv., viii, 235;
Martial, X, xxv, 5).
3. Peut-être le confondait-on avec Adonis tué par un sanglier.
4. Actes des martyrs d'Afrique, § 18.

pièces dramatiques, au courant desquelles le héros était réellement mis à mort, comme Lauréolus[1], ou bien des représentations d'actes tragiques comme celui de Mucius Scævola[2]. A la fin, Mercure, avec une verge de fer rougie au feu, touchait chaque cadavre pour voir s'il remuait; des valets masqués, représentant Pluton ou l'*Orcus*, traînaient les morts par les pieds, assommant avec des maillets tout ce qui palpitait encore[3].

Les dames chrétiennes les plus respectables durent se prêter à ces monstruosités. Les unes jouèrent le rôle des Danaïdes, les autres celui de Dircé[4]. Il est difficile de dire en quoi la fable des Danaïdes pouvait fournir un tableau sanglant. Le supplice que toute la tradition mythologique attribue à ces femmes coupables, et dans lequel on les représentait[5], n'était pas assez cruel pour suffire aux plaisirs de Néron et des habitués de son amphithéâtre. Peut-être défilèrent-elles portant des urnes[6], et

---

1. V. ci-dessus, p. 45.
2. Martial, *Epigr.*, VIII, xxx; X, xxv.
3. Tertullien, *Apol.*, 15. Cf. Suétone, *Néron*, 36.
4. Clém. Rom., *Ad Cor. I*, c. 6.
5. Pausanias, X, xxxi, 9, 11; *Musée Pio-Clém.*, t. IV, tab. 36.
6. *Musée Pio-Clémentin*, II, 2; Guigniaut, *Rel. de l'ant.*, pl., n° 606 a. Cf. *Bullettino dell' Inst. di corr. arch.*, 1843, p. 119-123.

recurent-elles le coup fatal d'un acteur figurant
Lyncée [1]· Peut-être vit-on Amymone, l'une des
Danaïdes, poursuivie par un satyre et violée par
Neptune [2]· Peut-être enfin ces malheureuses traver-
sèrent-elles successivement devant les spectateurs la
série des supplices du Tartare, et moururent-elles
après des heures de tourments. Les représentations
de l'enfer étaient à la mode. Quelques années auparavant (l'an 41), des Égyptiens et des Nubiens
vinrent à Rome et eurent un grand succès, en donnant des séances de nuit, où l'on montrait par ordre
les horreurs du monde souterrain [3], conformément
aux peintures des syringes de Thèbes, notamment du
tombeau de Séthi Ier.

Quant aux supplices des Dircés, il n'y a pas de
doute. On connaît le groupe colossal désigné sous le
nom de *Taureau Farnèse*, maintenant au musée de
Naples. Amphion et Zéthus attachent Dircé aux cornes
d'un taureau indompté, qui doit la traîner à travers
les rochers et les ronces du Cithéron [4]. Ce médiocre

1. Schol. d'Euripide, *Hecube*, v. 886; comp. Servius, ad Virg.
Æn., X, 497.

2. Hygin, *Fabulæ*, 169. Comp. ci-après, p. 179.

3. Suétone, *Caïus*, 57.

4. *Real Museo Borbonico*, t. XIV, tav. IV et V; Guigniaut,
Relig. de l'antiquité, pl. 728, 728 *a*; Gargiulo, t. I, nos 1-3;
III, n° 23. Comparez *Memorie della R. Accademia Ercolanese*,

marbre rhodien, transporté à Rome dès le temps
d'Auguste, était l'objet de l'universelle admiration[1].
Quel plus beau sujet pour cet art hideux que la
cruauté du temps avait mis en vogue et qui consistait à faire des tableaux vivants avec les statues
célèbres? Un texte et une fresque de Pompéi semblent prouver que cette scène terrible était souvent
représentée dans les arènes, quand on avait à sup-
plicier une femme[2]. Attachées nues par les cheveux[3] aux cornes d'un taureau furieux[4], les malheureuses assouvissaient les regards lubriques d'un
peuple féroce. Quelques-unes des chrétiennes immo-

t. III, p. 586 et suiv.; t. IV, 1re partie; t. VII, p. 1 et suiv.; Raoul-
Rochette, Choix de peint. de Pompéi, pl. XXIII, p. 277-288; Ann.
de l'Institut de corr. arch., t. XI (1839), p. 287-292; Helbig,
Wandgemälde, nos 1151, 1152, 1153; Jahn, Archœol. Zeitung,
1853, nos 36 et suiv.

1. Pline, XXXVI, v (4). Voir Brunn, cité ci-dessus, p. 129,
note 3.

2. « Videt... memorandi spectaculi scenam, non tauro sed
asino dependentem Dircen aniculam. » Apulée, Metam., VI, 127
(édit. Oudendorp, p. 435-436). Cf. Lucien, Lucius, 23 (lisez γραῦν
Δίρκην οὐκ ἐκ ταύρου ἀλλ' ἐξ ὄνου). Voir surtout Memorie della
R. Accademia Ercolanese, vol. VII, planche du 1er mémoire, où
le supplice paraît représenté comme un spectacle [observation de
M. Minervini].

3. « Dircen ad taurum crinibus religatam necant. » Hygin,
Fabulæ, fab. 8.

4. Comparez le supplice de sainte Blandine, exposée dans un

lées de la sorte étaient faibles de corps[1]; leur courage fut surhumain; mais la foule infâme n'eut d'yeux que pour leurs entrailles ouvertes et leurs seins déchirés.

Néron fut sans doute présent à ces spectacles. Comme il était myope, il avait coutume de porter dans l'œil, quand il suivait les combats des gladiateurs, une émeraude concave qui lui servait de lorgnon[2]. Il aimait à faire parade de ses connaissances de sculpteur; on prétend que sur le cadavre de sa mère il émit d'odieuses remarques, louant ceci, blâmant cela. Une chair palpitant sous la dent des bêtes, une pauvre fille timide, voilant sa nudité d'un geste chaste, puis soulevée par un taureau et mise en lambeaux sur les cailloux de l'arène, devaient offrir des formes plastiques et des couleurs dignes d'un connaisseur comme lui. Il était là, au premier rang, sur le *podium*[3], mêlé aux vestales et aux magistrats curules, avec sa mauvaise figure, sa vue basse, ses yeux bleus, ses cheveux châtains, bouclés en étages,

---

filet à un taureau, et celui de sainte Perpétue et de sainte Félicité, exposées également dans un filet à une vache furieuse. Lettre dans Eusèbe, *H. E.*, V, 1 ; Martyrs d'Afrique, § 20.

1. Clém. Rom., *Ad Cor. I,* c 6.
2. Pline, *H. N.*, XXXVII, v (16).
3. Suetone, *Néron,* 12.

sa lèvre redoutable, son air méchant et bête à la fois
de gros poupard niais, béat, bouffi de vanité[1],
pendant qu'une musique d'airain[2] vibrait dans l'air,
ondulé par une buée de sang. Il raisonnait sans
doute en artiste sur l'attitude pudique de ces nouvelles Dircés, et trouva, j'imagine, qu'un certain air
de résignation donnait à ces femmes pures, près
d'être déchirées, un charme qu'il n'avait pas connu
jusque-là.   -

On se souvint longtemps de cette scène hideuse,
et sous Domitien encore, quand on voyait un acteur
mis à mort dans son rôle, surtout un Lauréolus,
mourant effectivement sur la croix, on pensait aux
piacula de l'an 64, on supposait que ç'était un
incendiaire de la ville de Rome[3]. Les noms de *sar-
mentitii* ou *sarmentarii* (gens sentant le fagot), de
semaxii (poteaux de bûcher)[4], le cri populaire :
« Les chrétiens aux lions[5] ! » paraissent aussi dater
de ce temps. Néron, avec une sorte d'art savant,
avait frappé le christianisme naissant d'une empreinte

1. Voir ses portraits aux musées du Capitole, du Vatican, du
Palatin, du Louvre. Cf. Pline, *H. N.,* XI. xxvii (54).

2. Voir la mosaïque de Nennig.

3. Martial, *Spectac.,* vii, 10; Juvénal, viii, 233-235.

4. De *semaxis,* demi-ais, auquel on attachait les malheureux
condamnés à être brûlés vifs.

5. Tertullien, *Apol.,* c. 14, 40.

indélébile; le *nævus* sanglant inscrit au front de l'Église martyre ne s'effacera plus.

Ceux des frères qui ne furent pas torturés eurent en quelque sorte leur part dans les supplices des autres par la sympathie qu'ils leur témoignèrent et le soin qu'ils prirent de les visiter dans les fers. Ils achetèrent souvent cette dangereuse faveur au prix de tous leurs biens. Les survivants de la crise furent entièrement ruinés. A peine y songeaient-ils; ils ne voyaient que les biens durables du ciel et se disaient sans cesse : « Encore un peu, et celui qui doit venir viendra[1]. »

Ainsi s'ouvrit ce poëme extraordinaire du martyre chrétien, cette épopée de l'amphithéâtre, qui va durer deux cent cinquante ans, et d'où sortiront l'ennoblissement de la femme, la réhabilitation de l'esclave, par des épisodes comme ceux-ci : Blandine en croix, éblouissant les yeux de ses compagnons qui voient dans la douce et pâle servante l'image de Jésus crucifié; Potamiène défendue contre les outrages par le jeune officier qui la conduit au supplice; la foule saisie d'horreur quand elle aperçoit les seins humides de Félicité; Perpétue épinglant dans l'arène ses cheveux piétinés par les bêtes, pour ne pas paraître affligée[2].

_____

1. Hebr., x, 32 et suiv.

2. « Dispersos capillos infibulavit; non enim decebat martyrem dispersis capillis pati, ne in sua gloria plangere videretur. »

La légende raconte qu'une de ces saintes, marchant au supplice, rencontra un jeune homme qui, touché de sa beauté, eut pour elle un regard de pitié. Voulant lui laisser un souvenir, elle tire le mouchoir qui couvrait son sein et le lui donne; enivré de ce gage d'amour, le jeune homme court un instant après au martyre. Tel fut, en effet, le charme dangereux de ces drames sanglants de Rome, de Lyon, de Carthage. La volupté des patients de l'amphithéâtre devint contagieuse, comme sous la Terreur la résignation des « victimes ». Les chrétiens se présentent avant tout à l'imagination du temps comme une race obstinée à souffrir; le désir de la mort est désormais leur signe [1]. Pour arrêter le trop d'empressement au martyre, il faudra la menace la plus terrible, la note d'hérésie, l'expulsion de l'Église.

La faute que commirent les classes éclairées de l'empire en provoquant cette exaltation fiévreuse ne saurait être assez blâmée. Souffrir pour sa croyance est quelque chose de si doux à l'homme, que cet attrait seul suffit pour faire croire. Plus d'un incrédule

---

1. *Moriendi contemptus* de Tacite, *Hist.*, V, 5, s'applique, il est vrai, aux juifs, non aux chrétiens (Tacite fait bien la distinction des deux religions). Ce que Épictète et Marc-Aurèle disent des Galiléens s'applique aussi aux fanatiques du siége. Voir *les Apôtres*, p. 235, note 4.

s'est converti sans autre raison que celle-là; en Orient
même, on a vu des imposteurs mentir pour le plaisir
de mentir et d'être victimes de leur mensonge. Il n'y
a pas de sceptique qui ne regarde le martyr d'un
œil jaloux, et ne lui envie le bonheur suprême, qui
est d'affirmer quelque chose. Un secret instinct nous
porte, d'ailleurs, à être avec ceux qui sont persécutés.
Quiconque s'imagine arrêter un mouvement religieux
ou social par des mesures coercitives fait donc
preuve d'une complète ignorance du cœur humain,
et témoigne qu'il ne connaît pas les vrais moyens
d'action de la politique.

Ce qui est arrivé une fois peut arriver encore.
Tacite se fût détourné avec indignation, si on lui eût
montré l'avenir de ces chrétiens qu'il traitait de
misérables. Les honnêtes Romains se fussent récriés,
si quelque observateur doué d'esprit prophétique
eût osé leur dire : « Ces incendiaires seront le salut
du monde. » De là une objection éternelle contre
le dogmatisme des partis conservateurs, un gauchis-
sement sans remède de la conscience, une secrète
perversion du jugement. Des misérables, honnis par
tous les gens comme il faut, sont devenus des saints.
Il ne serait pas bon que les démentis de cette sorte
fussent fréquents. Le salut de la société veut que
ses sentences ne soient pas trop souvent réformées.

Depuis la condamnation de Jésus, depuis que les martyrs se sont trouvés avoir eu gain de cause dans leur révolte contre la loi, il y a toujours eu, en fait de crimes sociaux, comme un appel secret de la chose jugée. Pas de condamné qui n'ait pu dire : « Jésus aussi fut frappé; les martyrs furent tenus pour des hommes dangereux dont il fallait purger la société, et pourtant les siècles suivants leur ont donné raison. » Grave blessure pour ces lourdes affirmations par lesquelles une société cherche à se figurer que ses ennemis manquent de toute raison et de toute moralité !

Après le jour où Jésus expira sur le Golgotha, le jour de la fête des jardins de Néron (on peut le fixer vers le 1er août de l'an 64) fut le plus solennel dans l'histoire du christianisme. La solidité d'une construction est en proportion de la somme de vertu, de sacrifices, de dévouement qu'on a déposée dans ses bases. Les fanatiques seuls fondent quelque chose; le judaïsme dure encore, à cause de la frénésie intense de ses prophètes, de ses zélateurs ; le christianisme, à cause du courage de ses premiers témoins. L'orgie de Néron fut le grand baptême de sang qui désigna Rome, comme la ville des martyrs, pour jouer un rôle à part dans l'histoire du christianisme, et en être la seconde ville sainte. Ce fut la prise de posses-

sion de la colline Vaticane par ces triomphateurs
d'un genre inconnu jusque-là. L'odieux écervelé qui
gouvernait le monde ne s'aperçut pas qu'il était le
fondateur d'un ordre nouveau, et qu'il signait pour
l'avenir une charte, écrite avec du cinabre, dont
les effets devaient être revendiqués au bout de
dix-huit cents ans. Rome, rendue responsable de
tout le sang versé [1], devint comme Babylone une
sorte de ville sacramentelle et symbolique. Néron
prit, en tout cas, ce jour-là une place de premier
ordre dans l'histoire du christianisme. Ce miracle
d'horreur, ce prodige de perversité fut pour tous
un signe évident. Cent cinquante ans après, Tertullien
s'écrie : « Oui, nous sommes fiers que notre mise hors
la loi ait été inaugurée par un tel homme! Quand on
a bien appris à le connaître, on comprend que ce qui
fut condamné par Néron n'a pu être qu'un grand
bien [2]. » Déjà l'idée s'était répandue que la venue
du vrai Christ serait précédée de la venue d'une
sorte de Christ infernal, qui serait en tout le contraire de Jésus [3]. Il n'y avait plus à douter; l'*Antichrist*, le Christ du mal, existait. L'*Antichrist*,
c'était ce monstre à face humaine, composé de

1. Apoc., XVIII, 24; XIX, 2.
2. *Apolog.*, 5; *Ad nationes*, I, 7. Cf. Sulpice Sévère, II, 28.
3. Voir *Saint Paul*, p. 252 et suiv.

férocité, d'hypocrisie, d'impudicité, d'orgueil, qui
courait le monde en héros ridicule, éclairait ses
triomphes de cocher avec des flambeaux de chair
humaine, s'enivrait du sang des saints, peut-être
faisait pis encore. On est tenté de croire, en effet,
que c'est aux chrétiens que se rapporte un passage de Suétone sur un jeu monstrueux que Néron
avait inventé. On attachait nus aux poteaux de l'arène
des adolescents, des hommes, des femmes, des
jeunes filles. Une bête sortait de la *cavea*, s'assou-
vissait sur chacun de ces corps [1]. L'affranchi
Doryphore faisait semblant d'abattre la bête. Or la
bête, c'était Néron revêtu d'une peau d'animal fauve.
Doryphore était un infâme [2], à qui Néron s'était
marié, en poussant les cris d'une vierge qu'on
outrage [3]... Le nom de Néron est trouvé; ce sera LA
Bête. Caligula a été l'*Anti-Dieu,* Néron sera l'*Anti-
Christ.* L'Apocalypse est conçue. La vierge chrétienne

1. « Inguina invadebat, et cum affatim desœvisset... »
2. Doryphore était probablement son nom de théâtre. Tacite
(*Ann.*, XV, 37) et Dion Cassius (LXII, 28 ; LXIII, 13, 22) l'appellent *Pythagore*. V. cependant Dion Cassius, LXI, 5.
3. Suétone, *Néron,* 29; Dion Cassius, LXIII, 13 (cf. LXII, 28;
LXIII, 12). Rapprocher Tacite, *Ann.*, XV, 44; Clém. Rom., *Ad
Cor. I,* c. 6. (γυναῖκες... αἰκίσματα δεινὰ καὶ ἀνόσια παθοῦσαι), et surtout
le rôle de Néron dans l'Apocalypse sous le nom de τὸ θηρίον. Cf.
Hebr., x, 33; *Carm. sibyll.,* livre V (écrit vers l'an 140), v. 385
et suiv.

qui, attachée au poteau, a subi les hideux embrassements de la Bête, portera cette affreuse image avec
elle dans l'éternité.

Ce jour fut également celui où se créa, par une
antithèse étrange, la charmante équivoque dont l'humanité a vécu des siècles et en partie vit encore. Ce
fut une heure comptée au ciel que celle où la chasteté
chrétienne, jusque-là si soigneusement cachée, apparut au grand jour, devant cinquante mille spectateurs,
et posa comme en un atelier de sculpteur, dans l'attitude d'une vierge qui va mourir. Révélation d'un
secret qu'ignora l'antiquité, proclamation éclatante
de ce principe que la pudeur est une volupté et à elle
seule une beauté ! Déjà nous avons vu le grand magicien qu'on appelle l'imagination, et qui modifie de
siècle en siècle l'idéal de la femme, travailler incessamment à mettre au-dessus de la perfection de la
forme l'attrait de la modestie (Poppée ne régna qu'en
s'en donnant les dehors) et d'une humilité résignée
(là fut le triomphe de la bonne Acté). Habitué à
marcher toujours à la tête de son siècle dans les voies
de l'inconnu, Néron eut, ce semble, la primeur de ce
sentiment, et découvrit, en ses débauches d'artiste, le
philtre d'amour de l'esthétique chrétienne. Sa passion
pour Acté et pour Poppée prouve qu'il était capable
de sensations délicates, et, comme le monstrueux se

mêlait à tout ce qu'il touchait, il voulut se donner
le spectacle de ses rêves. L'image de l'aïeule de
Cymodocée se réfracta, comme l'héroïne d'un camée
antique, au foyer de son émeraude. En obtenant les
applaudissements d'un connaisseur aussi exquis, d'un
ami de Pétrone, qui peut-être salua la *moritura* de
quelqu'une de ces citations de poëtes classiques qu'il
aimait, la nudité timide de la jeune martyre devint
rivale de la nudité, sûre d'elle-même, d'une Vénus
grecque. Quand la main brutale de ce monde épuisé,
qui cherchait sa fête dans les tourments d'une pauvre
fille, eut arraché les voiles de la pudeur chrétienne,
celle-ci put dire : Moi aussi, je suis belle. Ce fut le
principe d'un art nouveau. Éclose sous les yeux de
Néron, l'esthétique des disciples de Jésus, qui s'ignorait jusque-là, dut la révélation de sa magie au crime
qui, déchirant sa robe, lui ravit sa virginité.

CHAPITRE VIII.

On ne sait avec certitude le nom d'aucun des chrétiens qui périrent à Rome dans l'horrible événement d'août 64. Les personnes arrêtées étaient converties depuis peu et se connaissaient à peine. Ces saintes femmes qui avaient étonné l'Église par leur constance, on ne savait pas leur nom. On ne les nomma dans la tradition romaine que « les Danaïdes et les Dircés[1] ». Cependant les images des lieux restèrent vives et profondes. Le cirque ou naumachie[2], les deux bornes, l'obélisque, un térébinthe, qui servirent de point de ralliement aux souvenirs des premières générations chrétiennes[3] devinrent les

---

1. Clem. Rom., *Ad Cor. I,* c. 6.
2. Plus tard on crut voir dans ce cirque un palais de Néron. Becker, *Handbuch der rœmischen Alterthümer* (Leipzig, 1843), I, 671; Lipsius, *Rœm. Petrussage,* p. 104, note.
3. V. ci-après, p. 188, note; 195, notes.

éléments fondamentaux de toute une topographie
ecclésiastique, dont le résultat fut la consécration
du Vatican et la désignation de cette colline pour
une destinée religieuse de premier ordre.

Quoique l'affaire eût été particulière à la ville de
Rome, et qu'il s'agît avant tout d'apaiser l'opinion
publique des Romains, irrités de l'incendie, l'atrocité
commandée par Néron dut avoir des contre-coups
dans les provinces et y exciter une recrudescence
de persécution[1]. Les Églises d'Asie Mineure notamment furent gravement éprouvées[2]; les populations
païennes de ces contrées étaient promptes au fanatisme[3]. Il y eut des emprisonnements à Smyrne[4].
Pergame eut un martyr, qu'on nous désigne par le
nom d'Antipas[5], lequel paraît avoir souffert près

1. Suétone (Néron, 16) et Tertullien (Ad nat., I, 7) s'expriment d'une façon générale.

2. Apoc., I, II et III, VI, 11, et peut-être XX, 4 (les martyrs
de Rome ne périrent point par la hache). Si l'auteur de l'Apocalypse n'a pas été à Rome, l'état d'exaltation où il est prouve que
la persécution fut très-forte en Asie. Lui-même a souffert (I, 9).
Mais nous croyons que l'auteur de l'Apocalypse a été à Rome.

3. Mart. Polyc , 3 et suiv., 12. Cf. Act., XIX, 23 et suiv.

4. Apoc., II, 9-10. Cf. Mart. Polyc., 17-18.

5. Apoc. II, 13. Voir ci-après, p. 365. L'habitude qu'a l'auteur
de l'Apocalypse de se servir de noms symboliques ou anagramma-
tiques répand beaucoup d'incertitude sur ce nom ; mais il n'est
pas douteux qu'il n'y ait là-dessous un martyr.

du fameux temple d'Esculape, peut-être dans un amphithéâtre en bois non loin du temple [1], à propos de quelque fête. Pergame était avec Cyzique [2] la seule ville d'Asie Mineure qui eût une organisation régulière des jeux de gladiateurs. Nous savons justement que ces jeux étaient placés à Pergame sous l'autorité des prêtres [3]. Sans qu'il y eût d'édit en forme interdisant la profession du christianisme [4], cette profession mettait en réalité hors la loi ; *hostis,*

---

1. V. *Mém. de l'Acad. de Berlin,* 1872, p. 48-58.

2. Texier, *Asie Mineure,* p. 217 et suiv. Ces deux villes sont les seules qui offrent des ruines d'amphithéâtres. Il y avait pourtant des jeux de bêtes à Smyrne. *Mart. Polyc.,* 11 et 12.

3. Galien, t. XIII, p. 600 ; t. XVIII, 2ᵉ partie, p. 567 (édit. Kuhn).

4. Commodien, *Carmen,* ch. XL-XLI ; Eus., *H. E.,* II, 25 ; *Chron.,* ad ann. 13 Ner. ; Lactance, *De mort. persec.,* 2 ; Sulpice Sévère, *Hist. sacra,* II, 28 et 29 ; Orose, VII, 7, Euthalius, dans Zaccagni, p. 532, présentent à tort la chose ainsi. M. de Rossi (*Bull. di arch. crist.,* 1864, p. 69 et suiv., 92 et suiv. ; 1865, p. 93) a cru voir dans une inscription charbonnée sur les murs d'une *caupona* à Pompéi quelques traces des railleries sanglantes que la populace fit des chrétiens. L'inscription (Zangemeister, *Inscript. parietariæ,* nᵒ 679) a disparu, et l'explication de M. de Rossi est des plus douteuses. Voir *Comptes rendus de l'Acad.,* 1866, p. 189 et suiv. On est tenté de croire que ce griffonnage, où on lit le mot VINA, se rapporte aux comptes du marchand de vin. En tout cas, l'inscription devait être de l'an 78 ou 79 ; car de telles inscriptions se conservent peu de temps. Tertullien nie qu'il y eût des chrétiens à Pompéi avant 79. *Apol.,* 40.

hostis patriæ, hostis publicus, humani generis inimicus, hostis deorum atque hominum, autant d'appellations écrites dans les lois pour désigner ceux qui mettaient la société en péril, et contre lesquels tout homme, selon l'expression de Tertullien, devenait un soldat [1]. Le nom seul de chrétien était de la sorte un crime [2]. Comme l'arbitraire le plus complet était laissé aux juges pour l'appréciation de pareils délits [3], la vie de tout fidèle, à partir de ce jour, fut entre les mains de magistrats d'une horrible dureté, et remplis contre eux de féroces préjugés [4].

Il est permis, sans invraisemblance, de rattacher à l'événement dont nous venons de faire le récit la mort des apôtres Pierre et Paul [5]. Un sort vraiment

1. Tertullien, *Apol.*, 2, 25, 35, 37; *Ad Scapulam,* 4. Cf. Cod. Theod., 1. 3, 6, 7, 9, *de Maleficis et mathematicis* (IX, xviii). Cf. Actes du martyre de saint Cyprien, § 4, dans Ruinart, *Acta sincera,* p. 217.

2. I Petri, iv, 14. Cf. Matth., x, 22; xxiv, 9; Marc, xiii, 13; Luc, xxi, 12, 17.

3. Digeste, 1. 6, *ad legem Juliam peculatus* (XLVIII, xiii). Cf. *ibid.,* 1. 4, § 2.

4. Paul, *Sentent.,* V, xxix, 1. Luc, xxi, 12, est écrit sous la préoccupation de ces vexations judiciaires.

5. C'est l'hypothèse d'Eusèbe (*Chron.,* ann. 13 de Nér.), parfaitement d'accord avec Clément Romain, *Ad Cor. I,* 5 et 6, et confirmée par Apoc., xviii, 20. Cf. Euthalius, p. 532; Georges le Syncelle, p. 339.

étrange a voulu que la disparition de ces deux hommes extraordinaires fût enveloppée de mystère. Une chose certaine, c'est que Pierre est mort martyr [1]. Or on ne conçoit guère qu'il ait été martyr ailleurs qu'à Rome [2], et, à Rome, le seul incident historique connu par lequel on puisse expliquer sa mort est l'épisode raconté par Tacite [3]. Quant à Paul, des raisons solides portent aussi à croire qu'il est mort martyr, et mort à Rome [4]. Il est donc naturel

1. Jean, xxi, 18-19, comparé à xii, 32-33, et xiii, 36, passages en toute hypothèse écrits avant l'an 150, et d'autant plus forts qu'ils sont indirects et supposent le fait en question connu de tous; II Petri, i, 14; Canon de Muratori, lignes 36-37; Clém. Rom., *Ad Cor. I,* ch. 5; Denys de Corinthe et Caïus, prêtre de Rome, cités par Eusèbe, *H. E.,* II, 25; Tertullien, *Præscr.,* 36; *Adv. Marc.,* IV, 5; *Scorpiace,* 15. Luc, xxii, 32-33, comparé au passage précité du Canon de Muratori, et à Jean, xiii, 36-38, donne aussi beaucoup à réfléchir. Cf. Macarius Magnés, l. IV, § 4 (encore inédit).

2. Si Pierre n'a pas été martyrisé à Rome, il l'a été à Jérusalem ou à Antioche; deux hypothèses également invraisemblables. Apoc., xviii, 20, est très-fort pour notre thèse.

3. *Ann.,* XV, 44. Lire attentivement Clément Romain, *Ad Cor. I,* § 5 et 6, dans l'édition de Hilgenfeld. Le πολὺ πλῆθος ἐλλεκτῶν, les Danaïdes et les Dircés souffrirent sûrement à Rome; or ces martyrs sont réunis comme en tas (συνηθροίσθη) aux apôtres Pierre et Paul.

4. Les mots de Clément Romain : μαρτυρήσας ἐπὶ τῶν ἡγουμένων, οὕτως ἀπηλλάγη τοῦ κόσμου, n'impliquent pas la mort violente (cf. *Act.,* xxiii, 11); mais l'ensemble du passage, surtout ἕως θανά-

de rapporter également sa mort à l'épisode de juillet-
août 64 [1]. Ainsi fut cimentée par le supplice la réconciliation de ces deux âmes, l'une si forte, l'autre si

το[υ ηλθον]; en partie conjectural, l'implique probablement, et le
parallélisme avec le μαρτυρήσας de Pierre l'indique aussi. Denys
de Corinthe, Caïus, prêtre de Rome, et Tertullien (*loc. cit.*
note 1), croient que Paul a été martyr. De même, l'auteur de
l'épître d'Ignace aux Éphésiens, § 12 (passage manquant dans le
syriaque). Cf. Commodien, *Carmen,* vers 821.

1. La plus forte raison pour cela est Clém. Rom., *Ad Cor. I,*
ch. 5 et 6. L'auteur de cette épître, écrite certainement à
Rome, peu d'années après la mort des apôtres (ch. 5, *initio*),
probablement de 93 à 96, établit un lien entre le supplice de
Pierre, celui de Paul, celui du πολὺ πλῆθος ἐκλεκτῶν, celui des
Danaïdes et des Dircés, par l'expression : τούταις τοῖς ἀνδράσιν συνηθροίσθη... (impliquant une fournée d'arrestations tumultuaires), et
surtout par la cause commune qu'il attribue à toutes ces morts,
« la jalousie ». Or il est clair que le πολὺ πλῆθος ἐκλεκτῶν, les
Danaïdes et les Dircés souffrirent dans la persécution de juillet-
août 64. Denys de Corinthe, cité par Eusèbe (*H. E.,* II, 25) veut
que Pierre et Paul soient morts à Rome vers le même temps (κατὰ
τὸν αὐτὸν καιρόν) ; il est vrai que son témoignage est affaibli par ce
qu'il semble raconter sur l'apostolat de Pierre à Corinthe et sur
les voyages de Pierre et de Paul opérés de conserve. On sent chez
lui un parti pris systématique pour associer Pierre et Paul dans
l'apostolat des gentils. — Tertullien, *Præscr.,* 36 ; *Adv. Marc.,*
IV, 5 ; et Commodien, *Carmen,* v. 821, associent aussi les deux
apôtres dans leur mort. Cf. Irénée, *Adv. hær.,* III, ɪ, 1 ; ɪɪɪ, 3 ;
Eusèbe, *H. E.,* II, 22, 25 ; III, 1 : *Chron.,* 13ᵉ année de Néron ;
Lactance, *De mort. persec.,* 2 ; *Instit. div.,* IV, 21 ; saint Jérôme,
De viris ill., 5 ; Euthalius, dans Zaccagni, *Coll. monum. vet.*
Eccl. gr., p. 532 ; Sulpice Sévère, *Hist. sacra,* II, 29 ; Bède, *De*

bonne ; ainsi fut établie par autorité légendaire (c'est-à-
dire divine) cette touchante fraternité de deux hommes
que les partis opposèrent, mais qui, on peut le croire,
furent supérieurs aux partis et s'aimèrent toujours.
La grande légende de Pierre et Paul, parallèle à celle
de Romulus et Rémus, fondant par une sorte de collaboration ennemie la grandeur de Rome [1], légende

rat. temp., p. 303, édit. Giles. Toute la tradition romaine (Caïus
dans Eusèbe, *H. E.*, II, 25 ; *Liber pontificalis,* édit. Bianchini,
art. *Pierre* et *Corneille,* en remarquant les contradictions ; Actes
de Pierre et Paul attribués à saint Lin, *Bibl. max. patr.*, II,
1ʳᵉ part., p. 69 c ; Actes publiés par Tischendorf, § 84 ; autres Actes
de Pierre cités par Bosio, *Roma sott.*, p. 74 et suiv.) place le martyre ou la sépulture de Pierre au cirque de Néron (« inter duas
metas, sub Terebintho, prope Naumachiam, in Vaticano, juxta
obeliscum Neronis in monte, juxta Palatium Neronianum [le
cirque], in territorio triumphali »), c'est-à-dire à l'endroit qui fut
justement le théâtre des atrocités d'août 64. (Voir Platner et
Bunsen, II, i, 39-41.) Enfin, la tradition de Pierre crucifié la tète
en bas répond bien à Tac., XV, 44. L'opinion que Pierre et Paul
souffrirent le même jour s'établit à Rome non sans contradiction.
(Conc. de Rome, sous Gélase, Labbe, *Concil.*, IV, col. 1262 ; saint
Jérôme, *De viris ill.*, 5.) Prudence, saint Augustin et d'autres veulent
que les deux apôtres soient morts le même jour du calendrier, à un
an d'intervalle. Eusèbe (*Chron.*, ad ann. 13 Ner.) et saint Jérôme
(l. c.) assignent pour date à la mort des deux apôtres l'an 68, par
raisonnement, non par tradition. Voir Tillemont, *Mém.*, I, note 40
sur saint Pierre ; Zonaras, XI, 13 ; Land, *Anecd. syr.*, I, p. 116.

1. Clément Romain, Denys de Corinthe, le prêtre Caïus, Tertullien, endroits cités ; le Κήρυγμα Παύλου, cité par Lactance,

qui en un sens a eu dans l'histoire de l'humanité
presque autant d'importance que celle de Jésus, date
du jour qui, selon la tradition, les vit mourir ensemble.
Néron, sans le savoir, fut encore en ceci l'agent le
plus efficace de la création du christianisme, celui qui
posa la pierre angulaire de la cité des saints.

Quant au genre de mort des deux apôtres, nous
savons avec certitude que Pierre fut crucifié [1]. Selon
d'anciens textes, sa femme fut exécutée avec lui, et il
la vit mener au supplice [2]. Un récit accepté dès le

Instit. div., IV, 21, et dans l'ouvrage *De bapt. non iter.*, à
la suite des œuvres de saint Cyprien, édit. de Rigault, p. 139, saint
Ignace, *Ad Rom.*, 4; Irénée, *Adv. hær.*, III, I, 1; III, 2-3; Ter-
tullien, *Præscr.*, 23. Notez surtout l'inscription M. ANNEO.
PAVLO. PETRO (ci-dessus, p. 12, note 2), en observant que
Petrus ne peut être qu'un *agnomen* chrétien (nonobstant *ala
Petriana,* Orelli, 516, 5455, qui vient d'un individu surnommé
Petra). Pour les monuments figurés, voir de Rossi, *Bull.*, 1864,
p. 81 et suiv.; 1866, p. 52; Martigny, *Dict.*, p. 537 et suiv.

1. Jean, XXI, 18-191 (comp. Jean, XII, 32-33; XIII, 36); Tertullien, *Adv. Marc.*, IV, 5; *Præscr.*, 36; *Scorpiace,* 15; Eusèbe,
H. E., II, 25; Lactance, *De mort. persec.*, 2; Orose, VII, 7. Notez,
en effet, que Tacite, *Ann.*, XV, 44, compte parmi les suppliciés
des *crucibus affixi*. Il est vrai que les changements qu'on a propo-
sés pour le texte en cet endroit (Bernays, ci-dessus, p. 165, note 2)
feraient disparaître la catégorie des simples crucifiés; mais Sulpice
Sévère (II, 29), qui copie presque Tacite (et un Tacite plus
correct que le nôtre), d'accord avec Hermas, I, vis III, 2, met
expressément *cruces* (σταυρούς) parmi les supplices.

2. Clém. d'Alex., *Strom.*, VII, 11.

IIIe siècle voulut que, trop humble pour s'égaler à
Jésus, il eût demandé à être crucifié la tête en bas [1].
Le trait caractéristique de la boucherie de 64 ayant
été la recherche d'odieuses raretés en fait de tortures, il est possible qu'en effet Pierre ait été offert
à la foule dans cette hideuse attitude. Sénèque mentionne des cas où l'on a vu des tyrans 'faire tourner
vers la terre la tête des crucifiés [2]. Puis la piété
chrétienne aura vu un raffinement mystique [3] dans
ce qui ne fut qu'un bizarre caprice des bourreaux.
Peut-être le trait du quatrième Évangile : « Tu éten-
dras les mains, et un autre te ceindra, et te mènera
où tu ne veux pas, » renferme-t-il quelque allusion à
une particularité du supplice de Pierre [4]. — Paul, en
sa qualité d'*honestior*, eut la tête tranchée [5]. Il est
probable, du reste, qu'il y eut pour lui un jugement

1. *Acta Petri et Pauli,* c. 81 (cf. le Pseudo-Lin, p. 69-70) ;
Eusèbe, *H. E.,* III, 1 (d'après Origène) ; Eus., *Dem. ev.,* III, 5 ;
saint Jérôme, *De viris ill.,* 1.

2. *Consol. ad Marciam* (écrite sous Claude), 20.

3. Rufin, trad. d'Eus., *H. E.,* l. c.

4. La précinction des reins avec une serviette n'était nullement de règle dans le crucifiement. Le passage *Évang. de Nicodème,* 1re part. A, ch. 10, se rapporte à une conception très-
moderne de la crucifixion de Jésus.

5. Tertullien, *Prœscr.,* 36 ; *Scorp.,* 15 ; Eusèbe, *H. E.,* II,
25 ; Lactance, *De mort. persec.,* 2 ; Orose, VII, 7 ; Euthalius, dans
Zaccagni, p. 427, 522, 531-537. Cf. Paul, *Sentent ,* V, XXIX, 1.

régulier [1], et qu'il ne fut pas enveloppé dans la condamnation sommaire des victimes de la fête de Néron.
Timothée fut, selon certaines apparences, arrêté avec
son maître et gardé en prison [2].

Au commencement du IIIe siècle, on voyait déjà
près de Rome deux monuments auxquels on attachait les noms des apôtres Pierre et Paul. L'un était
situé au pied de la colline Vaticane : c'était celui de
saint Pierre ; l'autre sur la voie d'Ostie : c'était
celui de saint Paul. On les appelait en style oratoire
« les trophées » des apôtres [3]. C'étaient probablement des *cellæ* ou des *memoriæ* consacrées aux
deux saints. De pareils monuments existaient en
public avant Constantin [4] ; on a le droit d'ailleurs
de supposer que ces « trophées » n'étaient connus
que des fidèles ; peut-être même n'étaient-ils pas
autre chose que ce Térébinthe du Vatican auquel on

1. Clém. Rom., *Ad Cor. I,* 5, μαρτυρήσας ἐπὶ τῶν ἡγουμένων.
Voyez ci-dessus, p. 186-187, note 4.

2. Hebr., XIII, 23. Voyez cependant ci-après, p. 210.

3. Caïus, cité par Eusèbe, *H. E.,* II, 25. Ce qui concerne la
construction de la *memoria* de saint Pierre au Vatican par Anenclet (*Liber pontificalis,* art. *Anenclet*) est légendaire. Voir Lipsius,
Chronol. der ræm. Bischöfe, p. 269 et suiv., en comparant le
texte de Bianchini.

4. Eusèbe, *Vita Const.,* II, 40 ; cf. de Rossi, *Rom. sott.,* I,
p. 209-210. 'La publicité dont jouissaient les cimetières chrétiens
est un fait hors de doute.

associa durant des siècles la mémoire de Pierre, ce
Pin des Eaux Salviennes, qui fut, selon certaines traditions, le centre des souvenirs relatifs à Paul [1]. Plus
tard, ces « trophées » deviennent les tombeaux des
apôtres Pierre et Paul. Vers le milieu du IIIe siècle,
en effet, apparaissent deux corps que l'universelle
vénération tient pour ceux des apôtres[2], et qui semblent

1. V. ci-dessus, p. 188, note; *Acta Petri et Pauli*, 80 (texte
des manuscrits de Paris, Tischendorf, p. 35, note). Les Eaux Salviennes, cependant, sont trop loin de la basilique de Saint-Paul-
hors-les-Murs pour qu'on puisse identifier les deux localités.

2. *Kalendarium liberianum*, 3 kal. jun. (*Abh. der kœn.
sächs. Ges.*, phil.-hist. Classe, I, p. 632); inscription de Damase,
Gruter, II, 1163; *Liber pontificalis* (texte de Bianchini et de
Lipsius), art. *Petrus, Cornelius, Damasus*, et tous les articles de
Lin à Victor, excepté deux. Le *Liber pontificalis* se contredit.
Rien de plus obscur que ce qui concerne les translations opérées
par saint Corneille. On prétend qu'il ne fit que ramener les corps
des apôtres à leur premier gîte. Pourquoi en auraient-ils été dis-
traits? La raison qu'on allègue en ce qui concerne le corps de
Pierre, tirée de Lampride, *Héliog.*, 23, est très-faible; on n'en
allègue aucune en ce qui concerne Paul. La proximité du cimetière juif de la Vigna Randanini m'incline à croire que les deux
corps qu'on fit passer pour ceux des apôtres furent tirés des
catacombes de la voie Appienne par saint Corneille (251-253),
quand la grande persécution de Dèce eut érigé le soin des corps
des martyrs en œuvre ecclésiastique, et suscité le zèle de la bonne
Lucine, qui put se contenter d'indices légers et peut-être même
ne pas s'interdire quelques petites fourberies pieuses. Les traditions sur le séjour des corps des apôtres à la catacombe de
Saint-Sébastien, à l'endroit qui s'appelait par excellence *Cata-*

provenir des catacombes de la voie Appienne, où il y avait effectivement plusieurs cimetières juifs [1]. Au IVe siècle, ces cadavres reposent à l'endroit des deux « trophées » [2]. Au-dessus des « trophées » s'élèvent

cumbas (κατὰ tumbas) (Marchi, *Monum. delle arti cristiane primitive*, p. 199-220), se trouvent ainsi expliquées. Voir *Liber pontificalis*, aux articles *Corneille, Damase, Adrien I* et *Nicolas I*; Bède, *De temp. rat.*, p. 309 (édit. Giles); *Actes de saint Sébastien*, et autres, Bosio, p. 247-248, 251-256, 259-260; *Acta SS. Jan.*, II, p. 258, 278; Gruter, 1172, n° 12; de Rossi, *Roma sott.*, I, 236 et suiv.; 240-242; *Catal. imp. rom.*, dans Roncalli, *Vetustiora latin. script. chronica* (Padoue, 1787), t. II, p. 248.— Quelques manuscrits des *Acta Petri et Pauli* offrent un système de conciliation entre les versions opposées qui circulaient. Tischendorf, *Acta apost. apocr.*, p. 38 et 39, note; Lipsius, *Die Quellen der ræm. Petrussage*, p. 99; Mabillon, *Liturgia gallicana*, p. 159. Cf. Grég. le Grand, *Epist.*, IV, xxx (Opp. t. II, col. 710, édit. Bénéd.); Actes de Mar Scherbil, dans Cureton, *Ancient syr. docum.*, p. 61 et suiv. (trad.).

1. On en connaît deux, à une distance de 2 ou 300 mètres, l'un au nord, l'autre au sud, de l'endroit (*ad Catacumbas*) d'où la tradition veut que soient sortis les corps de Pierre et de Paul. Rossi, *Bull.*, 1867, p. 3, 16. Grande preuve que l'endroit appelé κατὰ τύμβάς ou *ad tumbas*, où l'on croyait, au commencement du IIIe siècle, reconnaître les tombeaux des deux apôtres, faisait partie d'une vaste nécropole juive souterraine, située dans le pli que fait vers Saint-Sébastien la voie Appienne. Le centre des sépultures chrétiennes des trois premiers siècles fut de ce côté. De Rossi, *Roma sott.*, II entier.

2. Eusèbe, *H. E.*, II, 25, en observant que le sens de κοιμητήριον est « tombe ». Eusèbe admet que Caïus entend par τρόπαια des tombeaux. Une grande partie de la tradition romaine voulut,

alors deux basiliques, dont l'une est devenue la basilique actuelle de Saint-Pierre, et dont l'autre, Saint-Paul-hors-les-Murs, a gardé ses formes essentielles jusqu'à notre siècle.

Les « trophées » que les chrétiens vénéraient vers l'an 200 désignaient-ils réellement les places où souffrirent les deux apôtres? Cela se peut. Il n'est pas invraisemblable que Paul, sur la fin de sa vie, demeurât dans la banlieue qui s'étendait hors de la porte Lavernale, sur la voie d'Ostie [1]. L'ombre de Pierre, d'un autre côté, erre toujours, dans la légende

en effet, que Pierre et Paul eussent été enterrés tous les deux près de l'endroit où ils furent mis à mort (Bosio, *Roma sott.*, p. 74 et suiv., p. 197 et suiv.). Le lieu de sépulture et le lieu d'exécution se confondaient souvent pour les martyrs. V. Hégésippe, dans Eusèbe, *H. E.*, II, xxiii, 18; *Liber pontif.*, art. *Pierre* et *Corneille*, *Acta Petri et Pauli*, § 84. Il est probable cependant que ladite tradition vint de ce qu'après la translation définitive des deux corps et la construction des basiliques, on dut être induit à prétendre que les reliques avaient toujours été à l'endroit où on les offrait à la piété des croyants. Cf. Euthalius, dans Zaccagni, p. 522-523.

1. Cf. *Kalendarium Lib.*, l. c.; *Liber pontificalis*, art. *Corneille; Acta Petri et Pauli*, 80. Le lieu indiqué par ces textes est celui où s'éleva la basilique de saint Paul, qui a succédé sans doute au τρόπαιον de Caïus. C'est à une époque relativement moderne qu'on voulut que saint Paul eût été décapité près de deux milles plus loin, *ad Aquas Salvias*, ou *Ad guttam jugiter manantem* (aujourd'hui Saint-Paul-aux-trois-Fontaines), un des sites les plus frappants de la campagne de Rome. Grég. le Grand, *Epist.,*

chrétienne, vers le pied du Vatican, des jardins et du cirque de Néron, en particulier autour de l'obélisque [1]. Cela vint, si l'on veut, de ce que le cirque en question gardait le souvenir des martyrs de 64, auxquels, à défaut d'indication précise, la tradition chrétienne put joindre Pierre; nous aimons mieux croire cependant qu'il se mêla en tout ceci quelque renseignement [2], et que l'ancienne place de l'obélisque, dans la sacristie de Saint-Pierre, marquée aujourd'hui par une inscription, indique à peu près l'endroit où Pierre en croix rassasia de son affreuse agonie les yeux d'une populace avide de voir souffrir.

Les corps eux-mêmes qu'entoure depuis le IIIe siècle une tradition non interrompue de respect sont-ils ceux des deux apôtres? Nous le croyons à peine. Il est certain que l'attention à garder la mémoire des tombeaux des martyrs fut très-ancienne dans l'Église [3]; mais Rome fut, vers 100 et 120, le théâtre d'un immense travail légendaire, relatif

---

XIV, xiv (Opp., t. II, col. 1273, édit. Bénéd.); *Acta Petri et Pauli*, 80 (selon certains manuscrits, Tischendorf, p. 35, note); *Acta SS. Junii*, V, p. 435.

1. Bosio, *Roma sott.*, p. 74 et suiv.; Lipsius, *Rœm. Petrussage*, p. 102 et suiv.

2. V. ci-dessus, p. 188, note. Le Montorio paraît n'avoir dans la question que des titres usurpés.

3. Hégésippe, dans Eusèbe, *Hist. eccl.*, II, XXIII, 18.

surtout aux deux apôtres Pierre et Paul, travail où
les prétentions pieuses eurent beaucoup de part. Il
n'est guère croyable que, dans les jours qui suivirent
l'horrible carnage arrivé en août 64, on ait pu reven-
diquer les cadavres des suppliciés. Dans la masse
hideuse de chair humaine pétrie, rôtie, piétinée, qui
fut ce jour-là traînée au croc dans le spoliaire[1], puis
jetée dans les *puticuli*[2], il eût peut-être été difficile
de reconnaître l'identité de chacun des martyrs.
Souvent sans doute on obtenait l'autorisation de
retirer des mains des exécuteurs les restes des
condamnés[3] ; mais, en supposant (ce qui est fort
admissible) que des frères eussent bravé la mort

1. Le hasard nous a conservé le nom du « curateur du spoliaire » qui probablement surveilla cette horrible opération. Il
s'appelait Primitivus. Nous avons l'épitaphe du tombeau où il
reposa en compagnie du laniste Claude, du rétiaire Télesphore et
du médecin adjoint au *ludus matutinus,* Claude Agathocle. Tous
ces personnages paraissent avoir été des esclaves ou affranchis de
Néron (Orelli, u° 2554). Le marbre impassible ajoute : *Sit vobis
terra levis.* Nous avons l'épitaphe d'un autre *medicus ludi
matutini,* Eutychus, qui fut aussi esclave de Néron, et de sa
femme Irène (Orelli, n° 2553). Il est remarquable que tous ces
fonctionnaires de l'arène portent les mêmes noms que les chrétiens, sans doute parce qu'ils venaient en grand nombre de l'Asie.

2. Συνηθροίσθη.

3. Digeste, *de Cadaveribus punitorum,* XLVIII, XXIV, 1 et 3 ;
Diocl. et Max., Cod. Just., constit. 11, *de Religiosis et sumptibus
funerum* (III, XLIV).

pour aller redemander les précieuses reliques, il est
probable qu'au lieu de les leur rendre, on les eût
envoyés eux-mêmes rejoindre le tas de cadavres [1].
Durant quelques jours, le nom seul de chrétien fut
un arrêt de mort [2]. C'est là, du reste, une question
bien secondaire. Si la basilique Vaticane ne couvre
pas réellement le tombeau de l'apôtre Pierre, elle
n'en désigne pas moins à nos souvenirs l'un des lieux
les plus réellement saints du christianisme. La place
où le mauvais goût du XVIIe siècle a construit un
cirque d'une architecture théâtrale fut un second
calvaire, et même, en supposant que Pierre n'y ait
pas été crucifié, là du moins, on n'en peut douter,
souffrirent les Danaïdes, les Dircés.

Si, comme il est permis de le croire, Jean accom-
pagna Pierre à Rome, nous pourrons trouver un
fond plausible à la vieille tradition d'après laquelle
Jean aurait été plongé dans l'huile bouillante [3] vers

1. Ce qui dans les traditions romaines concerne une dame
nommée Lucine, qui est censée recueillir les corps des victimes
de la persécution de Néron, vient d'une confusion de date. Le
Liber pontificalis (à l'article *Corneille*) fait de cette Lucine la
conseillère du pape saint Corneille, en 252. On lui continue ce
rôle légendaire jusqu'à la persécution de Dioclétien (Actes de saint
Sébastien, *Acta SS. Jan.*, II, p. 258, 278).

2. Tacite, *Ann.*, XV, 44.

3. Tertullien, *Præscr.*, 36 (cf. saint Jérôme, *in Matth.*, XX, 23 ;
Adv. Jovinian., I, 26. Cf. Eus., *H. E.*, VI, 5). Tertullien ne fixe

l'endroit où exista plus tard la porte Latine[1]. Jean paraît avoir souffert pour le nom de Jésus[2]. Nous sommes portés à croire qu'il fut témoin et jusqu'à un certain point victime du sanglant épisode auquel l'Apocalypse doit son origine. L'Apocalypse est pour nous le cri d'horreur d'un témoin, qui a demeuré à Babylone, qui a connu la Bête, qui a vu les corps sanglants de ses frères martyrs, qui lui-même a subi l'étreinte de la mort[3]. Les malheureux condamnés à servir de flambeaux vivants[4] devaient être préalablement plongés dans l'huile ou dans une substance inflammable (non bouillante, il est vrai). Jean fut peut-être voué au même supplice que ses frères et destiné à illuminer le soir de la fête le faubourg de

aucun lieu; mais il semble bien rapporter à cet endroit une tradition romaine (cf. Platner et Bunsen, *Beschreibung der Stadt Rom.*, III, 1re partie, p. 604-605). On a d'autres exemples de martyrs plongés dans l'huile bouillante. Cf. Eus., *H. E.*, VI, 5.

1. Faux Prochore, ch. 10 et 11 (trad. lat.). La porte Latine fait partie du rempart d'Aurélien, commencé en 271. Il n'y avait pas dans l'ancien mur de porte de ce nom.

2. Apoc., ι, 9, passage qui a ici force probante, même dans l'hypothèse où l'auteur de l'Apocalypse ne serait pas l'apôtre, mais voudrait se faire passer pour l'apôtre. Polycrate appelle Jean μάρτυς καὶ διδάσκαλος (dans Eus., *H. E.*, III, xxiv, 3; V, xxiv, 3); il est vrai que cela peut venir de Apoc., ι, 9.

3. Voir en particulier Apoc., ι, 9; vι, 9; xιιι, 10; xx, 4.

4. Tacite, *Ann.*, XV, 44.

la voie Latine; un hasard, un caprice l'aura sauvé. La voie Latine est, en effet, située dans le quartier où se passèrent les incidents de ces jours terribles. La partie méridionale de Rome (porte Capène, voie d'Ostie, voie Appienne, voie Latine) forme la région autour de laquelle semble se concentrer, du temps de Néron, l'histoire de l'Église naissante.

Un sort jaloux a voulu que, sur tant de points qui sollicitent vivement notre curiosité, nous ne pussions jamais sortir de la pénombre où vit la légende. Répétons-le encore : les questions relatives à la mort des apôtres Pierre et Paul ne prêtent qu'à des hypothèses vraisemblables. La mort de Paul, en particulier, est enveloppée d'un grand mystère. Certaines expressions de l'Apocalyse, composée à la fin de 68 ou au commencement de 69, inclineraient à penser que l'auteur de ce livre croyait Paul vivant quand il écrivait[1]. Il n'est nullement impossible que la fin du grand apôtre ait été tout à fait ignorée. Dans la course que certains textes lui attribuent du côté de l'Occident, un naufrage, une maladie, un accident quelconque purent l'enlever[2]. Comme

1. Apoc., ii, 2, 9 ; iii, 9.

2. Le Canon de Muratori parle de la *passio Petri,* non de la *passio Pauli.* Ce document présente la *profectio Pauli ab Urbe Spaniam proficiscentis* comme le dernier acte de la vie de Paul et comme un fait corrélatif à la *passio Petri.* Le passage de Clé-

il n'avait pas à ce moment autour de lui sa brillante couronne de disciples, les détails de sa mort
seraient restés inconnus ; plus tard, la légende y
aurait suppléé, en tenant compte, d'une part, de la
qualité de citoyen romain que les *Actes* lui donnent,
de l'autre, du désir qu'avait la conscience chrétienne
d'opérer un rapprochement entre lui et Pierre. Certes,
une mort obscure pour le fougueux apôtre a quelque
chose qui nous sourit. Nous aimerions à rêver Paul
sceptique, naufragé, abandonné, trahi par les siens,
seul, atteint du désenchantement de la vieillesse ; il
nous plairait que les écailles lui fussent tombées une
seconde fois des yeux, et notre incrédulité douce
aurait sa petite revanche si le plus dogmatique des
hommes était mort triste, désespéré (disons mieux,
tranquille), sur quelque rivage ou quelque route de
l'Espagne, en disant lui aussi : *Ergo erravi !* Mais
ce serait trop donner à la conjecture. Il est sûr que
les deux apôtres étaient morts en 70 ; ils ne virent
pas la ruine de Jérusalem, qui eût fait sur Paul
une si profonde impression. Nous admettrons donc
comme probable, dans toute la suite de cette histoire, que les deux champions de l'idée chrétienne dis-
parurent à Rome, pendant l'orage terrible de l'an 64.

ment Romain (*Ad Cor. 1*, § 5) s'accommoderait aussi à quelques
égards d'une telle hypothèse.

Jacques était mort, il y avait un peu plus de deux ans. Des « apôtres-colonnes », il ne restait donc plus que Jean. D'autres amis de Jésus vivaient sans doute encore à Jérusalem, mais oubliés et comme perdus dans le sombre tourbillon où la Judée allait être plongée durant plusieurs années.

Nous montrerons dans le livre suivant de quelle manière l'Église consomma entre Pierre et Paul une réconciliation que la mort avait peut-être ébauchée. Le succès était à ce prix. En apparence inalliables, le judéo-christianisme de Pierre et l'hellénisme de Paul étaient également nécessaires au succès de l'œuvre future. Le judéo-christianisme représentait l'esprit conservateur, sans lequel il n'y a rien de solide ; l'hellénisme, la marche et le progrès, sans quoi rien n'existe véritablement. La vie est le résultat d'un conflit entre des forces contraires. On meurt aussi bien par l'absence de tout souffle révolutionnaire que par l'excès de la révolution.

CHAPITRE IX.

LE LENDEMAIN DE LA CRISE.

La conscience d'une réunion d'hommes est comme celle d'un individu. Toute impression dépassant un certain degré de violence laisse dans le *sensorium* du patient une trace qui équivaut à une lésion, et le met pour longtemps, si ne n'est pour toujours, sous le coup d'une hallucination ou d'une idée fixe. Le sanglant épisode d'août 64 avait égalé en horreur les rêves les plus hideux qu'un cerveau malade pût concevoir. Durant plusieurs années, la conscience chrétienne en sera comme obsédée. Elle est en proie à une sorte de vertige ; des songes monstrueux la tourmentent ; une mort cruelle paraît le sort réservé à tous les fidèles de Jésus[1]. Mais cela même n'est-il pas le signe le plus certain de la proximité du grand jour ?... Les âmes des victimes de la Bête étaient

1. Apoc., VI, 11.

conçues comme attendant l'heure sainte sous l'autel
divin et criant vengeance. L'ange de Dieu les calme,
leur dit de se tenir en repos et d'attendre encore un
peu ; le moment n'est pas loin où leurs frères désignés
pour l'immolation seront tués à leur tour. Néron s'en
chargera. Néron est ce personnage infernal à qui
Dieu abandonnera pour un moment sa puissance, à la
veille de la catastrophe ; il est ce monstre d'enfer
qui doit apparaître comme un effrayant météore à
l'horizon du soir des derniers jours[1].

L'air était partout comme imprégné de l'esprit
du martyre. L'entourage de Néron semblait animé
contre la morale d'une sorte de haine désintéressée ;
c'était d'un bout à l'autre de la Méditerranée la
lutte à mort du bien et du mal. Cette dure société
romaine avait déclaré la guerre à la piété sous toutes
ses formes ; celle-ci se voyait réduite à déserter un
monde livré à la perfidie, à la cruauté, à la
débauche ; il n'y avait pas d'honnêtes gens qui ne
courussent des dangers. La jalousie de Néron contre
la vertu est arrivée à son comble. La philosophie
n'est occupée qu'à préparer ses adeptes aux tortures ; Sénèque, Thraséa, Baréa Soranus, Musonius,
Cornutus ont subi ou sont près de subir les conséquences de leur noble protestation. Le supplice paraît

1. Comp. saint Cyprien, *De exhort. martyr.*, præf.

le sort naturel de la vertu[1]. Même le sceptique
Pétrone, parce qu'il est d'une société polie, ne peut
vivre dans un monde où règne Tigellin. Un touchant
écho des martyrs de cette Terreur nous est arrivé par
les inscriptions de l'île des déportations religieuses,
d'où l'on ne revenait pas[2]. Dans une grotte sépulcrale
qui se voit près de Cagliari[3], une famille d'exilés,
peut-être vouée au culte d'Isis[4], nous a légué sa
touchante plainte, presque chrétienne. Dès que ces
infortunés arrivèrent en Sardaigne, le mari tomba
malade par suite de l'effroyable insalubrité de l'île;
la femme Benedicta fit un vœu, pria les dieux de la
prendre au lieu de son mari; elle fut exaucée.

L'inutilité des massacres se vit du reste clairement en cette circonstance. Un mouvement aristocratique, résidant en un petit nombre de têtes, est
arrêté par quelques exécutions; mais il n'en va pas
de même d'un mouvement populaire; car un tel
mouvement n'a pas besoin de chefs ni de maîtres
savants. Un jardin où l'on coupe les pieds de fleur

1. Sénèque, Lettres 4, 12, 24, 26, 30, 36, 54, 61, 70, 77, 78,
93, 101, 102, à Lucilius.

2. Tacite, *Ann.,* II, 85.

3. *Corp. inscr. gr.,* n° 5759.

4. Le nom ou plutôt l'épithète de *Benedicta,* que porte la
femme, ainsi que les sculptures de la grotte, inclinent à le croire.

n'existe plus; un pré fauché repousse mieux qu'auparavant. Ainsi le christianisme, loin d'être arrêté par le lugubre caprice de Néron, pullula plus vigoureusement que jamais; un surcroît de colère monta au cœur des survivants; tous n'eurent plus qu'un seul rêve, devenir les maîtres des païens, pour les gouverner comme ils le méritaient, avec la verge de fer[1]. Un incendie, bien autre que celui qu'on les accuse d'avoir allumé, dévorera cette ville impie, devenue le temple de Satan. La doctrine de l'embrasement final du monde prenait chaque jour de plus fortes racines. Le feu seul sera capable de purger la terre des infamies qui la souillent; le feu paraissait la seule fin juste et digne d'un tel amas d'horreurs.

La plupart des chrétiens de Rome que n'atteignit pas la férocité de Néron quittèrent sans doute la ville[2]. Durant dix ou douze ans, l'Église romaine se trouva dans un extrême désarroi; une large porte fut ainsi ouverte à la légende. Cependant il n'y eut pas d'interruption complète dans l'existence de la communauté. Le Voyant de l'Apocalypse, en décembre 68

1. Apoc., ii, 26-27.
2. Cela résulte de l'Épître aux Hébreux, v, 11-14, et surtout xiii, 24. Ces οἱ ἀπὸ τῆς Ἰταλίας paraissent être des fugitifs de l'Église de Rome.

ou janvier 69, donne ordre à son peuple de quitter Rome[1]. Même en faisant dans ce passage la part de la fiction prophétique, il est difficile de n'en pas conclure que l'Église de Rome reprit vite son importance. Seuls, les chefs abandonnèrent définitivement · une ville où pour le moment leur apostolat ne pouvait porter de fruits.

Le point du monde romain où la vie était alors le plus supportable pour les juifs était la province d'Asie. Il y avait entre la juiverie de Rome et celle d'Éphèse des communications perpétuelles [2]. Ce fut de ce côté que se dirigèrent les fugitifs. Éphèse va être le point où le ressentiment des événements de l'an 64 sera le plus vif. Toutes les haines de Rome vont y être concentrées; de là partira dans quatre ans l'invective furibonde par laquelle la conscience chrétienne répondra aux atrocités de Néron.

Il n'y a pas d'invraisemblance à placer parmi les notables chrétiens qui sortirent de Rome, pour échapper aux rigueurs de la police, l'apôtre que nous avons vu suivre en tout la destinée de Pierre. Si les récits relatifs à l'incident qu'on plaça plus tard près de la porte Latine ont quelque vérité, il est permis de supposer que l'apôtre Jean, échappé au

1. Apoc., xviii, 4.
2. Nous l'avons montré à propos d'Aquila et de Priscille.

supplice comme par miracle, aura quitté la ville
sans délai; dès lors on peut trouver naturel qu'il
se soit réfugié en Asie. Comme presque toutes les
données relatives à la vie des apôtres, les traditions
sur le séjour de Jean à Éphèse sont sujettes au doute;
elles ont cependant aussi leur côté plausible, et nous
inclinons plutôt à les admettre qu'à les rejeter [1].

1. Le principal argument se tire de l'Apocalypse. Si le livre
est de Jean l'apôtre, la chose est certaine. Si le livre est de
quelqu'un qui a voulu le faire passer pour un ouvrage de Jean
l'apôtre (on suppose alors l'apôtre mort avant 68 ; car un tel faux
n'est guère admissible de son vivant), on est frappé de la circonstance que la vision de l'apôtre est censée avoir lieu à Patmos,
endroit où l'on ne s'arrêtait qu'en allant en Asie ou en revenant
d'Asie ; il est remarquable surtout que le faussaire fait parler
l'apôtre aux Églises d'Asie comme ayant autorité sur elles et connaissant leurs plus intimes secrets. Conçoit-on l'effet qu'eussent
produit les trois premiers chapitres sur des gens qui savaient parfaitement que l'apôtre Jean n'avait jamais été à Patmos ni chez eux?
Denys d'Alexandrie (dans Eus., *H. E.*, VII, 25) a bien vu cela, et
pose en principe que l'auteur de l'Apocalypse ne peut être qu'un
des hommes apostoliques qui ont été en Asie. Reste l'hypothèse
où l'Apocalypse serait l'ouvrage d'un homonyme de l'apôtre Jean,
hypothèse de toutes la plus invraisemblable. — Les témoignages
directs sur le séjour de Jean à Éphèse sont du dernier quart du
second siècle. Apollonius, d'après Eusèbe, *H. E.,* V, 18 ; Polycrate,
évêque d'Éphèse (circonstance à noter), dans Eus., III, 31 ; V,
24; Irénée, *Adv. hær.,* II, XXII, 5 ; III, I, 1 ; III, 4 ; XI, 1 ; V,
XXVI, 1 ; XXX, 1, 3 ; XXXIII, 4 ; lettre à Victor (Eus., *H. E.,* V,
24), et surtout lettre à Florinus (Eus., *H. E.,* V, 20), morceau capital
dans la question, dont l'authenticité n'est guère douteuse, depuis

L'Église d'Éphèse était mixte ; une partie devait la foi à Paul; une autre était judéo-chrétienne. Cette dernière fraction dut prendre la prépondérance par l'arrivée de la colonie romaine, surtout si ladite colonie amenait avec elle un compagnon de Jésus, un docteur hiérosolymite, un de ces maîtres illustres devant lesquels Paul lui-même s'inclinait. Jean était, depuis la mort de Pierre et de Jacques, le seul apôtre de premier ordre qui vécût encore; il était devenu le chef de toutes les Églises judéo-chrétiennes; un respect extrême s'attachait à lui; on se prit à croire (et sans doute l'apôtre lui-même le disait) que Jésus avait eu pour lui une affection particulière. Mille récits se fondaient déjà sur cette

que M. Waddington a fixé le martyre de Polycarpe au 23 février 155 (*Mém. de l'Acad. des inscr.*, t. XXVI, 1ʳᵉ partie, p. 233 et suiv.); Clément d'Alex., *Quis dives salvetur*, 42; Origène, *in Matth.*, t. XVI, 6, et Opp., II, p. 24 A, édit. Delarue; Denys d'Alexandrie, dans Eusèbe, *H. E.*, VII, 25; Eusèbe, *H. E.*, III, 1, 18, 20, 23, 31, 39; V, 24; *Chron.*, à l'an 98; Épiph., hær. LXXVIII, 11; *Mart. de saint Ignace*, 1, 3; saint Jérôme, *De viris ill.*, 9; *Adv. Jovin.*, I, 26, et sur Gal., VI. L'omission de la mention de ce séjour dans Papias (cf. Eus., *H. E.*, III, 39, rectifiant *Chron.*, à l'an 98, contre Irénée), dans Hégésippe et dans les épîtres attribuées à saint Ignace, est sûrement un fait grave. Les confusions qui paraissent avoir été très-anciennement faites entre l'apôtre Jean et un certain *Presbyteros Johannes* laissent aussi planer des doutes sur tout ceci. Voir l'appendice, à la fin du volume.

donnée; Éphèse devenait pour un temps le centre de la chrétienté, Rome et Jérusalem étant, par suite de la violence des temps, des séjours presque interdits au culte nouveau.

La lutte fut bientôt vive entre la communauté judéo-chrétienne, présidée par l'ami intime de Jésus, et les familles de prosélytes créées par Paul. Cette lutte s'étendit à toutes les Églises d'Asie[1]. Ce n'étaient que déclamations acerbes contre ce Balaam, qui avait semé le scandale devant les fils d'Israël, qui leur avait appris qu'on pouvait sans crime communier avec les païens, épouser des païennes. Jean, au contraire, était de plus en plus considéré comme un grand prêtre juif[2].„De même que Jacques, il porta le *pétalon,* c'est-à-dire la plaque d'or sur le front[3]. Il fut le docteur par excellence; on s'habitua même, peut-être par suite de l'incident de l'huile bouillante, à lui donner le titre de martyr[4].

---

1. V. *Saint Paul,* p. 367 et suiv.

2. Ἱερεύς.

3. Cf. *Saint Paul,* p. 307. Polycrate, dans Eusèbe, *H. E.,* III, xxxi, 3; V, xxiv, 3. Des documents apocryphes attribuent ce même insigne à Marc (Passion de Marc, citée par A. de Valois, dans sa note sur Eusèbe, l. V, ch. xxiv, p. 191). Cf. Sulcer, *Thes. eccl.,* au mot πέταλον.

4. Polycrate, *l. c.* Μάρτυς καὶ διδάσκαλος. Cf. Matth., xx, 22-23; Marc, x, 38-39.

Il semble qu'au nombre des fugitifs qui vinrent de Rome à Éphèse se trouva Barnabé[1]. Timothée vers le même temps était emprisonné, nous ne savons en quel endroit, peut-être à Corinthe[2]. Au bout de quelques mois, il fut délivré. Barnabé, dès qu'il apprit cette bonne nouvelle, voyant la situation plus calme, forma le projet de regagner Rome avec Timothée, qu'il avait connu et aimé dans la compagnie de Paul[3]. La phalange apostolique dispersée par l'orage de 64 essayait de se reformer. L'école de Paul était la moins consistante ; elle cherchait, privée de son chef, à s'appuyer sur des parties plus solides de l'Église. Timothée, habitué à être conduit, dut être peu de chose après la mort de Paul. Barnabé, au contraire, qui s'était toujours tenu dans une voie moyenne entre les deux partis, et qui n'avaït pas une seule fois péché contre la charité, devint le lien des débris épars après le grand naufrage. Cet homme excellent fut ainsi encore une fois le sauveur de l'œuvre de Jésus, le bon génie de la concorde et de la paix.

C'est aux circonstances dont il s'agit qu'il faut,

1. C'est la conséquence de notre système sur l'Épître aux Hébreux. Voir ci-après, p. 211.

2. Hebr., xiii, 23. Ce n'était ni à Rome ni à Éphèse. L'endroit ne devait pas être bien loin d'Éphèse.

3. Hebr., xiii, 19, 23.

selon nous, rapporter l'ouvrage qui porte le titre,
difficile à comprendre, d'Épître aux Hébreux. Cet
écrit paraît avoir été composé à Éphèse par Barnabé[1]
et adressé à l'Église de Rome[2], au nom de la petite
communauté de chrétiens italiotes qui s'était réfugiée
dans la capitale de l'Asie. Par sa position, en quelque
sorte intermédiaire, au point de croisement de beaucoup d'idées jusque-là non encore associées, l'Épître
aux Hébreux revient de droit à l'homme conciliant
qui tant de fois empêcha les tendances diverses existant au sein de la jeune communauté d'arriver à une
rupture ouverte. L'opposition des Eglises de juifs et
des Églises de gentils semble, quand on lit ce petit
traité, une question résolue ou plutôt perdue dans un
flot débordant de métaphysique transcendante et de
pacifique charité. Comme nous l'avons dit, le goût
des *midraschim* ou petits traités d'exégèse reli--
gieuse, sous forme épistolaire, avait fait de grands
progrès. Paul s'était mis tout entier dans son épître
aux Romains ; plus tard, l'Épître aux Éphésiens avait
été la formule la plus avancée de sa doctrine. L'Épître

1. Voir l'introduction en tête de ce volume.

2. C'est ce qui explique comment l'Église de Rome a toujours
mieux su que les autres Églises de qui cette épître n'était pas.
V. *Saint Paul,* p. LVII. La première épître de Clément, écrite à Rome
vers l'an 95, est pleine de réminiscences de l'Épître aux Hébreux.

aux Hébreux paraît un manifeste du même ordre. Aucun livre chrétien ne ressemble autant aux ouvrages de l'école juive d'Alexandrie, en particulier aux opuscules de Philon. Apollos était déjà entré dans cette voie[1]. Paul prisonnier s'y était singulièrement complu. Un élément étranger à Jésus, l'alexandrinisme, s'infusait de plus en plus au cœur du christianisme. Dans les écrits johanniques, nous verrons cette influence s'exerçant d'une façon souveraine. Dans l'Épître aux Hébreux, la théologie chrétienne se montre fort analogue à celle que nous avons trouvée dans les épîtres de la dernière manière de Paul. La théorie du Verbe se développe rapidement. Jésus devient de plus en plus le « Dieu second », le *métatrône,* l'assesseur de la Divinité, le premier-né de la droite de Dieu, inférieur à Dieu seul. — Sur les circonstances du temps où il écrit, l'auteur ne s'explique qu'à mots couverts. On sent qu'il craint de compromettre le porteur de sa lettre et ceux à qui elle est destinée[2]. Un poids douloureux semble l'oppresser ; son angoisse secrète s'échappe en traits courts et profonds.

Dieu, après avoir autrefois communiqué sa volonté

1. C'est ce qui a porté beaucoup de critiques à croire que l'Épître aux Hébreux est l'ouvrage d'Apollos.

2. De là peut-être ce titre vague πρὸς Ἑϐραίους, et aussi l'absence de salutations personnelles et de suscription.

aux hommes par le ministère des prophètes, s'est servi dans ces derniers temps de l'organe du Fils, par lequel il avait créé le monde [1] et qui soutient tout de sa parole. Ce Fils, reflet de la gloire du Père, et empreinte de son essence, que le Père s'est plu à constituer héritier de l'univers, a expié les péchés par son apparition en ce monde, puis est allé s'asseoir dans les régions célestes à la droite de la Majesté [2], avec un titre supérieur à celui des anges. La loi mosaïque a été annoncée par les anges [3]; elle ne contenait que l'ombre des biens à venir; la nôtre a été annoncée d'abord par le Seigneur, puis nous a été transmise d'une manière sûre par ceux qui l'avaient entendue de lui, Dieu appuyant leur témoignage par des signes, des prodiges et toutes sortes de miracles, ainsi que par les dons du Saint-Esprit. Grâce à Jésus, tous les hommes ont été faits fils de Dieu.

1. Τοὺς αἰῶνας. Αἰών est pris ici dans le sens de l'hébreu *ólam,* du phénicien *oulom,* de l'arabe *âlam* (1ᵉʳ verset du Coran), et sert de biais pour introduire les æons gnostiques.

2. Notez ces commencements du style cabbaliste. Comparez Matth., xxvi, 64.

3. Cf. Gal., iii, 19; *Act.,* vii, 53. La théologie du temps, comme nous le voyons par les versions grecques et chaldéennes de la Bible et par Josèphe, substituait des anges à Dieu dans certains endroits où le texte biblique faisait intervenir visiblement le Très-Haut. Voir la version grecque du Deutér., xxxiii, 2.

Moïse a été un serviteur; Jésus a été le Fils; Jésus a surtout été par excellence le grand prêtre selon l'ordre de Melchisédech [1].

Cet ordre est fort supérieur au sacerdoce lévitique, et a totalement abrogé ce dernier. Jésus est prêtre pour l'éternité.

C'était bien un pareil grand prêtre qu'il nous fallait, saint, innocent, immaculé, séparé des pécheurs, et élevé au-dessus des cieux, qui n'a pas besoin chaque jour, comme les autres prêtres, d'offrir des sacrifices, d'abord pour ses péchés, ensuite pour ceux du peuple... La loi ancienne établissait grands prêtres des hommes sujets à faillir; la loi nouvelle institue le Fils, consommé pour l'éternité... Nous avons ainsi un grand prêtre qui s'est assis dans le ciel à la droite du trône de la Majesté, en qualité de ministre du vrai sanctuaire et du vrai tabernacle que le Seigneur a construit... Christ est le grand prêtre des biens à venir... Si le sang des boucs et des taureaux, si la cendre d'une génisse, dont on asperge ceux qui sont souillés, les sanctifient de manière à leur donner la pureté charnelle; combien plus le sang de Christ, qui s'est offert lui-même à Dieu, victime sans défaut, purifiera-t-il notre conscience des œuvres mortes!... C'est pour cela qu'il est le médiateur d'un nouveau testament;... pour qu'il y ait testament, en effet, il est nécessaire que la mort du testateur soit constatée, un testament n'ayant pas d'effet tant que le testateur vit. Le premier pacte, lui aussi, fut

1. Hebr., iv, 14 et suiv.

inauguré avec du sang... C'est au moyen du sang que tout est légalement purifié, et sans effusion de sang il n'y a point de pardon [1].

Nous sommes donc sanctifiés une fois pour toutes par le sacrifice du corps de Jésus-Christ, qui apparaîtra une seconde fois pour sauver ceux qui l'attendent. Les anciens sacrifices n'atteignaient jamais leur but, puisqu'on les recommençait sans cesse. Si le sacrifice expiatoire revenait chaque année à jour fixe, n'est-ce pas la preuve que le sang des victimes était impuissant? Au lieu de ces perpétuels holocaustes, Jésus a offert son unique sacrifice, qui rend les autres inutiles. De la sorte, il n'est plus question de sacrifice pour le péché [2].

Le sentiment des dangers qui environnent l'Église remplit l'auteur; il n'a devant les yeux qu'une perspective de supplices; il pense aux tortures qu'ont endurées les prophètes et les martyrs d'Antiochus [3]. La foi de plusieurs succombait. L'auteur est très-sévère pour ces chutes.

Il est impossible que ceux qui ont été illuminés une fois, qui ont reçu le don céleste, qui ont eu part au Saint-Esprit, qui ont goûté la précieuse parole de Dieu et les

1. Hebr., ix, 11 et suiv.
2. Hebr., ix, 23 et suiv.
3. Hebr., xi, 32-40 ; xii, 1-11.

biens du monde à venir, et qui ensuite sont tombés, de manière à crucifier et à outrager encore une fois le Fils de Dieu, autant qu'il est en eux, soient de nouveau amenés à la repentance. Une terre qui ne donne que des ronces et des chardons est jugée mauvaise et digne d'être maudite; on finit par y mettre le feu... Certes, Dieu n'est pas injuste; il n'oubliera pas votre conduite et l'amour que vous avez montré pour son nom, en servant les saints, comme vous l'avez fait et le faites encore... Redoublez de zèle jusqu'à la fin, pour que vos espérances soient accomplies, à l'exemple de ceux qui par la foi et la persévérance ont conquis l'héritage promis[1].

Quelques fidèles mettaient déjà de la négligence à se rendre à l'église pour les réunions[2]. L'apôtre déclare que ces réunions sont l'essence du christianisme, que c'est là qu'on s'exhorte, qu'on s'excite, qu'on se surveille, et qu'il y faut être d'autant plus assidu que le grand jour de l'apparition finale approche.

Si nous péchons volontairement après avoir reçu la connaissance de la vérité, comme il n'y a plus désormais de sacrifice pour les péchés, il ne nous reste que l'attente terrible du jugement et du feu qui dévorera les rebelles... C'est chose horrible que de tomber entre les mains du Dieu vivant[3].

1. Hebr., vi, 4 et suiv.
2. Hebr., x, 25.
3. Hebr., x, 26 et suiv.

Souvenez-vous des jours passés, où, à la suite de votre illumination, vous avez supporté maint combat douloureux, les uns exposés en plein théâtre[1] aux outrages et aux supplices, les autres participant au sort de ceux qui furent ainsi traités. En effet, vous avez montré votre sympathie pour les prisonniers[2], et vous avez accepté avec joie la spoliation de vos biens, sachant que vous en possédez d'autrement excellents et durables... Courage, pour que vous obteniez la récompense qui vous a été promise! Encore un petit, un tout petit espace de temps, et celui qui doit venir viendra.

La foi résume l'attitude du chrétien[3]. La foi, c'est la ferme attente de ce qui est promis, la certitude de ce qu'on n'a pas vu. C'est la foi qui a fait les grands hommes de l'ancienne loi, lesquels moururent sans avoir obtenu les choses promises, les ayant seulement vues et saluées de loin, se confessant étrangers et passagers sur cette terre, toujours à la recherche d'une patrie meilleure, qu'ils ne trouvaient pas, la céleste. L'auteur cite à ce sujet les

1. Θλίψεσιν θεατριζόμενοι peut sans doute n'être qu'une métaphore; cependant nous préférons voir là une allusion aux horribles jeux du cirque de Néron. Comp. θλίψεις μεγάλας dans Hermas, *Pasteur,* vis. III, 2, passage qui se rapporte sûrement aux épreuves de l'an 64. V. ci-après, p. 390, note 3.

2. Tout le monde est d'accord qu'il faut lire δεσμίοις pour δεσμοῖς μου.

3. Hebr., XI, 1 et suiv.

exemples d'Abel, d'Hénoch, de Noé, d'Abraham, de Sara, d'Isaac, de Jacob, de Joseph, de Moïse, de Rahab la prostituée.

Quoi de plus? Le temps me manquerait si je voulais parler de Gédéon, de Barak, de Samson, de Jephté, de David, de Samuel et des prophètes, qui par la foi vainquirent des royaumes, exercèrent la justice, obtinrent des promesses, fermèrent la gueule aux lions, éteignirent la violence du feu, échappèrent au tranchant de l'épée, reprirent des forces après la maladie, devinrent puissants dans la guerre, repoussèrent des invasions étrangères,... furent tympanisés [1] et préférèrent à la vie une résurrection meilleure, subirent l'ignominie, la flagellation, les chaînes, le cachot, furent lapidés, sciés [2], tourmentés, moururent frappés du glaive, marchèrent couverts de peaux de chèvres, manquant du nécessaire, opprimés, maltraités (eux dont le monde n'était pas digne!), errant dans les déserts et les montagnes, dans les cavernes et les antres de la terre. Tous ces saints personnages, bien que d'une foi éprouvée, n'ont pas vu la réalisation des promesses, Dieu nous réservant un sort plus heureux et ne voulant pas qu'ils arrivassent à l'accomplissement final sans nous. Ayant donc répandue autour de nous une pareille nuée de témoins,... poursuivons avec persévérance la lutte qui nous est proposée, tenant les yeux toujours fixés sur Jésus, chef et con-

1. Allusion au supplice des martyrs dits Macchabées.
2. Allusion au genre de mort d'Isaïe, selon la tradition apocryphe.

servateur de la foi... Vous n'avez pas encore résisté jusqu'au sang dans votre combat contre le mal.

L'auteur explique ensuite aux confesseurs que les souffrances qu'ils endurent ne sont pas des punitions, mais qu'elles doivent être prises comme des corrections paternelles, telles qu'un père en administre à son fils et qui sont un gage de sa tendresse. Il les invite à se tenir en garde contre les esprits légers, qui, à l'exemple d'Ésaü, donneraient leur céleste patrimoine en échange d'un avantage terrestre et momentané. Pour la troisième fois, l'auteur revient sur sa pensée favorite[1] qu'après une chute qui vous a mis hors du christianisme, il n'y a plus de retour. Ésaü aussi chercha à ressaisir la bénédiction paternelle; mais ses larmes et ses regrets furent inutiles. On sent qu'il y avait eu, dans la persécution de 64, quelques renégats par faiblesse[2], lesquels après leur apostasie auraient désiré revenir à l'Église. Notre docteur veut qu'on les repousse. Quel aveuglement, en effet, égale celui du chrétien qui hésite ou renie, « après s'être approché de la montagne sainte de Sion et de la ville du Dieu vivant, de la Jérusalem céleste et des

1. Comp. vi, 4 et suiv.; x, 26 et suiv. Ces passages jouèrent plus tard un grand rôle dans la controverse du montanisme et du novatianisme.

2. Comp. Matth., xxiv, 10.

myriades d'anges en chœur, de l'Église de ses
aînés inscrits au ciel et de Dieu juge universel, des
esprits justes déjà consommés[1] et de Jésus le médiateur de la nouvelle alliance, — après avoir été purifié par le sang de propitiation qui parle mieux que
celui d'Abel?... »

L'apôtre termine en rappelant à ses lecteurs les
membres de l'Église qui étaient encore dans les
cachots de l'autorité romaine [2], et surtout la mémoire
de leurs chefs spirituels qui ne sont plus, de ces
grands initiateurs qui leur ont prêché la parole de
Dieu et dont la mort a été un triomphe pour la foi.
Qu'ils considèrent la fin de ces saintes vies, et
ils seront raffermis [3]. Qu'ils prennent garde aux
fausses doctrines, surtout à celles qui font consister la sainteté en d'inutiles pratiques rituelles, telles
que les distinctions d'aliments [4]. Le disciple ou l'ami
de saint Paul se retrouve ici. A vrai dire, l'épître
entière est, comme toutes les épîtres de Paul, une
longue démonstration de l'abrogation complète de la
loi de Moïse par Jésus. Porter l'opprobre de Jésus;

---

1. Hebr., xii, 18 et suiv. L'ἐκκλησία πρωτοτόκων et les δίκαιοι
τετελειωμένοι sont probablement les martyrs de la persécution
de Néron.

2. Hebr., xiii, 3.

3. Hebr., xiii, 7.

4. Hebr., xiii, 9; cf. ix, 10.

sortir du monde, « car nous n'y avons point de cité
permanente, nous cherchons celle qui est à venir » ;
obéir aux chefs ecclésiastiques, être pour eux pleins
de respect, rendre leur tâche facile et agréable,
« puisqu'ils veillent sur les âmes et doivent en rendre
compte », voilà pour la pratique. Aucun écrit ne
montre peut-être mieux que celui-ci le rôle mystique
de Jésus grandissant et finissant par remplir uniquement la conscience chrétienne. Non-seulement Jésus
est le *Logos* qui a créé le monde, mais son sang est
l'universelle propitiation, le sceau d'une alliance nouvelle. L'auteur est si préoccupé de Jésus, qu'il fait
des fautes de lecture pour le trouver partout. Dans
son manuscrit grec [1] des Psaumes, les deux lettres TI
du mot ΩΤΙΑ, au Ps. XL (XXXIX), v. 6, étaient un
peu douteuses ; il y a vu un M, et, comme le mot
précédent finit par un Σ, il a lu σῶμα, ce qui lui fournit le beau sens messianique : « Tu n'as plus voulu
de sacrifices ; mais tu m'as donné un corps ; alors
j'ai dit : « Voilà que je viens [2]... »

Chose singulière ! la mort de Jésus prenait ainsi
dans l'école de Paul une bien plus grande importance que sa vie. Les préceptes du lac de Géné-

----

1. Il ne savait guère que le grec. Voir ses raisonnements sur
διαθήκη, considéré comme équivalent de ברית.

2. Hebr., X, 5.

sareth intéressaïent peu cette école, et il semble,
qu'elle ne les connaissait guère; ce qu'elle voyait au
premier plan, c'était le sacrifice du fils de Dieu
s'immolant pour l'expiation des péchés du monde.
Idées bizarres, qui, relevées plus tard dans toute
leur rigueur par le calvinisme, devaient faire gravement dévier la théologie chrétienne de l'idéal évangélique primitif! Les Évangiles synoptiques, qui sont
la partie vraiment divine du christianisme, ne sont
pas l'œuvre de l'école de Paul. Nous les verrons
bientôt éclore de la douce petite famille qui conser-
vait encore en Judée les vraies traditions sur la vie et
la personne de Jésus.

Mais ce qu'il y a d'admirable dans les origines
du christianisme, c'est que ceux qui tiraient le plus
obstinément le char en sens contraire étaient ceux
qui travaillaient le mieux pour le faire avancer.
L'Épître aux Hébreux marque définitivement, dans
l'histoire de l'évolution religieuse de l'humanité, la disparition du sacrifice, c'est-à-dire de ce qui avait fait
jusque-là l'essence de la religion. Pour l'homme primitif, le dieu est un être très-puissant, qu'il faut
apaiser ou corrompre. Le sacrifice venait de la peur
ou de l'intérêt. Pour gagner le dieu [1], on lui offrait

---

1. « Tenui popano corruptus Osiris. »

un présent capable de le toucher, un beau morceau de viande, de la bonne graisse, une coupe de
soma ou de vin. Les fléaux, les maladies étant considérés comme les coups d'un dieu irrité, on s'imagina
qu'en substituant une autre personne aux personnes
menacées, on détournerait le courroux de l'être supérieur; peut-être même, se disait-on, le dieu se con-
tentera-t-il d'un animal, si la bête est bonne, utile
et innocente. On jugeait le dieu sur le patron de
l'homme, et de même qu'aujourd'hui encore, dans certaines parties de l'Orient et de l'Afrique, l'indigène
croit gagner la faveur d'un étranger en tuant à ses
pieds un mouton, dont le sang coule sur ses bottes et
dont la chair servira ensuite à sa nourriture, de même
on supposait que l'être surnaturel devait être sensible
à l'offrande d'un objet, surtout si par cette offrande
l'auteur du sacrifice se privait de quelque chose.
Jusqu'à la grande transformation du prophétisme au
VIIIe siècle avant J.-C., l'idée des sacrifices ne fut
pas chez les Israélites beaucoup plus relevée que
chez les autres peuples. Une ère nouvelle commence
avec Isaïe, s'écriant au nom de Jéhovah : « Vos sacrifices me dégoûtent; que m'importent vos chèvres
et vos boucs[1] ! » Le jour où il écrivit cette page

---

1. Isaïe, ch. I.

admirable (vers 740 avant J.-C.), Isaïe fut le vrai
fondateur du christianisme. Il fut décidé ce jour-là
que, des deux fonctions surnaturelles qui se dispu-
taient le respect des tribus antiques, le sacrificateur
héréditaire et le sorcier, libre inspiré qu'on croyait
dépositaire de secrets divins, c'était le second qui
déciderait de l'avenir de la religion. Le sorcier des
tribus sémitiques, le *nabi*, devint le « prophète »,
tribun sacré, voué au progrès de l'équité sociale, et,
tandis que le sacrificateur (le prêtre) continua de
vanter l'efficacité des tueries dont il profitait, le prophète osa proclamer que le vrai Dieu se soucie bien
plus de la justice et de la pitié que de tous les bœufs
du monde. Édictés cependant par d'antiques rituels
dont il n'était pas facile de se défaire, et maintenus
par l'intérêt des prêtres, les sacrifices restèrent une
loi du vieil Israël. Vers le temps où nous sommes, et
même avant la . destruction du troisième temple,
l'importance de ces rites baissait. La dispersion des
juifs amenait à envisager comme quelque chose de
secondaire des fonctions qui ne pouvaient s'accomplir
qu'à Jérusalem [1]. Philon avait proclamé que le culte
consiste surtout en hymnes pieux, qu'il faut chanter
de cœur plutôt que de bouche; il osait dire que de

1. Remarquez *Act.*, XXIV, 17.

telles prières valent mieux que les offrandes [1].
Les esséniens professaient la même doctrine[2]. Saint
Paul, dans l'Épître aux Romains [3], déclare que la
religion est un culte de la raison pure. L'Épître aux
Hébreux, en développant cette théorie que Jésus est
le vrai grand prêtre, et que sa mort a été un sacrifice abrogeant tous les autres, porta le dernier coup
aux immolations sanglantes. Les chrétiens, même
d'origine juive, cessaient de plus en plus de se croire
tenus aux sacrifices légaux, ou ne s'y pliaient que
par condescendance. L'idée génératrice de la messe,
la croyance que le sacrifice de Jésus se renouvelle
par l'acte eucharistique, apparaît déjà, mais dans un
lointain encore obscur.

1. Philon, *De plantatione Noe,* § 25, 28-31. Comp. Théo-
phraste, *De pietate,* édit. Bernays, Berlin, 1866.

2. Josèphe, *Ant.,* XVIII. i, 5; Philon, *Quod omnis probus
liber,* § 12.

3. Voir *Saint Paul,* p. 474.

CHAPITRE X.

L'état d'exaltation que traversait l'imagination
chrétienne fut bientôt compliqué par les événements
qui se passaient en Judée. Ces événements semblaient
donner raison aux visions des cerveaux les plus frénétiques. Un accès de fièvre qu'on ne peut comparer
qu'à celui qui saisit la France durant la Révolution,
et Paris en 1871, s'empara de la nation juive tout
entière. Ces « maladies divines », devant lesquelles la
médecine antique se déclarait impuissante, semblaient
devenues le tempérament ordinaire du peuple juif.
On eût dit que, décidé aux outrances, il voulait aller
jusqu'au bout de l'humanité. Durant quatre ans,
l'étrange race qui semble créée pour défier également
celui qui la bénit et celui qui la maudit fut dans une
convulsion en face de laquelle l'historien, partagé
entre l'admiration et l'horreur, doit s'arrêter avec

respect comme devant tout ce qui est mystérieux.

Les causes de cette crise étaient anciennes, et la crise elle-même était inévitable. La loi mosaïque, œuvre d'utopistes exaltés, possédés d'un puissant idéal socialiste, les moins politiques des hommes, était, comme l'islam, exclusive d'une société civile parallèle à la société religieuse. Cette loi, qui semble être arrivée à l'état de rédaction où nous la lisons au VIIe siècle avant J.-C., aurait, même indépendamment de la conquête assyrienne, fait voler en éclats le petit royaume des descendants de David. Depuis la prépondérance prise par l'élément prophétique, le royaume de Juda, brouillé avec tous ses voisins, pris d'une rage permanente contre Tyr, en haine avec Édom, Moab et Ammon, n'était plus capable de vivre. Une nation qui se voue aux problèmes religieux et sociaux se perd en politique. Le jour où Israël devint « un pécule de Dieu, un royaume de prêtres, une nation sainte[1] », il fut écrit qu'il ne serait pas un peuple comme un autre. On ne cumule pas des destinées contradictoires ; on expie toujours une excellence par quelque abaissement.

L'empire achéménide mit Israël un peu en repos. Cette grande féodalité tolérante pour toutes les diver-

1. Exode, XIX, 5-6.

sités provinciales, fort analogue au califat de Bagdad et à l'empire ottoman, fut l'état où les Juifs se trouvèrent le plus à l'aise. La domination ptolémaïque, au IIIe siècle avant J.-C., semble également leur avoir été assez sympathique. Il n'en fut pas de même des Séleucides. Antioche était devenue un centre d'active propagande hellénique ; Antiochus Épiphane se croyait obligé d'installer partout, comme signe de sa puissance, l'image de Jupiter Olympien. Alors éclata la première grande révolte juive contre la civilisation profane. Israël avait supporté patiemment la disparition de son existence politique depuis Nabuchodonosor ; il ne garda plus aucune mesure, quand il entrevit un danger pour ses institutions religieuses. Une race en général peu militaire fut prise d'un accès d'héroïsme ; sans armée régulière, sans généraux, sans tactique, elle vainquit les Séleucides, maintint son droit révélé, et se créa une seconde période d'autonomie. La royauté asmonéenne néanmoins fut toujours travaillée par de profonds vices intérieurs ; elle ne dura qu'un siècle. La destinée du peuple juif n'était pas de constituer une nationalité séparée ; ce peuple rêve toujours quelque chose d'international ; son idéal n'est pas la cité ; c'est la synagogue ; c'est la congrégation libre. Il en est de même pour l'islam, qui a créé un empire immense, mais qui a détruit toute nationalité chez les peuples qu'il a subjugués, et ne leur laisse plus d'autre patrie que la mosquée et la *zaouia*.

On applique souvent à un tel état social le nom de théocratie, et on a raison, si l'on entend dire par là que l'idée profonde des religions sémitiques et des empires qui en sont sortis est la royauté de Dieu, conçu comme unique maître du monde et suzerain universel; mais théocratie chez ces peuples n'est pas synonyme de domination des prêtres. Le prêtre proprement dit joue un faible rôle dans l'histoire du judaïsme et de l'islamisme. Le pouvoir appartient au représentant de Dieu, à celui que Dieu inspire, au prophète, au saint homme, à celui qui a reçu mission du ciel et qui prouve sa mission par le miracle ou le succès. A défaut de prophète, le pouvoir est au faiseur d'apocalypses et de livres apocryphes attribués à d'anciens prophètes, ou bien au docteur qui interprète la loi divine, au chef de synagogue, et plus encore au chef de famille, qui garde le dépôt de la Loi et le transmet à ses enfants. Un pouvoir civil, une royauté n'ont pas grand chose à faire avec une telle organisation sociale. Cette organisation ne fonctionne jamais mieux que dans le cas où les individus qui s'y soumettent sont répandus, à l'état d'étrangers tolérés, dans un grand empire où ne règne pas l'uniformité. Il est dans la nature du judaïsme d'être subordonné, puisqu'il est incapable de tirer de son sein un principe de pouvoir militaire. Le même fait se remarque chez les Grecs de nos jours; les communautés grecques de Trieste, de Smyrne, de Constantinople, sont bien plus florissantes que le petit royaume de Grèce, parce que ces communautés sont dispensées de l'agitation politique, où une race vive, mise prématurément en possession de la liberté, trouve sa perte assurée.

La domination romaine, établie en Judée l'an 63 avant J.-C. par les armes de Pompée, sembla d'abord réaliser quelques-unes des conditions de la vie juive. Rome, à cette époque, n'avait pas pour règle d'assimiler les pays qu'elle annexait successivement à son vaste empire. Elle leur enlevait le droit de paix et de guerre, et ne s'arrogeait guère que l'arbitrage sur les grandes questions politiques. Sous les restes dégénérés de la dynastie asmonéenne et sous les Hérodes, la nation juive conserva cette demi-indépendance qui aurait dû lui suffire, puisque son état religieux y était respecté. Mais la crise intérieure du peuple était trop forte. Au delà d'un certain degré de fanatisme religieux, l'homme est ingouvernable. Il faut dire aussi que Rome tendait sans cesse à rendre son pouvoir plus effectif en Orient. Les petites royautés vassales, qu'elle avait d'abord conservées, disparaissaient de jour en jour, et les provinces faisaient retour pur et simple à l'empire. Depuis l'an 6 après J.-C., la Judée fut gouvernée par les procurateurs, subordonnés aux légats impériaux de Syrie, et ayant à côté d'eux le pouvoir parallèle des Hérodes. L'impossibilité d'un tel régime se dévoilait de jour en jour. Les Hérodes étaient peu considérés en Orient des hommes vraiment patriotes et religieux. Les habitudes administratives des Romains, même dans ce qu'elles avaient de plus raisonnable, étaient odieuses aux Juifs. En général, les Romains montraient la plus grande condescendance à l'égard des scrupules méticuleux de la nation [1]; mais cela ne suffisait pas; les choses en étaient venues à un point où l'on ne pouvait plus rien faire sans toucher à une question canonique. Ces religions absolues, comme l'islamisme, le judaïsme, ne souffrent pas de partage. Si elles ne règnent pas, elles se disent persécutées. Si elles se sentent protégées, elles deviennent exigeantes, et cherchent à rendre la vie impossible aux autres cultes autour d'elles. Cela se voit bien en Algérie, où les israélites, se sachant appuyés contre les musulmans, deviennent insupportables pour ceux-ci, et

---

1. Se rappeler l'inscription découverte par M. Ganneau. *Revue archéol.*, avril et mai 1872; *Journal asiatique*, août-sept. 1872.

occupent sans cesse l'autorité de leurs récriminations.

Certes, nous voulons croire que, dans cette expérience d'un siècle que firent les Romains et les Juifs
pour vivre ensemble, et qui aboutit à un si terrible
déchirement, les torts furent réciproques. Plusieurs
procurateurs furent de malhonnêtes gens [1] ; d'autres
purent être brusques, durs, et se laisser aller à
l'impatience contre une religion qui les agaçait et
dont ils ne comprenaient pas l'avenir. Il aurait fallu
être parfait pour ne pas s'irriter de cet esprit borné,
hautain, ennemi de la civilisation grecque et romaine,
malveillant pour le reste du genre humain, que
les observateurs superficiels tenaient pour l'essence
d'un Juif. Que pouvait penser d'ailleurs un adminis-
trateur d'administrés toujours occupés à l'accuser
auprès de l'empereur et à former des cabales contre
lui, même quand il avait parfaitement raison? Dans
cette grande haine qui, depuis plus de deux mille ans,
existe entre la race juive et le reste du monde, qui a
eu les premiers torts? Une telle question ne doit pas
être posée. En pareille matière, tout est action et
réaction, cause et effet. Ces exclusions, ces cadenas
du *ghetto,* ces costumes à part, sont choses injustes;
mais qui les a d'abord voulues? Ceux qui se

---

1. Voir le proverbe juif sur la justice qui se rendait à Césarée.
Midrasch *Esther,* i, init.

croyaient souillés par le contact des païens, ceux qui cherchèrent pour eux la séparation, la société à part. Le fanatisme a créé les chaînes, et les chaînes ont redoublé le fanatisme. La haine engendre la haine, et il n'y a qu'un seul moyen pour sortir de ce cercle fatal, c'est de supprimer la cause de la haine, ces séparations injurieuses qui, d'abord voulues et cherchées par les sectes, deviennent ensuite leur opprobre. A l'égard du judaïsme, la France moderne a résolu le problème. En abaissant toutes les barrières légales qui entouraient l'israélite, elle a enlevé au judaïsme ce qu'il avait d'étroit et d'exclusif, je veux dire ses pratiques et sa vie séquestrée, si bien qu'une famille juive transportée à Paris cesse à peu près de mener la vie juive au bout d'une ou deux générations.

Il serait injuste de reprocher aux Romains du premier siècle de n'avoir point agi de la sorte. Il y avait opposition absolue entre l'empire romain et le judaïsme orthodoxe. C'étaient les juifs qui le plus souvent étaient insolents, taquins, agresseurs. L'idée d'un droit commun, que les Romains portaient en germe avec eux, était antipathique aux stricts observateurs de la *Thora*. Ceux-ci avaient des besoins moraux en totale contradiction avec une société purement humaine, sans nul mélange de théocratie, comme

était la société romaine. Rome fondait l'État ; la juiverie fondait l'Église. Rome créait le gouvernement
profane et rationnel ; les juifs inauguraient le royaume
de Dieu. Entre cette théocratie étroite, mais féconde,
et la proclamation la plus absolue de l'État laïque qui
ait jamais existé, une lutte était inévitable. Les juifs
avaient leur loi, fondée sur de tout autres bases que
le droit romain, et au fond inconciliable avec ce droit.
Avant d'avoir été cruellement matés, ils ne pouvaient
se contenter d'une simple tolérance, eux qui croyaient
avoir les paroles de l'éternité, le secret de la constitution d'une cité juste. Il en était d'eux comme des
musulmans d'Algérie à l'heure présente. Notre société, quoique infiniment supérieure, n'inspire à ces
derniers que de la répugnance. Leur loi révélée, à la
fois civile et religieuse, les remplit d'orgueil, et les
rend incapables de se prêter à une législation philosophique, fondée sur la simple notion des rapports
des hommes entre eux. Ajoutez à cela une profonde
ignorance, qui empêche les sectes fanatiques de se
rendre compte des forces du monde civilisé et les
aveugle sur l'issue de la guerre qu'elles engagent
avec légèreté.

Une circonstance contribuait beaucoup à maintenir la Judée à l'état d'hostilité permanente contre
l'empire ; c'est que les Juifs ne prenaient point de part

au service militaire. Partout ailleurs, les légions
étaient formées de gens du pays, et c'est ainsi qu'a-
vec des armées numériquement faibles les Romains
tenaient des régions immenses [1]. Le soldat des Romains et les habitants de la contrée se trouvaient
compatriotes. Il n'en était pas ainsi en Judée. Les
légions qui occupaient le pays étaient recrutées pour
la plus grande partie à Césarée et à Sébaste, villes
opposées au judaïsme. De là l'impossibilité d'une en-
tente quelconque entre l'armée et le peuple. La force
romaine était à Jérusalem cernée dans ses retran-
chements et comme en un état de siége permanent.

Il s'en faut, du reste, que les sentiments des
diverses fractions du monde juif fussent les mêmes à
l'égard des Romains. Si l'on excepte des mondains
comme Tibère Alexandre, devenus indifférents à
leur vieux culte et regardés par leurs coreligionnaires
comme des renégats, tout le monde était malveillant
pour les dominateurs étrangers; mais tous étaient
loin de pousser à la révolte. On pouvait distinguer à
cet égard quatre ou cinq partis dans Jérusalem [2] :

1° Le parti sadducéen et hérodien, les restes de
la maison d'Hérode et de sa clientèle, les grandes

1. Voir le curieux discours prêté par Josèphe à Agrippa II,
B. J., II, xvi, 4.
2. Josèphe, *B. J.,* II, xvi, 4; *Vita,* 3.

familles de Hanan et de Boëthus, en possession du
sacerdoce ; monde d'épicuriens et de voluptueux
incrédules, haï du peuple à cause de sa fierté, de
son peu de dévotion, de ses richesses ; ce parti,
essentiellement conservateur, trouvait une garantie
de ses priviléges dans l'occupation romaine, et, sans
aimer les Romains, était fortement opposé à toute
révolution ;

2° Le parti de la bourgeoisie pharisienne, parti
honnête, composé de gens sensés, établis, calmes,
rangés, aimant leur religion, l'observant exactement,
dévots même, mais sans imagination, assez instruits,
connaissant le monde étranger et voyant clairement
qu'une révolte ne pouvait aboutir qu'à la destruction
de la nation et du temple : Josèphe est le type de cette
classe de personnes, dont le sort fut celui qui semble
toujours réservé aux partis modérés en temps de
révolution, l'impuissance, la versatilité et le suprême
désagrément de passer pour des traîtres aux yeux de
la plupart ;

3° Les exaltés de toute espèce, zélotes, sicaires,
assassins, amas étrange de fanatiques mendiants,
réduits à la dernière misère par l'injustice et la
violence des sadducéens, s'envisageant comme les
seuls héritiers des promesses d'Israël, de ce « pauvre » chéri de Dieu ; se nourrissant de livres prophé-

tiques tels que ceux d'Hénoch, d'apocalypses violentes, croyant le royaume de Dieu près de se révéler, arrivés enfin au degré d'exaltation le plus intense dont l'histoire ait gardé le souvenir ;

4° Brigands, gens sans aveu, aventuriers, palicares dangereux, fruit de la complète désorganisation sociale du pays ; ces gens, pour la plupart d'origine iduméenne ou nabatéenne, étaient assez peu soucieux de la question religieuse ; mais ils étaient des fauteurs de désordre et ils avaient avec le parti exalté une alliance toute naturelle ;

5° Rêveurs pieux, esséniens, chrétiens, *ébionim,* attendant tranquillement le royaume de Dieu, dévotes personnes groupées autour du temple, priant, pleurant. Les disciples de Jésus étaient de ce nombre ; mais ils étaient encore si peu de chose aux yeux du public, que Josèphe ne les compte pas parmi les éléments de la lutte[1]. On voit tout d'abord qu'au jour du danger ces saintes gens ne sauront que fuir. L'esprit de Jésus, plein d'une divine efficacité pour tirer l'homme hors du monde et pour le consoler, ne pouvait inspirer le patriotisme étroit qui fait les sicaires et les héros.

---

1. Juste de Tibériade, qui écrivit l'histoire de la guerre des Juifs, ne parlait pas non plus des chrétiens. Photius, *Biblioth.,* cod. XXXIII.

Les arbitres de la situation allaient naturellement être les exaltés. Le côté démocratique et révolutionnaire du judaïsme se manifestait en eux d'une façon effrayante. Ils étaient persuadés, avec Judas le Gaulonite, que tout pouvoir vient du mal, que la royauté est une œuvre de Satan (théorie que des souverains, tels que Caligula, Néron, vrais démons incarnés, ne justifiaient que trop), et ils se laissaient hacher plutôt que de donner à un autre que Dieu le nom de maître[1]. Imitateurs de Mattathias, le premier des zélotes, qui, voyant un Juif sacrifier aux idoles, le tua[2], ils vengeaient Dieu à coups de poignard. Le seul fait d'entendre un incirconcis parler de Dieu ou de la Loi leur suffisait pour qu'ils cherchassent à le surprendre seul; alors ils lui donnaient le choix entre la circoncision ou la mort[3]. Exécuteurs de ces sentences mystérieuses qu'on abandonnait à « la main du ciel », et se croyant chargés de rendre effective cette peine redoutable de l'excommunication, qui équivalait à la mise hors la loi et à la mort[4], ils formaient une armée de terroristes, en pleine ébullition révolutionnaire. On pouvait prévoir

1. Cf. *Vie de Jésus*, p. 62-64.
2. I Macch., ii, 27.
3. *Philosophumena*, IX, 26.
4. Notez les formules נכרתה, קנאים פגעים בו‎, בידי שמים‎

d'avance que ces consciences troubles, incapables de distinguer leurs grossiers appétits de passions que leur frénésie leur représentait saintes, iraient aux derniers excès et ne s'arrêteraient devant aucun degré de la folie.

Les esprits étaient sous le coup d'une sorte d'hallucination permanente ; des bruits terrifiants se répandaient de toutes parts. On ne rêvait que présages ; la couleur apocalyptique de l'imagination juive teignait tout d'une auréole de sang. Comètes, épées au ciel, batailles dans les nues, lumière spontanée brillant de nuit au fond du sanctuaire, victimes engendrant au moment du sacrifice des produits contre nature, voilà ce qu'on se racontait avec terreur. Un jour, c'étaient les énormes portes d'airain du temple qui s'étaient ouvertes d'elles-mêmes et refusaient de se laisser fermer. A la pâque de l'an 65, vers trois heures après minuit, le temple fut durant une demi-heure tout éclairé comme en plein jour ; on crut qu'il se consumait intérieurement. Une autre fois, le jour de la Pentecôte, les prêtres entendirent le bruit de plusieurs personnes faisant dans l'intérieur du sanctuaire comme les préparatifs d'un déménagement, et se disant les unes aux autres :

הנפש ההיא מעמיה. Cf. *Journal asiatique,* août-sept. 1872, p. 178 et suiv. Comp. Jos., *B. J.,* II, VIII, 8.

« Sortons d'ici! sortons d'ici [1] ! » Tout cela ne fut rapproché qu'après coup ; mais le trouble profond des âmes était le meilleur signe qu'il se préparait quelque chose d'extraordinaire.

C'étaient surtout les prophéties messianiques qui excitaient dans le peuple un invincible besoin d'agitation. On ne se résigne pas à une destinée médiocre, quand on s'attribue la royauté de l'avenir. Les théories messianiques se résumaient pour la foule en un oracle qu'on disait tiré de l'Écriture, et selon lequel « il devait sortir vers ce temps-là de la Judée un prince qui serait maître de l'univers [2] ». Il est inutile de raisonner contre l'espérance obstinée ; l'évidence n'a aucune force pour combattre la chimère qu'un peuple a embrassée de toutes les forces de son cœur.

Gessius Florus, de Clazomènes, avait succédé à Albinus comme procurateur de Judée vers la fin de 64 ou le commencement de 65. C'était, à ce qu'il semble, un assez méchant homme ; il devait la fonction qu'il occupait à l'influence de sa femme Cléopâtre, laquelle était amie de Poppée [3]. L'animosité entre lui

1. Jos., *B. J.*, II, xxii, 1 ; VI, v, 34 ; Tacite, *Hist*, V, 13 ; Talm. de Bab., *Pesachim,* 57 *a ; Kerithóth,* 28 *a ; Ioma,* 39 *b.*

2. Josèphe, *B. J.,* VI, v, 4 ; Suétone, *Vesp.,* 4, 5 ; Tacite, *Hist.,* V, 13.

3. Jos., *Ant.,* XX, vi, 1 ; *B. J.,* II, xiv, 2, 3. Certainement

et les Juifs arriva bientôt au dernier degré de l'exaspération. Les Juifs lui étaient devenus insupportables par leur susceptibilité, leur habitude de se plaindre pour des vétilles et le peu de respect qu'ils témoignaient aux autorités civiles et militaires ; mais il paraît que, de son côté, il prenait plaisir à les narguer et qu'il en faisait parade. Le 16 et le 17 mai de l'an 66, une collision eut lieu entre ses troupes et les Hiérosolymites pour des motifs assez futiles. Florus se retira à Césarée, ne laissant qu'une cohorte dans la tour Antonia. Ce fut là un acte très-blâmable. Un pouvoir armé doit à une ville qu'il occupe, et où se manifeste une révolte populaire, de ne l'abandonner à ses propres fureurs qu'après avoir épuisé tous ses moyens de résistance. Si Florus fût resté dans la ville, il n'est nullement probable que les Hiérosolymites l'eussent forcé, et tous les malheurs qui suivirent auraient été évités. Florus une fois parti,

Josèphe est partial contre Gessius Florus. Josèphe écrit *ad probandum*. Son système est : 1° que la guerre a été amenée (notez τὸν πόλεμον ὁ καταναγκάσας ἡμᾶς ἄρασθαι... ὅσα δρᾶν ἠναγκάσθημεν, *Ant.*, XX, xi, 1) par les excès de Florus ; 2° que cette guerre a été non l'œuvre de la nation, mais le fait d'une bande de brigands et d'assassins, qui terrorisaient la nation. Il faut se défier des mensonges que ce système lui fait commettre. Cependant, en ce qui concerne Florus, Tacite (*Hist.*, V, 9, 10) paraît d'accord avec Josèphe. Il fait peser au moins une grande responsabilité sur les procurateurs.

il était écrit que l'armée romaine ne rentrerait dans Jérusalem qu'à travers l'incendie et la mort.

La retraite de Florus était loin, cependant, de créer une rupture déclarée entre la ville et l'autorité romaine. Agrippa II et Bérénice étaient en ce moment à Jérusalem. Agrippa fit des efforts consciencieux pour calmer les esprits; tous les modérés se joignirent à lui; on usa même de la popularité de Bérénice, dans laquelle l'imagination du peuple croyait voir revivre sa bisaïeule, Mariamne l'Asmonéenne. Pendant qu'Agrippa haranguait la foule dans le xyste, la princesse se montra sur la terrasse du palais des As- monéens, qui dominait le xyste. Tout fut inutile. Les hommes sensés représentaient que la guerre serait la ruine certaine de la nation; on les traita de gens de peu de foi. Agrippa, découragé ou effrayé, quitta la ville, et se retira dans ses domaines de Batanée. Une bande des plus ardents partit sur-le-champ, et s'em- para par surprise de la forteresse de Masada[1], située sur le bord de la mer Morte, à deux journées de Jéru- salem, et presque inexpugnable[2].

C'était là un acte d'hostilité bien caractérisé. Dans

1. Saulcy, *Voy. autour de la mer Morte,* I, p. 199 et suiv.; pl. xi, xii, xiii; Rey, *Voy. dans le Haouran,* p. 284 et suiv.; pl. xxv et xxvi.

2. Jos., *B. J.,* II, ch. xiv-xvii.

Jérusalem, la lutte s'établit, de jour en jour plus vive, entre le parti de la paix et celui de la guerre. Le premier de ces deux partis était composé des riches, qui avaient tout à perdre dans un bouleversement ; le second, outre les enthousiastes sincères, comprenait cette masse de prolétaires auxquels un état de crise nationale, supprimant les conditions ordinaires de la vie, apporte plus d'un profit. Les modérés s'appuyaient sur la petite garnison romaine, logée dans la tour Antonia. Le grand prêtre était un homme obscur, Matthias, fils de Théophile[1]. Depuis la destitution de Hanan le Jeune, qui fit mourir saint Jacques, il semble qu'on eut pour système de ne plus prendre le grand prêtre dans les puissantes familles sacerdotales des Hanan, des Canthéras, des Boëthus. Mais le vrai chef du parti sacerdotal était l'ancien grand prêtre Ananie, fils de Nébédée, homme riche, énergique, peu populaire à cause de la rigueur impitoyable avec laquelle il poursuivait ses droits, haï surtout pour l'impertinence et la rapacité de ses valets[2]. Par une singularité qui n'est pas rare en temps de révolution, le chef du parti de l'action fut justement Éléazar, fils de ce même Ananie[3]. Il exerçait la charge importante

1. Još., *Ant.*, XX, IX, 7.
2. Voir *Saint Paul*, p. 528, et ci-dessus, p. 52.
3. C'est bien ici la preuve de ce qu'il y a de faux dans le sys-

de capitaine du temple. Son exaltation religieuse
paraît avoir été sincère. Poussant à l'extrême le
principe que les sacrifices ne pouvaient être offerts
que par des juifs et pour des juifs, il fit supprimer les
vœux qu'on offrait pour l'empereur et pour la prospérité de Rome[1]. Toute la jeunesse était pleine d'ardeur.
C'est un des traits du fanatisme qu'inspirent les religions sémitiques de se montrer avec le plus de vivacité
chez les jeunes gens[2]. Les membres des anciennes
familles sacerdotales, les pharisiens, les hommes raisonnables et assis voyaient le danger. On mit en avant
des docteurs autorisés, on fit des consultations de
rabbins, des mémoires de droit canonique, bien
en pure perte; car il était visible que le bas clergé
faisait déjà cause commune avec les exaltés et avec
Éléazar.

Le haut clergé et l'aristocratie, désespérant de rien
gagner sur une masse populaire livrée aux suggestions les plus superficielles, envoyèrent supplier Florus
et Agrippa de venir au plus vite écraser la révolte,

tème de Josèphe, prétendant que le parti de la guerre se composait uniquement de brigands et de jeunes gens voulant s'enrichir
dans le trouble.

1. Cf. Talmud de Babylone, *Gittin*, 56 *b*; Tosiphtha *Schabbath*, XVII.

2. Chez les musulmans, le fanatisme est particulièrement sensible dans les enfants de dix à douze ans.

leur faisant remarquer que bientôt il ne serait plus temps. Florus, selon Josèphe, voulait une guerre d'extermination, qui fît disparaître du monde la race juive tout entière; il se garda de répondre. Agrippa envoya au parti de l'ordre un corps de trois mille cavaliers arabes. Le parti de l'ordre, avec ces cavaliers, occupait la ville haute (le quartier arménien et le quartier juif actuels [1]). Le parti de l'action occupait la ville basse et le temple (quartier musulman, mogharibi, haram actuels). Une véritable guerre s'engagea entre les deux quartiers. Le 14 août, les révolutionnaires, commandés par Éléazar et par Menahem, fils de ce Juda le Gaulonite qui le premier, soixante ans auparavant, avait soulevé les Juifs en leur prêchant que le véritable adorateur de Dieu ne doit reconnaître aucun homme pour supérieur, forcèrent la ville haute, brûlèrent la maison d'Ananie, les palais d'Agrippa et de Bérénice. Les cavaliers d'Agrippa, Ananie, son frère et tous les notables qui purent se joindre à eux se réfugièrent dans la plus haute partie du palais des Asmonéens.

1. Pour la topographie de Jérusalem à cette époque, voir Vogüé, *Le temple de Jér.,* pl. XXXVI; Saulcy, *Les derniers jours de Jérus.* (plans et nivellement de M. Gélis) ; plan de Jérus. de Tobler et Van de Velde (1858); *Ordnance Survey of Jerusalem,* by captain Ch. Wilson (1864-65); *Bibelatlas* de Menke, n° 5.

Le lendemain de ce succès, les insurgés attaquèrent la tour Antonia; ils la prirent en deux jours et y mirent le feu. Ils assiégèrent ensuite le haut palais et le forcèrent (6 septembre). Les cavaliers d'Agrippa furent laissés libres de sortir. Quant aux Romains, ils se renfermèrent dans les trois tours dites d'Hippicus, de Phasaël et de Mariamne. Ananie et son frère furent tués[1]. Selon la règle des mouvements populaires, la discorde se mit bientôt entre les chefs de la faction victorieuse. Menahem se rendit insupportable par son orgueil de démocrate parvenu. Éléazar, fils d'Ananie, irrité sans doute de l'assassinat de son père, le chassa et le tua; les débris du parti de Menahem se sauvèrent à Masada, qui va être jusqu'à la fin de la guerre le rempart du parti le plus exalté des zélateurs.

Les Romains se défendirent longtemps dans leurs tours. Réduits à l'extrémité, ils ne demandèrent que la vie sauve. On la leur promit; mais, dès qu'ils eurent rendu les armes, Éléazar les fit tous tuer, à l'exception de Métilius, primipilaire de la cohorte, qui promit de se faire circoncire. Ainsi Jérusalem fut perdue par les Romains vers la fin de septembre de 66, un peu plus de cent ans après sa prise par Pom-

---

1. Comp. *Act.*, XXIII, 3.

pée. La garnison romaine du château de Machéro,
craignant de se voir couper la retraite, capitula. Le
château de Kypros, qui domine Jéricho[1], tomba aussi
aux mains des insurgés[2]. Il est probable qu'Hérodium fut occupé par les révoltés vers le même
temps[3]. La faiblesse que montrèrent les Romains
dans toutes ces rencontres est quelque chose de singulier, et donne une certaine vraisemblance à l'opinion de Josèphe, selon laquelle le plan de Florus aurait
été de tout pousser à l'extrême. Il est vrai que les
premiers élans révolutionnaires ont quelque chose
d'entraînant, qui rend très-difficile de les arrêter et
fait que les esprits sages préfèrent les laisser s'user
par leurs excès.

En cinq mois, l'insurrection avait réussi à s'établir
d'une façon formidable. Non-seulement elle était
maîtresse de la ville de Jérusalem; mais, par le désert
de Juda, elle se trouvait en communication avec la
région de la mer Morte, dont elle tenait toutes les
forteresses; par là elle donnait la main aux Arabes,
aux Nabatéens, plus ou moins ennemis de Rome. La
Judée, l'Idumée, la Pérée, la Galilée étaient avec les
révoltés. A Rome, pendant ce temps, un odieux

1. Ritter, *Erdkunde,* XV, p. 458-459.
2. Jos., *B. J.,* II, xvii; xviii, 6.
3. Jos., *B. J.,* IV, ix, 5; VII, vi, 1.

souverain livrait les fonctions de l'empire aux plus
ignobles et aux plus incapables. Si les Juifs avaient pu
grouper autour d'eux tous les mécontents de l'Orient,
c'en était fait de la domination romaine en ces parages. Malheureusement pour eux, l'effet fut tout
contraire; leur révolte inspira aux populations de la
Syrie un redoublement de fidélité à l'empire. La haine
qu'ils avaient inspirée à leurs voisins suffit, pendant
l'espèce d'engourdissement de la puissance romaine,
pour exciter contre eux des ennemis non moins dangereux que les légions.

CHAPITRE XI.

Une sorte de mot d'ordre général, en effet, paraît à cette époque avoir couru l'Orient, provoquant partout de grands massacres de Juifs. L'incompatibilité de la vie juive et de la vie gréco-romaine s'accusait de plus en plus. L'une des deux races voulait exterminer l'autre ; entre elles, il semblait qu'il n'y eût pas de merci. Pour concevoir ces luttes, il faut avoir compris à quel point le judaïsme avait pénétré toute la partie orientale de l'empire romain. « Ils ont envahi toutes les cités, dit Strabon [1], et il n'est pas facile de citer un lieu du monde qui n'ait accueilli cette tribu, ou pour mieux dire qui ne soit occupé par elle [2]. L'Égypte, la Cyrénaïque, beaucoup d'autres

1. Cité par Jos., *Ant.*, XIV, vii, 2.
2. Μηδ' ἐπικρατεῖται ὑπ' αὐτοῦ.

pays ont adopté leurs mœurs, observant avec scrupule leurs préceptes et tirant grand profit de l'adoption qu'ils ont faite de leurs lois nationales. En Égypte, ils sont admis à habiter légalement, et une grande partie de la ville d'Alexandrie leur est assignée; ils y ont leur ethnarque, qui administre leurs affaires, leur rend la justice, veille à l'exécution des contrats et des testaments, comme s'il était le président d'un État indépendant. » Ce voisinage de deux éléments aussi opposés que l'eau et le feu ne pouvait manquer d'amener les explosions les plus terribles.

Il ne faut pas soupçonner le gouvernement romain d'y avoir trempé; les mêmes massacres eurent lieu chez les Parthes[1], dont la situation et les intérêts étaient tout autres que ceux de l'Occident. C'est une des gloires de Rome d'avoir fondé son empire sur la paix, sur l'extinction des guerres locales, et de n'avoir jamais pratiqué le détestable moyen de gouvernement, devenu l'un des secrets politiques de l'empire turc, qui consiste à exciter les unes contre les autres les diverses populations des pays mixtes. Quant au massacre pour motif religieux, jamais idée ne fut plus éloignée de l'esprit romain; étranger à toute théologie, le Romain ne comprenait pas la secte,

1. Jos., *Ant.,* XVIII, ix.

et n'admettait pas qu'on se divisât pour aussi peu de chose qu'une proposition spéculative. L'antipathie contre les Juifs était, d'ailleurs, dans le monde antique, un sentiment si général, qu'on n'avait nul besoin d'y pousser. Cette antipathie marque un des fossés de séparation qu'on ne comblera peut-être jamais dans l'espèce humaine. Elle tient à quelque chose de plus que la race; c'est la haine des fonctions diverses de l'humanité, de l'homme de paix, content de ses joies intérieures, contre l'homme de guerre, — de l'homme de boutique et de comptoir contre le paysan et le noble. Ce ne peut être sans raison que ce pauvre Israël a passé sa vie de peuple à être massacré. Quand toutes les nations et tous les siècles vous ont persécuté, il faut bien qu'il y ait à cela quelque motif. Le juif, jusqu'à notre temps, s'insinuait partout en réclamant le droit commun; mais en réalité le juif n'était pas dans le droit commun; il gardait son statut particulier; il voulait avoir les garanties de tous, et par-dessus le marché ses exceptions, ses lois à lui. Il voulait les avantages des nations, sans être une nation, sans participer aux charges des nations. Aucun peuple n'a jamais pu tolérer cela. Les nations sont des créations militaires, fondées et maintenues par l'épée; elles sont l'œuvre de paysans et de soldats; les juifs n'ont contribué en

rien à les établir. Là est le grand malentendu impli-
qué dans les prétentions israélites. L'étranger toléré
peut être utile à un pays, mais à condition que le pays
ne se laisse pas envahir par lui. Il n'est pas juste de
réclamer les droits de membre de la famille dans une
maison qu'on n'a pas bâtie, comme le font ces oiseaux
qui viennent s'installer dans un nid qui n'est pas le
leur, ou comme ces crustacés qui prennent la coquille
d'une autre espèce[1].

Le juif a rendu au monde tant de bons et tant de
mauvais services, qu'on ne sera jamais juste pour
lui. Nous lui devons trop, et en même temps nous
voyons trop bien ses défauts, pour n'être pas impa-
tientés de sa vue. Cet éternel Jérémie, cet « homme
de douleurs », se plaignant toujours, présentant le
dos aux coups avec une patience qui nous agace ;
cette créature étrangère à tous nos instincts d'honneur, de fierté, de gloire, de délicatesse et d'art ; ce
personnage si peu soldat, si peu chevaleresque, qui
n'aime ni la Grèce, ni Rome, ni la Germanie, et à
qui pourtant nous devons notre religion, si bien que
le juif a le droit de dire au chrétien : « Tu es un juif
de petit aloi ; » cet être a été posé comme le point

1. Certains docteurs avouent naïvement que le devoir d'Israël
est d'observer la Loi, et qu'alors Dieu fait travailler le reste du
monde pour lui. Talm. de Bab., *Berakoth*, 35 *b*.

de mire de la contradiction et de l'antipathie; antipathie féconde qui a été l'une des conditions du progrès de l'humanité! Au premier siècle de notre ère, il semble que le monde eût une conscience obscure de ce qui se passait. Il voyait son maître dans cet étranger gauche, susceptible, timide, sans noblesse extérieure, mais honnête, moral, appliqué, droit en affaires, doué des vertus modestes, non militaire, mais bon marchand, ouvrier souriant et rangé. Cette famille juive, illuminée d'espérance, cette synagogue où la vie en commun était pleine de charme, faisaient envie. Tant d'humilité, une acceptation si tranquille de la persécution et de l'avanie, une façon si résignée de se consoler de n'être pas du grand monde parce qu'on a une compensation dans sa famille et son Église, une douce gaieté comme celle qui de nos jours distingue en Orient le raïa et lui fait trouver son bonheur en son infériorité même, en ce petit monde où il est d'autant plus heureux qu'il souffre au dehors persécution et ignominie, — tout cela inspirait à l'aristocratique antiquité des accès de profonde mauvaise humeur, qui parfois aboutissaient à des brutalités odieuses.

L'orage commença de gronder à Césarée[1], presque au moment même où la révolution achevait de se

1. Josèphe, *B. J.*, II, xviii, 1-8; *Vita*, 6.

rendre complétement maîtresse de Jérusalem. Césarée était la ville où la situation des juifs et des non-
juifs (ceux-ci compris sous le nom général de
Syriens) présentait le plus de difficultés [1]. Les juifs
composaient, dans les villes mixtes de Syrie, la partie
riche de la population; mais cette richesse, comme
nous l'avons dit, venait en partie d'une injustice, de
l'exemption du service militaire. Les Grecs et les
Syriens, chez qui se recrutaient les légions, étaient
blessés de se voir primés par des gens exempts des
charges de l'État et qui se faisaient un privilége de la
tolérance qu'on avait pour eux [2]. C'étaient des rixes
perpétuelles, des réclamations sans fin portées aux
magistrats romains. Les Orientaux prennent d'ordinaire la religion comme un prétexte de taquineries;
les moins religieux des hommes le deviennent singulièrement dès qu'il s'agit de vexer leur voisin; de
nos jours, les fonctionnaires turcs sont assaillis de
doléances de ce genre. Depuis l'an 60 environ, la
bataille était sans trêve entre les deux moitiés de
la population de Césarée. Néron trancha les questions pendantes contre les juifs[3]; la haine ne fit que

1. Comp. Ialkout, I, 110; Midrasch *Eka*, i, 5; iv, 21; Talm.
de Bab., *Megilla*, 6 *a*.
2. Jos., *Ant.*, XX, viii, 7; *B. J.*, II, xiii, 7.
3. Jos., *Ant.*, XX, viii, 7-9; *B. J.*, II, xiii, 7.

s'envenimer. De misérables espiègleries ou peut-être des inadvertances de la part des Syriens devenaient des crimes, des injures aux yeux des juifs. Les jeunes gens menaçaient, se battaient; les hommes graves se plaignaient à l'autorité romaine, qui d'ordinaire faisait donner la bastonnade aux deux parties[1]. Gessius Florus y mettait plus d'humanité : il commençait par se faire payer des deux côtés, puis se moquait des demandeurs. Une synagogue qui avait un mur mitoyen, une cruche et quelques volailles tuées qu'on trouva à la porte de la synagogue et que les juifs voulurent faire passer pour les restes d'un sacrifice païen, étaient les grosses affaires de Césarée, au moment où Florus y rentra, furieux de l'insulte que lui avaient faite les gens de Jérusalem.

Quand on apprit, quelques mois après, que ces derniers avaient réussi à chasser complétement les Romains de leurs murs, l'émotion fut très-vive. La guerre était ouverte entre la nation juive et les Romains ; les Syriens en conclurent qu'ils pouvaient impunément massacrer les Juifs. En une heure, il y en eut vingt mille d'égorgés; il n'en resta pas un seul dans Césarée; Florus, en effet, ordonna de saisir

---

1. Jos., *Ant.*, XX, VIII, 7; *B. J.*, II, XIII, 7.

et de conduire aux galères tous ceux qui avaient échappé par la fuite. Ce crime provoqua d'affreuses représailles[1]. Les Juifs se formèrent en bandes et se mirent de leur côté à massacrer les Syriens dans les villes de Philadelphie, d'Hésébon, de Gérase, de Pella, de Scythopolis; ils ravagèrent la Décapole et la Gaulonitide, mirent le feu à Sébaste et à Ascalon, ruinèrent Anthédon et Gaza. Ils brûlaient les villages, tuaient tout ce qui n'était pas Juif. Les Syriens de leur côté tuaient tous les Juifs qu'ils rencontraient. La Syrie méridionale était un champ de carnage; chaque ville était divisée en deux armées, qui se faisaient une guerre sans merci; les nuits se passaient dans la terreur. Il y eut des épisodes atroces. A Scythopolis, les Juifs combattirent avec les habitants païens contre leurs coreligionnaires envahisseurs; ce qui ne les empêcha pas d'être ensuite massacrés par les Scythopolitains.

Les boucheries de Juifs reprirent avec une nouvelle violence à Ascalon, à Acre, à Tyr, à Hippos, à Gadare. On emprisonnait ceux qu'on ne tuait pas. Les scènes d'enragés qui se passaient à Jérusalem faisaient voir en tout Juif une sorte de fou dangereux dont il fallait prévenir les actes de fureur.

1. Jos., *B. J.*, II, xviii, 1 et suiv.; *Vita*, 6, 65.

L'épidémie de massacres s'étendit jusqu'à l'É-
gypte. La haine des Juifs et des Grecs était là portée à son comble. Alexandrie était à moitié une ville
juive; les Juifs y formaient une vraie république
autonome[1]. L'Égypte avait justement depuis quelques
mois pour préfet un juif, Tibère Alexandre[2], mais un
juif apostat, peu disposé à être indulgent pour le
fanatisme de ses coreligionnaires. La sédition éclata
à propos d'une réunion dans l'amphithéâtre. Les premières injures vinrent, à ce qu'il paraît, des Grecs.
Les Juifs y répondirent d'une atroce manière. S'ar-
mant de torches, ils menacèrent de brûler dans
l'amphithéâtre[3] les Grecs jusqu'au dernier. Tibère
Alexandre essaya en vain de les calmer. Il fallut faire
venir les légions; les Juifs résistèrent; le carnage fut
effroyable. Le quartier juif d'Alexandrie qu'on appelait le *Delta* fut à la lettre encombré de cadavres; on
porta le nombre des morts à cinquante mille.

Ces horreurs durèrent environ un mois. Au nord,
elles s'arrêtèrent à la hauteur de Tyr; car au delà les
juiveries n'étaient pas assez considérables pour faire

---

1. Strabon, cité par Josèphe, *Ant. jud.*, XIV, vii, 2.

2. *Mém. de l'Acad. des inscr. et belles-lettres*, t. XXVI,
1re part., p. 296 et suiv.

3. Les amphithéâtres à cette époque étaient en bois. V. ci-
dessus, p. 164, note 1.

ombrage aux populations indigènes. La cause du mal,
en effet, était plus sociale que religieuse. Dans toute
ville où le judaïsme arrivait à dominer, la vie devenait impossible aux païens. On comprend que le
succès obtenu par la révolution juive durant l'été
de 66 ait causé à toutes les villes mixtes qui avoisi-
naient la Palestine et la Galilée un moment de
terreur. Nous avons insisté plusieurs fois sur ce
caractère singulier qui fait que le peuple juif renferme
en son sein les extrêmes et, si on ose le dire, le combat du bien et du mal. Rien n'égale en fait de
méchanceté la méchanceté juive; et pourtant le
judaïsme a su tirer de son sein l'idéal de la bonté,
du sacrifice, de l'amour. Les meilleurs des hommes
ont été des juifs; les plus malicieux des hommes ont
aussi été des juifs. Race étrange, vraiment marquée
du sceau de Dieu, qui a su produire parallèlement et
comme deux bourgeons d'une même tige l'Église
naissante et le fanatisme féroce des révolutionnaires
de Jérusalem, Jésus et Jean de Gischala, les apôtres
et les zélotes sicaires, l'Évangile et le Talmud! Faut-il
s'étonner si cette gestation mystérieuse fut accompagnée de déchirements, de délire, et d'une fièvre
comme on n'en vit jamais?

Les chrétiens furent sans doute impliqués en plus
d'un endroit dans les massacres de septembre 66.

Il est problable cependant que la douceur de ces
bons sectaires et leur caractère inoffensif les pré-
servèrent souvent. La plupart des chrétiens des villes
syriennes étaient ce qu'on appelait des « judaïsants[1] »,
c'est-à-dire des gens du pays convertis, non des Juifs
de race. On les regardait avec défiance; mais on
n'osait les tuer; on les considérait comme des espèces
de métis, étrangers à leur patrie [2]. Quant à eux, en
traversant ces mois terribles, ils avaient l'œil au ciel,
croyant voir dans chaque épisode de l'effroyable
orage les signes du temps fixé pour la catastrophe :
« Prenez comparaison du figuier : quand ses pousses
deviennent tendres et que ses feuilles naissent, vous
en concluez que l'été est proche; de même, quand
vous verrez ces choses arriver, sachez qu'Il est proche, qu'Il est à la porte[3] ! »

L'autorité romaine se préparait cependant à rentrer par la force dans la ville qu'elle avait imprudem-
ment abandonnée. Le légat impérial de Syrie, Cestius
Gallus. marchait d'Antioche vers le sud avec une
armée considérable. Agrippa se joignit à lui comme

1. Jos., *B. J.*, II, xviii, 2.

2. Cette phrase importante paraît un peu altérée dans Josèphe:
τοὺς ἰουδαΐζοντας εἶχον ἐν ὑποψία, καὶ τὸ παρ' ἑκάστοις ἀμφίβολον οὔτε
ἀνελεῖν τις προχείρως ὑπέμενε καὶ ρεμιγμένον ὡς βεβαίως ἀλλοφυλον
ἐφοβεῖτο.

3. Matth , xxiv, 32-33.

guide de l'expédition ; les villes lui fournirent des troupes auxiliaires, chez lesquelles une haine invétérée contre les Juifs suppléait à ce qui manquait en fait d'éducation militaire. Cestius réduisit sans beaucoup de peine la Galilée et la côte ; le 24 octobre, il arriva à Gabaon [1], à dix kilomètres de Jérusalem.

Avec une hardiesse surprenante, les insurgés allèrent l'attaquer dans cette position, et lui firent subir un échec. Un tel fait serait inconcevable, si on se représentait l'armée hiérosolymite comme un ramas de dévots, de mendiants fanatiques et de brigands ; elle possédait des éléments plus solides et vraiment militaires : les deux princes de la famille royale d'Adiabène, Monobaze et Cénédée ; un Silas de Babylone, lieutenant d'Agrippa II, qui s'était mis dans le parti national ; Niger de Pérée, militaire exercé ; Simon, fils de Gioras, qui commençait dès lors sa carrière de violence et d'héroïsme. Agrippa crut l'occasion favorable pour parlementer. Deux de ses émissaires vinrent promettre aux Hiérosolymites un plein pardon s'ils voulaient se soumettre. Une grande partie de la population désirait qu'on acceptât ; mais les exaltés tuèrent les parlementaires. Quelques personnes qui s'indignaient d'une pareille félonie furent maltrai-

1. Aujourd'hui El-Djib.

tées. Cette division donna à Cestius un moment d'avantage. Il quitta Gabaon et vint camper à l'endroit
nommé *Sapha* ou *Scopus,* poste important situé au
nord de Jérusalem, à une petite heure, et d'où l'on
apercevait la ville et le temple. Il y resta trois jours,
attendant le résultat des intelligences qu'il avait dans
la place. Le quatrième jour (30 octobre), il rangea son
armée et marcha en avant. Le parti de la résistance
abandonna toute la ville neuve[1], et se replia dans la
ville intérieure (haute et basse) et dans le temple.
Cestius entra sans obstacle, occupa la ville neuve, le
quartier de Bézétha, le Marché aux bois, où il mit le
feu, aborda la ville haute et disposa ses lignes
devant le palais des Asmonéens.

Josèphe prétend que, si Cestius Gallus avait
voulu à l'heure même donner l'assaut, la guerre
était finie. L'historien juif explique l'inaction du général romain par des intrigues dont le principal
mobile aurait été l'argent de Florus. Il paraît que
l'on put voir sur la muraille des membres du parti
aristocratique, conduits par un des Hanans, qui appelaient Cestius et offraient de lui ouvrir les portes. Sans

---

1. La partie réunie à l'ancienne ville par le mur d'Agrippa,
le quartier chrétien actuel. L'enceinte de Jérusalem, à la date des
événements dont il s'agit ici, ne différait de l'enceinte actuelle que
vers le sud. Même de ce côté, l'écart n'était pas très-considérable.

doute le légat craignait quelque embûche. Pendant
cinq jours, il essaya vainement de forcer le mur. Le
sixième jour (5 novembre), il attaqua enfin l'enceinte
du temple par le nord. Le combat fut terrible sous
les portiques; le découragement s'emparait des
révoltés; le parti de la paix se disposait à accueillir
Cestius, quand celui-ci tout à coup fit sonner la
retraite. Si le récit de Josèphe est vrai, la conduite
de Cestius est inexplicable. Peut-être Josèphe, pour
le besoin de sa thèse [1], exagère-t-il les avantages que
Cestius remporta d'abord sur les Juifs, et diminue-t-il
la force réelle de la résistance. Ce qu'il y a de sûr,
c'est que Cestius regagna son camp du Scopus et
partit le lendemain pour Gabaon, harcelé par les
Juifs. Deux jours après (8 novembre), il décampa,
toujours poursuivi jusqu'à la descente de Bethoron [2],
abandonna tout son bagage et se sauva non sans peine
à Antipatris [3].

---

1. Il faut se rappeler que le système de Josèphe consiste à
charger Florus et à faire tomber sur lui la responsabilité des excès
de la révolution, en le montrant comme celui qui à l'origine
empêcha la répression et rendit inutiles les efforts du parti de la
paix.

2. Voir Guérin, *Descr. de la Pal.*, Judée, I, p. 338 et suiv.,
346 et suiv.

3. Jos., *B. J.*, II, xviii, 9-xix; *Vita*, 5-7 (où Γέσσιος est probablement pour Κέστιος); Tacite, *Hist.*, V, 10; Suétone, *Vesp.*, 4.

L'incapacité que Cestius montra dans cette campagne est vraiment surprenante. Il faut que le mauvais gouvernement de Néron eût bien abaissé tous les services de l'État pour que de tels événements aient été possibles. Cestius, du reste, survécut peu à sa défaite ; plusieurs attribuèrent sa mort au chagrin[1]. On ne sait ce que devint Florus.

1. Tacite, *Hist.*, V, 10.

CHAPITRE XII.

Pendant que l'empire romain subissait en Orient le plus sanglant affront, Néron, ballotté de crime en crime, de folie en folie, était tout entier à ses chimères d'artiste prétentieux. Tout ce qui peut s'appeler goût, tact, politesse, avait disparu d'autour de lui avec Pétrone. Un amour-propre colossal lui donnait une soif ardente d'accaparer la gloire du monde entier[1]; son envie contre ceux qui occupaient l'attention du public était féroce; réussir en quoi que ce soit devenait un crime d'État; on prétend qu'il voulut arrêter la vente des ouvrages de Lucain[2]. Il aspirait à des célébrités inouïes[3]; il roulait dans sa

---

1. « Omnium æmulus qui quoquo modo animum vulgi moverent. » Suétone, *Néron*, 53.

2. Tacite, *Ann.*, XV, 49.

3. *Cupitor incredibilium.* Tacite, *Ann.*, XV, 42.

tête des projets grandioses, le percement de l'isthme
de Corinthe, un canal de Baïa jusqu'à Ostie, la découverte des sources du Nil[1]. Un voyage de Grèce
était depuis longtemps son rêve, non par le désir
sérieux qu'il eût de voir les chefs-d'œuvre d'un art
incomparable, mais par la grotesque ambition qu'il
avait de se présenter aux concours fondés dans les
différentes villes et d'y remporter le prix. Ces concours étaient, à la lettre, innombrables : la fondation de pareils jeux avait été une des formes de la
libéralité grecque : tout citoyen un peu riche trouvait là, comme cela se voit dans la fondation de nos
prix académiques, une manière sûre de transmettre
son nom à l'avenir[2]. Les nobles exercices qui contri-
buèrent si puissamment à la force et à la beauté de
l'ancienne race, et furent l'école de l'art grec, étaient
devenus, comme devinrent plus tard les tournois du
moyen âge, la pâture de gens de métier, qui faisaient
profession de courir les *agones*, et d'y gagner des couronnes. Au lieu de bons et beaux citoyens, on n'y
voyait figurer que d'odieux bellâtres inutiles, ou des

1. Les centurions qu'il envoya paraissent avoir remonté jusqu'aux grands lacs. Sénèque, *Quœst. nat.*, VI, 8.

2. Voir l'inscription de Larisse, *Acad. des inscr.*, séance
du 1er juillet 1870. Voir aussi *Rev. arch*, juillet-août 1872, p. 109
et suiv.

gens qui s'en créaient une spécialité lucrative. Ces prix, dont les vainqueurs faisaient montre comme d'espèces de décorations, empêchaient de dormir le césar vaniteux ; il se voyait déjà rentrant à Rome en triomphe avec le titre extrêmement rare de *periodonice* ou vainqueur dans le cycle complet des jeux solennels [1].

Sa manie de chanteur arrivait au comble de la folie [2]. Une des raisons de la mort de Thraséa fut qu'il ne sacrifiait pas à la « voix céleste » de l'empereur [3]. Devant le roi des Parthes, son hôte, il ne voulut se faire valoir que par son talent à la course des chars [4]. On montait des drames lyriques où il avait le principal rôle, et où les dieux, les déesses, les héros, les héroïnes étaient masqués et drapés à son image et à l'image de la femme qu'il aimait. Il jouait ainsi Œdipe, Thyeste, Hercule, Alcméon, Oreste, Canacé ; on le voyait sur la scène enchaîné (de chaînes d'or), guidé comme un aveugle, imitant un fou, faisant le personnage d'une femme qui accouche. Un de ses derniers projets fut de paraître au

1. Voir *Comptes rendus de l'Acad. des inscr.*, 1872, p. 114 et suiv. Cf. Dion Cassius, LXIII, 8, 20, 21.

2. Suétone, *Néron*, 6, 7, 20, 22, 40, 41, 42, 44, 47 ; Dion Cassius, LXIII, 26, 27 ; Eusèbe, *Chron.*, à l'année 64 ; *Carmina sibyll*, V, 140-141.

3. Tacite, *Ann.*, XVI, 22 ; Dion Cassius, LXII, 26.

4. Dion Cassius, LXIII, 6.

théâtre, nu, en Hercule, écrasant un lion entre ses bras
ou le tuant d'un coup de massue; le lion était, dit-on,
déjà choisi et dressé, quand l'empereur mourut[1]. Quitter sa place pendant qu'il chantait était un si grand
crime, que l'on prenait pour le faire en cachette les
plus ridicules précautions. Dans les concours, il déni-
grait ses rivaux, cherchait à les décontenancer; si
bien que les malheureux chantaient faux pour échapper au danger de lui être comparés. Les juges l'en-
courageaient, louaient sa timidité. Si ce grotesque
spectacle faisait monter à quelqu'un la rougeur au
front et la tristesse au visage, il disait qu'il y avait
des personnes dont l'impartialité lui était suspecte.
Du reste, il obéissait aux règlements des prix comme
un écolier, tremblait devant les agonothètes et les
mastigophores, et payait pour qu'on ne le fouettât
pas quand il se trompait. Avait-il commis quelque
bévue qui aurait dû le faire exclure, il pâlissait; il
fallait lui dire tout bas que cela n'avait pas été remarqué au milieu de l'enthousiasme et des applaudissements du peuple. On renversait les statues des
lauréats antérieurs pour ne pas exciter chez lui des
accès de jalousie effrénée. Aux courses, on avait soin
de le laisser arriver le premier, même quand il tom-

---

1. Suétone, *Néron*, 53.

bait de son char ; quelquefois, cependant, il se faisait battre exprès, pour que l'on crût qu'il jouait de franc jeu[1]. En Italie, nous l'avons déjà dit, il était humilié de ne devoir ses succès qu'à une bande de claqueurs, savamment organisés et chèrement payés, qui le suivait partout. Les Romains lui devenaient insupportables ; il les traitait de rustres, disait qu'un artiste qui se respecte ne peut avoir en vue que les Grecs.

Le départ tant désiré eut lieu en novembre 66. Néron était depuis quelques jours en Achaïe, quand la nouvelle de la défaite de Cestius lui parvint. Il comprit que cette guerre demandait un capitaine d'expérience et de valeur ; mais il y voulait par-dessus tout quelqu'un qu'il ne craignît pas. Ces conditions semblèrent se trouver réunies dans Titus Flavius Vespasianus, militaire sérieux, âgé de soixante ans, qui avait toujours eu beaucoup de bonheur et à qui sa naissance obscure ne pouvait inspirer de grands desseins. Vespasien était en ce moment dans la disgrâce de Néron, parce qu'il ne témoignait pas assez admirer sa belle voix ; quand on vint lui annoncer qu'il avait le commandement de l'expédition de Palestine, il crut un moment qu'il s'agissait d'un arrêt de mort.

1. Dion Cassius, LXIII, 1, 8 et suiv. ; Suétone, *Néron*, 21-24, 53.

Son fils Titus le rejoignit bientôt. Vers le même temps, Mucien succédait à Cestius dans la charge de légat impérial de Syrie. Les trois hommes qui, dans deux ans, seront les maîtres du sort de l'empire se trouvèrent ainsi portés ensemble en Orient [1].

La complète victoire que les révoltés avaient remportée sur une armée romaine, commandée par un légat impérial, exalta à un très-haut degré leur audace. Les gens les plus intelligents et les plus instruits de Jérusalem étaient sombres ; ils jugeaient avec évidence que l'avantage en définitive ne pouvait rester qu'aux Romains ; la ruine du temple et de la nation leur parut inévitable [2] ; l'émigration commença. Tous les hérodiens, tous les gens attachés au service d'Agrippa se retirèrent auprès des Romains [3]. Un grand nombre de pharisiens, d'un autre côté, uniquement préoccupés de l'observation de la Loi et de l'avenir pacifique qu'ils rêvaient pour Israël, étaient d'avis qu'on se soumît aux Romains, comme on s'était soumis aux rois de Perse, aux Ptolémées. Ils se souciaient peu d'indépendance nationale ; Rabbi Johanan ben Zakaï, le pharisien le plus célèbre du temps,

1. Jos., *B. J.*, proœm., 8 ; II, xli, 1 ; III; 1 ; Suétone, *Vesp.*, 4 ; Tacite, *Hist.*, V, 10.

2. Jos., *Vita,* 4.

3. Jos., *B. J.*, II, xx, 1 ; *Vita,* 6.

vivait à l'écart de la politique[1]. Beaucoup de docteurs se retirèrent probablement dès lors à Jamnia,
et y fondèrent ces écoles talmudiques, qui eurent
bientôt une grande célébrité[2].

Les massacres, cependant, recommencèrent et
s'étendirent à des parties de la Syrie qui jusque-là
avaient été à l'abri de l'épidémie de sang. A Damas,
tous les juifs furent égorgés. La plupart des femmes
de Damas professaient la religion juive, et sûrement,
dans le nombre, il y en avait de chrétiennes; on prit
des précautions pour que le massacre se fît par surprise et à leur insu[3].

Le parti de la résistance déployait une prodigieuse
activité. Les tièdes même étaient entraînés. Un conseil
fut tenu dans le temple pour former un gouvernement national, composé de l'élite de la nation. Le
groupe modéré à cette époque était loin d'avoir abdi-
qué. Soit qu'il espérât encore diriger le mouvement,
soit qu'il eût un de ces secrets espoirs contre toutes
les suggestions de la raison dont on se berce si facilement aux heures de crise, il se laissa porter presque

1. Mechilta sur *Exode*, xx, 22; Talm. de Bab., *Gittin*, 56 *a*
et *b*; *Aboth derabbi Nathan*, c. IV; Midrasch rabba sur *Koh.*,
VII, 11 et sur *Eka*, I, 5.

2. Derenbourg, *Hist. de la Pal.*, p. 288.

3. Jos., *B. J.*, II, xx, 2; *Vita*, 6.

partout aux affaires. Des personnages très-considérables, plusieurs membres des familles sadducéennes
ou sacerdotales, les premiers des pharisiens[1], c'est-à-
dire la haute bourgeoisie, ayant à sa tête le sage et
honnête Siméon ben Gamaliel[2] (le fils du Gamaliel
des *Actes* et l'arrière-petit-fils de Hillel), adhérèrent
à la révolution. On agit constitutionnellement; on
reconnut la souveraineté du sanhédrin. La ville et le
temple restèrent entre les mains des autorités éta-
blies, Hanan (fils du Hanan qui condamna Jésus), le
plus ancien des grands prêtres[3], Josué ben Gamala,
Siméon ben Gamaliel, Joseph ben Gorion. Joseph
ben Gorion et Hanan furent nommés commissaires à
Jérusalem. Éléazar, fils de Simon, démagogue sans
conviction, dont l'ambition personnelle était rendue
dangereuse par les trésors dont il s'était emparé, fut
écarté à dessein. On choisit en même temps des
commissaires pour les provinces; tous étaient modérés
à l'exception d'un seul, Éléazar, fils d'Ananie, qu'on
envoya en Idumée. Josèphe, qui depuis se créa une
si brillante renommée comme historien, fut préfet de
Galilée. Il y avait dans ces choix beaucoup d'hommes
sérieux, qui acceptèrent en grande partie pour essayer

1. Josèphe, *Vita,* 5.
2. Josèphe, *Vita,* 38.
3. Jos., *B. J.,* IV, III, 7.

de maintenir l'ordre et avec l'espoir de dominer les éléments anarchiques qui menaçaient de tout détruire[1].

L'ardeur à Jérusalem était extrême. La ville ressemblait à un camp, à une fabrique d'armes; de tous
les côtés, retentissaient les cris des jeunes gens qui
s'exerçaient[2]. Les juifs des parties reculées de l'Orient,
surtout du royaume des Parthes, y accouraient, persuadés que l'empire romain avait fait son temps[3]. On
sentait que Néron touchait à sa fin, et on était persuadé que l'empire disparaîtrait avec lui[4]. Ce dernier
représentant du titre de César, s'abîmant dans la honte
et le mépris, paraissait un signe évident. En se plaçant
à ce point de vue, on devait trouver l'insurrection
beaucoup moins folle qu'elle ne nous semble, à nous
qui savons que l'empire avait encore en lui la force
nécessaire pour plusieurs renaissances futures. On
pouvait très-réellement croire que l'œuvre d'Auguste
se disloquait; on s'imaginait à chaque instant voir
les Parthes se ruer sur les terres romaines[5], et c'est

---

1. Jos., *B. J.*, II, xx, 3 et suiv.; xxii, 1; *Vita*, 7, en observant que Josèphe cherche à dissimuler la part qu'il prit à la révolution et se fait après coup plus modéré qu'il ne fut.

2. Jos., *B. J.*, II, xxi, 1.

3. Josèphe, *B. J.*, prœm., 2; VI, vi, 2; Dion Cassius, LXVI, 4.

4. La même idée domine dans l'Apocalypse. Voir ci-après,
p. 434 et suiv.

5. Apoc., ix, 14-21; xvi, 12-16. Cf. Jos., *B. J.*, VI, vi, 2.

ce qui fût arrivé en effet, si par diverses causes la politique arsacide n'eût été à ce moment très-affaiblie. Une des plus belles images du livre d'Hénoch est celle où le prophète voit l'épée donnée aux brebis, et les brebis ainsi armées poursuivre à leur tour les bêtes sauvages, et les bêtes s'enfuir[1]. Tel fut bien le sentiment des Juifs. Leur manque d'éducation militaire ne leur permettait pas de comprendre ce qu'avaient de trompeur les succès remportés sur Florus et sur Cestius. Ils frappèrent des monnaies imitées du type des Macchabées, portant l'effigie du temple ou quelque emblème juif, avec des légendes en caractère hébreu archaïque[2]. Datées par les années « de la délivrance » ou « de la liberté de

---

1. Ch. xc, 19 (Dillmann); LXXXIX, 27-28 (anc. div.).

2. Il est extrêmement difficile de distinguer, dans la numismatique juive, les pièces qui appartiennent à la première révolte de celles qui appartiennent à la seconde, et même de celles qui appartiennent à la révolte des Macchabées. Voir Madden, *History of jewish coinage,* p. 154 et suiv., qui résument tous les travaux antérieurs. Madden adopte en général les hypothèses de Levy, sujettes elles-mêmes aux plus grands doutes. Il est à craindre que ces doutes ne soient toujours insolubles; car il se peut que, dans la première révolte, on ait contrefait des monnaies asmonéennes, et que, dans la seconde, on ait contrefait des monnaies de la première. Toute pièce portant l'effigie du temple, ou datée « de la liberté de Jérusalem » ou « de la liberté de Sion », est de la première révolte ou faite à l'imitation d'une pièce de la première révolte; la seconde révolte, en effet, ne fût jamais maîtresse de

Sion », ces pièces furent d'abord anonymes ou émises au nom de *Jérusalem*[1] ; plus tard, elles portèrent les noms des chefs de parti qui exercèrent au gré de quelque faction une autorité suprême[2] Peut-être même, dès les premiers mois de la révolte, Éléazar, fils de Simon, qui était en possession d'une énorme masse d'argent, osa-t-il battre monnaie en se donnant le titre de « grand prêtre[3] ». Ces émissions monétaires durent, en tout cas, être assez considérables ; c'est ce qu'on appela ensuite « l'argent de Jérusalem » ou « l'argent du danger[4] ».

Hanan devenait de plus en plus le chef du parti modéré. Il espérait encore amener la masse du peuple à la paix ; il cherchait sous main à ralentir la

---

Jérusalem. Il ne semble pas que, lors de la première révolte, on ait surfrappé la monnaie romaine, comme on fit à la seconde (Madden, p. 171, 176, 203-205).

1. Madden, p. 164, 173-174, 180.

2. Éléazar, fils de Simon, et Simon, fils de Gioras. On n'a pas la certitude que Jean de Gischala ait battu monnaie (Madden, p. 182). C'est à tort qu'on attribue des monnaies à Hanan et à Siméon ben Gamaliel. Ce dernier ne fut qu'un bourgeois, un docteur très-considéré, et n'eut rien des attributs de la souveraineté. Derenbourg, *Hist. de la Pal.,* p. 270, 271, 286, 423-424.

3. Madden, p. 156, 161 et suiv. Cf. Josèphe, *B. J.,* II, xx, 3.

4. Tosiphtha *Maaser scheni,* i ; Talmud de Jérusalem, même traité, i, 2 ; Talm. de Bab., *Baba kama,* 97 *b* ; *Bechoroth,* 50 *a* ; *Aboda zara,* 52 *b.* Cf. Levy, *Gesch. der jüd. Münzen,* p. 126 et suiv.

fabrication des armes, à paralyser la résistance en se donnant l'air de l'organiser. C'est le jeu le plus redoutable en temps de révolution; Hanan était bien ce que les révolutionnaires appellent un traître[1]. Il avait aux yeux des exaltés le tort de voir clair; aux yeux de l'histoire, on ne peut l'absoudre d'avoir accepté la plus fausse des positions, celle qui consiste à faire la guerre sans y croire, uniquement parce que l'on est poussé par des fanatiques ignorants. Le trouble était affreux dans les provinces. Les régions tout arabes[2] à l'orient et au sud de la mer Morte jetaient sur la Judée des masses de bandits, vivant de pillage et de massacres. L'ordre dans de telles circonstances était impossible; car, pour établir l'ordre, il eût fallu expulser les deux éléments qui faisaient la force de la révolution, le fanatisme et le brigandage. Situations terribles que celles où l'on n'a de choix qu'entre l'appel de l'étranger et l'anarchie! Dans l'Acrabatène[3], un jeune et brave partisan, Simon, fils de Gioras, pillait et torturait les riches[4]. En Galilée, Josèphe essayait en vain de maintenir

1. Jos., *B. J.*, II, xxii, 1.

2. La langue des inscriptions nabatéennes est le syriaque; mais les noms propres qu'on y trouve sont arabes, *Obéis, Jamer*, etc.

3. Pays situé sur les confins de la Judée et de la Samarie.

4. Jos., *B. J.*, II, xxii, 2; IV, ix, 3 et suiv.

quelque raison; un certain Jean de Gischala, fourbe
et audacieux agitateur, joignant une personnalité
implacable à un ardent enthousiasme, réussit à le
contrecarrer en tout. Josèphe fut réduit, selon l'éternel usage de l'Orient, à enrôler les brigands et à
leur payer une solde régulière comme rançon du
pays [1].

Vespasien se préparait à la difficile campagne
qui lui avait été confiée. Son plan fut d'attaquer
l'insurrection par le nord, de l'écraser d'abord en
Galilée, puis dans la Judée, de la rabattre en quelque
sorte sur Jérusalem, et, quand il l'aurait refoulée
tout entière vers ce point central, où l'entassement,
la famine, les factions ne pouvaient manquer d'amener des scènes effroyables, d'attendre, ou, si cela ne
suffisait pas, de frapper un grand coup. Il se rendit
d'abord à Antioche, où Agrippa II vint se joindre à
lui avec toutes ses forces. Antioche n'avait pas eu
jusque-là son massacre de Juifs, sans doute parce
qu'elle comptait dans son sein une foule de Grecs
qui avaient embrassé la religion juive (le plus souvent sous forme chrétienne), ce qui amortissait les
haines. A ce moment, cependant, l'orage éclata;
la folle accusation d'avoir voulu incendier la ville

---

1. Jos., *B. J.*, II, xx, 5-xxi; *Vita*, 8 et suiv.

amena des tueries, suivies d'une assez rigoureuse persécution, où sans doute beaucoup de disciples de Jésus souffrirent, confondus avec les adeptes d'une foi qui n'était plus la leur qu'à demi [1].

L'expédition partit en mars 67, suivit la route ordinaire le long de la mer, établit son quartier principal à Ptolémaïde (Acre). Le premier choc tomba sur la Galilée. La population fut héroïque. La petite ville de Joudifat ou Jotapata [2], récemment fortifiée, fit une résistance prodigieuse. Pas un de ses défenseurs ne voulut survivre ; acculés dans une position sans issue, ils se tuèrent les uns les autres. « Galiléen » devint dès lors synonyme de fanatique sectaire, cherchant la mort de parti pris avec une sorte d'opiniâtreté [3]. Tibériade, Tarichées, Gamala ne furent enlevés qu'après de véritables boucheries. Il y a dans l'histoire peu d'exemples d'une race entière ainsi broyée. Les flots du paisible lac où Jésus avait

1. Jos., *B. J.*, VII, III, 3-4.
2. Aujourd'hui *Jéfat,* ou *Tell Jéfat,* ou *Tell Djeftah.* Cf. Schultz, dans la *Zeitschrift der d. m. G.,* 1849, p. 49 et suiv., 59 et suiv., 61 ; Ritter, XVI, p. 764 et suiv.; Robinson, III, p. 105 et suiv.; Aug. Parent, *Siége de Jotapata* (1866), p. 3 et suiv.; Neubauer, *Géogr. du Talmud,* p. 193, 203-204. Le *Gopatata* de Reland est une faute de copiste; *Iftah-el* de Josué n'a rien à faire ici.
3. V. *les Apôtres,* p. 235, note 4.

rêvé le royaume de Dieu furent eux-mêmes tachés
de sang. La rive se couvrit ˌde cadavres en putré-
faction, l'air fut empesté. Des foules de Juifs s'étaient
réfugiés sur des barques ; Vespasien les fit tous tuer
ou noyer. Le reste de la population valide fut vendu ;
six mille captifs furent envoyés à Néron en Achaïe
pour exécuter les travaux les plus difficiles du percement de l'isthme de Corinthe [1] ; les vieillards furent
égorgés. Il n'y eut guère qu'un transfuge : Josèphe,
dont la nature avait peu de profondeur et qui du
reste s'était toujours douté de l'issue de la guerre,
se rendit aux Romains, et fut bientôt dans les bonnes
grâces de Vespasien et de Titus. Toutes ses habi-
letés d'écrivain n'ont pas réussi à laver une telle
conduite d'un certain vernis de lâcheté [2].

Le cœur de l'année 67 fut employé à cette guerre
d'extermination. La Galilée ne s'en releva jamais ;
les chrétiens qui s'y trouvaient se réfugièrent sans
doute au delà du lac ; désormais il ne sera plus question du pays de Jésus dans l'histoire du christianisme.

1. Jos., *B. J.,* III, x, 10 ; Lucien ou plutôt Philostrate, *Nero
seu de isthmo perfodiendo,* 3. Notez la préoccupation de ce
percement chez les Sibyllins, V, 32, 138, 217 ; VIII, 155 ; XII,
84. Cf. Philostrate, *Apoll.,* V, 19.

2. *Vita,* 38, 39 (explication bien peu admissible des défiance
qu'il inspire aux hommes les plus autorisés de Jérusalém). Juste
de Tibériade était très-défavorable à Josèphe (*Vita,* 65).

Gischala, qui tint la dernière, tomba en novembre ou décembre. Jean de Gischala, qui l'avait défendue avec fureur, se sauva et put gagner la Judée. Vespasien et Titus prirent leurs quartiers d'hiver à Césarée, se préparant à faire l'année suivante le siége de Jérusalem [1].

La grande faiblesse des gouvernements provisoires organisés pour une défense nationale, c'est de ne pouvoir supporter de défaite. Sans cesse minés par les partis avancés, ils tombent le jour où ils ne donnent pas à la foule superficielle ce pour quoi ils ont été proclamés : la victoire. Jean de Gischala et les fugitifs de Galilée, arrivant chaque jour à Jérusalem, la rage dans l'âme, élevaient encore le diapason de fureur où vivait le parti révolutionnaire. Leur respiration était chaude et haletante : « Nous ne sommes pas vaincus, disaient-ils ; mais nous cherchons des postes meilleurs ; pourquoi s'user dans Gischala et des bicoques, quand nous avons la ville mère à défendre ? » — « J'ai vu, disait Jean de Gischala, les machines des Romains voler en éclats contre les murs des villages de Galilée ; à moins qu'ils n'aient des ailes, ils ne franchiront pas les remparts de Jérusalem. » Toute la jeunesse était pour

---

1. Jos., *B. J.*, III-IV, II; *Vita*, 65, 74-75 (en faisant très-large la part de la vanité de Josèphe); Tacite, *Hist.*, V, 10.

la guerre à outrance. Des troupes de volontaires tournent facilement au pillage ; des bandes de fanatiques, soit religieux, soit politiques, ressemblent toujours à des brigands [1]. Il faut vivre, et des corps francs ne peuvent guère vivre sans vexer la population. Voilà pourquoi brigand et héros, en temps de crise nationale, sont presque synonymes. Un parti de la guerre est toujours tyrannique ; la modération n'a jamais sauvé une patrie ; car le premier principe de la modération est de céder aux circonstances, et l'héroïsme consiste d'ordinaire à ne pas écouter la raison. Josèphe, l'homme d'ordre par excellence, est probablement dans le vrai quand il nous présente la réso-

---

[1]. Il est remarquable que Barabbas, présenté par l'Évangile de Marc, xv, 7, comme un sicaire politique ou religieux, est qualifié λῃστής dans Jean, xviii, 4. Se rappeler les Vendéens, les « brigands de la Loire », et jusqu'à un certain point les volontaires de la révolution française, en observant que Josèphe, par lequel nous savons toute cette histoire, est une espèce de Dumouriez. Sa partialité contre ses adversaires politiques éclate sans cesse. Si on voulait le croire, les boute-feu n'eussent été qu'une poignée de misérables, ne répondant à aucun sentiment national. Tacite et Dion Cassius présentent tout autrement les choses. Selon eux, c'est bien la nation qui fut fanatisée. Il est clair que Josèphe veut atténuer aux yeux des Romains la faute que ses compatriotes ont commise, et croit les excuser en diminuant le courage et le patriotisme qu'ils montrèrent. Il faut se rappeler, en outre, que l'histoire de la guerre des Juifs subit la censure de Titus, et reçut le *visa* d'Agrippa II. Josèphe, du moins, le prétend (*Vita*, 65).

lution de ne pas reculer comme ayant été le fait
d'un petit nombre d'énergumènes, entraînant de
force après eux des bourgeois tranquilles, qui n'eussent pas mieux demandé que de se soumettre. Il en
est le plus souvent ainsi ; on n'obtient de grands
sacrifices d'une nation sans dynastie[1] qu'en la terro-
risant. La masse est par essence timide ; mais le
timide ne compte pas en temps de révolution. Les
exaltés sont toujours en petit nombre, mais ils s'imposent en coupant les voies à la conciliation[2]. La loi
de pareilles situations est que le pouvoir tombe
nécessairement aux mains des plus ardents et que
les politiques y sont fatalement impuissants.

Devant cette fièvre intense, grandissant chaque
jour, la position du parti modéré[3] n'était plus tenable.
Les bandes de pillards, après avoir ravagé la campagne, se repliaient sur Jérusalem ; ceux qui fuyaient
les armes romaines venaient à leur tour s'entasser
dans la ville, et l'affamaient. Il n'y avait aucune

1. Une dynastie n'est elle-même au fond qu'un terrorisme permanent et réglé.

2. Voir en particulier ce qui se passa dans Tibériade. Jos.,
B. J., III, ix, 7-8 ; *Vita,* 65. Le fanatisme musulman est de même,
dans la plupart des cas, le fait d'une minorité, qui domine toute
une population.

3. Οἱ μέτριοι, comme les appelle quelquefois Josèphe.

autorité effective ; les zélotes[1] régnaient ; tous ceux qui paraissaient suspects de « modérantisme » se voyaient massacrer sans pitié. Jusqu'à présent, la guerre et les excès s'étaient arrêtés aux barrières du temple. Maintenant, zélotes et brigands habitent pêle-mêle la maison sainte ; toutes les règles de la pureté légale semblent oubliées ; les parvis sont tachés de sang ; on y marche les pieds souillés[2]. Aux yeux des prêtres, il n'y eut pas de forfait plus horrible. Pour plusieurs dévots, ce fut là cette « abomination » prédite par Daniel, comme devant s'installer dans le lieu saint, à la veille des jours suprêmes. Les zélotes, comme tous les fanatiques militants, faisaient peu de cas des rites et les subordonnaient à l'œuvre sainte par excellence, le combat. — Ils commirent un attentat non moins grave en changeant l'ordre du pontificat. Sans avoir égard au privilége des familles dans le sein desquelles on avait coutume de prendre les grands prêtres, ils choisirent une branche peu considérée de la race sacerdotale, et ils eurent recours

1. Ce nom de « zélote » (hébr. *kanna*) avait été jusque-là pris en bonne part. Ce furent les terroristes du temps de la révolte qui se l'appliquèrent, et le rendirent de la sorte synonyme de sicaire. (Jos., *B. J.*, IV, iii, 9 ; VIII, viii, 1.) Sur le nom de « sicaires » dans le Talmud, voir Derenbourg, p. 279, 281, 285, 475-478. Cf. Josèphe, *B. J.*, II, xiii, 3 ; *Ant.*, XX, viii, 5.

2. Jos., *B. J.*, IV, iii, 6.

à la voie toute démocratique du sort[1]. Le sort, naturellement, donna des résultats absurdes; il tomba
sur un rustre, qu'il fallut traîner à Jérusalem et
revêtir malgré lui des vêtements sacrés; le pontificat
se vit profané par des scènes de carnaval. Tous les
gens sérieux, les pharisiens, les sadducéens, les
Siméon ben Gamaliel, les Joseph ben Gorion, furent
blessés dans ce qu'ils avaient de plus cher.

Tant d'excès décidèrent enfin le parti sadducéen
aristocratique à tenter un essai de réaction. Avec
beaucoup d'habileté et de courage, Hanan essaya de
réunir la bourgeoisie honnête et tout ce qu'il y avait
de sensé, pour renverser la monstrueuse alliance du
fanatisme et de l'impiété. Les zélotes furent serrés
de près et obligés de se renfermer dans le temple,
devenu une ambulance de blessés. Pour sauver la
révolution, ils eurent recours à un moyen suprême,
ce fut d'appeler dans la ville les Iduméens, c'est-à-
dire des troupes de bandits, habitués à toutes les violences, qui rôdaient autour de Jérusalem. L'entrée
des Iduméens fut signalée par un massacre. Tous les
membres de la caste sacerdotale qu'on put trouver
furent tués. Hanan et Jésus, fils de Gamala, subirent

1. Tosiphtha *Ioma,* i; Sifra, sur *Lévit.,* xxi, 10; Tanhouma,
48 *a.*

d'affreuses insultes; leurs corps furent privés de sépulture, outrage inouï chez les Juifs.

Ainsi périt le fils du principal auteur de la mort de Jésus. Les Beni-Hanan restèrent fidèles jusqu'au bout à leur rôle, et, si j'ose le dire, à leur devoir. Comme la plupart de ceux qui cherchent à faire digue aux extravagances des sectes et du fanatisme, ils furent emportés; mais ils périrent noblement. Le dernier Hanan semble avoir été un homme de grande capacité [1]; il lutta près de deux ans contre l'anarchie. C'était un véritable aristocrate, dur parfois [2], mais grave, pénétré d'un réel sentiment de la chose publique, hautement respecté, libéral en ce sens qu'il voulait le gouvernement de la nation par sa noblesse et non par les factions violentes. Josèphe ne doute pas que, s'il eût vécu, il n'eût réussi à amener entre les Romains et les Juifs une composition honorable, et il regarde le jour de sa mort comme le moment où la ville de Jérusalem et la république des Juifs furent définitivement condamnées. Ce fut au moins la fin du parti sadducéen, parti souvent hautain, égoïste et cruel, mais qui représentait après tout la seule opi-

1. Jos., *B. J.*, IV, v, 2.
2. Comp. *Ant.*, XX, ix, 1, et *B. J.*, IV, v, 2. Il y a dans ces passages quelque contradiction. Nul doute cependant qu'il ne s'agisse du même personnage (cf. *B. J.*, IV, iii, 9).

nion raisonnable et capable de sauver le pays[1].
Par la mort de Hanan, on pourrait être tenté de dire,
selon l'expression vulgaire, que Jésus fut vengé.
C'étaient les Beni-Hanan qui, en présence de Jésus,
avaient fait cette réflexion : « La conséquence de tout
cela, c'est que les Romains viendront, détruiront le
temple et la nation, » et qui avaient ajouté : « Mieux
vaut la mort d'un homme que la ruine d'un peuple[2]. »
Gardons-nous cependant d'une expression si naïvement impie. Il n'y a pas plus de vengeance dans
l'histoire que dans la nature ; les révolutions ne sont
pas plus justes que le volcan qui éclate ou l'avalanche
qui roule. L'année 1793 n'a pas puni Richelieu,
Louis XIV ni les fondateurs de l'unité française ; mais
elle a prouvé qu'ils furent des hommes à vues bornées,
s'ils ne sentirent pas la vanité de ce qu'ils faisaient,
la frivolité de leur machiavélisme, l'inutilité de leur
profonde politique, la sotte cruauté de leurs raisons
d'État. Seul l'Ecclésiaste fut un sage, le jour où il
s'écria désabusé : « Tout est vain sous le soleil. »

Avec Hanan (premiers jours de 68) périt le vieux
sacerdoce juif, inféodé aux grandes familles sadducéennes, qui avaient fait une si vive opposition au
christianisme naissant. Grande fut l'impression,

1. Jos., *B. J.*, IV, III-v, 2.
2. Jean, XI, 48-50 ; XVIII, 14.

quand on contempla, jetés nus hors de la ville, livrés aux chiens et aux chacals, ces aristocrates si hautement respectés, qu'on avait vus naguère revêtus de leurs superbes habits pontificaux, présidant à des cérémonies pompeuses, entourés de la vénération des nombreux pèlerins qui du monde entier venaient à Jérusalem. C'était un monde qui disparaissait. Le pontificat démocratique inauguré par les révoltés fut éphémère. Les chrétiens crurent d'abord relever deux ou trois personnages en leur ornant le front du *pétalon* sacerdotal. Tout cela n'eut pas de conséquence. Le sacerdoce, pas plus que le temple, dont il dépendait, n'était destiné à être la chose capitale du judaïsme. La chose capitale, c'était l'enthousiaste, le prophète, le zélote, l'envoyé de Dieu. Le prophète avait tué la royauté; l'enthousiaste, l'ardent sectaire tua le sacerdoce. Le sacerdoce et la royauté une fois tués, il reste le fanatique, qui, durant deux ans et demi encore, va lutter contre la fatalité. Quand le fanatique aura été écrasé à son tour, il restera le docteur, le rabbin, l'interprète de la *Thora*. Le prêtre et le roi ne ressusciteront jamais.

Ni le temple non plus. Ces zélotes, qui, au grand scandale des prêtres amis des Romains, faisaient du lieu saint une forteresse et un hôpital, n'étaient pas aussi loin qu'il semble d'abord du sentiment de Jésus.

Qu'importent ces pierres? L'esprit est la seule chose qui compte, et celui qui défend l'esprit d'Israël, la révolution, a le droit de souiller les pierres. Depuis le jour où Isaïe avait dit : « Que m'importent vos sacrifices? ils me dégoûtent; c'est la justice du cœur que je veux, » le culte matériel était une routine arriérée, qui devait disparaître.

L'opposition entre le sacerdoce et la partie de la nation, au fond toute démocrate, qui n'admettait pas d'autre noblesse que la piété et l'observation de la Loi, est sensible dès le temps de Néhémie, qui est déjà un pharisien[1]. Le véritable Aaron, dans la pensée des sages, c'est l'homme de bien[2]. Les Asmonéens, à la fois prêtres et rois, n'inspirent que de l'aversion aux hommes pieux. Le sadducéisme, chaque jour plus impopulaire et plus rancunier, n'est sauvé que par la distinction que le peuple fait entre la religion et ses ministres[3]. Pas de rois, pas de prêtres, tel était au fond l'idéal du pharisien.

---

1. Néhémie, xiii, 4 et suiv.

2. Anecdote sur Schemaïa et Abtalion : Talmud de Babylone, *Ioma,* 71 *b.*

3. Strabon, XVI, ii, 37, 40. Strabon tenait ses renseignements d'un juif libéral, opposé au sacerdoce et au pouvoir temporel. Sa phrase rend très-bien les deux sentiments contraires qu'éprouvait un juif démocrate envers le temple ...: ὡς τυραννεῖον βδελυττομένων..., ὡς ἱερὸν σεμνυνόντων καὶ σεβομένων.

Incapable de former un État à lui seul, le judaïsme
devait en arriver au point où nous le voyons depuis
dix-huit siècles, c'est-à-dire à vivre en guise de parasite, dans la république d'autrui. Il était également
destiné à devenir une religion sans temple et sans
prêtre. Le temple rendait le prêtre nécessaire; sa
destruction sera une sorte de débarras. Les zélotes
qui, l'an 68, tuèrent les pontifes et souillèrent le
temple pour défendre la cause de Dieu n'étaient donc
pas en dehors de la véritable tradition d'Israël.

Mais il était clair que, privé de tout lest conservateur, livré à un équipage frénétique, le vaisseau
irait à une effroyable perdition. Après le massacre des
sadducéens, la terreur régna dans Jérusalem sans
frein ni contre-poids[1]. L'oppression était si grande,
que personne n'osait ouvertement ni pleurer ni enter-
rer les morts. La compassion devenait un crime. On
porte à douze mille le nombre des suspects de condition distinguée qui périrent par la cruauté des forcenés. Sans doute il faut se défier ici des appréciations de Josèphe. Le récit de cet historien sur la
domination des zélotes a quelque chose d'absurde; des
impies et des misérables ne se seraient pas fait tuer
comme ceux-ci firent. Autant vaudrait chercher à

---

1. Pour l'impression que cette fureur de guerre civile causa
sur les Romains, voir Pline, *Hist. nat.*, XII, xxv (54).

expliquer la révolution française par la sortie du bagne
de quelques milliers de galériens. La pure scélératesse
n'a jamais rien fait dans le monde. Le vrai, c'est que
les soulèvements populaires, étant l'œuvre d'une conscience obscure et non de la raison, se compromettent
par leur propre victoire. Selon la règle de tous les
mouvements du même genre, la révolution de Jérusalem n'était occupée qu'à se décapiter elle-même. Les
meilleurs patriotes, ceux qui avaient le plus contribué
aux succès de l'an 66, Gorion, Niger le Péraïte,
furent mis à mort. Toute la classe aisée périt[1]. On fut
surtout frappé de la mort d'un certain Zacharie, fils de
Baruch, le plus honnête homme de Jérusalem, et fort
aimé de tous les gens de bien. On le traduisit devant
un jury révolutionnaire, qui l'acquitta à l'unanimité.
Les zélotes le massacrèrent au milieu du temple. Ce
Zacharie, fils de Baruch, put être un ami des chrétiens; car on croit remarquer une allusion à lui dans
les paroles prophétiques que les évangélistes prêtent
à Jésus sur les terreurs des derniers jours[2].

Les événements extraordinaires dont Jérusalem
était le théâtre frappaient, en effet, au plus haut
degré les chrétiens. Les paisibles disciples de Jésus,

1. Jos., *B. J.,* IV, v, 3-vii, 3.
2. Matth., xxiii, 34-36. Voyez cependant *Vie de Jésus,*
13e édit., p. 366.

privés de leur chef, Jacques, frère du Seigneur, continuèrent d'abord de mener dans la ville sainte leur
vie ascétique, et, serrés autour du temple, d'attendre
la grande apparition. Ils avaient avec eux les restes
survivants de la famille de Jésus, les fils de Clopas,
entourés de la plus grande vénération, même par les
Juifs. Tout ce qui arrivait devait leur sembler une
évidente confirmation des paroles de Jésus. Que pouvaient être ces convulsions, si ce n'est le commencement de ce qu'on appelait « les douleurs du Messie [1] »,
les préludes de l'enfantement messianique? On était
persuadé que l'arrivée triomphante du Christ serait
précédée de l'entrée en scène d'un grand nombre de
faux prophètes [2]. Aux yeux des présidents de la communauté chrétienne, ces faux prophètes furent les
chefs des zélotes [3]. On appliqua au temps présent les
phrases terribles que Jésus avait souvent à la bouche
pour exprimer les fléaux qui doivent annoncer le jugement. Peut-être vit-on s'élever au sein de l'Église quelques illuminés, prétendant parler au nom de Jésus [4];

1. חבלי המשיח, ὠδῖνες. — Πάντα δὲ ταῦτα ἀρχὴ ὠδίνων. Matth.,
XXIV, 8 ; Marc, XIII, 8.

2. Matth., XXIV, 4 et suiv. Cf. Matth., VII, 15.

3. Act., V, 36-37 ; VIII, 9-10 ; XXI, 38 ; Jos., Ant., XX, V, 1 ;
VIII, 6 ; B. J., II, XIII, 5 ; VII, XI.

4. Matth., XXIV, 4-5, 11, 23-26. La circonstance ἐν ἐρήμῳ (v. 26)
semble faire allusion à des séducteurs zélotes.

les anciens leur firent une vive opposition; ils assurèrent que Jésus avait annoncé la venue de tels séducteurs, et prescrit de se garder d'eux. Cela suffit; la hiérarchie, déjà forte dans l'Église, l'esprit de docilité, héritage de Jésus, arrêtèrent toutes ces impostures; le christianisme bénéficiait de la haute habileté avec laquelle il avait su créer une autorité au cœur même d'un mouvement populaire. L'épiscopat naissant (ou, pour mieux dire, le presbytérat) empêchait les grandes aberrations auxquelles n'échappe jamais la conscience des foules, quand elle n'est pas dirigée. On sent dès lors que l'esprit de l'Église dans les choses humaines sera une sorte de bon sens moyen, un instinct conservateur et pratique, une défiance des chimères démocratiques, contrastant étrangement avec l'exaltation de ses principes surnaturels.

Cette sagesse politique des représentants de l'Église de Jérusalem ne fut pas sans mérite. Les zélotes et les chrétiens avaient les mêmes ennemis, savoir les sadducéens, les Beni-Hanan. L'ardente foi des zélotes ne pouvait manquer d'exercer une grande séduction sur l'âme non moins exaltée des judéo-chrétiens. Ces enthousiastes qui entraînaient les foules au désert pour leur révéler le royaume de Dieu ressemblaient beaucoup à Jean-Baptiste et un peu à Jésus. Quelques fidèles, à ce qu'il paraît, s'affilièrent au parti et se laissèrent entraîner[1] ; toutefois l'esprit pacifique inhérent au christianisme l'emporta. Les chefs de l'Église combattirent ces dangereuses tendances par des discours qu'ils soutenaient avoir été tenus par Jésus : « Prenez garde de vous laisser séduire ; car plusieurs viendront en mon nom, disant : « Je suis le Mes- « sie, » et ils égareront un grand nombre de gens... Alors, si quelqu'un vient vous dire : « Le Messie est « ici, il est là, » ne croyez pas. Car il s'élèvera des faux messies et des faux prophètes, et ils feront de grands miracles, jusqu'à séduire, si c'était possible, même les élus. Rappelez-vous que je vous l'ai annoncé d'avance. Si donc on vient vous dire : « Venez voir, « il est dans le désert, » ne sortez pas ; « Venez voir, « il est dans une cachette, » ne croyez pas... »

Il y eut sans doute quelques apostasies et même des trahisons de frères par leurs frères ; les divisions politiques amenèrent un refroidissement de charité[2] ; mais la majorité, tout en ressentant d'une façon profonde la crise d'Israël, ne donna aucun gage à l'anarchie, même colorée d'un prétexte patriotique. Le manifeste chrétien de cette heure solennelle fut un

---

1. Matth., XXIV, 4-5 ; Marc, XIII, 5-6. Un des apôtres est qualifié de ζηλωτής (Luc, VI, 15 ; *Act.,* I, 13) ou χαναναῖος = *kanna* (Matth., X, 4 ; Marc, III, 18).

2. Matth., XXIV, 10, 12.

discours attribué à Jésus [1], espèce d'Apocalypse, rat-
tachée peut-être à quelques paroles en effet prononcées par le maître, et qui expliquait les liens de la catastrophe finale, désormais tenue pour très-prochaine,
avec la situation politique que l'on traversait. Ce n'est
que plus tard, après le siége, que le morceau entier fut
écrit ; mais certains mots qu'on y place dans la bouche
de Jésus se rapportent au moment où nous sommes
arrivés. « Quand vous verrez l'abomination de la désolation dont a parlé le prophète Daniel [2], établie dans le

---

1. Ce beau morceau, formant une pièce à part, nous a été
conservé dans Matth., xxiv, et dans Marc, xiii. Luc a modifié
ses originaux, ici comme d'ordinaire (xix, 43-44 ; xxi, 20-36).
Comp. *Assomption de Moïse,* c. 8, 10.

2. Dan., ix, 27 ; xi, 31 ; xii, 11, dans la traduction grecque.
Quel que soit le sens du passage hébreu de Daniel, l'expression
grecque βδέλυγμα τῆς ἐρημώσεως indiquait certainement pour les
lecteurs du premier siècle de notre ère une profanation du temple.
Comp Matth., xxiv, 15 ; Marc, xiii, 14 ; I Macch., i, 54. Ἑστός ou
ἑστηκότα de Matthieu et Marc conduiraient à l'idée d'une statue ;
mais c'est gratuitement qu'on a supposé que Titus dressa une
statue sur l'emplacement du temple ; en outre, il s'agit ici d'une
profanation antérieure à la prise de la ville par Titus, comme
cela résulte évidemment, et des passages synoptiques précités,
et de la fin du paragraphe Jos., *B. J.,* IV, vi, 3. Les prophéties
dont Josèphe parle vaguement en cet endroit paraissent être celles
du βδέλυγμα τῆς ἐρημώσεως. En tout cas, ce passage montre que
la profanation commise par les zélotes et la destruction de la ville
étaient regardées comme deux choses inséparables.

lieu saint (que le lecteur ici comprenne[1]!), alors, que ceux qui sont en Judée fuient dans les montagnes; que celui qui est sur le toit ne descende pas dans sa maison pour prendre quelque chose; que celui qui est aux champs ne revienne pas chez lui chercher sa tunique. Malheur aux femmes qui porteront dans leur sein ou qui nourriront en ces jours-là! Et priez pour que votre fuite n'ait pas lieu en hiver ou le jour du sabbat; car il y aura alors une tribulation comme il n'y en a pas eu depuis le commencement du monde jusqu'à présent et comme il n'y en aura plus. »

D'autres apocalypses du même genre circulèrent, ce semble, sous le nom d'Hénoch, et offraient avec le discours prêté à Jésus des croisements singuliers. Dans l'une d'elles, la Sagesse divine, introduite comme un personnage prophétique, reprochait au peuple ses crimes, ses meurtres de prophètes, la dureté de son cœur[2]. Des fragments qu'on en peut supposer conservés paraissent faire allusion au meurtre de Zacharie, fils de Baruch[3]. Il y était aussi question d'un « comble

---

1. Phrase familière aux Apocalypses.

2. Épître de Barnabé, c. iv, xvi (d'après le *Codex sinaïticus*); Luc, xi, 49. Voir *Vie de Jésus,* 13e édit., p. xiv, xlii, lv note, 40 note, 366.

3. Il est vrai que les Évangiles portent « Zacharie, fils de Barachie », et il peut y avoir là une confusion avec Zacharie, fils de Joïada. Voir *Vie de Jésus,* 13e édit., p. 366.

du scandale [1]», qui serait le plus haut degré d'horreur où la malice humaine pût s'élever, et qui paraît
bien être la profanation du temple par les zélotes.
Tant de monstruosités prouvaient que la venue du
bien-aimé était proche et que la vengeance des justes
ne se ferait pas attendre. Les fidèles judéo-chrétiens,
en particulier, tenaient encore trop au temple pour
qu'un tel sacrilége ne les remplît pas d'épouvante.
On n'avait rien vu de pareil depuis Nabuchodonosor.

Toute la famille de Jésus pensa qu'il était temps
de fuir. Le meurtre de Jacques avait déjà fort affaibli les liens des chrétiens de Jérusalem avec l'orthodoxie juive ; le divorce entre l'Église et la Synagogue
se préparait chaque jour. La haine des Juifs contre
les pieux sectaires, n'étant plus retenue par la légalité romaine, amena sans doute plus d'un acte violent [2]. La vie des saintes gens qui avaient pour habitude de demeurer dans les parvis et d'y faire leurs
dévotions était d'ailleurs fort troublée, depuis que
les zélotes avaient transformé le temple en une

---

1. Τὸ τέλειον σκάνδαλον ἤγγικεν, περὶ οὗ γέγραπται, ὡς Ἐνὼχ λέγει·
εἰς τοῦτο γὰρ ὁ δεσπότης συντέτμηκεν τοὺς καιροὺς καὶ τὰς ἡμέρας, ἵνα
ταχύνῃ ὁ ἀγαπημένος αὐτοῦ καὶ ἐπὶ τὴν κληρονομίαν ἥξῃ. Barnabé, c. IV
(d'après le Sin.). Ce passage ne se trouve pas dans le livre d'Hénoch
que nous connaissons. Comparez, au contraire, Matth., XXIV, 22.

2. Eusèbe, Hist. eccl., III, v, 2 (faible autorité).

place d'armes et l'avaient souillé par des assas-
sinats. Quelques-uns se laissaient aller à dire que
le nom qui convenait à la ville ainsi profanée n'était
plus celui de Sion, mais celui de Sodome, et que la
situation des vrais israélites y ressemblait à celle de
leurs ancêtres captifs en Égypte [1].

Le départ semble avoir été décidé dans les premiers mois de 68 [2]. Pour donner plus d'autorité à cette
résolution, on répandit le bruit que les principaux de
la communauté avaient reçu à cet égard une révélation; selon quelques-uns, cette révélation s'était
faite par le ministère d'un ange [3]. Il est probable que

---

1. Apoc., xi, 8.

2. Matth., xxiv, 15 et suiv.; Marc, xiii, 14 et suiv. Marc, xiii,
7, prouve que la fuite n'eut pas lieu dès le commencement de la
guerre. Luc, xxi, 20-21, est peu concordant avec les passages précités de Matthieu et de Marc, et sûrement de bien moindre
autorité. Luc rattache l'ordre de la fuite au moment où la ville
sera entourée de lignes de circonvallation; mais il aurait été
trop tard pour fuir quand la ville eût été κυκλουμένη ὑπὸ στρατοπέδων.
Cf. Luc, xix, 43-44. Enfin, ce qui est décisif, l'Apocalypse, à
la fin de 68 ou au commencement de 69, suppose que la fuite a
déjà eu lieu (xii, 6, 13-17). Comparez Eusèbe, *Hist. eccl.*, III,
5 (πρὸ τοῦ πολέμου, vague); Épiph., hær. xxix, 7 (ἐπειδὴ ἤμελλε
τὰ Ἱεροσόλυμα πάσχειν πολιορκίαν, vient de Luc, xxi, 20); xxx, 2;
De mensuris et ponderibus, 15 (ἡνίκα ἔμελλεν ἡ πόλις ἁλίσκεσθαι
ὑπὸ τῶν Ῥωμαίων..., τῆς πόλεως μελλούσης ἄρδην ἀπόλλυσθαι).

3. Κατά τινα χρησμὸν τοῖς αὐτόθι δοκίμοις δι᾽ ἀποκαλύψεως ἐκδοθέντα
(Eusèbe, *H. E.*, III, 5); προεχρηματίσθησαν ὑπὸ ἀγγέλου (saint

tous se rendirent à l'appel des chefs et qu'aucun des frères ne resta dans la ville, qu'un instinct très-juste leur montrait comme vouée à l'extermination.

Des indices portent à croire que la fuite de la troupe pacifique ne s'opéra pas sans danger. Les Juifs, à ce qu'il paraît, la poursuivirent[1]; les terroristes, en effet, exerçaient une surveillance active sur les chemins, et tuaient comme traîtres tous ceux qui cherchaient à s'échapper, à moins qu'ils ne pussent verser une forte rançon[2]. Une circonstance qui ne nous est indiquée qu'à mots couverts sauva les fuyards : « Le dragon vomit après la femme (l'Église de Jérusalem) un fleuve pour l'emporter et la noyer; mais la terre aida la femme, ouvrit sa bouche et but le fleuve que le dragon avait lancé derrière elle, et le dragon fut rempli de colère contre la femme[3]. » Peut-être les zélotes[4] essayèrent-ils de

Épiph., *De mensuris,* 15). La phrase d'Épiphane (hær. xxix, 7), Χριστοῦ φήσαντος καταλεῖψαι τὰ Ἱεροσόλυμα καὶ ἀναχωρῆσαι, ἐπειδὴ ἤμελλε πάσχειν πολιορκίαν, peut s'entendre d'un ordre du Christ qu'on supposerait donné avant le départ, ou se rapporter à Luc, xxi, 20. Cependant, dans ce second cas, il faudrait μελλήσει ou μελλήσειε. Le passage du *De mensuris,* d'ailleurs, n'admet que le premier sens.

1. Apoc., xii, 13, 15.
2. Jos., *B. J.,* IV, vii, 3.
3. Apoc., xii, 15-16.
4. Le dragon, à cet endroit de l'Apocalypse, figure le génie du mal, tantôt représenté par la puissance romaine, tantôt par

jeter la troupe sainte dans le Jourdain, et celle-ci réussit-elle à passer le fleuve par un endroit où l'eau était basse ; peut-être l'escouade envoyée pour l'atteindre s'égara-t-elle et perdit-elle ainsi la piste de ceux qu'elle poursuivait.

Le lieu choisi par les chefs de la communauté pour servir d'asile principal à l'Église fugitive fut Pella[1], une des villes de la Décapole, située près de la rive gauche du Jourdain, dans un site admirable, dominant d'un côté toute la plaine du Ghôr, de l'autre des précipices, au fond desquels roule un torrent[2]. On ne pouvait faire un choix plus raisonnable. La Judée, l'Idumée, la Pérée, la Galilée appartenaient à l'insurrection ; la Samarie et la côte étaient profondément troublées par la guerre ; Scythopolis et Pella se trouvaient ainsi les deux villes neutres les plus rapprochées de Jérusalem. Pella, par sa position au delà du Jourdain, devait offrir bien plus de tranquil-

les sicaires de Jérusalem. Il est peu probable que la mésaventure des fugitifs soit venue des Romains.

1. Aujourd'hui *Fahl* ou *Tabakât Fahil*. V. Ritter, *Erdkunde,* XV, p. 786, 1003, 1025 et suiv.; Robinson, III, p. 320 et suiv., carte de Van de Velde. Comp. les passages d'Eusèbe et de saint Épiphane, précités. Une des victoires qui assurèrent aux musulmans la possession de la Syrie se livra en cet endroit.

2. Irby et Mangles, *Travels,* p. 304-305 (Londres, 1823); Robinson, l. c.

lité que Scythopolis [1], devenue l'une des places d'armes des Romains. Pella fut une cité libre, comme toutes les places de la Décapole; mais il semble qu'elle s'était donnée à Agrippa II. S'y réfugier, c'était avouer hautement l'horreur de la révolte. L'importance de la ville datait de la conquête macédonienne. Une colonie de vétérans d'Alexandre y fut établie, et changea le nom sémitique du lieu en un autre nom, qui rappelait aux vieux soldats leur patrie [2]. Pella fut prise par Alexandre Jannée; les Grecs qui l'habitaient refusèrent de se laisser circoncire, et souffrirent beaucoup du fanatisme juif [3]. Sans doute, la population païenne y avait repris ses racines; car, dans les massacres de 66, Pella figure comme une ville des Syriens, et se voit de nouveau saccagée par les Juifs [4]. Ce fut dans cette ville anti-juive que l'Église de Jérusalem eut sa retraite durant les horreurs du siége. Elle s'y trouva bien, et regarda ce séjour tranquille comme un lieu sûr, comme un désert que Dieu lui avait préparé pour attendre en

1. V. Menke, *Bibelatlas,* n° 5.

2. Georges le Syncelle, p. 274, Paris. Apamée fut appelée Pella pour la même raison. Strabon, XVI, ii, 10. On donna à notre Pella le surnom de « riche en eau » (Pline, V, 18), pour la distinguer de ses homonymes.

3. Jos., *Ant.,* XIII, xv, 4.

4. Jos., *B. J.,* II, xviii, 1; III, iii, 5.

repos, loin des agitations des hommes, l'heure de l'apparition de Jésus. La communauté vécut de ses épargnes; on crut que Dieu lui-même prenait soin de la nourrir[1], et plusieurs virent dans un pareil sort, si différent de celui des juifs, un miracle que les prophètes avaient prédit[2]. Sans doute les chrétiens de Galilée, de leur côté, avaient passé à l'orient du Jourdain et du lac, dans la Batanée et la Gaulonitide. De la sorte, les terres d'Agrippa II furent un pays d'adoption pour les judéo-chrétiens de Palestine. Ce qui donna une rare importance à cette chrétienté réfugiée, c'est qu'elle emmenait avec elle les restes de la famille de Jésus, entourés du plus profond respect et désignés en grec par le nom de *desposyni,* « les proches du Maître[3] ». Nous verrons bientôt, en effet, la chrétienté transjordanique continuer l'ébionisme, c'est-à-dire la tradition même de la parole de Jésus[4]. Les Évangiles synoptiques naîtront d'elle.

1. Apoc., xii, 6, 14.
2. Eusèbe, *Demonstr. evang.,* VI, 18.
3. Δεσπόσυνοι. Eus., *H. E.,* I, vii, 14.
4. Épiph., hær. xxix, 7; xxx, 2.

CHAPITRE XIII.

Dès la première apparition du printemps de l'an 68, Vespasien reprit la campagne. Son plan, nous l'avons déjà dit, était d'écraser le judaïsme pas à pas, en procédant du nord et de l'ouest vers le sud et l'est, de forcer les fugitifs à se renfermer à Jérusalem, et là d'égorger sans merci cet amas de séditieux. Il s'avança ainsi jusqu'à Emmaüs[1], à sept lieues de Jérusalem, au pied de la grande mon-

---

1. Cet Emmaüs ou Ammaüs est certainement la ville qui s'appela plus tard Nicopolis, et qui répond au village actuel d'Amwas, non loin de la route de Jaffa à Jérusalem, à peu près à moitié chemin. Nous croyons qu'il y eut un autre Emmaüs, répondant au village actuel de Kulonié = Κολωνία, à une lieue et demie de Jérusalem, auquel se rapportent Luc, xxiv, 13 ; Josèphe, *B. J.,* VII, vi, 6, et dont le nom viendrait de *Hammoça,* « la source » (Josué, xviii, 26 ; Talm. de Bab., *Sukka,* 45 a). Voir *les Apôtres,* p. 18-19, note, nonobstant Robinson, III, 146 et suiv. ; Guérin, *Palest.,* I, p. 257 et suiv., 293 et suiv. ; Neubauer, *Géogr. du*

lée qui mène de la plaine de Lydda à la ville sainte.
Il ne jugea pas que le temps fût encore venu d'attaquer cette dernière ; il ravagea l'Idumée, puis la
Samarie, et, le 3 juin, établit son quartier général à
Jéricho, d'où il envoya massacrer les Juifs de la
Pérée. Jérusalem était serrée de toutes parts ; un
cercle d'extermination l'entourait. Vespasien revint
à Césarée pour rassembler toutes ses forces. Là
il apprit une nouvelle qui l'arrêta court, et dont
l'effet fut de prolonger de deux ans la résistance et
la révolution à Jérusalem[1].

Néron était mort le 9 juin. Pendant les grandes
luttes de Judée que nous venons de raconter, il avait
continué en Grèce sa vie d'artiste ; il ne rentra dans
Rome que vers la fin de 67. Il n'avait jamais tant joui ;
on fit coïncider pour lui tous les jeux en une seule
année ; toutes les villes lui envoyèrent les prix de leurs
concours ; à chaque instant, des députations venaient
le trouver pour le prier d'aller chanter chez elles. Le
grand enfant, badaud (ou peut-être moqueur) comme
on ne le fut jamais, était ravi de joie : « Les Grecs seuls

Talm., p. 100-102. L'anecdote de Luc perd tout sens, si Emmaüs
est à sept lieues de Jérusalem. Ἑκατὸν ἑξήκοντα du *Sinaïticus* est
une correction apologétique. *Kulonié* ou *Kulondié* ne peut être
le Κωλόν de Josué, xv, 60 (Septante) ; c'est sûrement un mot latin.
Cf. *Monatsschrift* de Grætz, 1869, p. 117-121.

1. Jos , *B. J.*, IV, VIII-IX, 2.

savent écouter, disait-il ; les Grecs seuls sont dignes
de moi et de mes efforts. » Il les combla de priviléges,
proclama la liberté de la Grèce aux jeux Isthmiques,
paya largement les oracles qui prophétisèrent à son
gré, supprima ceux dont il ne fut pas content, fit,
dit-on, étrangler un chanteur qui ne rabaissa pas sa
voix comme il fallait pour faire valoir la sienne[1].
Hélius, un des misérables à qui, lors de son départ, il
avait laissé les pleins pouvoirs sur Rome et le sénat,
le pressait de revenir ; les symptômes politiques les
plus graves commençaient à se manifester ; Néron
répondit qu'il se devait avant tout à sa réputation,
obligé qu'il était de se ménager des ressources pour
le temps où il n'aurait plus l'empire. Sa constante
préoccupation était, en effet, que, si la fortune le ré-
duisait jamais à l'état de particulier, il pourrait très-
bien se suffire avec son art[2] ; et quand on lui faisait
remarquer qu'il se fatiguait trop, il disait que l'exercice qui n'était maintenant pour lui qu'un délassement
de prince serait peut-être un jour son gagne-pain. Une
des choses qui flattent le plus la vanité des gens du
monde qui s'occupent un peu d'art ou de littérature
est de s'imaginer que, s'ils étaient pauvres, ils
vivraient de leur talent. Avec cela, il avait la voix

1. Lucien, *Nero, seu de isthmo*, 9.
2. Suétone, *Néron*, 40 ; Dion Cassius, LXIII, 27.

faible et sourde, quoiqu'il observât pour la conserver les ridicules prescriptions de la médecine d'alors ; son *phonasque* ne le quittait pas, et lui commandait à chaque instant les précautions les plus puériles. On rougit de songer que la Grèce fut souillée par cette ignoble mascarade. Quelques villes cependant se tinrent assez bien ; le scélérat n'osa pas entrer dans Athènes ; il n'y fut pas invité[1].

Les nouvelles les plus alarmantes cependant lui arrivaient ; il y avait près d'un an qu'il avait quitté Rome[2] ; il donna l'ordre de revenir. Ce retour fut à l'avenant du voyage[3]. Dans chaque ville, on lui rendit les honneurs du triomphe ; on démolissait les murs pour le laisser entrer. A Rome, ce fut un carnaval inouï. Il montait le char sur lequel Auguste avait triomphé ; à côté de lui était assis le musicien Diodore ; sur la tête, il avait la couronne olympique ; dans sa droite, la couronne pythique ; devant lui, on portait les autres couronnes et, sur des écriteaux, l'indication de ses victoires, les noms de ceux qu'il avait vaincus,

---

1. Suétone, *Néron,* 20-25, 53-55 ; Dion Cassius, LXIII, 8-18 ; Eus., *Chron.,* ann. 12 de Néron ; *Carmina sibyllina,* V, 136 et suiv.; XII, 90-92 ; Philostrate, *Apoll.,* IV, 39 ; V, 7, 8, 22, 23 ; Themistius, oratio XIX, p. 276 (édit. G. Dindorf) ; Lucien, *Nero;* Julien, *Cæs.,* p. 310, Spanh.

2. Tillemont, *Hist. des emp.,* I, p. 320.

3. Dion Cassius, LXIII, 19-21.

les titres des pièces où il avait joué ; les claqueurs, disciplinés aux trois genres de claque qu'il avait inventés, et les chevaliers d'Auguste suivaient; on abattit l'arc du Grand Cirque pour le laisser entrer. On n'entendait que les cris : « Vive l'olympionice! le pythionice! Auguste! Auguste! A Néron-Hercule! A Néron-Apollon[1]! Seul périodonice! seul qui l'ait jamais été! Auguste! Auguste! O voix sacrée! heureux qui peut t'entendre! » Les mille huit cent huit couronnes qu'il avait remportées furent étalées dans le Grand Cirque et attachées à l'obélisque égyptien qu'Auguste y avait placé pour servir de *meta* [2].

Enfin la conscience des parties nobles du genre humain se souleva. L'Orient, à l'exception de la Judée, supportait sans rougir cette honteuse tyrannie, et s'en trouvait même assez bien; mais le sentiment

1. Eckhel, *D. n. v.,* t. VI, p. 275-276; Suét., *Nér.,* 25. Musée du Vatican : buste (n° 308), statue en Apollon citharède.

2. On voudrait croire qu'il s'agit ici (Dion Cassius, LXIII, 21) du cirque et de l'obélisque qui, quatre ans auparavant, avaient vu les scènes d'horreur des Danaïdes, des Dircés et peut-être de Pierre crucifié. Mais le *Circus maximus,* qui possédait, comme celui du Vatican, un obélisque d'Héliopolis (c'est aujourd'hui l'obélisque de la place du Peuple), convenait mieux à l'exhibition de Néron. Si, pour les *piacula* d'août 64, Néron préféra son cirque du Vatican, c'est que le *Circus maximus* devait être à ce moment impraticable par suite de l'incendie.

de l'honneur vivait encore dans l'Occident. C'est une des gloires de la Gaule que le renversement d'un pareil tyran ait été son ouvrage[1]. Pendant que les soldats germains, pleins de haine contre les républicains et esclaves de leur principe de fidélité, jouaient auprès de Néron, comme auprès de tous les empereurs, le rôle de bons suisses et de gardes du corps[2], le cri de révolte fut poussé par un Aquitain, descendant des anciens rois du pays. Le mouvement fut vraiment gaulois[3]; sans en calculer les conséquences, les légions gallicanes se jetèrent dans la révolution avec entraînement. Le signal fut donné par Vindex aux environs du 15 mars 68. La nouvelle en arriva vite à Rome. Les murs furent bientôt charbonnés d'inscriptions injurieuses : « A force de chanter, dirent les mauvais plaisants, il a réveillé les coqs (*gallos*)[4]. »

1. « Talem principem paulo minus quattuordecim annos perpessus terrarum orbis tandem destituit, initium facientibus Gallis. » Suétone, *Néron*, 40.

2. Suétone, *Caius*, 43, 58; *Galba*, 12; Tacite, *Hist.*, I, 31; III, 69; Plutarque, *Galba*, 5, 6, 18. Cf. Henzen, dans les *Annales de l'Institut archéol.* de Rome, t. XXII, p. 13 et suiv. Voir surtout les inscriptions, Orelli, n°s 2909 et 3539 (à la Biblioth. nationale); Fabretti, *Inscr.*, p. 687, n°s 97 et 98.

3. Tacite, *Hist.*, I, 51; IV, 17; Suétone, *Néron*, 40, 43, 45; Dion Cassius, LXIII, 22. Comparez Josèphe, *B. J.*, procœm., 2; IV, viii, 1.

4. Suétone, *Néron*, 45.

Néron ne fit d'abord qu'en rire ; il témoigna même
être bien aise qu'on lui fournît l'occasion de s'enrichir
du pillage des Gaules. Il continua de chanter et de
se divertir jusqu'au moment où Vindex fit afficher des
proclamations où on le traitait d'artiste pitoyable.
L'histrion écrivit alors, de Naples, où il était, au sénat
pour demander justice, et se mit en route pour Rome.
Il affectait cependant de ne s'occuper que de certains instruments de musique, nouvellement inventés,
et en particulier d'une espèce d'orgue hydraulique
sur lequel il consulta sérieusement le sénat et les
chevaliers.

La nouvelle de la défection de Galba (3 avril) et
de la jonction de l'Espagne à la Gaule, qu'il reçut
pendant son dîner, fut pour lui un coup de foudre.
Il renversa la table où il mangeait, déchira la lettre,
brisa de colère deux vases ciselés d'un grand prix,
où il avait accoutumé de boire. Dans les préparatifs
ridicules qu'il commença, son principal souci fut pour
ses instruments, pour son bagage de théâtre [1], pour
ses femmes, qu'il fit habiller en amazones, avec des
peltes, des haches et des cheveux coupés ras.
C'étaient des alternatives étranges d'abattement et de
bouffonnerie lugubre, qu'on hésite également à pren-

---

1. Suétone, *Néron,* 44; Dion Cassius, LXIII, 26.

dre au sérieux et à traiter de folie; tous les actes de Néron flottant entre la noire méchanceté d'un nigaud cruel et l'ironie d'un blasé. Il n'avait pas une idée qui ne fût puérile[1]. Le prétendu monde d'art où il vivait l'avait rendu complétement niais. Parfois, il songeait moins à combattre qu'à aller pleurer sans armes devant ses ennemis, s'imaginant les toucher; il composait déjà l'*epinicium* qu'il devait chanter avec eux le lendemain de la réconciliation; d'autres fois, il voulait faire massacrer tout le sénat, brûler Rome une seconde fois, et pendant l'incendie lâcher les bêtes de l'amphithéâtre sur la ville. Les Gaulois surtout étaient l'objet de sa rage; il parlait de faire égorger ceux qui étaient à Rome, comme fauteurs de leurs compatriotes et comme suspects de vouloir se joindre à eux[2]. Par intervalles, il avait la pensée de changer le siége de son empire[3], de se retirer à Alexandrie; il se rappelait que des prophètes lui avaient promis l'empire de l'Orient et en particulier le royaume de Jérusalem; il songeait que son talent musical le ferait vivre, et cette possibilité, qui serait la meilleure preuve de son mérite, lui causait une secrète joie. Puis il se consolait par la littérature;

1. Suétone, *Néron,* 43, 47; Dion Cassius, LXIII, 27.
2. Suétone, *Néron,* 43.
3. Aurélius Victor, *De Cæs.,* Nér., 14.

il faisait remarquer ce que sa situation avait de particulier : tout ce qui lui arrivait était inouï ; jamais
prince n'avait perdu vivant un si grand empire. Même
aux jours de la plus vive angoisse, il ne changea
rien à ses habitudes ; il parlait plus de littérature
que de l'affaire des Gaules ; il chantait, faisait de
l'esprit, allait au théâtre *incognito*, écrivait sous
main à un acteur qui lui plaisait : « Retenir un homme
si occupé ! C'est mal [1]· »

Le peu d'accord des armées de la Gaule, la mort
de Vindex, la faiblesse de Galba eussent peut-être
ajourné la délivrance du monde, si l'armée de Rome
à son tour ne se fût prononcée. Les prétoriens se
révoltèrent et proclamèrent Galba dans la soirée
du 8 juin. Néron vit que tout était perdu. Son esprit
faux ne lui suggérait que des idées grotesques :
se revêtir d'habits de deuil, aller haranguer le peuple
en cet accoutrement, employer toute sa puissance
scénique pour exciter la compassion, et obtenir ainsi
le pardon du passé ou, faute de mieux, la préfecture
de l'Égypte. Il écrivit son discours [2] ; on lui fit remarquer qu'avant d'arriver au forum, il serait mis en
pièces. Il se coucha : se réveillant au milieu de la
nuit, il se trouva sans gardes ; on pillait déjà sa

1. Suétone, *Néron*, 40, 42.
2. On trouva le brouillon après sa mort. Suétone, *Néron*, 47.

chambre. Il sort, frappe à diverses portes, personne
ne répond. Il rentre, veut mourir, demande le myr-
millon Spiculus, brillant tueur, une des célébrités de
l'amphithéâtre. Tout le monde s'écarte. Il sort de
nouveau, erre seul dans les rues, va pour se jeter dans
le Tibre, revient sur ses pas. Le monde semblait faire
le vide autour de lui. Phaon, son affranchi, lui offrit
alors pour asile sa villa située entre la voie Salaria et
la voie Nomentane, vers la quatrième borne milliaire[1].
Le malheureux, à peine vêtu, couvert d'un méchant
manteau, monté sur un cheval misérable, le visage
enveloppé pour n'être pas reconnu, partit accompagné de trois ou quatre de ses affranchis, parmi lesquels étaient Phaon, Sporus, Épaphrodite, son secrétaire. Il ne faisait pas encore jour ; en sortant par la
porte Colline, il entendit au camp des prétoriens,
près duquel il passait, les cris des soldats qui le
maudissaient et proclamaient Galba. Un écart de son
cheval, amené par la puanteur d'un cadavre jeté sur
le chemin, le fit reconnaître. Il put cependant atteindre
la villa de Phaon, en se glissant à plat ventre sous
les broussailles et en se cachant derrière les roseaux.

---

1. Environ une lieue et demie. La villa de Phaon devait être
un peu au delà de l'Anio, entre le *ponte Nomentano* et le *ponte
Salaro*, sur la *via Patinaria*. Platner et Bunsen, *Beschreibung
der Stadt Rom*, III, 2e partie, p. 455; cf. I, p. 675.

Son esprit drolatique, son argot de gamin ne l'abandonnèrent pas. On voulut le blottir dans un trou à pouzzolane comme on en voit beaucoup en ces parages. Ce fut pour lui l'occasion d'un mot à effet! « Quelle destinée! dit-il; aller vivant sous terre! » Ses réflexions étaient comme un feu roulant de citations classiques, entremêlées des lourdes plaisanteries d'un bobèche aux abois. Il avait sur chaque circonstance une réminiscence littéraire, une froide antithèse : « Celui qui autrefois était fier de sa suite nombreuse n'a plus maintenant que trois affranchis. » Par moments, le souvenir de ses victimes lui revenait, mais n'aboutissait qu'à des figures de rhétorique, jamais à un acte moral de repentir. Le comédien survivait à tout. Sa situation n'était pour lui qu'un drame de plus, un drame qu'il avait répété. Se rappelant les rôles où il avait figuré des parricides, des princes réduits à l'état de mendiants, il remarquait que maintenant il jouait tout cela pour son compte, et chantonnait ce vers qu'un tragique avait mis dans la bouche d'Œdipe :

Ma femme, ma mère, mon père
Prononcent mon arrêt de mort [1].

Incapable d'une pensée sérieuse, il voulut qu'on creu-

1. Dion Cassius, LXIII, 28 (cf. Suét., *Néron,* 46).

sât sa fosse à la taille de son corps, fit apporter des
morceaux de marbre, de l'eau, du bois pour ses funérailles ; tout cela, pleurant et disant : « Quel artiste
va mourir ! »

Le courrier de Phaon, cependant, apporte une
dépêche ; Néron la lui arrache. Il lit que le sénat l'a
déclaré ennemi public et l'a condamné à être puni
« selon la vieille coutume ». — « Quelle est cette
coutume ? » demande-t-il. On lui répond que la tête
du patient tout nu est engagée dans une fourche,
qu'alors on le frappe de verges jusqu'à ce que mort
s'ensuive, puis que le corps est traîné par un croc
et jeté dans le Tibre. Il frémit, prend deux poi-
gnards qu'il avait sur lui, en essaye la pointe, les
resserre, disant que « l'heure fatale n'était pas encore
venue ». Il engageait Sporus à commencer sa nénie
funèbre, essayait de nouveau de se tuer, ne pouvait.
Sa gaucherie, cette espèce de talent qu'il avait pour
faire vibrer faux toutes les fibres de l'âme, ce rire à
la fois bête et infernal, cette balourdise prétentieuse
qui fait ressembler sa vie entière aux miaulements
d'un sabbat grotesque, atteignaient au sublime de la
fadeur. Il ne pouvait réussir à se tuer. « N'y aura-
t-il donc personne ici, demanda-t-il, pour me donner
l'exemple ? » Il redoublait de citations, se parlait en
grec, faisait des bouts de vers. Tout à coup on entend

le bruit du détachement de cavalerie qui vient pour
le saisir vivant.

· Le pas des lourds chevaux me frappe les oreilles [1],

dit-il. Épaphrodite alors pesa sur le poignard et le
lui fit entrer dans la gorge. Le centurion arrive presque au même moment, veut arrêter le sang, cherche
à faire croire qu'il vient le sauver. « Trop tard! »
dit le mourant, dont les yeux sortaient de la tête et
glaçaient d'horreur. « Voilà où en est la fidélité! »
ajouta-t-il en expirant[2]. Ce fut son meilleur trait
comique. Néron laissant tomber une plainte mélancolique sur la méchanceté de son siècle, sur la disparition de la bonne foi et de la vertu!... Applau-
dissons. Le drame est complet. Une seule fois, nature
aux mille visages, tu as su trouver un acteur digne
d'un pareil rôle.

Il avait beaucoup tenu à ce qu'on ne livrât pas sa
tête aux insultes et qu'on le brûlât tout entier. Ses
deux nourrices et Acté, qui l'aimait encore, l'enseve-
lirent secrètement, en un riche linceul blanc, broché
d'or, avec le luxe qu'elles savaient qu'il eût aimé.
On mit ses cendres dans le tombeau des Domitius,

1. *Iliade*, X, 535.
2. Suétone, *Néron*, 40-50; Dion Cassius, LXIII, 22-29 ;
Zonaras, XI, 13; Pline, *Hist nat.*, XXXVII, II (10).

grand mausolée qui dominait la colline des Jardins (le *Pincio*), et faisait un bel effet du Champ de Mars[1]. De là son fantôme hanta le moyen âge comme un vampire ; pour conjurer les apparitions qui troublaient le quartier, on bâtit l'église *Santa-Maria del popolo*.

Ainsi périt à trente et un ans, après avoir régné treize ans et huit mois, le souverain, non le plus fou ni le plus méchant, mais le plus vain et le plus ridicule que jamais le hasard des événements ait porté aux premiers plans de l'histoire. Néron est avant tout une perversion littéraire. Il était loin d'être dépourvu de tout talent, de toute honnêteté, ce pauvre jeune homme, enivré de mauvaise littérature, grisé de déclamations, qui oubliait son empire auprès de Terpnos ; qui, recevant la nouvelle de la révolte des Gaules, ne se dérangea pas du spectacle auquel il assistait, témoigna sa faveur à l'athlète, ne pensa durant plusieurs jours qu'à sa lyre et à sa voix[2]. Le

---

1. Pour que Lactance ne connût pas ce monument quand il écrivait son traité *De mortibus persecutorum* (chap. 2 : « ut ne sepulturæ quidem locus in terra tam malæ bestiæ appareret »), il fallait qu'il n'eût pas encore été à Rome. On croit voir de nos jours les traces de la villa des Domitius dans le mur de Rome à l'extrémité de la promenade du Pincio. (Platner et Bunsen, *Beschreibung der Stadt Rom,* III, 2ᵉ partie, p. 569-574)

2. Dion Cassius, LXIII, 26.

plus coupable en tout ceci fut le peuple avide de
plaisirs, qui exigeait avant tout que son souverain
l'amusât, et aussi le faux goût du temps, qui avait
interverti les ordres de grandeur, et donnait trop de
prix à la renommée de l'homme de lettres et de l'artiste. Le danger de l'éducation littéraire est d'inspirer un désir immodéré de la gloire, sans donner toujours le sérieux moral qui fixe le sens de la vraie
gloire. Il était écrit qu'un naturel vaniteux, subtil,
voulant l'immense, l'infini, mais sans nul jugement,
ferait un déplorable naufrage. Même ses qualités,
telles que son aversion pour la guerre, devinrent
funestes, en ne lui laissant de goût que pour des manières de briller qui n'auraient pas dû être les
siennes. A moins qu'on ne soit un Marc-Aurèle, il
n'est pas bon d'être trop au-dessus des préjugés de
sa caste et de son état. Un prince est un militaire ;
un grand prince peut et doit protéger les lettres ; il
ne doit pas être littérateur. Auguste, Louis XIV, présidant à un brillant développement de l'esprit, sont,
après les villes de génie, comme Athènes et Florence, le plus beau spectacle de l'histoire ; Néron,
Chilpéric, le roi Louis de Bavière, sont des caricatures. Dans le cas de Néron, l'énormité du pouvoir
impérial et la dureté des mœurs romaines firent que
la caricature sembla esquissée en traits de sang.

On répète souvent, pour montrer l'irrémédiable immoralité des foules, que Néron fut populaire à quelques égards. Le fait est qu'il y eut sur son compte deux courants d'opinion opposés [1]. Tout ce qu'il y avait de sérieux et d'honnête le détestait; les gens du bas peuple l'aimèrent, les uns naïvement et par le sentiment vague qui porte le pauvre plébéien à aimer son prince, s'il a des dehors brillants [2]; les autres, parce qu'il les enivrait de fêtes. Durant ces fêtes, on le voyait mêlé à la foule, dînant, mangeant au théâtre, au milieu de la canaille [3]. Ne haïssait-il pas, d'ailleurs, le sénat, la noblesse romaine, dont le caractère était si rude, si peu populaire? Les viveurs qui l'entouraient étaient au moins aimables et polis. Les soldats des gardes conservèrent aussi toujours de l'affection pour lui. Longtemps on trouva son tombeau orné de fleurs fraîches, et ses images déposées aux Rostres par des mains inconnues [4]. L'origine de la fortune d'Othon fut qu'il avait été son confident, et qu'il imitait ses manières. Vitellius, pour se faire accepter à Rome, affecta aussi hautement de prendre

1. Josèphe, *Ant.*, XX, VIII, 3.

2. Suétone, *Néron,* 56.

3. Suétone, *Néron,* 20, 22 ; Tacite, *Hist.*, I, 4, 5, 16, 78 : II, 95; Dion Cassius, LXIII, 10.

4. Suétone, *Néron*, 57.

Néron pour modèle et de suivre ses maximes de gouvernement. Trente ou quarante ans après, tout le
monde désirait qu'il fût encore vivant et souhaitait
son retour [1].

Cette popularité, dont il n'y a pas trop lieu d'être
surpris, eut, en effet, une singulière conséquence. Le
bruit se répandit que l'objet de tant de regrets n'était
pas réellement mort. Déjà du vivant de Néron, on
avait vu poindre, dans l'entourage même de l'empereur, l'idée qu'il serait détrôné à Rome, mais qu'alors
commencerait pour lui un nouveau règne, un règne
oriental et presque messianique [2]. Le peuple a toujours de la peine à croire que les hommes qui ont
occupé longtemps l'attention du monde sont définitivement disparus. La mort de Néron à la villa de
Phaon, en présence d'un petit nombre de témoins [3],
n'avait pas eu un caractère bien public ; tout ce qui
concernait sa sépulture s'était passé entre trois
femmes qui lui étaient dévouées ; Icélus presque
seul avait vu le cadavre [4] ; il ne restait rien de sa

1. Dion Chrysostome, Orat. xxi, 10 (édit. d'Emperius) :
Ὅν γε καὶ νῦν ἔτι πάντες ἐπιθυμοῦσι ζῆν, οἱ δε πλεῖστοι καὶ οἴονται.

2. Suétone, Néron, 40; cf. Tacite, Ann., XV, 36. Le faux
Néron ne rêve que la Syrie et l'Égypte. Tacite, Hist., II, 9.

3. Quatre, selon Suétone, Néron, 48-50.

4. Plutarque, Vie de Galba, 7; Suétone, Nér., 49.

personne qui fût reconnaissable. On pouvait croire à
une substitution ; les uns affirmaient qu'on n'avait
pas trouvé le corps ; d'autres disaient que la plaie
qu'il s'était faite au cou avait été bandée et guérie [1].
Presque tous soutenaient que, à l'instigation de l'am-
bassadeur parthe à Rome, il s'était réfugié chez les
Arsacides, ses alliés, ennemis éternels des Romains,
ou auprès de ce roi d'Arménie, Tiridate, dont le
voyage à Rome en 66 avait été accompagné de fêtes
magnifiques, qui frappèrent le peuple [2]. Là, il tramait
la ruine de l'empire. On allait bientôt le voir revenir
à la tête des cavaliers de l'Orient, pour torturer ceux
qui l'avaient trahi [3]. Ses partisans vivaient dans cette

1. Tacite, *Hist.*, II, 8 ; Sulpice Sévère, *Hist.*, l. II, c. 29 ;
Lactance, *De mort. pers.*, c. 2.

2. Néron avait certainement eu l'idée de se sauver chez
Vologèse ; et en effet les Parthes se montrent toujours néroniens.
Suétone, *Néron*, 13, 30, 47, 57 ; Aurélius Victor, *De Cæs.*, Néron,
14 ; *Epit.*, Néron, 8 ; *Carm. sib.*, V, 147. Tiridate avait justement
visité les villes d'Asie (Dion Cassius, LXIII, 7, leçon à tort con-
testée). En tout cas, l'opinion à cet égard était si bien arrêtée, que
tous les faux Nérons parurent chez les Parthes ou furent des agents
des Parthes. Zonaras, XI, 18 ; Tac., *Hist.*, I, 2 ; Suétone, *Néron*, 57.

3. *Carmina sibyll.*, IV, 119 et suiv., 137 et suiv. ; V, 33-34,
93 et suiv., 100 et suiv., 137, 142, 146 et suiv., 215-223, 362 et
suiv., 385 ; VIII, 70 et suiv., 146, 152 et suiv. ; XII, 93-94 ;
Ascension d'Isaie, IV, 2 et suiv. ; Commodien, *Carmen*, v. 820 et
suiv., 862, 925 et suiv. (édit. Pitra). Comp. Suétone, *Néron*, 57 ;
Tac., *Hist.*, I, 2 ; Lactance, *De mort. pers.*, 2 ; Zonaras, XI, 18.

espérance ; déjà ils relevaient ses statues, et faisaient même courir des édits avec sa signature[1]. Les chrétiens, au contraire, qui le considéraient comme un monstre, en entendant de pareils bruits, auxquels ils croyaient en tant que gens du peuple, étaient frappés de terreur. Les imaginations dont il s'agit durèrent fort longtemps, et, conformément à ce qui arrive presque toujours en de semblables circonstances, il y eut plusieurs faux Néron[2]. Nous verrons bientôt le contre-coup de cette opinion dans l'Église chrétienne et la place qu'elle tient dans la littérature prophétique du temps.

1. Suétone, *Néron,* 57 ; Tacite, *Hist.,* II, 8.

2. Il y en eut au moins deux : 1° celui qui fut tué à Cythnos et dont nous aurons beaucoup occasion de parler; 2° celui qui parut sous Domitien, vers l'an 88 (Tacite, *Hist.,* I, 2 ; Suétone, *Néron,* 57). L'indication de Zonaras (XI, 18) sur un autre faux Néron, qui aurait paru sous Titus, semble provenir d'une erreur de date; les données de Zonaras peuvent être rapportées au faux Néron de 88. *Ceterorum* de Tac., *Hist.,* II, 8, supposerait, il est vrai, plus d'un faux Néron après celui de Cythnos; mais il est peu probable que la politique parthe ait commis deux fois de suite la même faute, et ait été dupe à quelques années de distance de deux imposteurs jouant la même farce. Dion Chrysostome, sous Trajan, atteste que plusieurs croyaient encore fermement que Néron vivait (Orat. XXI, 10). L'auteur du quatrième livre sibyllin, qui écrit vers l'an 80, croit que Néron est chez les Parthes (vers 119-124, 137-139), et qu'il va bientôt venir. Τότε (vers 137) inviterait à placer un faux Néron sous Titus

L'étrangeté du spectacle auquel on assistait laissait peu d'âmes dans le droit sens. On avait poussé la
nature humaine aux limites du possible; il restait le
vide au cerveau qui suit les accès de fièvre; partout
des spectres, des visions de sang. On racontait qu'au
moment où Néron sortit de la porte Colline pour se
réfugier à la villa de Phaon, un éclair lui donna dans
les yeux, qu'en même temps la terre trembla, comme
si elle se fût entr'ouverte et que les âmes de tous
ceux qu'il avait tués fussent venues se précipiter sur
lui [1]. Il y avait dans l'air comme une soif de vengeance. Bientôt nous assisterons à l'un des inter-
mèdes du grand drame céleste, où les âmes des égorgés, serrées sous l'autel de Dieu, crient à haute voix :
« Jusques à quand, Seigneur, ne redemanderas-tu pas
notre sang à ceux qui habitent la terre [2]? » Et il leur
sera donné une robe blanche, pour qu'ils attendent
encore un peu.

(cf. vers 130-136); mais le sibylliste semble parler ici d'un événement futur. S'il prophétisait *post eventum,* il verrait l'inanité
de ce qu'il annonce comme un grand événement.

1. Suétone, *Néron,* 48; Dion Cassius, LXIII, 28.

2. Apoc., vi, 9 et suiv.

CHAPITRE XIV.

La première impression des juifs et des chrétiens à la nouvelle de la révolte de Vindex avait été une joie extrême. Ils crurent que l'empire allait finir avec la maison de César, et que les généraux révoltés, pleins de haine pour Rome [1], ne songeaient qu'à se rendre indépendants dans leurs provinces respectives. Le mouvement des Gaules fut accueilli en Judée comme ayant une signification analogue à celui des Juifs eux-mêmes [2]. C'était là une profonde erreur. Aucune partie de l'empire, la Judée exceptée, ne voulait voir se dissoudre la grande association qui donnait au monde la paix et la prospérité matérielle. Tous ces pays des bords de la Méditerranée, autrefois ennemis, étaient enchantés de vivre ensemble

1. Apoc., XVII, 16.
2. Josèphe, *B. J.,* proœm., 2; VI, VI, 2.

21

La Gaule elle-même, bien que moins pacifiée que le reste, bornait ses velléités révolutionnaires à renverser les mauvais empereurs, à demander la réforme, à souhaiter l'empire libéral. Mais on conçoit que des gens habitués aux royautés éphémères de l'Orient aient regardé comme fini un empire dont la dynastie venait de s'éteindre, et aient cru que les diverses nations subjuguées depuis un ou deux siècles allaient former des États séparés sous les généraux qui en avaient le commandement. Pendant dix-huit mois, en effet, aucun des chefs de légions révoltées ne réussit à primer ses rivaux d'une manière durable. Jamais le monde n'avait été pris d'un tel tremblement : à Rome, le cauchemar à peine dissipé de Néron ; à Jérusalem, une nation entière à l'état de délire ; les chrétiens sous le coup de l'affreux massacre de l'an 64 ; la terre elle-même en proie aux convulsions les plus violentes : tout le monde avait le vertige. La planète semblait être ébranlée et ne pouvoir plus vivre. L'horrible degré de méchanceté où la société païenne était arrivée, les extravagances de Néron, sa Maison Dorée, son art insensé, ses colosses, ses portraits de plus de cent pieds de haut[1] avaient à la lettre rendu le monde fou. Des

1. Pline, XXXIV, vii (8) ; XXXV, vii (33) ; Dion Cassius, LXVI, 15.

fléaux naturels se produisaient de toutes parts [1], et tenaient les âmes dans une espèce de terreur.

Quand on lit l'Apocalypse sans en connaître la date et sans en avoir la clef, un tel livre paraît l'œuvre de la fantaisie la plus capricieuse et la plus individuelle; mais, quand on replace l'étrange vision en cet interrègne de Néron à Vespasien, où l'empire traversa la crise la plus grave qu'il ait connue, l'œuvre se trouve dans un merveilleux accord avec l'état des esprits [2]; nous pouvons ajouter avec l'état du globe; car nous verrons bientôt que l'histoire physique de la terre à la même époque y fournit des éléments. Le monde était affolé de miracles; jamais on ne fut si occupé de présages. Le Dieu Père paraissait avoir voilé sa face; des larves impures, des monstres sortis d'un limon mystérieux semblaient errer dans l'air. Tous se croyaient à la veille de quelque chose d'inouï. La croyance aux signes du temps et aux prodiges était universelle; à peine quelques centaines d'hommes instruits en voyaient-ils la vanité [3]. Des charlatans, dépositaires plus ou moins authentiques des vieilles chimères de Babylone, exploitaient

1. Juvénal, vi, 409-411.

2. Voir surtout Tacite, *Hist.*, I, 3, 18. Cf. *Ann.*, XV, 47.

3. Pline l'Ancien, le savant du temps, est d'une extrême crédulité. Les historiens les plus sérieux, Suétone, Dion Cassius

l'ignorance du peuple, et prétendaient interpréter les pronostics [1]. Ces misérables devenaient des personnages ; le temps se passait à les chasser et à les rappeler [2] ; Othon [3] et Vitellius [4], en particulier, leur furent livrés tout entiers. La plus haute politique ne dédaignait pas de tenir compte de ces puériles rêveries [5].

Une des branches les plus importantes de la divination babylonienne était l'interprétation des

---

(LXI, 16, LXV, 1, etc.), admettent la valeur des présages. Tacite (*Hist.*, I, 18, 86) semble en voir la vanité. Galba les dédaigna (*Hist.*, I, 18 ; cf. cependant Plut., *Galba*, 23). Vespasien en riait aussi parfois (Suét., *Vesp.*, 23).

1. *Vie d'Apollonius* par Philostrate, en particulier V, 13.

2. Valère Maxime, I, 3.

3. Suétone, *Othon*, 4, 6 ; Tacite, *Hist.*, I, 22.

4. Suétone, *Vitellius*, 14 ; Tacite, *Hist.*, II, 62 ; Dion Cassius, LXV, 1 ; Zonaras, *Ann.*, VI, 5.

5. Suétone, *Tibère*, 74 ; *Caius*, 57 ; Claude, 46 ; *Néron*, 6, 36, 40, 46 ; *Galba*, 1, 9, 18 ; *Othon*, 4, 6, 7, 8 ; *Vit.*, 14 ; *Vesp.*, 5, 7, 25 ; Tacite, *Ann.*, XII, 64 ; XIV, 9, 12, 22 ; XV, 22, 47 ; *Hist.*, I, 3, 10, 18, 22, 38, 86 ; II, 78 ; Dion Cassius, LX, 35 ; LXI, 2, 16, 18 ; LXII, 1 ; LXIII, 16, 26, 29 ; LXIV, 1, 7, 10 ; LXV, 1, 8, 9, 11, 13 ; LXVI, 1, 9 ; Pline, *H. N.*, II, lxx (72), lxxxiii (85), ciii (106) ; Nicéphore, *Hist. eccl.*, l. I, ch. 17 ; Plutarque, *Galba*, 23 ; *Othon*, 4 ; Eusèbe, *Chron.*, ad ann. 1973 Abrah., 7 Ner., 9 Ner. ; Zonaras, XI, 16 ; Philostrate, *Apoll.*, IV, 43 ; Jos., *B. J.*, VI, v, 3, 4. Cf. Virgile, *Géorg.*, 1, 463 et suiv. ; *Carmina sibyll.*, III, 334, 337, 411 et suiv. ; IV, 128 et suiv., 172 et suiv. Comp. Tite-Live, XXX, 2.

naissances monstrueuses, considérées comme impliquant l'indice d'événements prochains [1]. Cette idée avait envahi plus qu'aucune autre le monde romain ; les fœtus à plusieurs têtes surtout étaient tenus pour des présages évidents, chaque tête, selon un symbolisme que nous verrons adopté par l'auteur de l'Apocalypse, représentant un empereur [2]. Il en était de même des formes hybrides, ou que l'on prétendait telles. A cet égard encore, les visions malsaines, les images incohérentes de l'Apocalypse sont le reflet des contes populaires qui remplissaient les esprits. Un pourceau à serres d'épervier fut tenu pour la parfaite image de Néron [3]. Néron lui-même était fort curieux de ces monstruosités [4].

On était aussi très-préoccupé des météores, des signes au ciel. Les bolides faisaient la plus grande impression. On sait que la fréquence des bolides est un phénomène périodique, qui revient à peu près tous les trente ans. A ces moments, il est des nuits où, à la lettre, les étoiles ont l'air de tomber du ciel. Les comètes, les éclipses, les parhélies, les aurores

1. *Journal asiatique*, oct.-nov.-déc. 1871, p. 449 et suiv.
2. Philostr., *Apoll*, V, 13 ; Tac., *Ann.*, XV, 47 ; *Hist.*, I, 86.
3. Tacite, *Ann.*, XII, 64.
4. Phlégon, *De rebus mirab.*, c. xx ; Pline, endroits cités ci-dessus, p. 137, note 1.

boréales, où l'on croyait voir des couronnes, des
glaives, des stries de sang; les nuées chaudes, aux
formes plastiques, où se dessinaient des batailles,
des animaux fantastiques, étaient avidement remar-
quées et paraissent n'avoir jamais eu autant d'intensité qu'en ces tragiques années. On ne parlait que de
pluies de sang, d'effets surprenants de la foudre,
de fleuves remontant leur cours, de rivières sangui-
nolentes. Mille choses auxquelles on ne fait pas
attention en temps ordinaire recevaient de l'émotion
fiévreuse du public une importance exagérée [1]. L'infâme charlatan Balbillus exploitait l'impression que
ces accidents faisaient quelquefois sur l'empereur
pour exciter ses soupçons contre ce qu'il y avait de
plus illustre et tirer de lui les ordres les plus cruels [2].

Les fléaux du temps [3], au reste, justifiaient jusqu'à un certain point ces folies. Le sang coulait à
flots de tous côtés. La mort de Néron, qui fut une
délivrance à tant d'égards, ouvrit une période de
guerres civiles. La lutte des légions de la Gaule sous

1. Tacite, *Ann.*, XV, 47; *Hist.*, I, 18, 86; Dion Cassius,
LXIII, 26; Eusèbe, *Chron.*, à l'année de J.-C. 33; *Carmina
sibyll*, IV, 172 et suiv.; V, 154.

2. Suétone, *Néron*, 36, 56; Tacite, *Ann.*, XV, 47; Pline, II,
xxv (23); Dion Cassius, LXI, 18.

3. *Carmina sibyll.*, III, 295 et suiv., 323 et suiv., 467 et suiv.;
IV, 140 et suiv., etc.

Vindex et Verginius avait été effroyable ; la Galilée était le théâtre d'une extermination sans exemple ; la guerre de Corbulon chez les Parthes avait été très-meurtrière. On pressentait pis encore dans l'avenir : les champs de Bédriac et de Crémone vont bientôt exhaler une fumée de sang. Les supplices faisaient des amphithéâtres autant d'enfers. La cruauté des mœurs militaires et civiles avait banni du monde toute pitié. Retirés tremblants au fond de leurs asiles, les chrétiens se redisaient sans doute déjà des mots que l'on prêtait à Jésus [1] : « Quand vous entendrez parler de guerres et de bruits de guerre, ne vous en troublez pas ; il faut que cela soit ; ce n'est pas encore la fin. On verra se lever nation contre nation, royaume contre royaume ; il y aura de grands tremblements de terre, des épouvantements, des famines, des pestes de tous les côtés et de grands signes dans le ciel. Ce sont là les commencements des douleurs [2]. »

La famine, en effet, se joignait aux massacres.

1. Matth., XXIV, 6-8 ; Marc, XIII, 7-9 ; Luc, XXI, 9-11.
2. Sur les fléaux et en particulier sur la famine, envisagés comme signes de la venue du Messie, voyez Mischna, *Sota*, IX, 15 ; Talm. de Bab., *Sanhedrin*, 97 *a* ; *Pesikta derabbi Kahna* (édit. Buber), 51 *b*; *Pesikta rabbathi*, ch. I, *sub fin.*, et ch. XV; le midrasch *Othoth ham-maschiah*, dans le *Beth ham-midrasch* de Jellinek, II, p. 58-63.

En l'année 68, les arrivages d'Alexandrie furent in-
suffisants[1]. Au commencement de mars 69, une inondation du Tibre fut très-désastreuse[2]. La misère était
extrême[3]. Une irruption soudaine de la mer couvrit
de deuil la Lycie[4]. En l'an 65, une peste horrible
affligea Rome[5]; durant l'automne, on compta trente
mille morts. La même année, le monde s'entretint
du terrible incendie de Lyon[6], et la Campanie fut
ravagée par des trombes et des cyclones, dont les
ravages s'étendirent jusqu'aux portes de Rome[7].
L'ordre de la nature paraissait renversé; des orages
affreux répandaient la terreur de toutes parts[8].

Mais ce qui frappait le plus, c'étaient les tremblements de terre. Le globe traversait une convulsion
parallèle à celle du monde moral; il semblait que la
terre et l'humanité eussent la fièvre à la fois[9]. C'est

---

1. Suétone, *Néron,* 45. Cf. Tacite, *Ann,* XII, 43; *Carmina sibyll.,* III, v. 475 et suiv.

2. Tacite, *Hist.,* I, 86; Suétone, *Othon,* 8; Plutarque, *Othon,* 4.

3. Suétone, *Néron,* 45; Tacite, *Hist.,* I, 86.

4. Dion Cassius, LXIII, 26.

5. Tac, *Ann.,* XVI, 13; Suét., *Néron,* 39; Orose, VII, 7.

6. Tacite, *Ann.,* XVI, 13; Sénèque, *Epist.,* xci.

7. Tacite, *Ann.,* XVI, 13.

8. Tacite, *Ann.,* XV, 47; Sénèque, *Quœst. nat.,* VI, 28.

9. « Mundus ipse concutitur..... ingens timor..... consternatio omnium, » Sénèque, *Quœst. nat.,* VI, 1.

le propre des mouvements populaires de mêler ensemble tout ce qui agite l'imagination des foules, au moment où ils s'accomplissent ; un phénomène naturel, un grand crime, une foule de choses accidentelles ou sans lien apparent sont liées et fondues ensemble dans la grande rapsodie que l'humanité compose de siècle en siècle. C'est ainsi que l'histoire du christianisme s'est incorporé tout ce qui, aux diverses époques, a ému le peuple. Néron et la Solfatare y ont autant d'importance que le raisonnement théologique ; il y faut faire une place à la géologie et aux catastrophes de la planète. De tous les phénomènes naturels, d'ailleurs, les tremblements de terre sont ceux qui portent le plus l'homme à s'humilier devant les forces inconnues ; les pays où ils sont fréquents, Naples, l'Amérique centrale, ont la superstition à l'état endémique ; il en faut dire autant des siècles où ils sévissent avec une violence particulière. Or, jamais ils ne furent plus communs qu'au premier siècle. On ne se souvenait pas d'un temps où l'écorce du vieux continent eût été si fort agitée [1].

Le Vésuve préparait son effroyable éruption de 79.

---

1. Juvénal, vi, 411 ; *Carm. sibyll.*, III, 341, 401, 449, 457, 459 et suiv.; IV, 128-129. M. Julius Schmidt, directeur de l'observatoire d'Athènes, qui a fait un catalogue des tremblements de

Le 5 février 63, Pompéi fut presque abîmée par un
tremblement de terre; une grande partie des habitants ne voulut plus y rentrer[1]. Le centre volcanique
de la baie de Naples, au temps dont il s'agit, était
vers Pouzzoles et Cumes. Le Vésuve était encore
silencieux[2]; mais cette série de petits cratères qui
constitue la région à l'ouest de Naples, et qu'on
appelait les Champs Phlégréens[3], offrait partout la
trace du feu. L'Averne, l'*Acherusia palus* (lac Fusaro),
le lac Agnano, la Solfatare, les petits volcans éteints
d'Astroni, de Camaldoli, d'Ischia, de Nisida, offrent
aujourd'hui quelque chose de mesquin; le voyageur
en rapporte une impression plutôt gracieuse que terrible. Tel n'était pas le sentiment de l'antiquité. Ces
étuves, ces grottes profondes, ces sources thermales,
ces bouillonnements, ces miasmes, ces sons caver-
neux, ces bouches béantes (*bocche d'inferno*) vomis-
sant le soufre et des vapeurs en feu, inspirèrent

terre, a bien voulu me communiquer la partie de son catalogue
relative aux temps qui nous occupent.

1. Tacite, *Ann.*, XV, 22 ; Sénèque, *Quœst. nat.*, VI, 1.

2. Il y avait eu, aux époques antéhistoriques, des éruptions
du Vésuve; mais la montagne était depuis longtemps en repos,
quand éclata l'éruption de 79. (Diod. Sic., IV, 21 ; Strabon, V,
IV, 8; Dion Cassius, LXVI, 21, 22; Vitruve, II, VI, 2; Pline,
Lettres, VI, 16.) La culture montait jusqu'au sommet; le plateau
seul offrait l'aspect *phlégréen*.

3. Strabon, V, IV, 4-9; Diod Sic., IV, 21-22.

Virgile; ils furent également l'un des facteurs essentiels de la littérature apocalyptique. Le juif qui
débarquait à Pouzzoles, pour aller trafiquer ou intri-
guer à Rome [1], voyait cette terre fumante par tous ses
pores, sans cesse ébranlée, qu'on lui disait peuplée
dans ses entrailles de géants et de supplices [2]; la
Solfatare surtout lui paraissait le puits de l'abîme, le
soupirail à peine fermé de l'enfer. Le jet continu de
vapeur sulfureuse qui s'échappe de son ouverture
n'était-il pas à ses yeux la preuve manifeste de
l'existence d'un lac de feu souterrain, destiné évidemment, comme le lac de la Pentapole, à la punition
des pécheurs [3]? — Le spectacle moral du pays ne
l'étonnait pas moins. Baïa était une ville d'eaux et de
bains, le centre du luxe et des plaisirs, l'endroit des
maisons de campagne à la mode, le séjour favori de
la société légère [4]. Cicéron se fit du tort auprès des

1. V. *Saint Paul,* p. 113-114, et ci-dessus, p. 10, note 3.
2. Strabon, V, iv, 4, 5, 6, 9; VI, iii, 5; Diod. Sic., IV, 21.
Ces mythes titaniques grecs avaient été adoptés par les Juifs.
Voir *Hénoch,* x, 12.
3. Apoc., xiv, 10, xix, 20; xx, 9; xxi, 8. L'aspect de la Solfatare paraît avoir été dans l'antiquité plus volcanique qu'aujour-
d'hui; la plaine qui en fait le fond était couverte de soufre à l'état
pulvérulent; il semble qu'on n'y voyait pas de végétation (Strabon, V, iv, 6).
4. Cicéron, *Pro Cœlio,* 20.

gens graves en ayant sa villa au milieu de ce *royaume* des mœurs brillantes et dissolues[1]. Properce ne voulait pas que sa maîtresse y demeurât[2] ; Pétrone y place les débauches de Trimalcion[3]. Baïa, Baules, Cumes, Misène virent, en effet, toutes les folies, tous les crimes. Le bassin de flots d'azur compris dans le contour de cette baie délicieuse fut la sanglante naumachie où s'abîmèrent les milliers de victimes des fêtes de Caligula et de Claude. Quelle réflexion pouvait naître dans l'esprit du juif pieux, du chrétien qui appelait avec ferveur la conflagration universelle du monde, à la vue de ce spectacle sans nom, de ces folles constructions au milieu des flots, de ces bains, objet d'horreur pour les puritains[4]? Une seule. « Aveugles qu'ils sont! devaient-ils se dire, leur futur séjour est sous eux; ils dansent sur l'enfer qui doit les engloutir. »

Nulle part une telle impression, qu'elle s'applique à Pouzzoles ou à d'autres lieux du même caractère,

1. *Hœc puteolana et cumana regna.* Cic., *ad Att.,* XIV, 16. Cf. *ibid.,* I, 16, et Strabon, V, iv, 7.

2. « Tu modo corruptas quam primum desere Baias. »

3. Sénèque l'appelle *diversorium vitiorum. Epist ,* 51. Cf. Martial, I, LXIII.

4. Rapprochez la haine des moines contre Frédéric II, au treizième siècle, parce qu'il rétablit les bains d'eaux thermales à Pouzzoles.

n'est plus frappante que dans le livre d'Hénoch [1].
Selon l'un des auteurs de cette bizarre apocalypse,
le séjour des anges déchus est une vallée souterraine,
située à l'ouest, près de la « montagne des métaux ».
Cette montagne est remplie de flots de feu; une
odeur de soufre s'en exhale; il en sort des sources
bouillonnantes et sulfureuses (eaux thermales) qui
servent à guérir les maladies, et près desquelles les
rois et les grands de la terre se livrent à toute sorte
de voluptés [2]. Les insensés! ils voient chaque jour

---

1. Ch. LXVII, 4-13, édit. Dillmann. On a conclu de ce passage
que la partie du livre d'Hénoch où il se trouve a été écrite après
l'an 79; mais, outre qu'il est douteux qu'il y ait la une allusion à
des phénomènes volcaniques occidentaux, qu'on lise Diodore de
Sicile, IV, 21; Strabon, V, IV, 8, passages écrits certainement avant
l'an 79, on y trouvera presque les mêmes images. Diodore, en particulier, met les Champs Phlégréens en rapport direct avec le
Vésuve, quoique la distance soit de sept ou huit lieues. L'allusion
du livre d'Hénoch peut donc se rapporter simplement aux phénomènes volcaniques de Cumes et de Baïa. L'expression « montagne
des métaux en fusion », où l'on a voulu voir le Vésuve en éruption,
est suffisamment justifiée, ou par la Solfatare de Pouzzoles, ou par
l'état du Vésuve avant 79 (cf. Strabon, *loc. cit.*). L'aspect du
Vésuve était bien celui d'un fourneau éteint. V. Beulé, *Le drame
du Vésuve,* p. 61 et suiv. Ajoutons que l'idée de fusion n'est pas
si nettement exprimée qu'on l'a cru dans le texte éthiopien; en
tout cas, ce texte ne dit nullement que de la vallée « sortiront un
jour » des torrents de feu.

2. Comp. Strabon, V, IV, 5 : αἱ Βαῖαι καὶ τὰ θερμὰ ὕδατα τὰ καὶ
πρὸς τρύφην καὶ πρὸς θεραπείαν νόσων ἐπιτήδεια.

leur châtiment qui se prépare, et néanmoins ils ne
prient pas Dieu. Cette vallée de feu peut être la vallée
de la Géhenne à l'Orient de Jérusalem, reliée à la
dépression de la mer Morte par le *Ouadi en-nâr*
(la vallée du feu); alors les sources thermales sont
celles de Callirrhoé, lieu de plaisance des Hérodes[1],
et de la région toute démoniaque de Machéro, qui en
est voisine [2]. Mais, grâce à l'élasticité de la topographie apocalyptique, les bains peuvent aussi être ceux
de Baïa et de Cumes; dans la vallée de feu, on peut
reconnaître la Solfatare de Pouzzoles ou les Champs
Phlégréens[3]; dans la montagne des métaux, le
Vésuve tel qu'il était avant l'éruption de 79[4]. Nous
verrons bientôt ces lieux étranges inspirer l'auteur de
l'Apocalypse, et le puits de l'abîme se révéler à lui,
dix ans avant que la nature, par une coïncidence
singulière, rouvrît le cratère du Vésuve. Pour le
peuple, il n'y a pas de rapprochement fortuit. Ce fait

1. Jos., *Ant.*, XVII, vi, 5; *B. J.*, I, xxxiii, 5; II, xxi, 6.

2. Jos., *B. J.*, VII, vi, 3.

3. La Solfatare n'étant qu'à cent mètres au-dessus du niveau
de la mer, son cratère peut bien s'appeler une « vallée », expression qui serait impropre pour un point aussi élevé que le cratère
de la Somma.

4. Cette montagne de métaux ne se justifie par aucune particularité physique de la région de la mer Morte. Voir cependant
Neubauer, *Géogr. du Talm.*, p. 37 et 40.

que la contrée la plus tragique du monde, celle qui
fut le théâtre de la grande orgie des règnes de Caligula, de Claude, de Néron, se trouvait en même
temps le pays par excellence des phénomènes que
presque tout le monde alors considérait comme infer-
naux, ne pouvait être sans conséquence[1].

Ce n'était pas, du reste, seulement l'Italie, c'était
toute la région orientale de la Méditerranée qui tremblait. Pendant deux siècles, l'Asie Mineure fut dans un
ébranlement perpétuel[2]. Les villes étaient sans cesse
occupées à se reconstruire; certains endroits comme
Philadelphie éprouvaient des secousses presque tous
les jours[3]; Tralles était dans un état d'éboulement
perpétuel[4]; on avait été obligé d'inventer pour les

1. Naturellement les apocalypses postérieures à l'an 79 in-
sistent plus encore sur ces images. *Carmina sibyllina*, l. IV, 130
et suiv. Comp. 4e livre d'Esdras, VI et suiv., selon l'éthiopien.

2. « Nusquam orbe toto tam assiduos terræ motus et tam
crebras urbium demersiones quam in Asia. » Solin, *Polyh*, 40. Cf.
Texier, *Asie Min.*, pp. 228, 256, 263, 269, 279, 329 et suiv.;
439 et suiv.; Strabon, index, *terræ motus*; Philostrate, *Apoll.*,
IV, 6. C'est ce qui explique pourquoi il y a en Asie Mineure
relativement peu de monuments antérieurs au premier siècle de
notre ère.

3. Strabon, XII, IV, 10. Cf. XII, VIII, 16, 17, 18.

4. Les traces de ces déchirements sont visibles encore sur les
versants du Tmolus et du Messogis. On ne saurait voir des montagnes plus bizarrement déchiquetées, fendues, crevassées. Voir
surtout les environs de Tralles (Aïdin).

maisons un système d'épaulement réciproque[1]. En l'an 17, eut lieu la destruction des quatorze villes de la région du Tmolus et du Messogis ; ce fut la plus terrible catastrophe de ce genre dont on eût jamais entendu parler jusque-là[2], L'an 23[3], l'an 33[4], l'an 37[5], l'an 46[6], l'an 51[7], l'an 53[8], il y eut des malheurs partiels en Grèce, en Asie, en Italie. Théra était dans une période d'actif travail[9] ; Antioche était incessamment ébranlée[10]. A partir de

1. Pour le premier siècle avant J.-C., voir surtout Jos., *Ant.*, XV, v, 2 ; *B. J.*, I, xix, 3 ; Justin, XL, 2, Eusèbe, *Chron.*, années 19, 25, 39 d'Auguste.

2. Tacite, *Ann.*, II, 47 ; Pline, II, lxxxiv (86) ; Dion Cassius, LVII, 17 ; Eusèbe, *Chron.*, année 4 de Tibère ; Sénèque, *Quæst. nat.*, VI, 1 ; Strabon, XII, viii, 16, 17, 18 ; XIII, iii, 5 ; iv, 8 ; Phlégon, *Mir.*, xiii, xiv ; Solin, 40 ; le Syncelle, p. 319 ; *Corpus inscr. gr.*, n° 3450 (Le Bas et Wadd., III, 620) ; Orelli, n° 687 (Mommsen, *Inscr. regni Neap.*, n° 2486) ; Nicéphore, *Hist. eccl.*, I, ch. 17. Cf. *Carmina sibyllina*, III, 341 et suiv. ; V, 286-291. Comparez la catastrophe qui arriva dans le même pays douze ans avant J.-C. Dion Cassius, LIV, 30.

3. Tac., *Ann.*, IV, 13.

4. Eusèbe, *Chron.*, à cette année.

5. Suétone, *Tibère*, 74.

6. Dion Cassius, LX, 29 ; Eus., *Chron.*, an 5 de Claude ; Sénèque, *Quæst. nat.*, II, 26 ; VI, 21 ; Aur. Victor, *Cæs.*, Claude, 14.

7. Tacite, *Ann.*, XII, 43.

8. Tacite, *Ann.*, XII, 58. Comp. le Syncelle, p. 336, Paris.

9. Voir la note pour l'an 46, ci-dessus.

10. Malala, l. X, 243 (102), 246 (104), 265 (112), édit. de Bonn.

l'an 59, enfin, il n'y a presque plus d'année qui ne soit marquée par quelque désastre[1]. La vallée du Lycus, en particulier, avec ses villes chrétiennes de Laodicée, de Colosses, fut abîmée en l'an 60[2]. Quand on songe que c'était là justement le centre des idées millénaires, le cœur des sept Églises, le berceau de l'Apocalypse, on se persuade qu'un lien étroit exista entre la révélation de Patmos et les bouleversements du globe ; si bien que c'est ici l'un des rares exemples qu'on peut citer d'une influence réciproque entre l'histoire matérielle de la planète et l'histoire du développement de l'esprit. L'impression des catastrophes de la vallée du Lycus se retrouve également dans les poëmes sibyllins[3]. Ces tremblements d'Asie répandaient partout l'effroi ; on en parlait dans le monde entier[4], et le nombre de ceux qui ne voyaient pas dans ces accidents les signes d'une divinité courroucée était bien peu considérable[5].

1. Eusèbe, *Chron.*, aux années 62 et 63 ; Suétone, *Néron*, 20 ; Philostrate, *Apollonius*, IV, 34 ; VI, 38, 41 ; Sénèque, *Quœst. nat.*, VI, 1 ; Pline, *Hist. nat.*, II, LXXXIII (85).

2. Voir *Saint Paul*, p. 357-358, note, et ci-dessus, p. 99. Eusèbe et Orose se trompent sur la date de cet événement. Tacite, XIV, 27, tranche la question.

3. *Carmina sibyll.*, III, 471 et suiv. ; V, 286-291.

4. Juvénal, VI, 411.

5. Passages sibyllins précités ; Dion Cassius, LXVIII, 25.

Tout cela faisait une sorte d'atmosphère sombre, où l'imagination des chrétiens trouvait une forte excitation. Comment, à la vue de ce détraquement du monde physique et du monde moral, les fidèles ne se fussent-ils pas écriés avec plus d'assurance que jamais : *Maran atha ! Maran atha !* « Notre-Seigneur vient ! Notre-Seigneur vient ! » La terre leur paraissait s'écrouler, et déjà ils croyaient voir les rois, les puissants et les riches s'enfuir, en criant : « Montagnes, tombez sur nous ; collines, cachez-nous. » Une constante habitude d'esprit des anciens prophètes était de prendre occasion de quelque fléau naturel pour annoncer la prochaine apparition du « jour de Jéhovah ». Un passage de Joël [1], qu'on appliquait aux temps messianiques [2], donnait comme pronostics certains de ce grand jour des signes dans le ciel et sur la terre, des prophètes s'élevant de toutes parts, des fleuves de sang, du feu, des palmiers de fumée [3], le soleil obscurci, la lune sanglante. On croyait également que Jésus avait annoncé les tremblements de terre, les famines et les pestes comme l'ouverture des grandes douleurs [4], puis, comme

1. Ch. iii (selon les Septante et la Vulgate, ii, 28-32).

2. *Act.,* ii, 17-21.

3. *Timrot.* Pline, *Lettres,* VI, 16, compare de même la colonne de fumée du Vésuve à un pin parasol.

4. Matth., xxiv, 7; Marc, xiii, 8; Luc, xxi, 1. Ces idées étaient,

indices précurseurs de sa venue, des éclipses, la lune obscurcie, les astres tombant du firmament, tout le ciel troublé, la mer mugissante, les populations fuyant éperdues, sans savoir de quel côté est la mort ou le salut [1]. L'épouvante devint ainsi un élément de toute apocalypse [2]; on y associa l'idée de persécution [3] : il fut admis que le mal, près de finir, allait redoubler de rage et faire preuve d'un art savant pour exterminer les saints.

comme toutes les données apocalyptiques, empruntées aux anciens prophètes Isaïe et Ézéchiel. Voir Isaïe, xxxiv, 4; Ézech., xxxii, 7-8. Comp. *Carmina sibyll.,* IV, 172 et suiv.

1. Matth., xxiv, 29; Marc, xiii, 24-25; Luc, xxi, 25-26. Comparez, en particulier, les traits de Luc à la description du tremblement de terre de Pompéi en 63, telle que la donne Sénèque, *Quœst. nat.,* VI, 1.

2. Voir *Assomption de Moïse,* c. 10 (Ceriani, I, *Monum. sacra et prof.,* p. 60), etc.; Apoc. de Baruch, dans Ceriani, I, p. 80, et V, p. 130.

3. *Assomption de Moïse,* 8.

CHAPITRE XV.

La province d'Asie était la plus agitée par ces terreurs. L'Église de Colosses avait reçu un coup mortel de la catastrophe de l'an 60[1]. Hiérapolis, quoique bâtie au milieu des déjections les plus bizarres d'un bubon volcanique, ne souffrit pas, ce semble. Ce fut peut-être là que se réfugièrent les fidèles de Colosses. Tout nous montre, dès cette époque, Hiérapolis comme une ville à part. La profession du judaïsme y était publique. Des inscriptions, encore existantes parmi les ruines si merveilleusement conservées de cette ville extraordinaire, mentionnent les distributions annuelles qui doivent se faire à des corporations d'ouvriers, lors de « la fête des azymes » et de « la fête de la Pentecôte[2] ».

1. Voir ci-dessus, p. 99.
2. Inscr. publiée par Wagener, dans la *Revue de l'instr. publ. en Belg.*, mai 1868, p. 1 et suiv.

Nulle part les bonnes œuvres, les institutions cha-
ritables[1], les sociétés de secours mutuels entre gens
exerçant le même métier[2], n'eurent autant d'importance. Des espèces d'orphelinats, de crèches ou
d'asiles pour les enfants[3] attestent des soucis de phi-
lanthropie singulièrement développés. Philadelphie
offrait un spectacle analogue; les corps d'états y
étaient devenus la base des divisions politiques[4]. Une
démocratie pacifique d'ouvriers, associés entre eux,
ne s'occupant pas de politique, était la forme sociale
de presque toutes ces riches villes d'Asie et de
Phrygie. Loin d'être interdite à l'esclave, la vertu y
était considérée comme l'apanage spécial de celui
qui souffre. Vers le temps où nous sommes, naissait
à Hiérapolis même un enfant si pauvre, qu'on le
vendit au berceau et qu'on ne le connut jamais que
sous le nom d' « esclave acheté », *Epictetos,* nom qui
grâce à lui est devenu synonyme de la vertu même.
Un jour sortira de ses leçons ce livre admirable,
manuel des âmes fortes qui répugnent au surnaturel

1. Wagener, *l. c.,* p. 7 et suiv.
2. V. *Saint Paul,* p. 354-355. Voir surtout Waddington,
Inscr., n° 1687.
3. Ἐργασία θρεμματική. Waddington, n° 1687; Wagener, p. 7-8;
cf. *Corpus inscr. gr.,* n° 3318, et *Notices et extraits,* t. XXVIII,
2ᵉ partie, p. 425.
4. *Corpus inscr. gr.,* n° 3422; Wagener, *l. c.,* p. 10-11.

de l'Évangile, et qui croient qu'on fausse le devoir en lui créant un autre charme que celui de son austérité.

Aux yeux du christianisme, Hiérapolis eut un honneur qui surpasse de beaucoup celui d'avoir vu naître Épictète. Elle donna l'hospitalité à l'un des rares survivants de la première génération chrétienne, à l'un de ceux qui avaient vu Jésus, à l'apôtre Philippe [1]. On peut supposer que Philippe vint en Asie après les crises qui rendirent Jérusalem inhabitable pour les gens paisibles, et en chassèrent les chrétiens [2]. L'Asie était la province où les juifs étaient le plus tranquilles ; ils y affluaient. Les rapports entre Rome et Hiérapolis étaient également faciles et réguliers [3]. Philippe était un personnage sacerdotal et d'ancienne école, assez analogue à Jacques. On lui prêtait des miracles, même des résurrections de morts. Il avait eu quatre filles, qui toutes furent prophétesses. Il semble qu'une d'elles était morte

---

1. Passages cités ci-dessous, et Théodoret, in Ps. cxvi, 1 ; Nicéphore, H. E., II, 39. Sur la distinction de Philippe le diacre et de Philippe l'apôtre, voir les Apôtres, p. 151, note ; Saint Paul, p. 506-507.

2. Le ménologe grec (Urbin, 1727, 1re part., p. 14) le fait venir en Asie après la mort de Jean ; mais ce sont là des combinaisons bien modernes.

3. Corpus inscr. gr., n° 3920, négociant qui fit soixante-douze fois le voyage d'Hiérapolis en Italie par le cap Malée.

avant que Philippe vînt en Asie. Des trois autres,
deux vieillirent dans la virginité ; la quatrième se
maria du vivant de son père, prophétisa comme ses
sœurs, et mourut à Éphèse [1]. Ces femmes étranges
devinrent fort célèbres en Asie [2]. Papias, qui fut vers
l'an 130 évêque d'Hiérapolis, les avait connues ; mais
il ne vit pas l'apôtre lui-même. Il apprit de ces
vieilles filles exaltées, sur les miracles de leur père,
des faits extraordinaires, des récits merveilleux [3].
Elles savaient aussi beaucoup de choses sur d'autres
apôtres ou personnages apostoliques, en particulier

1. Les *Actes des apôtres,* et Proclus, qui les suit, comptent
quatre filles prophétesses ; Proclus les enterre toutes à Hiérapolis
avec leur père. Polycrate, le mieux informé, n'en connaît que
trois, deux vierges, une prophétesse ; il enterre cette dernière à
Éphèse. Clément semble les marier toutes. Le ménologe grec
amène deux des quatre filles en Asie, et en enterre une au moins
à Éphèse.

2. *Act.,* xxi, 9 (cf. *les Apôtres,* p. 151, note) ; Papias d'Hiérapolis, dans Eusèbe, *H. E.,* III, 39 ; Polycrate d'Éphèse, *ibid.,* III,
31 ; V, 24 ; Clément d'Alex., *Strom.,* III, 6 ; Proclus, dans Caïus,
dans Eusèbe, III, 31 ; Eusèbe, III, 30, 31, 37 ; V, 17 ; saint Jérôme,
Opp., t. IV, 2e partie, col. 181-182, 673, 785, édit. Martianay ;
Nicéph., *H. E.,* II, 44 ; ménologes grecs, au 4 septembre (celui
d'Urbin, précité ; Canisius, *Lect. ant.,* édit. Basnage, III, 1re partie, p. 464). Quand Irénée appuie les données traditionnelles sur
le témoignage de Jean et « d'autres apôtres », ces mots « autres
apôtres » peuvent désigner Philippe. Notez aussi le rôle développé
de Philippe dans le quatrième Évangile.

3. Διήγησιν θαυμασίαν.

sur Joseph Barsabas, qui, selon elles, avait bu un poison mortel sans en éprouver aucun effet [1].

Ainsi, à côté de Jean, se constitua en Asie un second centre d'autorité et de tradition apostoliques. Jean et Philippe élevèrent le pays qu'ils avaient choisi pour séjour presque au niveau de la Judée. « Ces deux grands astres de l'Asie, » comme on les appelait [2], furent durant quelques années le phare de l'Église, privée de ses autres pasteurs. Philippe mourut à Hiérapolis, et y fut enterré. Ses filles vierges arrivèrent à un âge très-avancé, et furent déposées près de lui; celle qui se maria fut enterrée à Éphèse; on voyait, dit-on, toutes ces sépultures au IIe siècle. Hiérapolis eut ainsi ses tombeaux apostoliques, rivaux de ceux d'Éphèse. La province paraissait ennoblie par ces corps saints, qu'on s'imaginait voir se lever de terre le jour où le Seigneur viendrait, plein de gloire et de majesté, ressusciter ses élus [3].

La crise de Judée, en dispersant, vers 68, les apôtres et les hommes apostoliques, put porter encore à Éphèse et dans la vallée du Méandre d'autres personnages considérables de l'Église naissante. Un très-

---

1. Papias, dans Eusèbe, *H. E.*, III, 39.
2. Polycrate, dans Eusèbe, *H. E.*, III, 31.
3. Polycrate, *l. c.*

grand nombre de disciples, en tout cas, qui avaient vu les apôtres à Jérusalem, se retrouvèrent en Asie, et semblent y avoir mené cette vie vagabonde de ville en ville qui était si fort dans le goût des juifs[1]. Peut-être les mystérieux personnages appelés *Presbyteros Johannes* et Aristion furent-ils du nombre des émigrés [2]. Ces auditeurs des Douze répandirent en Asie la tradition de l'Église de Jérusalem, et achevèrent d'y donner la prépondérance au judéo-christianisme. On les questionnait avidement sur les dires des apôtres et sur les paroles authentiques de Jésus. Plus tard, ceux qui les avaient vus étaient si fiers d'avoir pu puiser à cette source pure, qu'ils dédaignaient les petits écrits qui avaient la prétention de rapporter les discours de Jésus [3].

C'était quelque chose de bien particulier que l'état d'âme où vivaient ces Églises, perdues au fond d'une province dont le climat tranquille et le ciel profond semblent porter à la mysticité. Nulle part

1. Papias, dans Eusèbe, *H. E.*, III, 39. La même chose résulte de l'appel incessant que fait Irénée à la tradition des « anciens » qui avaient vécu avec les apôtres, et dont il a reçu les dires par son maître Polycarpe.

2. Papias, *ibid.* Je regarde cependant comme plus probable que *Presbyteros Johannes* et Aristion furent d'une génération postérieure et qu'il faut lire dans Papias : οἱ τοῦ κυρίου [μαθητῶν] μαθηταί

3. Papias, *ibid.*

les idées messianiques ne préoccupaient autant les
esprits. On se livrait à des calculs extravagants[1]. Les
paraboles les plus bizarres, provenant de la tradition de Philippe et de Jean, se propageaient. L'Évangile qui se formait de ce côté avait quelque chose de
mythique et de singulier[2]. On se figurait, en général,
qu'après la résurrection des corps, laquelle était
proche, il y aurait un règne corporel[3] du Christ sur le
monde, qui durerait mille ans. On décrivait les délices
de ce paradis d'une façon toute matérielle ; on mesu-
rait la grosseur des grappes de raisin et la force des
épis sous ce règne du Messie[4]. L'idéalisme, qui donnait aux plus naives paroles de Jésus un velouté si
charmant, était perdu pour la plus grande part[5].

1. Les juifs de certains pays d'Orient, très-préoccupés de messianisme, passent encore leur temps de nos jours à rechercher les
signes du Messie dans les événements qui surviennent, et à sup-
puter les jours de sa venue au moyen de folles *ghematrioth*. Aussi
le nombre des imposteurs qui se font passer pour le Messie est-il
considérable, surtout dans l'Yémen.

2. Eusèbe, *H. E.*, III, 39. Παράδοξα, ... ξένας παραβολὰς καὶ
διδασκαλίας, ... ἄλλα μυθικώτερα.

3. Σωματικῶς. Eusèbe, impatienté dans son rationalisme hellénique par ce millénarisme effréné, ne veut voir en tout cela que des
erreurs personnelles de Papias.

4. Papias, dans Irénée, V, xxxiii, 3-4 ; Apocalypse de Baruch,
dans Ceriani, *Monum. sacra et prof.*, I, p. 80, et V, p. 131-132.
Voir *Vie de Jésus*, 13ᵉ édit., intr., p. xlii-xliii, note.

5. Il est remarquable que, dans les synoptiques (Matth., xx,

Jean, à Éphèse, grandissait chaque jour[1]. Sa suprématie fut reconnue dans toute la province, sauf peut-être à Hiérapolis, où habitait Philippe[2]. Les Églises de Smyrne, de Pergame, de Thyatires, de Sardes, de Philadelphie, de Laodicée l'avaient adopté pour chef, écoutaient avec respect ses avertissements, ses conseils, ses reproches. L'apôtre, ou ceux qui se donnaient le droit de parler pour lui, prenaient en général le ton sévère. Une grande rudesse, une intolérance extrême, un langage dur et grossier contre ceux qui pensaient autrement que lui, paraissent avoir été une partie du caractère de Jean[3]. C'est, dit-on, en vue de lui que Jésus promulgua ce principe : « Qui n'est pas contre nous est pour nous[4]. » La série d'anecdotes qu'on raconta plus tard afin de relever sa

20-21 ; Marc, x, 35-37), le royaume de Dieu des fils de Zébédée est également tout charnel.

1. Les légendes qui placent à côté de lui, à Éphèse, Marie mère de Jésus, sont sans valeur. Saint Épiphane (hær. LXXVIII, 11) les repousse.

2. C'est sans doute pour cela que Hiérapolis ne compte pas parmi les sept villes à qui l'apôtre, dans l'Apocalypse, adresse des admonitions.

3. Irénée, *Adv. hær.*, III, III, 4; Eusèbe, *H. E.*, III, XXVIII, 6. Comparez Apoc., ch. II et III ; II Joh., 10-11 ; III Joh., 9-10.

4. Marc, IX, 38-40.

douceur et son indulgence[1] semble avoir été inventée
conformément au type qui résulte des épîtres johanniques, épîtres dont l'authenticité est plus que douteuse. Les traits d'un caractère tout opposé, et qui
révèlent beaucoup de violence, sont mieux d'accord
avec les récits évangéliques[2], avec l'Apocalypse,
et prouvent que l'emportement d'où lui était venu
le surnom de « fils du tonnerre » n'avait fait que
s'exaspérer avec l'âge. Il se peut, du reste, que
ces qualités et ces défauts opposés ne se soient pas
exclus aussi nécessairement qu'on le croirait. Le
fanatisme religieux produit souvent dans le même
sujet les extrêmes de la dureté et de la bonté; tel
inquisiteur du moyen âge qui faisait brûler des milliers de malheureux pour d'insignifiantes subtilités
était en même temps le plus doux et en un sens le
plus humble des hommes.

C'est surtout contre les petits conventicules des
disciples de celui qu'on appelait le nouveau Balaam
que l'animosité de Jean et de son entourage paraît
avoir été vive et profonde[3]. Telle est l'injustice inhé-

1. Clément d'Alexandrie, *Quis dives salvetur,* 42 ; Eus., *H.E.,*
III, 23 ; saint Jérôme, *in Gal ,* c. VI.

2. Marc, III, 17 ; IX, 37-38 ; Luc, IX, 49, 54.

3. Voir *Saint Paul,* p. 367 et suiv. Plus tard, chez les juifs,
Jésus fut aussi appelé Balaam (Geiger, *Jüdische Zeitschrift,*
6ᵉ année, p. 31-37), le nom de ce dernier personnage étant devenu

rente à tous les partis, telle était la passion qui remplissait ces fortes natures juives, que probablement la disparition du « Destructeur de la Loi[1] » fut saluée par les cris de joie de ses adversaires. Pour plusieurs, la mort de ce brouillon, de ce trouble-fête, fut un véritable débarras. Nous avons vu que Paul à Éphèse se sentait entouré d'ennemis[2] ; les derniers discours qu'on lui prête en Asie sont pleins de tristes pressentiments[3]. Au commencement de l'an 69, nous allons trouver la haine contre lui vivace encore. Puis la controverse s'apaisera ; le silence se fera autour de sa mémoire. Au moment où nous sommes, nul ne paraît l'avoir soutenu, et c'est là justement ce qui plus tard le sauva. La réserve, ou, si l'on veut, la faiblesse de ses partisans amena une conciliation ; les pensées les plus hardies finissent par se faire accepter, pourvu qu'elles subissent longtemps sans répondre les objections des conservateurs.

La rage contre l'empire romain, la joie des malheurs qui lui arrivaient, l'espérance de le voir bientôt se démembrer étaient la pensée la plus intime de

typique pour signifier quelqu'un jouant le rôle de prophète à l'égard des païens, et de séducteur à l'égard d'Israël.

1. Primasius, *Comment. sur les épîtres de Paul,* dans la *Bibl. max. Patrum* (Lugd.), t. X, p. 144.

2. Voir *Saint Paul,* p. 425.

3. *Act.,* xx, 29-30.

tous les croyants. On sympathisait avec l'insurrection juive, et on était persuadé que les Romains n'en viendraient pas complétement à bout. Le temps était loin où Paul et peut-être Pierre prêchaient l'acceptation de l'autorité romaine, attribuant même à cette autorité une sorte de caractère divin. Les principes des juifs exaltés sur le refus de l'impôt, sur l'origine diabolique de tout pouvoir profane, sur l'idolâtrie impliquée dans les actes de la vie civile selon les formes romaines, l'emportaient. C'était la conséquence naturelle de la persécution ; les principes modérés avaient cessé d'être applicables. Sans être aussi violente qu'elle le fut en l'an 64, la persécution continuait sourdement[1]. L'Asie était la province où la chute de Néron avait fait le plus d'impression. L'opinion générale était que le monstre, guéri par une puissance satanique, se tenait caché quelque part et allait reparaître. On conçoit quel effet de telles rumeurs produisaient parmi les chrétiens. Plusieurs des fidèles d'Éphèse, à commencer peut-être par leur chef, étaient des échappés de la grande boucherie de 64. Quoi ! l'horrible bête, pétrie de luxure, de fatuité, de vaine gloire, va revenir ! La chose est claire, durent penser ceux qui doutaient

1. Apoc., xii, 17; xvii, 14.

encore que Néron fût l'Antechrist. Le voilà, ce mystère d'iniquité, cet antipode de Jésus, qui doit paraître pour assassiner, martyriser le monde, avant
l'apparition lumineuse[1]. Néron est ce Satan incarné
qui achèvera de tuer les saints. Quelque temps
encore, et le moment solennel sera venu. — Les
chrétiens adoptaient d'autant plus volontiers cette
idée, que la mort de Néron avait été trop mesquine
pour un Antiochus; les persécuteurs de cette espèce
ont coutume de périr avec plus d'éclat. On en con-
cluait que l'ennemi de Dieu était réservé à une mort
plus grandiose, qui lui serait infligée à la vue du
monde entier et des anges, assemblés par le Messie.

Cette idée, mère de l'Apocalypse, prenait chaque
jour des formes plus arrêtées; la conscience chrétienne
était arrivée au comble de son exaltation, quand un
fait qui se passa dans les îles voisines de l'Asie
donna du corps à ce qui jusque-là n'avait été qu'une
imagination. Un faux Néron venait d'apparaître et
inspirait dans les provinces d'Asie et d'Achaïe un vif
sentiment de curiosité, d'espérance ou d'effroi[2].

1. Voir *Saint Paul*, p. 252 et suiv.
2. L'histoire de cet incident nous est racontée par Tacite, *Hist.*,
II, 8-9. Dion Cassius la donnait aussi (LXIV, 9); mais Xiphilin
a résumé son récit en une phrase sommaire. Zonaras, qui, comme
Xiphilin, ne fait ici qu'abréger Dion, nous offre un peu plus de

C'était, paraît-il, un esclave du Pont; selon d'autres,
un Italien, de condition servile. Il ressemblait beaucoup à l'empereur défunt; il avait ses gros yeux, sa
forte chevelure, son air hagard, sa tête farouche et
théâtrale; il savait comme lui jouer de la cithare et
chanter. L'imposteur forma autour de lui un premier
noyau composé de déserteurs et de vagabonds, osa
prendre la mer pour gagner la Syrie et l'Égypte, et
fut jeté par la tempête dans l'île de Cythnos, l'une
des Cyclades. Il fit de cette île le centre d'une propagande assez active, grossit sa bande en racolant
quelques soldats qui retournaient d'Orient, fit des
exécutions sanglantes, pilla des marchands, arma
des esclaves. L'émotion fut grande, surtout chez les
gens du peuple, ouverts par leur crédulité aux bruits
les plus absurdes. Depuis le mois de décembre 68,
l'Asie et la Grèce n'eurent pas d'autre entretien[1].

détails. C'est à tort que Zonaras a lu : Ἐν Κύδνῳ δὲ περαιούμενον.
Il faut ἐν Κύθνῳ.

1. La mort de ce faux Néron eut lieu sous Othon, par conséquent du 15 janvier au 15 avril 69; mais tout porte à croire que
cet événement arriva à un moment bien plus rapproché de la
première date que de la seconde. En effet, Sisenna trouva l'imposteur à Cythnos, comme il venait de Syrie à Rome adhérer au
mouvement des prétoriens qui avaient proclamé Othon. Une nouvelle allait de Rome en Syrie en une dizaine de jours; Sisenna
dut partir dès que le *pronunciamento* de Syrie fut accompli. On
peut donc placer son arrivée à Cythnos vers le 6 février. Aspré-

L'attente et la terreur grandissaient chaque jour ; ce nom, dont la célébrité avait rempli le monde, tournait de nouveau les têtes, et faisait croire que ce qu'on avait vu n'était rien auprès de ce qu'on allait voir.

D'autres faits qui se passèrent en Asie ou dans l'Archipel, et que nous ne pouvons préciser faute de renseignements suffisants[1], augmentèrent encore l'agitation. Un ardent néronien, qui joignait à sa passion politique des prestiges de sorcier, se déclara hautement soit pour l'imposteur de Cythnos, soit pour Néron censé réfugié chez les Parthes. Il forçait apparemment les gens paisibles à reconnaître Néron ; il rétablissait ses statues, obligeait à les honorer ; on serait même par moments tenté de croire qu'une monnaie fut émise au type de *Nero redux*. Ce qu'il y a de certain, c'est que les chrétiens s'imaginèrent qu'on voulait leur faire adorer la statue de Néron ; la monnaie, tessère[2] ou estampille au nom de « la Bête », « sans laquelle on ne pouvait ni vendre ni

nas, qui arrive après lui, naviguait encore porteur d'un mandat de Galba, assassiné le 15 janvier. Le faux Néron fut donc jeté à Cythnos au plus tard en janvier 69. Comme ses intrigues en terre ferme furent assez longues, il faut supposer qu'il commença de remuer vers la fin de 68.

1. Voir ci-après, p. 414 et suiv.

2. Χάραγμα.

acheter », leur causait d'insurmontables scrupules[1].
L'or marqué au signe du grand chef de l'idolâtrie
leur brûlait la main. Il semble que, plutôt que de se
prêter à de pareils actes d'apostasie, quelques fidèles
d'Éphèse s'exilèrent ; on peut supposer que Jean fut
du nombre [2]. Cet incident, obscur pour nous, joue
un grand rôle dans l'Apocalypse, et en fut peut-être
l'origine première : « Attention ! dit le Voyant, c'est ici
qu'est le terme de la patience des saints, qui gardent
les commandements de Dieu et la foi de Jésus[3]. »

Les événements de Rome et de l'Italie donnaient
raison à cette attente fiévreuse. Galba ne réussissait
pas à s'établir. Jusqu'à Néron, le titre de légitimité
dynastique créé par Jules César et par Auguste avait
étouffé la pensée d'une compétition à l'empire parmi
les généraux ; mais depuis que ce titre était périmé,
tout chef militaire put aspirer à l'héritage de César.
Vindex était mort ; Verginius s'était loyalement soumis ; Nymphidius Sabinus, Macer, Fonteius Capiton
avaient expié par la mort leurs idées de révolte ; rien
n'était fait cependant. Le 2 janvier 69, les légions de

---

1. Apoc., xiii et xiv. Notez surtout, xiv, 9-12, l'insistance
que l'auteur y met, et, v. 12, ὑπομονή. Comparez xx, 4, où ceux
qui ont refusé d'adorer la Bête sont mis sur le même pied que
les martyrs de l'an 64.

2. Apoc., i, 9, et xx, 4.

3. Apoc., xiv, 12.

Germanie proclament Vitellius; le 10, Galba adopte Pison; le 15, Othon est proclamé à Rome; durant quelques heures, il y eut trois empereurs; le soir, Galba est tué. La foi à l'empire était profondément ébranlée; on ne croyait pas que Othon pût arriver à régner seul; les espérances des partisans du faux Néron de Cythnos et de ceux qui s'imaginaient chaque jour voir l'empereur tant regretté revenir d'au delà de l'Euphrate ne se dissimulaient plus. C'est alors (fin de janvier de l'an 69)[1] que fut répandu parmi les chrétiens d'Asie un manifeste symbolique, se présentant comme une révélation de Jésus lui-même. L'auteur savait-il la mort de Galba, ou seulement la prévoyait-il[2]? Il est d'autant plus difficile de le dire qu'un des traits des apocalypses, c'est que l'écrivain exploite parfois, au profit de sa prétendue clair-voyance, une nouvelle récente, qu'il croit connue

1. Une objection peut être élevée contre cette date : les passages Apoc., XI, 2; XX, 9, semblent supposer le blocus de Jérusalem déjà formé, ce qui n'eut lieu qu'en mars 70; mais ces passages, en style poétique, sont suffisamment justifiés par l'état où les campagnes de Vespasien en 67 et 68 (voir ci-dessus, p. 277-279, 301-302) avaient mis l'insurrection juive. Luc, XXI, 20-21, exige une explication analogue. Il est clair que, quand l'Apocalypse fut écrite, le temple existait encore; l'auteur ne craint même pas qu'il soit détruit.—Apoc., XVII, 16, ne se rapporte pas non plus nécessairement à l'incendie du Capitole arrivé le 19 décembre 69.

2. Apoc., XVII, 10.

de lui seul. Ainsi le publiciste qui a composé le livre de Daniel paraît avoir eu quelque vent de la mort d'Antiochus[1]. Notre Voyant semble de même posséder des renseignements particuliers sur l'état politique de son temps. Il est douteux qu'il connaisse Othon ; il croit que la restauration de Néron suivra immédiatement la chute de Galba. Ce dernier se montre à lui comme déjà condamné. On est donc à la veille du retour de la Bête. L'imagination ardente de l'auteur lui ouvre alors un ensemble de vues sur « ce qui doit arriver sous peu[2] », et ainsi se déroulent les chapitres successifs d'un livre prophétique, dont le but est d'éclairer la conscience des fidèles dans la crise que l'on traverse, de leur révéler le sens d'une situation politique qui troublait les plus fermes esprits, et surtout de les rassurer sur le sort de leurs frères déjà tués. Il faut se rappeler, en effet, que les crédules sectaires dont nous cherchons à retrouver les sentiments étaient à

---

1. Commodien peut aussi avoir eu connaissance de la défaite et de la mort de Dèce.

2. Apoc., i, 1; xxii, 6. Les juifs du temps étaient très-portés à former de telles conjectures sur la succession des empereurs (τὰ περὶ τοὺς Ῥωμαίων βασιλεῖς ἐσόμενα) et sur ce qui devait arriver à chacun d'eux, conjectures tirées des images terribles de leurs songes, combinées avec des passages de l'Écriture. Le talent d'interpréter ces indices obscurs (τὰ ἀμφιϐόλως ὑπὸ τοῦ θείου λεγόμενα) était fort estimé. C'est ainsi que Josèphe prétendit avoir su d'avance l'avénement des Flavius. Jos., *B. J.*, III, viii, 3.

mille lieues des idées de l'immortalité de l'âme, qui sont
sorties de la philosophie grecque. Les martyres des
dernières années furent une crise terrible pour une
société qui tremblait naïvement quand un saint mourait, et se demandait si celui-là verrait le royaume
de Dieu[1]. On éprouvait un besoin invincible de se
représenter les fidèles trépassés à couvert et déjà
heureux, quoique d'un bonheur provisoire, au milieu
des fléaux qui allaient frapper la terre[2]. On entendait
leurs cris de vengeance; on comprenait leurs saintes
impatiences; on appelait le jour où Dieu se lèverait
enfin pour venger ses élus.

La forme d' « apocalypse » adoptée par l'auteur
n'était pas neuve en Israël. Ézéchiel avait déjà inauguré un changement considérable dans le vieux style
prophétique, et on peut en un sens le regarder comme
le créateur du genre apocalyptique. A l'ardente
prédication, accompagnée parfois d'actes allégoriques
extrêmement simples, il avait substitué, sans doute
sous l'influence de l'art assyrien, la vision, c'est-à-
dire un symbolisme compliqué, où l'idée abstraite
était rendue au moyen d'êtres chimériques, conçus
en dehors de toute réalité. Zacharie continua de
marcher dans la même voie; la vision devint le cadre

1. Cf. *Saint Paul,* p. 249 et suiv.
2. Apoc., xiv, 13.

obligé de tout enseignement prophétique. L'auteur
du livre de Daniel, enfin, par la vogue extraordinaire
qu'il obtint, fixa définitivement les règles du genre.
Le livre d'Hénoch, l'Assomption de Moïse, certains
poëmes sibyllins[1] furent le fruit de sa puissante initiative. L'instinct prophétique des Sémites[2], leur
tendance à grouper les faits en vue d'une certaine
philosophie de l'histoire, et à présenter leur pensée
individuelle sous la forme d'un absolu divin, leur
aptitude à voir les grandes lignes de l'avenir, trouvaient dans ce cadre fantastique de singulières facilités. A toute situation critique du peuple d'Israël

1. On peut classer ainsi par approximation les spécimens de la
littérature apocalyptique que nous possédons ou dont l'existence
nous est attestée : 1° livre de Daniel (vers 164 avant J.-C.);
2° poëme sibyllin juif (livre III, § 2 et § 4); 3° livre d'Hénoch;
4° Assomption de Moïse; 5° Apocalypse de Jean; 6° poëme sibyllin de l'an 80 (livre IV); 7° Apocalypse d'Esdras (an 97); 8° Apocalypse de Baruch; 9° Ascension d'Isaïe; 10° divers poëmes sibyllins du second siècle; 11° Apocalypse de Pierre (Canon de
Muratori, lignes 70, 71; Hilgenfeld, *Nov. Test. extra can.
rec.*, IV, 74 et suiv.); 12° Apocalypse d'un certain Juda, sous
Septime-Sévère (Eusèbe, *II. E.*, VI, 7.); 13° *Carmen* de Commodien (vers 250). On y peut rattacher le *Testament des douze
patriarches,* et le *Pasteur* d'Hermas. Les autres apocalypses
publiées par Tischendorf (*Apocalypses apocryphæ,* Leipzig, 1866)
sont des imitations plus modernes.

2. Voir une lettre d'Abd-el-Kader, sur la future fin de l'islam.
Journal des Débats, 14 juillet 1860.

répondit désormais une apocalypse. La persécution
d'Antiochus, l'occupation romaine, le règne profane
d'Hérode avaient suscité d'ardents visionnaires. Il
était inévitable que le règne de Néron et le siége de
Jérusalem eussent leur protestation apocalyptique,
comme plus tard les rigueurs de Domitien, d'Adrien,
de Septime-Sévère, de Dèce, et l'invasion des Goths
en 250, provoqueront la leur.

L'auteur de cet écrit bizarre, qu'un sort plus
bizarre encore destinait à des interprétations si
diverses, le composa dans le mystère, y déposa tout
le poids de la conscience chrétienne, puis l'adressa
sous forme d'épître aux sept principales Églises
d'Asie[1]. Il demandait que lecture en fût faite, comme
c'était l'usage pour toutes les épîtres apostoliques,
aux fidèles assemblés[2]. Il y avait peut-être en cela
une imitation de Paul, qui aimait mieux agir par
lettres que de près[3]. De telles communications, en
tout cas, n'étaient point rares, et c'était toujours la
venue du Seigneur qui en faisait l'objet. Des rêvé-
lations prétendues sur la proximité du dernier jour
circulaient sous le nom de divers apôtres, si bien que

---

1. On a expliqué ci-dessus pourquoi Colosses et Hiérapolis ne
figurent pas dans le nombre.

2. Apoc., i, 3.

3. II Cor., x, 10.

Paul se vit obligé de prémunir ses Églises contre
l'abus qu'on pouvait faire de son écriture pour appuyer
de telles fraudes [1]. L'ouvrage débutait par un titre
qui expliquait son origine et sa haute portée :

RÉVÉLATION [2] DE JÉSUS-CHRIST, DONT DIEU L'A FAVORISÉ
POUR MONTRER A SES SERVITEURS CE QUI DOIT ARRIVER BIENTÔT, ET
QUE CHRIST A TRANSMISE PAR LE MINISTÈRE D'UN ANGE [3] A SON
SERVITEUR JEAN, QUI SE PORTE, COMME TÉMOIN OCULAIRE, GARANT
DE LA PAROLE DE DIEU ET DE LA MANIFESTATION QU'EN A FAITE
JÉSUS-CHRIST [4].

*Heureux celui qui lira [5], heureux ceux qui entendront
les paroles de cette prophétie et qui s'y conformeront; car le
temps est proche!*

JEAN AUX SEPT ÉGLISES D'ASIE. GRACE ET PAIX VOUS VIENNENT
DE LA PART DE CELUI QUI EST, QUI ÉTAIT, QUI SERA, ET DE LA PART
DES SEPT ESPRITS QUI SE TIENNENT DEVANT SON TRONE [6], ET DE LA
PART DE JÉSUS-CHRIST, LE TÉMOIN FIDÈLE, LE PREMIER-NÉ DES
MORTS [7], LE PRINCE DES ROIS DE LA TERRE, QUI NOUS AIME ET
NOUS A LAVÉS DE NOS PÉCHÉS DANS SON SANG, QUI NOUS A FAITS
ROIS ET PRÊTRES DE DIEU SON PÈRE, A QUI SOIT LA GLOIRE ET LA
FORCE DANS TOUS LES SIÈCLES. *AMEN.*

1. II Thess., II, 2.
2. Ἀποκάλυψις.
3. Comp. XIX, 9, 10; XII, 6.
4. On pourrait être tenté de traduire: « Qui a rendu témoignage
à la parole de Dieu et à la prédication de Jésus-Christ, dont il a
été témoin oculaire. » Mais Apoc., I, 19, 20, détournent d'attribuer ce sens à εἶδεν. Comp. XX, 4.
5. Il s'agit ici de la lecture dans l'église par l'*anagnoste.*
6. Tobie, XII, 15; Apoc., VIII, 2.
7. C'est-à-dire le premier des morts qui soit ressuscité.

Voilà qu'Il vient sur les nuées, et tout œil le verra, et
ceux qui l'ont percé[1] le contempleront, et toutes les tribus
de la terre se lamenteront à sa vue. Oui *amen*. « Je suis
l'*alpha* et l'*oméga,* dit le Seigneur Dieu, celui qui est, qui
était, qui sera, le Tout-Puissant. »

Moi Jean, votre frère et votre compagnon dans les persécutions, dans la royauté et la ferme attente de Christ, je
me trouvai en l'île qu'on appelle Patmos à cause de la
parole de Dieu et du témoignage de Jésus[2]. Je tombai en
extase un dimanche, et j'entendis derrière moi une grande
voix comme le son d'une trompette, qui disait : « Ce que tu
vas voir, écris-le dans un livre, et envoie-le aux sept Églises,
à Éphèse, à Smyrne, à Pergame, à Thyatires, à Sardes, à
Philadelphie, à Laodicée. » Et je me retournai pour chercher
la voix qui me parlait, et, m'étant retourné, je vis sept
chandeliers d'or, et au milieu des chandeliers un être qui
ressemblait à un Fils de l'homme[3], revêtu d'une robe
longue[4] et ceint à la hauteur de la mamelle[5] d'une ceinture
d'or. Sa tête et ses cheveux resplendissaient comme une
laine blanche, comme de la neige ; ses yeux étaient comme
la flamme ; ses pieds comme l'orichalque dans une four-

1. Allusion à Zacharie, XII, 10. Cf. Jean, XIX, 37.

2. Διὰ τὸν λόγον τοῦ θεοῦ καὶ τὴν μαρτυρίαν Ἰησοῦ. Apoc., I, 9. Cf. I,
2; VI, 9; XI, 7; XII, 11, 17; XIX, 10; XX, 4. Cette formule est malheureusement un peu vague.

3. Désignation ordinaire du Messie dans les Apocalypses. Dan.
VII, 13. Cf. Matth., VIII, 20.

4. Comme le grand prêtre juif. Jos., *Ant.,* III, VII, 4; XX, I, 1.
Cf. Daniel, X, 5.

5. Jos., *Ant.,* III, VII, 2, κατὰ στέρνον.

naise ardente ; sa voix semblait la voix des grandes eaux [1] ;
dans sa droite étaient sept étoiles; de sa bouche sortait un
glaive aigu, à deux tranchants, et son aspect était celui du
soleil dans toute sa force. Et quand je le vis, je tombai à
ses pieds comme mort, et il posa sa main droite sur moi,
disant : « Ne crains pas ; je suis le premier et le dernier, le
vivant; j'ai été mort, et voilà que maintenant je vis pour
les siècles des siècles, et je tiens les clefs de la mort et de
l'enfer. Écris donc ce que tu as vu, ce qui est, ce qui sera.
Le sens du symbole des sept étoiles que tu as vues dans
ma main et des sept chandeliers d'or, le voici : les sept
étoiles sont les anges des sept Églises, et les chandeliers
sont les sept Églises. »

Dans les conceptions juives, à demi gnostiques et
cabbalistes, qui dominaient vers ce temps, chaque
personne [2], et même chaque être moral, comme la
mort, la douleur, a son ange gardien : il y avait
l'ange de la Perse, l'ange de la Grèce [3], l'ange des
eaux [4], l'ange du feu [5], l'ange de l'abîme [6]. Il était

1. Tout ceci est imité de Daniel, x, 5 et suiv.

2. Matth., xviii, 10.

3. Daniel, x, 13, 20. Cf. Deuter., xxxii, 8 (Septante). Selon
Schir hasschirim rabba, vers la fin, aucun peuple n'est puni
sans que son ange soit auparavant puni. Comparez les עירין et
les ἐγρήγοροι de Daniel, d'Hénoch, etc.

4. Apoc., xvi, 5.

5. Apoc., xiv, 18.

6. Apoc., ix, 11. Comp. les anges des vents, Apoc., vii, l;

donc naturel que chaque Église eût aussi son représentant céleste. C'est à cette espèce de *ferouer* ou de
genius[1] de chaque communauté que le Fils de l'homme
adresse tour à tour ses avertissements :

A l'ange de l'Église d'Éphèse :

Voici ce que dit celui qui tient les sept étoiles dans sa
droite, qui marche au milieu des sept chandeliers d'or :

Je sais tes œuvres, et la peine que tu te donnes, et ta
patience, et que tu ne peux supporter les méchants. Et tu
as mis à l'épreuve ceux qui se disent apôtres et qui ne le
sont pas[2], et tu les as trouvés menteurs, et tu as tout supporté pour mon nom, sans te fatiguer jamais. Mais j'ai
contre toi que tu t'es relâché de ton premier amour. Souviens-toi d'où tu es tombé, et repens-toi, et reviens à tes
premières œuvres. Sinon, je viens à toi, et je change ton
chandelier de place. Mais tu as en ta faveur que tu hais
les œuvres des nicolaïtes[3], que moi aussi je hais.

Hénoch, ch. xx; l'ange de la mer, Talm. de Bab., *Baba bathra,*
74 *b;* l'ange de la pluie, Talm. de Bab., *Taanith,* 25 *b;* l'ange de
la grêle, Talm. de Bab., *Pesachim,* 118 *a.* Voir aussi *Apoc.
d'Adam,* dans le *Journ. asiat.,* nov.-déc. 1853, et surtout le *Divan*
des Mendaïtes, analysé dans le *Dictionnaire des apocryphes* de
Migne, I, col. 283-285.

1. Comparez le « Génie des contributions indirectes. » *Comptes
rendus de l'Acad.,* 1868, p. 109.

2. Allusion à saint Paul. Voir *Saint Paul,* p. 303 et suiv., 367
et suiv.

3. Les partisans de saint Paul. Voir *Saint Paul,* endroits cités.

Que celui qui a des oreilles écoute ce que l'Esprit dit aux sept Églises ! Au vainqueur je permettrai de manger de l'arbre de vie, qui est dans le paradis de Dieu.

A l'ange de l'Eglise de Smyrne :

Voici ce que dit le premier et le dernier, qui était mort et qui est revenu à la vie :

Je connais tes souffrances et ta pauvreté (en réalité tu es riche), et les injures que t'adressent ceux qui se disent juifs, et qui ne le sont pas[1], mais qui sont une synagogue de Satan[2]. Ne t'effraye pas de ce que tu as à souffrir. Voilà que le diable va en jeter plusieurs d'entre vous en prison, pour que vous soyez éprouvés et que vous ayez une détresse de dix jours[3]. Sois fidèle jusqu'à la mort, et je te donnerai la couronne de vie.

Que celui qui a des oreilles écoute ce que l'Esprit dit aux Églises ! Le vainqueur n'aura rien à souffrir de la seconde mort[4].

1. Les partisans de saint Paul. Voir *Saint Paul*, endroits cités p. 363, note 2.

2. Satan représente ici l'idolâtrie. Les réunions religieuses des partisans de Paul sont pour notre auteur des fêtes d'idolâtres, puisqu'on y mange des viandes impures et sacrifiées aux idoles, comme dans les repas que font les païens après leurs sacrifices.

3. Daniel, I, 14-15.

4. Tous les hommes meurent une fois; mais les méchants mourront deux fois, car, après la résurrection et le jugement, ils seront replongés dans le néant.

A l'ange de l'Église de Pergame :

Voici ce que dit celui qui tient le glaive aigu, à deux tranchants :

Je sais qu'où tu habites, là est le trône de Satan [1]. Et tu as gardé mon nom, et tu n'as pas nié ma foi, même en ces jours où Antipas, mon témoin fidèle [2], a été tué parmi vous, à l'endroit où Satan habite [3]. Mais j'ai contre toi quelque chose ; c'est que tu as là des gens qui tiennent la doctrine de Balaam, qui enseignait à Balac à jeter le scandale devant les fils d'Israël, à manger des viandes immolées aux idoles et à forniquer [4]. Ainsi font ceux des tiens qui professent la doctrine des nicolaïtes. Repens-toi donc ; sinon, je viens à toi tout à l'heure, et je combats contre eux avec le glaive de ma bouche.

Que celui qui a des oreilles écoute ce que l'Esprit dit aux Églises ! Au vainqueur je donnerai de la manne cachée [5]. et je lui remettrai une tessère blanche, sur laquelle sera écrit un nom nouveau, que nul ne connaîtra si ce n'est celui qui l'aura reçu [6].

1. Allusion au culte d'Esculape à Pergame. Le serpent d'Esculape dut être pris par les juifs pour un symbole tout particulier de Satan.

2. Martyr de Pergame, inconnu d'ailleurs.

3. Voir ci-dessus, p. 184.

4. Cf. Nombres, xxv, rapproché de xxiv. Nouvelle allusion aux partisans de saint Paul. Voir les endroits cités p. 363, note 2.

5. Cf. Exode, xvi, 33, et *Carmina sib.*, procem., 87.

6. Dans les jugements, le caillou blanc était le signe de l'absolution ; dans les tirages au sort, on écrivait aussi les noms sur des cailloux blancs. Les vainqueurs aux jeux olympiques et aux autres

A l'ange de l'Eglise de Thyatires :

Voici ce que dit le fils de Dieu, celui qui a les yeux de
flamme et dont les pieds sont semblables à l'orichalque :

Je sais tes œuvres, et ton amour, et ta foi, et ton ministère de charité et ta patience, et que tes dernières œuvres
l'emportent sur les premières. Mais j'ai contre toi que tu
laisses faire la femme Jézabel [1], qui se dit prophétesse, et
qui dogmatise, et qui induit mes serviteurs à forniquer et
à manger des viandes sacrifiées aux idoles. Et je lui ai donné
le temps pour qu'elle se repente, et elle n'a pas voulu se
repentir de sa fornication. Voilà que je la jette au lit [2], et
les complices de ses adultères, je les plonge dans une grande
tribulation, s'ils ne se repentent pas de leurs œuvres ; et ses
enfants, je les tuerai de mort, et toutes les Églises appren-
dront alors que je suis celui qui sonde les reins et les
cœurs ; et je rendrai à chacun selon ses œuvres. Quant à
vous autres de Thyatires, qui ne tenez pas cette doctrine
et ne connaissez pas « les profondeurs de Satan », comme
ils disent [3], je ne veux pas vous imposer d'autre fardeau [4].

jeux recevaient des tessères qui donnaient droit à divers secours
en nature; enfin on distribuait dans les loteries des tessères en
échange desquelles on recevait certains objets (Suétone, *Caius,* 18;
Dion Cassius, LXVI, 25). — Quant au nom nouveau, c'est le nom
que l'élu portera dans le royaume céleste.

1. Le *Sinaïticus* omet σου. Il s'agit ici de quelque femme in-
fluente de Thyatires, disciple de Paul. V. *Saint Paul,* p. 146.

2. C'est-à-dire je la punis par une maladie.

3. Cf. I Cor., ii, 10.

4. Jean est de la plus grande sévérité sur les viandes immolées aux idoles et sur la πορνεία. Les païens convertis pouvaient

Cependant, ce que vous avez, tenez-le bien, jusqu'à ce que je vienne.

Celui qui vaincra et gardera mes œuvres jusqu'à la fin, je lui donnerai puissance sur les nations, et il les conduira avec une verge de fer[1] ; il les brisera comme des vases d'argile, ainsi que j'en ai moi-même reçu le pouvoir de mon père, et je lui donnerai en propre l'étoile du matin. Que celui qui a des oreilles écoute ce que l'Esprit dit aux Églises !

A l'ange de l'Église de Sardes :

Voici ce que dit celui qui tient les sept esprits de Dieu et les sept étoiles :

Je connais tes œuvres ; tu passes pour vivant, mais tu es mort. Sois vigilant, et fortifie ce qui allait mourir ; car je n'ai pas trouvé tes œuvres parfaites devant mon Dieu. Souviens-toi donc comment tu reçus et entendis la parole, et garde-la, et repens-toi. Si tu ne veilles pas, je viendrai comme un voleur[2], et tu ne sauras pas à quelle heure je viendrai. Tu as pourtant quelques personnes à Sardes qui n'ont pas souillé leurs vêtements ; ceux-là marcheront avec moi en robe blanche, car ils en sont dignes.

conclure de là qu'il allait leur imposer tout le fardeau des lois mosaïques. Jean les rassure : ceux qui repoussent la πορνεία et le φαγεῖν εἰδωλόθυτα, ceux en un mot qui s'en tiennent au concordat de *Actes,* xv, n'ont rien à craindre.

1. Allusion au passage Ps. ii, 9, considéré comme messianique, et ponctué autrement qu'il ne l'est dans le texte hébreu. Ce passage préoccupe beaucoup notre Voyant. Apoc., xii, 5 ; xix, 15.

2. Comp. Matth., xxiv, 43 ; I Thess., v, 2.

Le vainqueur sera ainsi vêtu de vêtements blancs, et je n'effacerai pas son nom du livre de vie[1], et je l'avouerai devant mon père et devant ses anges. Que celui qui a des oreilles écoute ce que l'Esprit dit aux Églises !

A l'ange de l'Église de Philadelphie :

Voici ce que dit le saint, le vrai, celui qui tient la clef de David, qui ouvre et personne ne ferme, qui ferme et personne n'ouvre[2] :

Je connais tes œuvres : j'ai ouvert devant toi une porte[3], que personne ne pourra fermer ; bien que faible, tu as gardé ma parole, et tu n'as pas renié mon nom. Vois-tu ces gens de la synagogue de Satan, qui se disent juifs et qui ne le sont pas, mais qui mentent ? Je ferai qu'ils viennent et se prosternent devant tes pieds, et qu'ils sachent que je t'aime[4]. Parce que tu as gardé ma parole d'attente, moi aussi je te garderai de l'heure de l'épreuve qui doit venir sur tout le monde, pour éprouver ceux qui habitent la terre. J'arrive bientôt ; tiens bien ce que tu as, pour que personne ne prenne ta couronne.

Le vainqueur, je le ferai colonne dans le temple de mon Dieu, et il n'en sortira plus, et j'écrirai sur cette colonne le

1. Daniel, XII, 1 ; Hénoch, x· VII, 3.

2. Allusion à Isaïe, XXII, 22.

3. Pour la propagation de l'Évangile.

4. Nouvelle allusion aux disciples de Paul, qui seront obligés de venir demander pardon aux judéo-chrétiens et de reconnaître que ceux-ci sont la vraie Église.

nom de mon Dieu [1], et le nom de la ville de mon Dieu, a
nouvelle Jérusalem, qui descend du ciel d'auprès de mon
Dieu, ainsi que mon nouveau nom [2]. Que celui qui a des
oreilles écoute ce que l'Esprit dit aux Églises !

A l'ange de l'Église de Laodicée :

Voici ce que dit l'*Amen*[3], le témoin fidèle et vrai, le principe de la création de Dieu :

Je connais tes œuvres ; tu n'es ni froid ni chaud. Plût à
Dieu que tu fusses l'un ou l'autre ; mais, parce que tu es tiède,
j'ai envie de te vomir de ma bouche. Tu te dis à toi-même :
« Je suis riche, je surabonde et n'ai besoin de rien [4], » et tu
ne vois pas que tu es malheureux et misérable, et pauvre,
et aveugle, et nu. Je te conseille d'acheter de moi l'or passé
au feu [5], pour que tu sois vraiment riche, ainsi que des
habits blancs pour te vêtir et pour cacher la honte de ta
nudité, et un collyre pour oindre tes yeux, afin que tu y
voies clair. Je réprimande et je châtie ceux que j'aime ; du
zèle donc, et repens-toi.

Voilà que je me tiens à la porte et que je frappe ; si
quelqu'un entend ma voix et m'ouvre la porte, j'entre
auprès de lui, et je mange avec lui et lui avec moi. Au vain-

1. Le nom ineffable de Jéhovah.

2. Comp. Apoc., XIX, 12.

3. Le Christ, en qui tout est affirmé et vérifié. Cf. Isaïe,
LXV, 16.

4. Allusion à la richesse de la ville. Tacite, *Ann.*, XIV, 27.

5. Cf. Isaïe, LV, 1.

queur je donnerai de s'asseoir avec moi sur mon trône, de même que moi aussi j'ai vaincu et me suis assis avec mon père sur son trône. Que celui qui a des oreilles écoute ce que l'Esprit dit aux Églises!

Quel est ce Jean qui ose se faire l'interprète des mandats célestes, qui parle aux Églises d'Asie avec tant d'autorité, qui se vante d'avoir traversé les mêmes persécutions que ses lecteurs[1]? C'est ou l'apôtre Jean, ou un homonyme de l'apôtre Jean, ou quelqu'un qui a voulu se faire passer pour l'apôtre Jean. Il est bien peu admissible qu'en l'an 69, du vivant de l'apôtre Jean ou peu après sa mort, quelqu'un ait usurpé son nom sans son consentement pour des conseils et des réprimandes aussi intimes. Parmi les homonymes de l'apôtre, aucun n'aurait non plus osé prendre un tel rôle. Le *Presbyteros Johannes,* le seul qu'on allègue, s'il a jamais existé, était, à ce qu'il semble, d'une génération postérieure[2]. Sans nier les doutes qui restent sur presque toutes ces questions d'authenticité d'écrits apostoliques, vu le peu de scrupule qu'on se faisait d'attribuer à des apôtres et à de saints personnages les révélations auxquelles on voulait donner de l'autorité[3], nous regardons

1. Apoc., i, 9. Cf. i, 2, passage dont.le sens est équivoque.
2. Papias, dans Eus., *H. E.,* III, 39.
3. II Thess., ii, 2; Apoc., xxii, 18-19. Comparez les livres de

comme probable que l'Apocalypse est l'ouvrage de l'apôtre Jean, ou du moins qu'elle fut acceptée par lui et adressée aux Églises d'Asie sous son patronage [1]. La forte impression des massacres de l'an 64, le sentiment des dangers que l'auteur a courus, l'horreur de Rome, nous semblent bien convenir à l'apôtre qui, selon notre hypothèse, avait été à Rome et pouvait dire, en parlant de ces tragiques événements : *Quorum pars magna fui* [2]. Le sang l'étouffe, injecte ses yeux, l'empêche de voir la nature. L'image des monstruosités du règne de Néron l'obsède comme une idée fixe. — Mais des objections graves rendent ici la tâche du critique bien délicate. Le goût du mystère et de l'apocryphe qu'avaient les premières générations chrétiennes a couvert d'une impénétrable obscurité toutes les questions d'histoire littéraire relatives au Nouveau Testament. Heureusement, l'âme éclate en ces écrits anonymes ou pseudonymes par des accents qui ne sauraient mentir. La part de chacun est, dans les mouvements populaires, impossible à

Daniel, d'Hénoch, en observant toutefois que, pour ces sortes de livres, l'auteur prétendu est séparé de l'auteur réel par des siècles, tandis que, dans le cas de l'Apocalypse, l'auteur réel et l'auteur prétendu auraient été contemporains.

1. Voir l'introduction, en tête de ce volume.

2. Comparez la position d'Élie Marion en Angleterre après les massacres des Cévennes.

discerner; c'est le sentiment de tous qui constitue le véritable génie créateur.

Pourquói l'auteur de l'Apocalypse, quel qu'il soit, a-t-il choisi Patmos pour le lieu de sa vision? C'est ce qu'il est difficile de dire[1]. Patmos ou Patnos[2] est une petite île de près de quatre lieues de long, mais fort étroite[3]. Elle fut dans l'antiquité grecque florissante et très-peuplée[4]. A l'époque romaine, elle

[1]. On n'a pu trouver dans ce choix aucune signification symbolique.

[2]. D'où la forme populaire *Patino*.

[3]. Voir L. Ross, *Reisen auf griechischen Inseln des œgœischen Meeres,* t. II, 1843; Tischendorf, *Reise in den Orient,* 1846, II, 258-265; le même, *Terre sainte* (traduct. française, 1868), p. 278-284; V. Guérin, *Description de l'île de Patmos,* Paris, 1856; Stanley, *Sermons in the East,* Londres, 1863, p. 225 et suiv.; Petit de Julleville, dans la *Revue des cours littéraires,* 2 mars 1867. L'île a aujourd'hui environ quatre mille habitants. Elle se compose de trois massifs reliés par des isthmes étroits. Les altitudes des sommets sont d'un peu moins de trois cents mètres.

[4]. Les mentions de Patmos dans l'antiquité sont rares : Strabon, X, v, 13; Pline, IV, 23, et, par· conjecture du scoliaste, Thucydide, III, 33. Mais les inscriptions sont instructives : *Corpus inscr. gr.,* nos 2261, 2262; Ross, *Inscr. grœcœ ineditœ,* fascic. II, nos 189 et 190; Guérin, *op. cit.,* p. 85 et 86, sans parler de deux (p. 9 et 86) effacées. La ville antique, dont l'acropole, en partie cyclopéenne, en partie hellénique, existe encore, était au port actuel (la Scala). La principale légende de la ville grecque était celle d'un temple élevé par Oreste à l'Artémis de Scythie (inscription nº 190 de Ross). Ce temple était probablement sur l'emplacement du monastère élevé par saint Christodule au xiᵉ siè-

garda toute l'importance que comportait sa petitesse,
grâce à son excellent port, formé au centre de l'île
par l'isthme qui joint le massif rocheux du nord au
massif du sud. Patmos était, selon les habitudes du
cabotage d'alors, la première ou la dernière station
pour le voyageur qui allait d'Éphèse à Rome ou de
Rome à Éphèse. On a tort de la représenter comme
un écueil, comme un désert. Patmos fut et redeviendra peut-être une des stations maritimes les plus
importantes de l'Archipel; car elle est à l'embran-
chement de plusieurs lignes. Si l'Asie renaissait,
Patmos serait pour elle quelque chose d'analogue
à ce qu'est Syra pour la Grèce moderne, à ce
qu'étaient dans l'antiquité Délos et Rhénée parmi
les Cyclades, une sorte d'entrepôt en vue de la
marine marchande, un point de correspondance
utile aux voyageurs.

C'est là probablement ce qui valut à cette petite
île le choix d'où est plus tard résultée pour elle une
si haute célébrité chrétienne, soit que l'apôtre ait dû

cle. L'île renferme de nombreux restes anciens, dont quelques-
uns d'époque reculée (Guérin, p. 9-15, 85-93; Ross, *Reise,* p. 133).
Elle paraît avoir eu autrefois plus d'arbres et plus d'eau qu'aujourd'hui. M. Guérin évalue la population de la ville hellénique à
douze ou treize mille habitants. L'île avait en outre plusieurs villages, dont le même voyageur évalue la population à trois ou
quatre mille âmes.

s'y retirer pour fuir quelque mesure persécutrice
des autorités d'Éphèse[1] ; soit que, revenant d'un
voyage à Rome[2], et à la veille de revoir ses fidèles,
il ait préparé, dans quelqu'une des *cauponæ* qui
devaient border le port[3], le manifeste dont il voulait

1. Apoc., i, 9, en comparant vi, 9 ; xx, 4. Voir ci-dessus, p. 353–
354, et ci-après, p. 414 et suiv. L'idée d'un exil proprement dit
(Tertullien, *Præscr.*, 36) doit être écartée. Nous connaissons les
îles qui servaient de lieu de déportation, Gyaros, Pandatarie, Pon-
tia, Planasie. Patmos n'a jamais été de ce nombre. Les îles de
déportation étaient choisies exprès parce qu'elles n'avaient ni port
ni ville ; or Patmos a de très-bons mouillages (Guérin, p. 90-91,
94) et possédait une ville assez considérable. Gyare, par exemple,
ne ressemble en rien à Patmos. La tradition ecclésiastique sur
le bannissement de Jean à Patmos par Domitien renferme un
anachronisme. — L'idée de solitude n'a non plus rien à faire ici.
L'île était fort peuplée.

2. L'entrée du port de Patmos est facile aux navires qui viennent de Rome et difficile à ceux qui viennent d'Éphèse. J'en fis
l'expérience ; après un jour d'efforts, notre barque dut renoncer à
franchir la passe.

3. La grotte est une invention du moyen âge. A peine est-il
nécessaire de faire remarquer que Apoc., i, 9-10, n'implique pas
que l'Apocalypse ait été écrite à Patmos ; la nuance de ἐγενόμην
indique plutôt le contraire. Telle fut, du reste, la défiance que
l'Église grecque eut longtemps à l'égard de l'Apocalypse, que le
faux Prochore (ive siècle), racontant avec prolixité le séjour de
Jean à Patmos, ne dit pas un mot de l'Apocalypse, et ne conduit
Jean dans cette île que pour y écrire l'Évangile (manuscrit de
Patmos, analysé par Guérin, *op. cit.*, p. 27 et suiv., 34, 39 et suiv.,
44 ; ce texte paraît le plus conforme au texte primitif ; comparez

se faire précéder en Asie[1]; soit que, prenant une sorte
de recul pour frapper un grand coup, et jugeant que
le lieu de la vision ne pouvait être placé à Éphèse
même, il ait choisi l'île de l'Archipel qui, éloignée
d'environ une journée, était reliée à la métropole
d'Asie par une navigation quotidienne[2]; soit qu'il
eût gardé le souvenir de la dernière escale du
voyage plein d'émotions qu'il fit en 64; soit enfin
qu'un simple accident de mer l'ait forcé de relâcher
plusieurs jours dans ce petit port[3]. Ces navigations
de l'Archipel sont pleines de hasard; les traversées
de l'Océan n'en peuvent donner aucune idée; car
dans nos mers règnent des vents constants qui vous
secondent, même quand ils sont contraires. Là, ce

les éditions de Michel Neander, à la suite de *Catechesis M. Lutheri
parva, græcolatina,* Bâle, Oporin, 1567, in-12, p. 526-663; de
Grynæus, *Monum. PP. orthodoxograph.,* I, p. 85 et suiv.; de
Birch, *Auctarium Cod. apocr. N. T.,* p. 262-307, et la trad.
latine dans *Bibl. max. Patr.,* II, 46 et suiv.). Il ne semble pas
qu'avant saint Christodule, l'île ait été l'objet d'une vénération
spéciale.

1. Ce ne pouvait être son premier voyage à Éphèse; car les
rapports de l'auteur de l'Apocalypse avec les Églises d'Asie obli-
gent de supposer qu'il avait antérieurement résidé dans ce pays.

2. On peut aller aujourd'hui de Scala-Nova à Patmos en six
heures, avec les moyens de navigation du pays, qui diffèrent peu
de ceux des anciens.

3. C'est bien la nuance de ἐγενόμην, équivalent de הייתי, dans
Apoc., I, 9.

sont tour à tour des calmes plats, et, quand on s'engage dans les canaux étroits, des vents obstinés. On n'est nullement maître de soi; on touche où l'on peut et non où l'on veut.

Des hommes aussi ardents que ces âpres et fanatiques descendants des vieux prophètes d'Israël portaient leur imagination partout où ils se trouvaient, et cette imagination était si uniquement renfermée dans le cercle de l'ancienne poésie hébraïque, que la nature qui les entourait n'existait pas pour eux. Patmos ressemble à toutes les îles de l'Archipel : mer d'azur, air limpide, ciel serein, rochers aux sommets dentelés, à peine revêtus par moments d'un léger duvet de verdure. L'aspect est nu et stérile; mais les formes et la couleur du roc, le bleu vif de la mer, sillonnée de beaux oiseaux blancs, opposé aux teintes rougeâtres des rochers, sont quelque chose d'admirable. Ces myriades d'îles et d'îlots, aux formes les plus variées, qui émergent comme des pyramides ou comme des boucliers sur les flots, et dansent une ronde éternelle autour de l'horizon, semblent le monde féerique d'un cycle de dieux marins et d'Océanides, menant une brillante vie d'amour, de jeunesse et de mélancolie, en des grottes d'un vert glauque, sur des rivages sans mystère, tour à tour gracieux et terribles, lumineux et sombres. Calypso et

les Sirènes, les Tritons et les Néréides, les charmes
dangereux de la mer, ses caresses à la fois volup-
tueuses et sinistres, toutes ces fines sensations qui
ont leur inimitable expression dans l'*Odyssée,* échappèrent au ténébreux visionnaire. Deux ou trois particularités, telles que la grande préoccupation de la
mer [1], l'image « d'une montagne brûlant au milieu
de la mer [2] », qui semble empruntée à Théra [3], ont
seules quelque cachet local [4]. D'une petite île, faite
pour servir de fond de tableau au délicieux roman de
Daphnis et Chloé, ou à des scènes de bergerie comme
celles de Théocrite et de Moschus, il fit un volcan
noir, gorgé de cendre et de feu. Il avait dû, cependant, goûter plus d'une fois sur ces flots le silence
plein de sérénité des nuits, où l'on n'entend que le
gémissement de l'alcyon et le soufflet sourd du dau-
phin. Des jours entiers, il fut en face du mont Mycale,
sans songer à la victoire des Hellènes sur les Perses [5],

1. Voir, en particulier, Apoc., XXI, 1.

2. Apoc., VIII, 8.

3. Santorin. Cette île était alors dans une période de crise.
Voir Sénèque, *Quœst. nat.,* II, 26; VI, 21. Il paraît que, même
quand elle dort, elle a tout à fait l'aspect d'une montagne à demi
brûlée. V. Stanley, *Sermons,* p. 230, note 8.

4. Le mont Kynops, à Patmos, offre quelques phénomènes volcaniques, mais sans grandeur. Guérin, *op. cit.,* p. 88-97.

5. Un rideau d'îles intercepte presque de Patmos la vue du
continent; on voit cependant le mont Mycale, Milet et Priène.

la plus belle qui ait jamais été remportée après Marathon et les Thermopyles. A ce point central de toutes les grandes créations grecques, à quelques lieues de Samos, de Cos, de Milet, d'Éphèse, il rêva d'autre chose que du prodigieux génie de Pythagore, d'Hippocrate, de Thalès, d'Héraclite; les glorieux souvenirs de la Grèce n'existèrent pas pour lui. Le poëme de Patmos aurait dû être quelque *Héro et Léandre,* ou bien une pastorale à la façon de Longus, racontant les jeux de beaux enfants sur le seuil de l'amour. Le sombre enthousiaste, jeté par hasard sur ces rives ioniennes, ne sortit pas de ses souvenirs bibliques. La nature pour lui, ce fut le chariot vivant d'Ézéchiel, le monstrueux *chérub,* le difforme taureau de Ninive, une zoologie baroque, mettant la statuaire et la peinture au défi. Ce défaut étrange qu'a l'œil des Orientaux d'altérer les images des choses, défaut qui fait que toutes les représentations figurées sorties de leurs mains paraissent fantastiques et dénuées d'esprit de vie, fut chez lui à son comble. La maladie qu'il portait dans ses viscères teignait tout de ses couleurs. Il vit avec les yeux d'Ézéchiel, de l'auteur du livre de Daniel; ou plutôt il ne vit que lui-même, ses passions, ses espérances, ses colères. Une vague et sèche mythologie, déjà cabbaliste et gnostique, toute fondée sur la transformation des idées abstraites en hypostases divines, le mit en dehors des conditions plastiques de l'art. Jamais on ne s'isola davantage du milieu environnant; jamais on ne renia plus ouvertement le monde sensible pour substituer aux harmonies de la réalité la chimère contradictoire d'une terre nouvelle et d'un ciel nouveau.

CHAPITRE XVI.

Après l'envoi aux sept Eglises, le cours de la vision se déroule [1]. Une porte s'ouvre dans le ciel ; le Voyant est ravi en esprit, et, par cette ouverture, son regard pénètre jusqu'au fond de la cour céleste. Tout le ciel de la cabbale juive se révèle à lui. Un seul trône existe, et sur ce trône, qu'entoure l'arc-en-ciel, est assis Dieu lui-même, semblable à un rubis colossal dardant ses feux [2]. Autour du trône sont vingt-quatre siéges secondaires, sur lesquels sont assis vingt-quatre vieillards, vêtus de blanc, portant sur leur tête des couronnes d'or. C'est l'humanité représentée par un sénat d'élite, qui forme la cour permanente de l'Éternel [3]. Au-devant, brûlent sept lampes, qui sont

1. Apoc., c. IV.

2. Tous les traits de la description de la majesté divine sont empruntés à Ézéchiel, I et X. Comp. Dan., VII, 9 et suiv.

3. Le chiffre 24 est emprunté aux classes de prêtres qui des-

les sept esprits de Dieu (les sept dons de la sagesse divine) [1]. Alentour sont quatre monstres, formés de traits empruntés aux *chérubs* d'Ézéchiel et aux *séraphcs* d'Isaïe [2]. Ils ont, le premier la forme d'un lion, le deuxième la forme d'un veau, le troisième la forme d'un homme, le quatrième la forme d'un aigle aux ailes ouvertes. Ces quatre monstres figurent déjà dans Ézéchiel les attributs de la Divinité : « sagesse, puissance, omniscience et création ». Ils ont six ailes et sont couverts d'yeux sur tout le corps [3]. Les anges, créatures inférieures aux grandes personnifications surnaturelles dont il vient d'être parlé[4], sortes de domestiques ailés, entourent le trône par milliers de milliers et myriades de myriades [5]. Un éternel roulement de tonnerre sort du trône. Au premier plan, s'étend une immense surface azurée semblable à du cristal (le firmament) [6]. Une sorte de liturgie divine se poursuit sans fin. Les quatre monstres, organes de la vie universelle (la nature), ne dorment

servaient le sanctuaire. I Chron., XXVI. Comp. Isaïe, XXIV, 23, Ps. LXXXIX, 8 ; Tanhuma, sections *schemini* et *kedoschim*.

1. Cf. Isaïe, XI, 2.
2. Ézéch., I ; Isaïe, VI.
3. Ézéch., I, 18 ; X, 12.
4. Comp. Hebr., I, 4 et suiv., 14.
5. Apoc., V, 11 ; VII, 11. Comp. Dan., VII, 10 ; Ps. LXVIII, 18.
6. Exode, XXIV, 10 ; Ézéchiel, I, 22 et suiv.

jamais et chantent nuit et jour le trisagion céleste :
« Saint, saint, saint est le Seigneur Dieu tout-puissant, qui était, qui est et qui sera [1]. » Les vingt-
quatre vieillards (l'humanité) s'unissent à ce cantique, en se prosternant et en mettant leurs couronnes
au pied du trône où réside le Créateur.

Christ n'a pas figuré jusqu'ici dans la cour céleste.
Le Voyant va nous faire assister à la cérémonie de
son intronisation [2]. A droite de celui qui est assis
sur le trône, se voit un livre, en forme de rouleau,
écrit des deux côtés [3], fermé de sept sceaux. C'est le
livre des secrets divins, la grande révélation. Personne ni au ciel ni sur la terre n'est trouvé digne
de l'ouvrir, ni même de le regarder. Jean alors se
met à pleurer; l'avenir, la seule consolation du
chrétien, ne lui sera donc point révélé! Un des vieillards l'encourage. En effet, celui qui doit ouvrir le
livre est bientôt trouvé; on devine sans peine que
c'est Jésus. Au centre même de la grande assemblée
céleste, au pied du trône, au milieu des animaux et
des vieillards, sur l'aire cristalline, apparaît un
agneau égorgé. C'était l'image favorite sous laquelle
l'imagination chrétienne aimait à se figurer Jésus :

1. Cf. Isaïe, vi, 3.
2. Apoc., c. v.
3. Cf. Ézéchiel, ii, 10.

un agneau tué, devenu victime pascale, toujours avec
Dieu [1]. Il a sept cornes [2] et sept yeux, symboles des
sept esprits de Dieu, dont Jésus a reçu la plénitude.
et qui vont se répandre par lui sur toute la terre.
L'Agneau se lève, va droit au trône de l'Éternel.
prend le livre. Une immense émotion remplit alors
le ciel ; les quatre animaux, les vingt-quatre vieillards
tombent à genoux devant l'Agneau ; ils tiennent à la
main des cithares et des coupes d'or pleines d'encens
(les prières des saints [3]), et chantent un cantique
nouveau : « Toi, tu es digne de prendre le livre et d'en
ouvrir les sceaux ; car tu as été égorgé, et avec ton
sang tu as gagné à Dieu une troupe d'élus de toute
tribu, de toute langue, de tout peuple, de toute
race [4], et tu as fait d'eux un royaume de prêtres, et
ils régneront sur la terre [5]. » Les myriades d'anges
se joignent à ce cantique, et décernent à l'Agneau

1. Jean, i, 29, 36 ; I Petri, i, 19 ; *Act.,* v iii, 32. Comp. Jérémie, xi, 19 ; Isaïe, liii, 7.

2. Cf. Daniel, vii, 20 et suiv. La corne, dans la vieille poésie
hébraïque, est toujours le symbole de la force.

3. Comp. Apoc., viii, 3 et suiv ; Ps..cxli, 2 ; Ézéch., viii, 11 ;
Tobie, xii, 12 ; Luc, i, 10.

4. La découverte du manuscrit *Sinaïticus* a confirmé la leçon
de l'*Alexandrinus,* et prouvé que ἡμᾶς du texte reçu est une correction.

5. Le *Sinaïticus* a βασιλεύσουσιν.

les sept grandes prérogatives (puissance, richesse, sagesse, force, honneur, gloire et bénédiction [1]). Toutes les créatures qui sont dans le ciel, sur la terre, sous la terre, dans la mer, s'associent à la cérémonie céleste, et s'écrient : « A celui qui est assis sur le trône et à l'Agneau soient la bénédiction, et l'honneur, et la gloire, et la force, dans tous les siècles des siècles. » Les quatre animaux, représentant la nature, de leur voix profonde disent *amen;* les vieillards tombent et adorent.

Voilà Jésus introduit au plus haut degré de la hiérarchie céleste. Non-seulement les anges [2], mais encore les vingt-quatre vieillards et les quatre animaux, qui sont supérieurs aux anges, se sont prosternés devant lui. Il a monté les marches du trône de Dieu, a pris le livre placé à la droite de Dieu, que personne ne pouvait même regarder. Il va ouvrir les sept sceaux du livre; le grand drame commence [3].

Le début est brillant. Selon une conception historique des plus justes, l'auteur place l'origine de l'agitation messianique au moment où Rome étend son empire à la Judée [4]. A l'ouverture du pre-

1. Cf. VII, 12.
2. Comparez l'Épître aux Hébreux, ci-dessus, p. 213.
3. Apoc., c. VI.
4. Comp. l'*Assomption de Moïse,* dans Hilgenfeld, *Nov. Test. extra can.,* I, p. 113-114.

mier sceau, un cheval blanc[1] s'élance ; le cavalier
qui le monte tient un arc à la main ; une couronne
ceint sa tête ; il remporte partout la victoire. C'est
l'Empire romain, auquel, jusqu'à l'époque du Voyant,
rien n'avait pu résister. Mais ce prologue triomphal est
de courte durée ; les signes avant-coureurs de l'apparition brillante du Messie seront des fléaux inouïs, et
c'est par les plus effrayantes images que se continue
la tragédie céleste[2]. Nous sommes au commencement de ce qu'on appelait « la période des douleurs
du Messie[3] ». Chaque sceau qui s'ouvre désormais
amène sur l'humanité quelque horrible malheur.

A l'ouverture du deuxième sceau, un cheval roux
s'élance. A celui qui le monte il est donné d'enlever
la paix de la terre et de faire que les hommes s'égor-
gent les uns les autres ; on lui met en main une
grande épée. C'est la Guerre. Depuis la révolte de
Judée et surtout depuis le soulèvement de Vindex, le
monde n'était, en effet, qu'un champ de carnage, et
l'homme pacifique ne savait où fuir.

1. Le cheval blanc est le symbole de la victoire et du triomphe.
Iliade, X, 437 ; Plutarque, *Camille,* 7 ; Virg., *Æneid.,* III, 538,
et Servius sur ce vers.

2. Comp. Zacharie, I, 7-17, et VI, 1-8 ; Jérémie, XXI, 9 ;
XXXII, 36 ; IV d'Esdras, V, 6 et suiv. ; VI, 22 et suiv., IX, 3
(Vulg.).

3. Ἀρχὴ ὠδίνων. Matth., XXIV, 8 ; Marc, XIII, 9.

A l'ouverture du troisième sceau, bondit un cheval noir; le cavalier tient une balance. Du milieu des quatre animaux, la voix qui tarife au ciel le prix des denrées pour les pauvres mortels dit au cavalier : « Un chœnix de froment, un denier [1]; trois chœnix d'orge, un denier; l'huile et le vin, n'y touche pas [2].» C'est la Famine [3]. Sans parler de la grande disette qui eut lieu sous Claude, la cherté en l'an 68 fut extrême [4].

A l'ouverture du quatrième sceau, s'élance un cheval jaune. Son cavalier s'appelait la Mort; le *Scheol* le suivait, et il lui fut donné puissance de tuer le quart de la terre par le glaive, par la faim, par la peste et par les bêtes féroces.

Tels sont les grands fléaux [5] qui annoncent la prochaine venue du Messie. La justice voudrait que sur-le-champ la colère divine s'allumât contre la

1. Le chœnix de blé était la ration journalière d'un homme. *Thes.* de H. Etienne, au mot χοῖνιξ. Le denier était le salaire d'un journalier. Matth., xx, 2 ; Tacite, *Annales,* I, 17. Le prix ordinaire du chœnix de froment était bien moins élevé. Cic., *In Verrem,* III, 81.

2. Comp. Suétone, *Domitien,* 7.

3. Matthieu, xxiv, 7; Marc, xiii, 7.

4. Voir ci-dessus, p. 328.

5. Comp. Ezech., xiv, 21 ; Matth., xxiv, 6-8 ; Marc, xiii, 8-9. Dans les Évangiles, λοιμός paraît, comme　ns l'Apocalypse, rejeté au second plan.

terre. En effet, à l'ouverture du cinquième sceau, le
Voyant est témoin d'un touchant spectacle. Il reconn-
naît sous l'autel les âmes de ceux qui ont été égorgés
pour leur foi et pour le témoignage qu'ils ont rendu à
Christ (sûrement les victimes de l'an 64). Ces saintes
âmes crient vers Dieu [1], et lui disent : « Jusques à quand, Seigneur, toi le saint, le véridique,
ne feras-tu point justice, et ne redemanderas-tu point
notre sang à ceux qui demeurent sur la terre? »
Mais les temps ne sont pas encore venus; le nombre
des martyrs qui amènera le débordement de colère
n'est pas atteint. On donne à chacune des victimes
qui sont sous l'autel une robe blanche, gage de la
justification et du triomphe futurs, et on leur dit de
patienter un peu, jusqu'à ce que leurs coserviteurs
et confrères, qui doivent être tués comme eux, aient
rendu témoignage à leur tour.

Après ce bel intermède, nous rentrons, non plus
dans la période des fléaux précurseurs, mais au
milieu des phénomènes du dernier jugement. A l'ouverture du sixième sceau [2], a lieu un grand tremble-

1. Des imaginations analogues avaient cours, même en dehors
du cercle chrétien. Dion Cassius, LXIII, 28 : αἱ τῶν πεφονευ-
μένων ὑπ' αὐτοῦ ψυχαί. Apoc., VI, 9 : τὰς ψυχὰς τῶν ἐσφαγμένων.

2. Toute la description de la catastrophe finale est composée
de traits empruntés à Isaïe, II, 10, 19; XXXIV, 4; L, 3; LXIII, 4;
Ézéchiel, XXXII, 7-8 ; Joël, III, 4 ; Osée, X, 8 ; Nahum, I, 6 ; Mala-

ment de l'univers [1]. Le ciel devient noir comme un
sac de crin, la lune prend une couleur de sang, les
étoiles tombent du ciel sur la terre, comme les fruits
d'un figuier agité par le vent ; le ciel se retire
comme un livre qu'on roule [2] ; les montagnes, les
îles sont jetées hors de leur place. Les rois et les
grands de la terre, les tribuns militaires et les riches
et les forts, les esclaves et les hommes libres se
cachent dans les cavernes et parmi les rochers, disant
aux montagnes : « Tombez sur nous, et sauvez-nous
du regard de celui qui est assis sur le trône et de la
colère de l'Agneau. »

La grande exécution va donc s'accomplir [3]. Les
quatre anges des vents [4] se placent aux quatre
angles de la terre ; ils n'ont qu'à lâcher la bride aux
éléments qui leur sont confiés pour que ceux-ci, suivant leur furie naturelle, bouleversent le monde. Tout
pouvoir est donné à ces quatre exécuteurs ; ils sont
à leur poste ; mais l'idée fondamentale du poëme est

chie, iii, 2. Les anciens prophètes croyaient que le jugement de
Dieu, même s'exerçant sur un peuple isolé, était accompagné de
phénomènes naturels (Joël, i, 15 ; ii, 1 et suiv.). Comp. Matth.,
xxiv, 7, 29 ; Marc, xiii, 8, 24 ; Luc, xxi, 11, 25-26 ; xxiii, 30.

1. Matth., xxiv, 7 ; Marc, xiii, 8 ; Luc, xxi, 1.
2. Isaïe, xxxiv, 4.
3. Apoc., c. vii.
4. Cf. Zacharie, vi, 5 ; *Hénoch*, ch. xviii

de montrer le grand jugement sans cesse ajourné, au moment où il semblait qu'il dût avoir lieu. Un ange, portant en main le sceau de Dieu (sceau qui a pour légende, comme tous les sceaux de rois, le nom de celui à qui il appartient, ליהוה [1]), s'élève de l'Orient. Il crie aux quatre anges des vents destructeurs de retenir quelque temps encore les forces dont ils disposent, jusqu'à ce que les élus qui vivent actuellement aient été marqués au front de l'estampille qui, comme cela eut lieu pour le sang de l'agneau pascal en Égypte [2], les préservera des fléaux. L'ange imprime alors le cachet divin sur cent quarante-quatre mille personnes, appartenant aux douze tribus d'Israël. Cela ne veut pas dire que ces cent quarante-quatre mille élus sont uniquement des juifs [3]. Israël est ici

1. Comp. Is., XLIV, 5; Apoc., XIV, 1. Tous les sceaux sémitiques présentent le nom du possesseur du sceau précédé de ל. Cf. Hérodote, II, CXIII, 2; Ézéchiel, IX, 4. L'usage était de marquer les esclaves du nom de leur maître.

2. Exode, XII, 13.

3. L'opposition des cent quarante-quatre mille ἐσφραγισμένοι des douze tribus et de l'ὄχλος πολύς du verset 9 porterait à le croire. Mais l'ὄχλος πολύς est composé de martyrs (comp. VII, 9, 14), non de païens convertis. Les cent quarante-quatre mille élus paraissent au chapitre XIV comme choisis pour leur vertu dans la terre entière (οἱ ἠγορασμένοι ἀπὸ τῆς γῆς). Comp., en outre, Apoc., V, 9. La distinction des païens convertis et des judéo-chrétiens n'existe pas pour l'auteur de l'Apocalypse. Les païens

certainement le vrai Israël spirituel, l' « Israël de
Dieu », comme dit saint Paul[1], la famille élue em-
brassant tous ceux qui se sont rattachés à la race
d'Abraham, par la foi en Jésus et par la pratique
des rites essentiels. Mais il y a une catégorie de
fidèles qui est déjà introduite dans le séjour de la
paix ; ce sont ceux qui ont souffert la mort pour
Jésus. Le prophète les voit sous la figure d'une foule
innombrable d'hommes de toute race, de toute tribu,
de tout peuple, de toute langue, se tenant devant le
Trône[2] et devant l'Agneau, vêtus de robes blanches,
portant des palmes à la main, et chantant à la gloire
de Dieu et de l'Agneau. Un des vieillards lui explique ce que c'est que cette foule : « Ce sont des gens
qui viennent d'une grande persécution[3], et ils ont

qui n'ont pas préalablement adopté les règles du judaïsme
sont ces disciples de Balaam pour lesquels il se montre si sévère
(ch. II et III). Tout chrétien fait pour lui partie d'Israël et a sa
capitale spirituelle à Jérusalem (XVIII, 4 ; XX, 9 ; XXI, 2, 12 ; comp.
Matth., XIX, 28 ; Jac., I, 1). Les gentils viennent simplement,
comme de bons étrangers soumis et conquis, rendre leurs hommages à Dieu dans Sion (XV, 3-4).

1. Gal., VI, 16.

2. L'auteur évite de nommer l'être ineffable. Les juifs plus ou
moins cabbalistes se servent aussi pour désigner Dieu d'expressions comme « le Nom », « le Trône », « le Ciel ».

3. Θλίψεως μεγάλης, mot ordinaire pour exprimer la catastrophe
de l'an 64. Voir ci-dessus, p. 167, note 1, et p. 217, note 1.

lavé leur robe dans le sang de l'Agneau[1]. Voilà
pourquoi ils sont devant le trône de Dieu, et ils
l'adorent nuit et jour dans son temple, et celui qui est
assis sur le trône habitera éternellement sur eux[2].
Ils n'auront plus faim, ils n'auront plus soif, ils
ne souffriront plus de la chaleur. L'Agneau les fera
paître et les conduira aux sources de la vie, et Dieu
lui-même essuiera toute larme de leurs yeux[3]. »

Le septième sceau s'ouvre[4]. On s'attend au
grand spectacle de la consommation des temps[5].
Mais, dans le poëme comme dans la réalité, cette
catastrophe fuit toujours ; on s'y croit arrivé, il n'en
est rien. Au lieu du dénoûment final, qui devrait
être l'effet de l'ouverture du septième sceau, il se
fait dans le ciel un silence d'une demi-heure, indiquant
que le premier acte du mystère est terminé, et qu'un
autre va commencer[6].

1. C'est-à-dire ils les ont teintes de sang par le martyre.
2. Lévitique, xxvi, 11 ; Isaïe, iv, 5-6 ; Ézech., xxxvii, 27 ;
Apoc., xxi, 3.
3. Isaïe, xxv, 8 ; xlix, 10.
4. Apoc., c. viii.
5. Comparez la suspension analogue qui a lieu après l'ouverture du cinquième et du sixième sceau (ci-dessus, p. 388-389), et
au son de la septième trompette (ci-après, p. 399-400). Voir surtout Apoc., x, 7.
6. La même chose se remarque dans le Cantique des cantiques.
Les cinq actes de ce petit drame ne se font pas suite. A chaque

Après le silence sacramentel, les sept archanges qui sont devant le trône de Dieu, et dont il n'a pas été question jusqu'ici [1], entrent en scène. On leur donne sept trompettes, dont chacune va servir de signal à d'autres pronostics [2]. L'imagination sombre de Jean n'était pas satisfaite ; cette fois, c'est aux plaies d'Égypte que sa colère contre le monde profane va demander des types de châtiments. Des phénomènes naturels arrivés vers l'an 68, et dont se préoccupait l'opinion populaire, lui offraient d'apparentes justifications pour de tels rapprochements.

Avant toutefois que le jeu des sept trompettes commence, a lieu une scène muette d'un grand effet. Un ange s'avance vers l'autel d'or qui est en face du Trône, portant à la main un encensoir d'or. Des masses d'encens sont versées sur les charbons de l'autel, et s'élèvent en fumée devant l'Éternel. L'ange

acte, le jeu recommence et finit. En général, la littérature hébraïque ignore tout à fait la règle de l'unité.

1. Daniel, x, 13 ; Tobie, xii, 15 ; Luc, i, 19 ; I Thess., iv, 16.

2. Cette idée de sons de trompe successifs, annonçant la fin des temps, se retrouve dans ἐσχάτη σάλπιγξ de I Cor., xv, 52, supposant des σάλπιγγες antérieures. C'est à tort cependant qu'on a vu une *tertia tuba* dans IV Esdr., v, 4 (voir Hilgenfeld). « Le jour de Jéhovah, » chez les anciens prophètes, est aussi annoncé par des trompettes (Joël, ii, 1, 15). L'origine première de cette image venait des trompettes annonçant les fêtes d'Israël. Cf. IV Esdr., vi, 23.

alors remplit son encensoir des charbons de l'autel
et les jette sur la terre [1]. Ces charbons, en atteignant
la surface du globe, produisent des tonnerres, des
éclairs, des voix, des secousses. L'encens, l'auteur
lui-même nous le dit, ce sont les prières des saints.
Les soupirs de ces pieuses personnes s'élevant en silence devant Dieu, et appelant la destruction de l'empire romain, deviennent des charbons ardents pour le
monde profane, qui l'ébranlent, le déchirent, le con-
sument, sans qu'il sache d'où viennent les coups.

Les sept anges alors se préparent à emboucher
la trompette.

A l'éclat de la trompette du premier ange, une
grêle mêlée de feu et de sang tombe sur la terre.
Le tiers de la terre est brûlé; le tiers des arbres est
brûlé [2]; toute herbe verte est brûlée. En 63, 68 et
69, on fut en effet fort effrayé par des orages, où
l'on vit quelque chose de surnaturel [3].

Au son de la trompette du second ange, une
grande montagne incandescente est lancée dans la
mer; le tiers de la mer se change en sang; le tiers des
poissons meurt; le tiers des navires est détruit. Il y

1. Imité d'Ézéchiel, x.
2. Pour cette manière de procéder par tiers, v. Zach., XIII, 8-9.
3. *Vis fulgurum non alias crebrior.* Tacite, *Ann.,* XV, 47;
Hist , I, 3, 18. Comp. Exode, IX, 24; Isaïe, XXVIII, 2.

a ici une allusion aux aspects de l'île de Théra[1], que le prophète pouvait presque apercevoir à l'horizon de Patmos, et qui ressemble à un volcan noyé. Une île nouvelle était apparue au milieu de son cratère, en l'an 46 ou 47. Dans les moments d'activité, on voit aux environs de Théra des flammes sur la surface de la mer[2].

Au son de la trompette du troisième ange, une grande étoile tombe du ciel, brûlant comme un falot; elle atteint le tiers des fleuves et les sources. Son nom cst « Absinthe »; le tiers des eaux se change en absinthe (c'est-à-dire qu'elles deviennent amères et empoisonnées[3]); beaucoup d'hommes en meurent[4]. On est porté à supposer ici une allusion à certain bolide, dont la chute fut mise en rapport avec une infection qui put se produire dans quelque réservoir d'eau et en altérer la qualité. Il faut se rappeler que notre

1. Voir ci-dessus, p. 336 et 377. Comparez Exode, VII, 17 et suiv., et Jérémie, LI, 25; *Hénoch,* XVII, 13.

2. Pline, II, LXXXVII (89); IV, XII (23); Sénèque, *Quæst. nat.,* II, 26; VI, 21; Dion Cassius, LX, 29; Aurélius Victor, *De Cæs.,* Claude, 14; Philostrate, *Apoll.,* IV, XXXIV, 4; Orose, VII, 6; Cedrenus, I, p. 197, Paris; Ross, *Reisen auf den griech. Inseln,* I, 90 et suiv. Comp. *Comptes rendus de l'Acad. des sciences,* 19 février 1866, p. 392 et suiv.

3. Cf. Exode, XV, 23 et suiv.

4. Comp. Isaïe, XIV, 12; Daniel, VIII, 10; *Carmina sibyllina,* V, 157-158.

prophète voit la nature à travers les récits naïfs des conversations populaires de l'Asie, le pays le plus crédule du monde. Phlégon de Tralles, un demi-siècle plus tard, devait passer sa vie à compiler des inepties de ce genre. Tacite, à chaque page, en est préoccupé.

Au son de la trompette du quatrième ange, le tiers du soleil et le tiers de la lune et le tiers des étoiles sont éteints, si bien que le tiers de la lumière du monde est obscurci [1]. Ceci peut se rapporter soit aux éclipses qui effrayèrent ces années [2], soit à l'orage épouvantable du 10 janvier 69 [3].

Ces fléaux ne sont rien encore. Un aigle volant au zénith pousse trois cris de malheur, et annonce aux hommes des calamités inouïes pour les trois coups de trompette qui restent.

A la voix de la cinquième trompette [4], une étoile (c'est-à-dire un ange [5]) tombe du ciel; on lui donne la clef du puits de l'abîme (de l'enfer) [6].

---

1. Exode, vi, 25; x, 21-22; Joël, iii, 4; Amos, viii, 9.

2. Voir ci-dessus, p. 326.

3. « Fœdum imbribus diem tonitrua et fulgura et cœlestes minæ ultra solitum turbaverant. » Tac., *Hist.*, I, 18; Plut., *Galba,* 23.

4. Apoc., c. ix.

5. *Hénoch,* xviii, 13; xxi, 3; lxxxvi, 1; xc, 21 (Dillmann).

6. Séjour des démons, non des morts : Luc, viii, 31; Apoc., xi, 7; xvii, 8; xx, 1, 3.

L'ange ouvre le puits de l'abîme ; il en sort de la
fumée comme d'une grande fournaise [1] ; le soleil et
le ciel sont assombris. De cette fumée naissent des
sauterelles, qui couvrent la terre comme des esca-
drons de cavalerie. Ces sauterelles [2], conduites par
leur roi, l'ange de l'abîme, qui s'appelle en hébreu
Abaddon [3] et en grec *Apollyon* [4], tourmentent les
hommes pendant cinq mois (tout un été). Il est possible que le fléau des sauterelles ait eu vers ce temps-
là de l'intensité dans quelque province [5] ; en tout
cas, l'imitation des plaies de l'Égypte est ici évidente [6]. Le puits de l'abîme est peut-être la Solfatare
de Pouzzoles (ce qu'on appelait le *Forum de Vul-*

1. Cf. Gen., xix, 28.
2. La description étrange de ces sauterelles, si l'on tient
compte des procédés du style oriental, n'a rien qui ne réponde à
la sauterelle ordinaire. V. Niebuhr, *Descr. de l'Arabie,* p. 153
(trad. franç., 1774); Joël, ii, 4-9. Les sauterelles à Naples s'appellent encore *cavaletti.* Elles y seraient fort nuisibles, si l'on ne
prenait des précautions pour détruire les œufs. Cf. Pline, XI,
xxix (35); Tite-Live, XXX, 2.
3. אבדון, « la destruction. »
4. Ἀπολλύων, « le destructeur. »
5. Des traits comme ix, 10, porteraient à voir dans la nuée
de sauterelles l'invasion de la cavalerie parthe ; mais c'est là
le sujet de la sixième trompette, et l'habitude de l'auteur n'est
pas de symboliser deux fois le même fait dans un même septé-
naire.
6. Exode, x, 12 et suiv.; Joël, ii; Sagesse, xvi, 9.

cain[1]) ou l'ancien cratère de la Somma[2], conçus
comme des vomitoires de l'enfer. Nous avons dit[3]
que la crise des environs de Naples était alors très-
violente. L'auteur de l'Apocalypse, auquel il est
permis d'attribuer un voyage de Rome et par conséquent de Pouzzoles, pouvait avoir été témoin de
pareils phénomènes. Il rattache les nuées de sauterelles à des exhalaisons volcaniques; car, l'origine
de ces nuées étant obscure, le peuple se trouvait
amené à y voir un fruit de l'enfer[4]. Aujourd'hui, du
reste, un phénomène analogue se passe encore à la
Solfatare. Après une forte pluie, les flaques d'eau
qui séjournent dans les parties chaudes donnent lieu
à des éclosions extrêmement rapides et abondantes
de sauterelles et de grenouilles[5]. Que ces générations en apparence spontanées fussent considérées
par le vulgaire comme des émanations de la bouche
infernale elle-même, cela était d'autant plus naturel,
que les éruptions, ayant d'ordinaire pour consé-

1. Strabon, V, iv, 6.
2. Beulé, *Le drame du Vésuve,* p. 62-63.
3. Ci-dessus, p. 329-335.
4. « Latent quinis mensibus. » Pline, *Hist. nat.,* IX, xxx (50).
Cette imagination existe encore. Œdman, *Samml. aus der
Naturkunde,* II, 147.
5. Renseignement de M. S. de Luca. Les sauterelles se voient
en très-grand nombre dans le cratère de la Solfatare.

quence de grandes pluies, qui couvrent le pays de mares, devaient sembler la cause immédiate des nuées d'insectes qui sortaient de ces mares.

Le son de la sixième trompette amène un autre fléau : c'est l'invasion des Parthes, que tout le monde croyait imminente[1]. Une voix sort des quatre cornes de l'autel qui est devant Dieu, et ordonne de délier quatre anges qui sont enchaînés aux bords de l'Euphrate[2]. Les quatre anges (peut-être les Assyriens, les Babyloniens, les Mèdes et les Perses[3]), qui étaient prêts pour l'heure, le jour, le mois et l'année, se mettent à la tête d'une cavalerie effroyable de deux cents millions d'hommes. La description des chevaux et des cavaliers est toute fantastique. Les chevaux qui tuent par la queue sont probablement une allusion à la cavalerie parthe, qui tirait des flèches en fuyant. Un tiers de l'humanité est exterminé. Néanmoins, ceux qui survivent ne font pas pénitence. Ils continuent d'adorer des démons, des idoles d'or, d'argent, qui

1. Voir ci-dessus, p. 318. Comp. Tacite, *Hist.,* IV, 51; Jos., *B. J.,* VI, vi, 2.

2. Comp. Virg., *Georg.,* I, 509.

3. Les auteurs d'apocalypses adoptent la vieille géographie biblique, même quand cette géographie ne s'applique plus à leur temps. Voir Commodien, *Instr.,* II, i, 15; *Carmen,* vers 884 et suiv., 900.; S. Épiph., hær. li, 34. Comp. Daniel, vii, 6; Hénoch, lvi, 5-8.

ne peuvent ni voir, ni entendre, ni marcher. Ils s'obs-
tinent dans leurs homicides, leurs maléfices, leurs
fornications, leurs vols.

On s'attend à voir éclater la septième trompette;
mais ici, comme dans l'acte de l'ouverture des sceaux,
le Voyant semble hésiter, ou plutôt s'arranger de
manière à suspendre l'attente; il s'arrête au moment
solennel. Le secret terrible ne peut encore être livré
tout entier. Un ange gigantesque [1], la tête ceinte de
l'arc-en-ciel, un pied sur la terre, un autre sur la
mer, et dont les sept tonnerres [2] répètent la voix, dit
des paroles mystérieuses, qu'une voix du ciel défend
à Jean d'écrire [3]. L'ange gigantesque alors lève la
main vers le ciel et jure par l'Éternel qu'il n'y aura
plus de délai [4], et qu'au bruit de la septième trompette s'accomplira le mystère de Dieu annoncé par
les prophètes [5].

Le drame apocalyptique va donc finir. Pour prolonger son livre, l'auteur se donne une nouvelle
mission prophétique. Répétant un énergique sym-

1. Apoc., c. x.

2. Cf. Ps. xxix, 3-9. Peut-être les tonnerres des sept cieux.

3. Daniel, viii, 26; xii, 4, 9.

4. Daniel, xii, 7.

5. Les prophètes qui, comme Isaïe, Joël, ont annoncé le « jour
de Jéhovah ».

bole déjà employé par Ézéchiel [1], Jean se fait
présenter un livre fatidique par l'ange gigantesque,
et le dévore. Une voix lui dit : « Il faut que tu pro-
phétises encore sur beaucoup de races, de peuples,
de langues et de rois. » Le cadre de la vision, qui
allait se fermer par la septième trompette, s'élargit
ainsi, et l'auteur se ménage une seconde partie, où
il va dévoiler ses vues sur les destins des rois et
des peuples de son temps. Les six premières trompettes, en effet, comme les ouvertures des six premiers sceaux, se rapportent à des faits qui étaient
passés quand l'auteur écrivait [2]. Ce qui suit, au
contraire, se rapporte pour la plus grande partie à
l'avenir.

C'est sur Jérusalem d'abord que se portent les
regards du Voyant [3]. Par un symbolisme assez clair [4],
il donne à entendre que la ville va être livrée aux
gentils ; pour voir cela dans les premiers mois de 69,
il ne fallait pas un grand effort prophétique. Le por-
tique et la cour des gentils seront même foulés aux

---

1. Ézech., ii, 8 à iii, 3. Cf. Jérém., xv, 16.

2. La sixième trompette semble faire exception, puisque l'invasion n'eut pas lieu ; mais il est probable que l'auteur la tenait
déjà pour un fait accompli.

3. Apoc., c. xi.

4. Cf. Ézéchiel, xl ; Zacharie, ii.

pieds des profanes [1]; mais l'imagination d'un juif aussi fervent ne pouvait concevoir le temple détruit; le temple étant le seul endroit de la terre où Dieu peut recevoir un culte (culte dont celui du ciel n'est que la reproduction), Jean n'imagine pas la terre sans le temple. Le temple sera·donc conservé, et les fidèles marqués au front du signe de Jéhovah pourront continuer à y adorer. Le temple sera ainsi comme un espace sacré, résidence spirituelle de l'Église entière; cela durera quarante-deux mois, c'est-à-dire trois ans et demi (une demi-*schemitta* [2] ou semaine d'années). Ce chiffre mystique, emprunté au livre de Daniel [3], reviendra plusieurs fois dans la suite. C'est l'espace de temps qui reste encore au monde à vivre.

Jérusalem, pendant ce temps, sera le théâtre d'une grande bataille religieuse, analogue aux luttes qui ont de tout temps rempli son histoire. Dieu donnera

1. Daniel, viii, 13. Cf. Luc, xxi, 24.

2. Une *schemitta* ou période de sept années est souvent prise pour unité de temps, la période jubilaire se composant de sept *schemitta*. Voir le *livre des Jubilés*, et la Chronique samaritaine publiée par M. Neubauer, *Journal Asiatique*, déc. 1869.

3. vii, 25; ix, 27; xii, 7, 11. Cf., Luc, xxi, 24. Comp. τὰς ἡμέρας τῆς προφητείας αὐτῶν (Apoc., xi, 6) avec ἔτη τρία καὶ μῆνας ἕξ de Luc, iv, 25; Jacques, v, 17. Comp. *Hénoch*, x, 12; xci; xciii; sans oublier les semaines apocalyptiques des Ismaéliens, héritiers en cela de formules persanes.

une mission à « ses deux témoins », qui prophé-
tiseront pendant douze cent soixante jours (c'est-à-
dire trois ans et demi), revêtus de sacs. Ces deux
prophètes sont comparés à deux oliviers et à deux
chandeliers debout devant le Seigneur [1]. Ils auront
les pouvoirs d'un Moïse et d'un Élie ; ils pourront fermer le ciel et empêcher la pluie, changer l'eau en
sang et frapper la terre de telle plaie qu'ils voudront.
Si quelqu'un essaye de leur faire du mal, un feu sortira de leur bouche et dévorera leurs ennemis [2]. Quand
ils auront fini de rendre leur témoignage, la bête qui
monte de l'abîme [3] (la puissance romaine, ou plutôt
Néron reparaissant en Antechrist) les tuera. Leurs
corps resteront trois jours et demi étendus sans
sépulture sur les places de la grande ville qui s'appelle symboliquement « Sodome » [4] et « Égypte » [5],
et où leur maître a été crucifié [6]. Les mondains

1. Zacharie, iv.

2. II Rois, i, 10-12.

3. Voir Apoc., xvii, 8, en comparant Daniel, vii, 7 et suiv.
La leçon erronée du *Codex alexandrinus,* τὸ θηρίον τὸ τέταρτον
ἀναβαῖνον, s'explique par celle du *Codex sinaïticus :* τὸ θηρίον τότε
ἀναβαῖνον.

4. Isaïe, i, 10 ; iii, 9 ; Jérémie, xxiii, 14 ; Ézéchiel, xvi, 48.

5. L'Égypte est par excellence le pays ennemi du peuple de
Dieu, qui l'opprime, le réduit en esclavage.

6. Il s'agit notoirement de la Jérusalem rebelle, qui tue les
prophètes. Matth., xxiii, 37.

seront dans la joie, s'adresseront des félicitations,
s'enverront des présents [1]; car ces deux prophètes
leur étaient devenus insupportables par leurs prédications austères et leurs miracles terribles. Mais, au
bout de trois jours et demi, voilà que l'esprit de vie
rentre dans les deux saints; ils se retrouvent sur leurs
pieds, et une grande terreur saisit tous ceux qui les
voient [2]. Bientôt ils montent au ciel sur les nuages, à
la vue de leurs ennemis. Un effroyable tremblement
de terre a lieu en ce moment; le dixième de la ville
tombe; sept mille hommes sont tués [3]; les autres,
effrayés, se convertissent.

Nous avons déjà rencontré plusieurs fois cette
idée que l'heure solennelle serait précédée de l'apparition de deux témoins, qui le plus souvent sont conçus comme étant Hénoch [4] et Élie [5] en personne. Ces

1. Néhémie, viii, 10, 12; Esther, ix, 19, 22.

2. Cf. Ézéch., xxxvii, 10; II Rois, xiii, 21.

3. Cela porte le chiffre de la population de Jérusalem à
70,000 âmes, ce qui est assez exact.

4. Voir *Vie de Jésus,* 13ᵉ édit., p. 207; Eccli., xliv, 16 (texte
grec); Hebr., xi, 5. Cf. Irénée, *Adv. hær.,* IV, xvi, 2; V, v, 1;
Tertullien, *De anima,* 50; Évang. de Nicodème, 25; Hippolyte,
p. 21-22, 104, 105, édit. Lagarde; saint Jérôme, *Ep. ad Marcel-
lam,* Opp., IV, 1ʳᵉ partie, col. 165-166; André de Crète et Arétha·
de Césarée, ad h. l.; *Not. et extr.,* t. XX, 2ᵉ partie, p. 236.

5. Voir *Vie de Jésus,* 13ᵉ édit., p. 100, 105-106, 206; Malachie, iii, 23; Eccli., xlviii, 10; Matth., xvi, 14; xvii, 12; Jean, i,

deux amis de Dieu passaient, en effet, pour n'être
pas morts. Le premier était censé avoir inutilement
prédit le déluge à ses contemporains, qui ne voulurent
pas l'entendre ; c'était le modèle d'un juif prêchant
la pénitence parmi les païens. Quelquefois aussi, les
témoins prennent la ressemblance de Moïse [1], dont
la mort avait pareillement été incertaine [2], et de Jérémie [3]. Notre auteur semble, en outre, concevoir
les deux témoins comme deux personnages importants de l'Église de Jérusalem, deux apôtres d'une
grande sainteté, qui seront tués, puis ressusciteront
et monteront au ciel comme Élie et Jésus. Il n'est pas
impossible que la vision ait pour sa première partie

21 ; Justin, *Dial. cum Tryph.*, 49. Sur le rôle d'Élie dans les
mystères de la fin des temps, voir *Séder olam rabba,* c. 17 ;
Mischna, *Sota,* ix, 15; *Schekalim,* ii, 5; *Baba metzia,* i, 8 ; ii, 8;
iii, 4, 5; *Eduïoth,* viii, 7; *Carm. sib.,* II, 187 et suiv.; Comp.
Commodien, *Carmen,* v. 826 et suiv. Toute la mytho'ogie d'Hénoch et d'Élie est recueillie dans le livre IX du *De Antichristo*
de Malvenda. Voir aussi *Berichte* de la Soc. de Leipzig, 1866,
p. 213 et suiv.; *Sitzungsberichte* de l'Acad. de Munich, 1871,
p. 462.

1. Apoc., xi, 6. Notez dans la transfiguration de Jésus « Moïse
et Élie causant avec lui ». Matth., xvii, 3.

2. Comp. l'*Assomption de Moïse.*

3. *Vie de Jésus,* 13ᵉ édit., p. 207; Victorin de Pettau, dans
la *Bibl. max. Patrum,* Lugd., III, p. 418; Thilo, *Codex apocr.
N. T.,* I, p. 761 et suiv.

une valeur rétrospective et se rapporte au meurtre des deux Jacques, surtout à la mort de Jacques, frère du Seigneur, qui fut considérée par plusieurs à Jérusalem comme un malheur public, un événement fatal et un signe du temps [1]. Peut-être aussi l'un de ces prédicateurs de pénitence est-il Jean-Baptiste, l'autre Jésus [2]. Quant à la persuasion que la fin n'aura pas lieu avant que les juifs soient convertis, elle était générale chez les chrétiens; nous l'avons également trouvée chez saint Paul [3].

Le reste d'Israël étant arrivé à la vraie foi, le monde n'a plus qu'à finir. Le septième ange embouche la trompette. Au son de cette dernière trompette [4], de grandes voix s'écrient : « Voici venue l'heure où notre Seigneur avec son Christ va régner sur le monde pour l'éternité! » Les vingt-quatre vieillards tombent sur la face et adorent. Ils remercient Dieu d'avoir inauguré sa royauté, malgré la rage impuissante des gentils, et proclament l'heure de récompense pour les saints et d'extermination pour ceux qui corrompent la terre. Alors s'ouvrent les

1. Voir ci-dessus, p. 67-69.
2. Comp. Matth., XVII, 9-13.
3. *Saint Paul*, p. 472-474. Cf. Commodien, *Carmen,* v. 832 et suiv., 930 et suiv.
4. Ἐσχάτη σαλπίγξ. I Cor., XV, 52

portes du temple céleste; on aperçoit au fond du temple l'arche de la nouvelle alliance. Cette scène est accompagnée de tremblements, de tonnerres et d'éclairs.

Tout est consommé; les fidèles ont reçu la grande révélation qui doit les consoler. Le jugement est proche; il aura lieu dans une demi-année sacrée, équivalant à trois ans et demi. Mais nous avons déjà vu l'auteur, peu soucieux de l'unité de son œuvre, se réserver les moyens de la continuer, quand elle semblait achevée. Le livre, en effet, n'est qu'à moitié de son cours; une nouvelle série de visions va se dérouler devant nous.

La première est une des plus belles [1]. Au milieu du ciel, apparaît une femme (l'Église d'Israël), vêtue du soleil, ayant la lune sous ses pieds et autour de sa tête une couronne de douze étoiles (les douze tribus d'Israël). Elle crie, comme si elle était dans les douleurs de l'enfantement [2], grosse qu'elle est de l'idéal messianique [3]. Devant elle se dresse un énorme dragon rouge, à sept têtes [4] couronnées, à dix cornes [5],

1. Apoc., c. xii.
2. ὠδίνουσα. Se rappeler les ὠδῖνες du Messie, חבלי המשיח.
3. Comp. Michée, iv, 10.
4. Talm. de Bab., *Kidduschin*, 29 *b*. Cf. Daniel, vii, 6.
5. Daniel, vii, 7; Apoc., v, 6.

et dont la queue, balayant le ciel, entraîne le tiers
des étoiles et les jette sur la terre [1]. C'est Satan
sous les traits de la plus puissante de ses incarna-
tions, l'empire romain : le rouge figure la pourpre
impériale; les sept têtes couronnées sont les sept
Césars qui ont régné jusqu'au moment où écrit l'auteur : Jules César [2], Auguste, Tibère, Caligula,
Claude, Néron, Galba [3]; les dix cornes sont les dix
proconsuls qui gouvernent les provinces [4]. Le Dragon
épie la naissance de l'enfant pour le dévorer. La

---

1 Comp. Daniel, VIII, 10.

2. Jules César est toujours compté par Josèphe comme empereur. Auguste est pour lui le second, Tibère le troisième, Caïus
le quatrième (Jos., *Ant.*, XVIII, II, 2; VI, 10). Il en est de même
dans le 4ᵉ livre d'Esdras, XI, 12 et suiv. (la deuxième aile, XI, 17,
est notoirement Auguste). Suétone, Aurélius Victor, Julien (*Cæs.*,
p. 308 et suiv., Sp.) comptent de même. Saint Béat (VIIIᵉ siècle)
ne connaît pas d'autre calcul : *Usque in tempus quo hæc Joanni
revelata sunt, quinque reges ceciderunt; sextus fuit Nero, sub
quo hæc vidit in exilio* (p. 498 de l'édition rarissime de Florez;
cf. Didot, *Des apoc. fig.*, p. 77). Béat enseigne ailleurs (p. 438)
une autre doctrine; ces contradictions viennent peut-être de ce
qu'il copiait des auteurs plus anciens, qui n'étaient pas d'accord
entre eux.

3. C'est l'auteur de l'Apocalypse lui-même qui, plus loin (XVII,
10), nous donne cette explication.

4. Voir ci-après, p. 433, et Apoc., XVI, 14; XVII, 12; XIX, 19.
L'image est empruntée à Dan., VII, 7, 24. L'auteur de l'Apocalypse
croit voir l'empire romain dans la quatrième bête de Daniel, qui
est en réalité l'empire des Grecs.

femme met au monde un fils destiné « à gouverner
les nations avec une verge de fer », trait caractéristique du Messie [1]. L'enfant (Jésus) est enlevé au
ciel par Dieu [2]; Dieu le place à côté de lui sur son
trône. La femme s'enfuit au désert, où Dieu lui a
préparé une retraite pour douze cent soixante jours.
C'est ici une allusion évidente soit à la fuite de
l'Église de Jérusalem et à la paix dont elle doit
jouir dans les murs de Pella durant les trois ans
et demi qui restent jusqu'à la fin du monde, soit
à l'asile que trouvèrent les chrétiens judaïsants
et quelques apôtres dans la province d'Asie. L'image
de « désert » convient mieux à la première explication qu'à la seconde. Pella, au delà du Jourdain,
était un pays paisible, voisin des déserts d'Arabie,
et où le bruit de la guerre n'arrivait presque pas.

Alors a lieu dans le ciel un grand combat. Jusque-
là Satan, le *katigor* [3], le critique malveillant de la
création, avait ses entrées dans la cour divine. Il en
profitait, selon une vieille habitude qu'il n'avait pas

---

1. Ps. ii, 9. Cf. Apoc., ii, 27; xix, 15.

2. L'auteur de l'Apocalypse croit à l'ascension de Jésus. Cf. xi,
12 (ce qui concerne les deux témoins est calqué sur ce que l'auteur sait de la légende de Jésus). Voir *les Apôtres,* p. 54-55.

3. Cette forme rabbinique du mot grec κατήγορος est adoptée
par notre auteur (xii, 10).

perdue depuis l'âge du patriarche Job [1], pour nuire aux hommes pieux, surtout aux chrétiens, et attirer sur eux d'affreux malheurs. Les persécutions de Rome et d'Éphèse ont été son ouvrage. Il va maintenant perdre ce privilége. L'archange Michel (l'ange gardien d'Israël), avec ses anges [2], lui livre bataille. Satan est vaincu, chassé du ciel, jeté sur la terre, ainsi que ses suppôts; un chant de triomphe éclate, quand les êtres célestes voient précipité de haut en bas le calomniateur, le détracteur de tout bien, qui ne cessait nuit et jour d'accuser et de dénigrer leurs frères demeurant sur la terre [3]. L'Église du ciel et celle d'ici-bas fraternisent à propos de la défaite de Satan. Cette défaite est due au sang de l'Agneau et aussi au courage des martyrs qui ont poussé leur sacrifice jusqu'à la mort. Mais malheur au monde profane! Le Dragon est descendu dans son sein, et on peut tout attendre de son désespoir; car il sait que ses jours sont comptés.

Le premier objet contre lequel le Dragon jeté sur la terre tourne sa rage est la femme (l'Église d'Israël) qui a mis au monde ce fruit divin que Dieu

---

1. Livre de Job, prologue; I Chron., xxi, 1. Cf. le *zabulus* (διάβολος) de l'*Ass. de Moise,* c. 10.

2. Daniel, x, 13, 21; xii, 1; Jude, 9.

3. Comp. Gen., iii, 1; Job, i et ii; Zacharie, iii, 1.

a fait asseoir à sa droite. Mais la protection d'en
haut couvre la femme; on lui donne les deux ailes du
grand aigle, moyennant lesquelles elle s'envole vers
l'endroit qui lui a été assigné, au désert, c'est-à-dire
à Pella. Elle y est nourrie trois ans et demi, loin de
la vue du Dragon. La fureur de celui-ci est à son
comble. Il vomit de sa bouche après la femme un
fleuve pour la noyer et l'emporter; mais la terre
vient au secours de la femme; elle s'entr'ouvre et
absorbe le fleuve (allusion à quelque circonstance de
la fuite à Pella qui nous est inconnue [1]). Le Dragon,
voyant son impuissance contre la femme (l'Église-
mère d'Israël), tourne sa fureur contre « le reste de
sa race », c'est-à-dire contre les Églises de la dispersion, qui gardent les préceptes de Dieu [2] et sont
fidèles au témoignage de Jésus. C'est là une allusion
évidente aux persécutions des derniers temps et surtout à celle de l'an 64.

Alors [3] le prophète voit sortir de la mer une
bête [4] qui ressemble à beaucoup d'égards au Dragon. Elle a dix cornes, sept têtes, des diadèmes sur

1. Voir ci-dessus, p. 297-298. Comp. Jos., *B. J.*, IV, vii, 5-6.
2. Trait d'exclusion contre les Églises de Paul, lesquelles, selon
les judéo-chrétiens, manquaient aux préceptes noachiques et aux
conventions de Jérusalem.
3. Apoc., c. xiii.
4. Comp. Dan., vii, 3.

ses dix cornes, et sur chacune de ses têtes un nom
blasphématoire [1]. Son aspect général est celui du
léopard; ses pieds sont de l'ours, sa bouche du lion [2].
Le Dragon (Satan) lui donne sa force, son trône, sa
puissance. Une de ses têtes a reçu un coup mortel; mais la plaie a été guérie. La terre entière
tombe en admiration derrière ce puissant animal, et
tous les hommes se mettent à adorer le Dragon, parce
qu'il a donné le pouvoir à la Bête; ils adorent
aussi la Bête, disant : « Qui est semblable à la
Bête, et qui peut combattre contre elle? » Et il lui
est donné une bouche proférant des discours pleins
d'orgueil et de blasphème, et la durée de sa toute-
puissance est fixée à quarante-deux mois (trois ans
et demi). Alors la Bête se met à vomir des blas-
phèmes contre Dieu, contre son nom, contre son
tabernacle et contre ceux qui demeurent dans le
ciel. Et il lui est donné de faire la guerre aux saints
et de les vaincre [3], et puissance lui est accordée sur
toute tribu, tout peuple, toute langue, toute race. Et
tous les hommes l'adorent, excepté ceux dont le

1. Comp. Dan., VII, 8; XI, 36. Ὄνομα (*Sinaïticus*) doit être
préféré à ὀνόματα.

2. Comp. Dan., VII, 3 et suiv.

3. Dan., VII, 21. Ce membre de phrase manque dans l'*Alexandrinus ;* mais il se trouve dans le *Sinaïticus.*

nom est écrit depuis le commencement du monde
dans le livre de vie de l'Agneau qui a été égorgé.
« Que celui qui a des oreilles entende ! Celui qui
fait des captifs sera captif à son tour ; celui qui
frappe de l'épée périra par l'épée [1]. Ici est le secret
de la patience et de la foi des saints. »

Ce symbole est très-clair. Déjà, dans le poëme
sibyllin composé au IIe siècle avant J.-C., la puissance romaine est qualifiée de pouvoir « aux têtes
nombreuses [2] ». Les allégories tirées des bêtes poly-
céphales étaient alors fort à la mode ; le principe
fondamental de l'interprétation de ces emblèmes
était de considérer chaque tête comme signifiant un
souverain [3]. Le monstre de l'Apocalypse est d'ailleurs
composé par la réunion des attributs des quatre empires de Daniel [4], et cela seul montrerait qu'il s'agit
d'un empire nouveau, absorbant en lui les empires antérieurs. La bête qui sort de la mer est donc l'empire
romain, qui, pour les gens de Palestine, semblait
venir d'au delà des mers [5]. Cet empire n'est qu'une
forme de Satan (du Dragon), ou plutôt c'est Satan

1. Jérémie, xv, 2 ; Matth., xxvi, 52.

2. Πολύκρανος. Carm. sib., III, 176.

3. Tacite, Ann., XII, 64 ; XV, 47 ; Philostrate, Apoll., V, 13.
Voir ci-dessus, p. 325. Comparez Dan., vii ; IV Esdras, xi-xii.

4. Dan., vii.

5. Comp. Carm. sib., l. c. : ἀφ' ἑσπερίου τε θαλάσσης.

lui-même avec tous ses attributs; il tient son pouvoir
de Satan, et il emploie toute sa puissance à faire
adorer Satan, c'est-à-dire à maintenir l'idolâtrie, qui,
dans la pensée de l'auteur, n'est autre chose que
l'adoration des démons. Les dix cornes couronnées
sont les dix provinces, dont les proconsuls sont de
véritables rois[1]; les sept têtes sont les sept empereurs qui se sont succédé de Jules César à Galba; le
nom blasphématoire écrit sur chaque tête est le titre
de Σεβαστός ou *Augustus*, qui paraissait aux juifs
sévères impliquer une injure à Dieu. La terre entière
est livrée par Satan à cet empire, en retour des hommages que ledit empire procure à Satan; la grandeur,
l'orgueil de Rome, l'*imperium* qu'elle se décerne,
sa divinité, objet d'un culte spécial et public[2], sont
un blasphème perpétuel contre Dieu, seul souverain
réel du monde. L'empire en question est naturellement l'ennemi des Juifs et de Jérusalem. Il fait une
guerre acharnée aux saints (l'auteur paraît en somme
favorable à la révolte juive); il les vaincra; mais il n'a
plus que trois ans et demi à durer. — Quant à la tête
blessée à mort, mais dont la blessure a été guérie,

1. Italie, Achaïe, Asie, Syrie, Égypte, Afrique, Espagne,
Gaule, Bretagne, Germanie. Apoc., XVII, 12, rend ceci clair. Comp.
Daniel, VII, 24.

2. Suétone, *Aug.*, 52.

c'est Néron, récemment renversé, sauvé miraculeu-
sement de la mort[1], et qu'on croyait réfugié chez
les Parthes. L'adoration de la Bête, c'est le culte de
« Rome et d'Auguste », si répandu dans toute la province d'Asie et qui faisait la base de la religion du
pays[2].

Le symbole qui suit est loin d'être aussi transparent pour nous. Une autre bête sort de la terre ;
elle a deux cornes semblables à celles d'un agneau,
mais elle parle comme le Dragon (Satan). Elle exerce
toute la puissance de la première bête en sa présence
et sous ses yeux : elle remplit à son égard le rôle de
délégué, et elle emploie toute son autorité à faire
que les habitants de la terre adorent la première
bête, « celle dont la plaie mortelle a été guérie[3] ».
Cette seconde bête[4] opère de grands miracles ; elle va
jusqu'à faire descendre le feu du ciel sur la terre en
présence de nombreux spectateurs ; elle séduit le
monde par les prodiges qu'elle exécute au nom et
pour le service de la première bête (de cette bête,
ajoute l'auteur, qui a reçu un coup d'épée et vit néan-

1. Voir Sulpice Sévère, *Hist.*, II, 29.

2. Voir *Saint Paul*, p. 28-29 ; Waddington, *Inscr.* de Le Bas,
III, n° 885.

3. Il y a ici une sorte de confusion entre la bête aux sept têtes
tout entière (l'empire romain) et la tête frappée à mort (Néron).

4. Cf. Apoc., XIX, 20 ; XX, 4.

moins). Et il lui fut donné (à la seconde bête) d'introduire le souffle de vie dans l'image de la première bête, si bien que cette image parla [1]. Et elle eut le pouvoir de faire en sorte que tous ceux qui refuseraient d'adorer la première bête fussent mis à mort. Et elle établit en loi que tous, petits et grands, riches et pauvres, libres et esclaves, porteraient un signe sur leur main droite ou sur leur front. Et elle établit encore que personne ne pourrait acheter ni vendre, s'il ne portait le signe [2] de la Bête, soit son nom en toutes lettres, soit le nombre de son nom, c'est-à-dire le nombre que feraient les lettres de son nom additionnées comme des chiffres. « Ici est la sagesse! s'écrie l'auteur. Que celui qui a de l'intelligence calcule le nombre de la Bête; c'est le nombre d'un homme [3]. Ce nombre est 666. »

Effectivement, si l'on additionne ensemble les lettres du nom de Néron, transcrit en hébreu, נרון קסר [4] (Νέρων Καῖσαρ), selon leur valeur numérique,

---

1. Sur les statues parlantes chez les Romains, voyez Val. Maxime, I, VIII, 3-5; *Comptes rendus de l'Acad. des inscr.*, 1872, p. 285.

2. Χάραγμα.

3. C'est-à-dire il s'agit d'un nom propre d'homme.

4. Le mot קסר se trouve écrit de la sorte, sans quiescentes, dans les inscriptions de Palmyre du IIIe siècle (Vogüé, *Syrie centrale. Inscr. sémit.*, p. 17, 26). Comp. ܩܣܪ dans la *Peschito*, et Buxtorf, *Lex. chald.*, col. 2081-2082; Ewald, *Die johann.*

on obtient le nombre 666 [1]. *Nérôn Késar* était bien
le nom par lequel les chrétiens d'Asie désignaient
le monstre ; les monnaies d'Asie portent comme

Schriften, II, p. 263, note. L'inscription nabatéenne de Hébran
qui est de l'an 47, porte קיסר (Vogüé, *ibid.,* p. 100). M. de Vogüé
lit à tort קיצר, prolongeant trop la barre verticale, et n'ayant pas,
reconnu la différence du *samech* et du *sadé* en nabatéen (cf. p. 113-
114). Voir *Journal Asiatique,* juin 1868, p. 538 ; avril-mai 1873,
p. 316, note 1 ; *Zeitschrift der d. m. G.,* 1871, p. 431. Pour bien discerner ces deux lettres, étudiez les ץ certains des inscriptions de
Bosra et de Salkhat (Vogüé, pl. xiv, nᵒˢ 4 et 6), et observez que le
ץ, lettre purement sémitique, n'est guère employé en syriaque
pour transcrire les mots grecs et latins. En palmyrénien (Vogüé,
p. 18, 20, 21, 25), en talmudique (voyez Buxtorf), le σ de στρα-
τηγός, στρατιώτης est rendu par ס. L'orthographe arabe قـيصر est
d'une époque où le *sadé* avait perdu son cachet spécialement indigène. L'omission du י peut paraître singulière au Iᵉʳ siècle ; il est
probable que l'auteur l'a supprimé à dessein, afin d'avoir un chiffre
symétrique, ἑξακόσιοι ἑξήκοντα ἕξ. Avec le י, il aurait eu 676, ce qui
avait moins de physionomie. Dans les écrits talmudiques, *Césarée*
s'écrit quelquefois קסרין (Midrasch *Esther,* 1).

1. נ = 50.
   ר = 200.
   ו = 6.
   ן = 50.
   ק = 100.
   ס = 60.
   ר = 200.
   ———
   666.

La variante 616 mentionnée par saint Irénée (V, xxx, 1) répond à
נרו קסר = *Nero Cæsar,* forme latine.

légende : ΝΕΡΩΝ. ΚΑΙΣΑΡ[1]. Ces sortes de calculs
étaient familiers aux juifs, et constituaient un jeu
cabbalistique qu'ils appelaient *ghematria*[2] ; les Grecs
d'Asie n'y étaient pas non plus étrangers[3] ; au
IIe siècle, les gnostiques en raffolèrent[4].

Ainsi l'empereur qui était représenté par la tête
frappée à mort, mais non tuée (l'auteur lui-même
nous l'apprend), est Néron[5], Néron qui, selon une
opinion populaire très-répandue en Asie, vivait encore. Cela est hors de doute. Mais qu'est-ce que la
seconde bête, cet agent de Néron, qui a les façons
d'un juif pieux et le langage de Satan[6], qui est
l'*alter ego* de Néron, travaille pour le profit de ce

---

1. Mionnet, III, p. 93; Suppl., VI, p. 128, note *a*. M. Waddington m'affirme que cette légende est ordinaire sur les monnaies
de la province d'Asie. Comp l'inscription de Krafft, *Topog. Jerus.*,
n° 31 (*Corpus inscr. lat.*, Syria, n° 135).

2. Γεωμετρία. Comp. *Ass. de Moïse,* 9; *Carm. sib.*, I, 141 et
suiv., 326 et suiv.; V, 28 (à propos de Néron même); VIII, 148-
150; peut-être Jean, XXI, 11. Sur l'usage des *ghematrioth* à l'époque
talmudique, voyez *Literaturblatt des Orients*, 1849, col. 671-672,
762-764; 1850, col. 116-117.

3. Inscriptions ἰσόψηφοι à Pergame : *Corpus inscr. grœc.*,
n°ˢ 3544, 3545, 3546; cf. n°ˢ 5113, 5119; Boissonade, *Anecd.
grœca,* II, p. 459-461.

4. Irénée, *Adv. hœr.*, I, XIV et XV entiers.

5. Dans les *Césars* de Julien, Caligula et Domitien sont aussi
figurés par deux bêtes (p. 310-311, édit. Spanh.).

6. Cf. Matth., VII, 15.

dernier, opère des miracles et va jusqu'à faire parler une statue de Néron, persécute les juifs fidèles qui ne veulent pas rendre à Néron les mêmes honneurs que les païens, ni porter la marque d'affiliation à son parti, leur rend la vie impossible, et leur interdit les actes les plus essentiels, vendre et acheter? Certaines particularités s'appliqueraient à un fonctionnaire juif, tel que Tibère Alexandre, dévoué aux Romains et tenu par ses compatriotes pour un apostat. Le seul fait de payer l'impôt à l'empire pouvait être appelé « une adoration de la Bête », le tribut aux yeux des juifs ayant un caractère d'offrande religieuse, et impliquant un culte envers le souverain[1]. Le signe ou caractère de la Bête (Νέρων Καῖσαρ), qu'il faut porter sur soi pour jouir du droit commun, pourrait être soit le brevet de cité romaine, sans lequel en certains pays la vie était difficile, et qui pour les juifs exaltés constituait le crime d'association à une œuvre de Satan; soit la monnaie à l'effigie de Néron, monnaie tenue par les Juifs révoltés pour exécrable, à cause des images et des inscriptions blasphématoires qui s'y trouvaient, si bien qu'ils se hâtèrent, dès qu'ils furent libres à Jérusalem, d'y substituer une monnaie ortho- doxe. Le partisan des Romains dont il s'agit, en

---

1. Méliton, *De veritate*, p. XLI (7). Méliton, justement, com- menta des parties de l'Apocalypse.

maintenant l'argent au type de Néron comme ayant
cours forcé dans les transactions [1], put paraître avoir
fait une énormité ; la monnaie au type de Néron devatt
couvrir le marché, et ceux qui, par scrupule religieux,
refusaient d'y toucher étaient mis comme hors la loi.

Le proconsul d'Asie à ce moment était Fonteius
Agrippa, fonctionnaire sérieux [2], à qui il nous est interdit de penser pour sortir de notre embarras. Un
grand prêtre d'Asie, zélateur du culte de Rome et
d'Auguste [3], et usant pour vexer les juifs et les chrétiens de la délégation du pouvoir civil qui lui était
faite, répondrait à quelques-unes des exigences du
problème. Mais les traits qui présentent la seconde
bête comme un séducteur et un thaumaturge ne
conviennent pas à un tel personnage. Ces traits
font songer à un faux prophète, à un enchanteur,
notamment à Simon le Magicien [4], imitateur du

1. On remarqua comme une chose singulière (Zonaras, *Ann.*,
XI, 16) que Vitellius laissa courir les monnaies au type de Néron, de Galba et d'Othon même.

2. Waddington, *Fastes des prov. asiat.*, p. 140-141.

3. Waddington, *Inscr.* de Le Bas, III, n° 885.

4. La légende conduit Simon à Rome sous Néron, et lui fait
déployer ses talents magiques sous les yeux de l'empereur. Une
aventure qui arriva à l'amphithéâtre du Champ de Mars, en présence de Néron (Suétone, *Néron,* 12 ; Dion Chrysost., orat. xxi, 9 ;
Juvénal, iii, 78-80), rappelle beaucoup la fin tragique attribuée à
Simon. Les prodiges prêtés au « Faux Prophète » dans l'Apoca-

Christ[1], devenu dans la légende le flatteur, le parasite et le prestidigitateur de Néron[2], ou à Balbillus d'Éphèse[3], ou à l'Antechrist dont parle obscurément Paul dans la deuxième épître aux Thessaloniciens[4]. Il est probable que le personnage visé ici par l'auteur de l'Apocalypse est quelque imposteur d'Éphèse, partisan de Néron, peut-être un agent du faux Néron ou le faux Néron lui-même. Le même personnage, en effet, est plus loin[5] appelé « le Faux Prophète », en

lypse ne sont pas sans rapports avec ceux que le roman chrétien met sur le compte de Simon (Homélies pseudo-clém., II, 34; IV, 4; Recogn., II, 9; III, 47, 57; Const. apost., VI, 9; Acta Petri et Pauli, 32, 35, 52 et suiv., 70-77; Pseudo-Hégésippe, III, 2; Épiph., hær. XXI, 5; saint Maxime, dans la Bibl. max. Patr., VI, p. 36; Arnobe, Adv. gentes, II, 12). C'est une des raisons qui ont pu porter à voir dans le Faux Prophète une désignation symbolique de l'apôtre Paul.

1. De là le trait des cornes d'agneau (verset 11).

2. Comp. Grégoire de Tours, I, 24. Notez que le faux Icare (Dion Chrys., l. c.) fut aussi domestique de Néron.

3. Suétone, Néron, 36; Dion Cassius, LXVI, 9; peut-être Arnobe, Adv. gentes, I, p. 15, édit. Rigault (Bœbulus = Balbillus?). Pour les jeux établis en son honneur (τὰ ἐν Ἐφέσῳ Βαλβίλλεια), cf. Corpus inscr. gr., nᵒˢ 2810, 2810 b, 3208, 3675, 5804, 5913. L'expression ἐνώπιον (Apoc., XIII, 12, 14; XIX, 20) ne signifie pas nécessairement « en présence de... » dans un sens local. Le prophète qui parle pour le compte d'un autre est censé agir et parler devant lui (לפניו). Cf. Acta Petri et Pauli, 75.

4. II Thess., II, 3 et suiv.

5. Apoc., XVI, 13; XIX, 20; XX, 10. Cf. Matth., XXIV, 24.

ce sens qu'il est le prôneur d'un faux dieu [1], qui est
Néron. Il faut tenir compte de l'importance qu'ont
à cette époque les mages, les chaldéens, les « mathématiciens », pestes dont Éphèse était le foyer principal. Qu'on se rappelle aussi que Néron rêva un
moment « le royaume de Jérusalem »; qu'il fut très-
mêlé au mouvement astrologique de son temps [2], et
que, presque seul des empereurs, il fut adoré de
son vivant [3], ce qui était le signe de l'Antechrist [4].
Pendant son voyage de Grèce, en particulier, l'adula-
tion de l'Achaïe et de l'Asie dépassa tout ce qu'il
est possible d'imaginer. Enfin, qu'on n'oublie pas
la gravité qu'eut en Asie et dans les îles de l'Archipel le mouvement du faux Néron [5]. La circonstance
que la seconde bête sort de la terre, et non comme
la première de la mer, montre que l'incident dont il
s'agit eut lieu en Asie ou en Judée, non à Rome.
Tout cela ne suffit pas pour lever les obscurités de

1. Comp. Exode, vii, 1.
2. Suétone, *Néron,* 34, 36, 40 ; Pline, *H. N.,* XXX, 2.
3. Tacite, *Ann.,* XV, 74.
4. II Thess., ii, 3-4.
5. « Achaia atque Asia falso exterritæ..., late terror..., multis...
erectis..., gliscentem in dies famam. » Tacite, *Hist.,* II, 8-9. Τὴν
Ἑλλάδα ὀλίγου πᾶσαι ἐτάραξε. Zonaras, *Ann.,* XI, 15, d'après Dion.
L'Asie Mineure resta toujours le pays qui produisait les faux Nérons.
Voir Zonaras, XI, 18. On sent que le foyer du néronianisme était là.

cette vision, qui eut sans doute dans l'esprit de l'auteur la même précision matérielle que les autres, mais qui, se rapportant à un fait provincial que les historiens n'ont pas mentionné, et qui n'eut d'importance que dans les impressions personnelles du Voyant, reste pour nous une énigme.

Au milieu de flots de colère apparaît maintenant un îlot de verdure [1]. Au plus fort des affreuses luttes des derniers jours, il y aura un lieu de rafraîchissement : c'est l'Église, la petite famille de Jésus. Le prophète voit, reposant sur le mont Sion, les cent quarante-quatre mille rachetés de la terre entière, portant le nom de Dieu écrit sur leur front. L'Agneau repose paisible au milieu d'eux. Des accords célestes de harpes descendent sur l'assemblée ; les musiciens chantent un cantique nouveau, que nul autre que les cent quarante-quatre mille élus ne peut répéter. La chasteté est le signe de ces bienheureux ; tous sont vierges, sans souillure ; leur bouche n'a jamais proféré de mensonge [2] ; aussi suivent-ils l'Agneau partout où il va, comme prémices de la terre et noyau du monde futur.

Après cette rapide échappée sur un asile de paix et d'innocence, l'auteur revient à ses visions terribles.

1. Apoc., c. xiv.
2. Cf. Sophonie, iii, 13.

Trois anges traversent rapidement le ciel. Le premier vole au zénith tenant l'Évangile éternel. Il proclame à la face de toutes les nations la doctrine nouvelle, et annonce le jour du jugement. Le second ange célèbre par avance la destruction de Rome : « Elle est tombée, elle est tombée la grande Babylone [1], qui a enivré toutes les nations du vin de feu de sa fornication [2]. » Le troisième ange défend d'adorer la Bête et l'image de la Bête faite par le Faux Prophète : « Ceux qui adoreront la Bête ou son image, qui prendront le caractère de la Bête sur leur front ou sur leur main, boiront du vin brûlant de Dieu, du vin pur apprêté dans la coupe de sa colère [3]; et ils seront tourmentés dans le feu et le soufre devant les anges et devant l'Agneau; et la fumée de leurs tourments monte dans les siècles des siècles, et ils n'ont de repos ni nuit ni jour [4], ceux qui adorent la Bête ou son image, et qui prennent sur eux le signe de son nom. C'est ici que brille la

1. Sur cette manière de désigner Rome, voyez ci-dessus, p. 122.

2. Isaïe, XXI, 9; Jérémie, LI, 7; Dan., IV, 27. La fornication signifie ici l'excitation à l'idolâtrie, qui a été, selon le Voyant, le grand crime de l'empire romain. La fornication est, dans le langage prophétique, toujours inséparable de l'idée d'idolâtrie.

3. Ps. LXXV, 9; Carm. sib., proœm., 76-78.

4. Isaïe, XXIV, 9-10.

patience des saints, qui gardent les préceptes de
Dieu [1] et la foi de Jésus. » Pour rassurer les fidèles
sur un doute qui les tourmentait quelquefois relativement au sort des frères qui mouraient chaque jour [2],
une voix ordonne au prophète d'écrire : « Heureux
dès à présent les morts qui meurent dans le Seigneur.
Oui, dit l'Esprit, ils vont se reposer de leurs travaux, car leurs œuvres les suivent [3]. »

Les images du grand jugement se pressent dans
l'imagination ardente du Voyant. Un nuage blanc
passe au ciel; sur ce nuage est assis comme un Fils
de l'homme (un ange semblable au Messie) [4], ayant
sur sa tête une couronne d'or et dans sa main une
faux aiguë [5]. La moisson de la terre est mûre. Le Fils
de l'homme lance sa faux, et la terre est moissonnée.
Un autre ange procède à la vendange [6]; il jette
tout dans la grande cuve de la colère de Dieu [7]; la

1. Les judéo-chrétiens exacts, qui observent la Loi, ou du
moins les convertis qui gardent les préceptes noachiques.

2. Cf. *Saint Paul,* p. 249-250; 413-414; I Thess., IV, 14, 16;
I Cor., XV, 18. Cf. Phil., I, 23; Jean, V, 24; Luc, XXIII, 43.

3. *Pirké aboth,* VI, 9.

4. Daniel, VII, 13; Matth., XXIV, 30; Luc, XXI, 27; Apoc.,
I, 13.

5. Joël, IV, 13 (III, 13); Jérémie, LI, 33.

6. Joël, IV, 13; Isaïe, XVII, 5; LXIII, 1-6.

7. Isaïe, LXIII, 3; Michée, IV, 13; Habacuc, III, 12.

cuve est foulée aux pieds hors de la ville [1] ; le sang
qui en sort monte jusqu'à la hauteur des freins des
chevaux, sur un espace de seize cents stades.

Après ces divers épisodes, une cérémonie céleste,
analogue aux deux mystères de l'ouverture des
sceaux et des trompettes, se déroule devant le
Voyant [2]. Sept anges sont chargés de frapper la
terre des sept dernières plaies, par lesquelles se con-
somme la colère de Dieu. Mais d'avance nous sommes
rassurés en ce qui touche le sort des élus : sur une
vaste mer cristalline mêlée de feu, on reconnaît les
vainqueurs de la Bête, c'est-à-dire ceux qui ont refusé
d'adorer son image et le chiffre de son nom, tenant
entre leurs mains les harpes de Dieu, chantant le
cantique de Moïse après le passage de la mer Rouge
et le cantique de l'Agneau. La porte du tabernacle céleste s'ouvre, et l'on en voit sortir les sept anges,
vêtus de lin et ceints sur la poitrine ˙de ceintures
d'or [3]. Un des quatre animaux leur donne sept coupes
d'or, pleines jusqu'au bord de la colère de Dieu [4].

1. Allusion probable à la vallée de Josaphat, Joël, iv, 2, 11-14.
On commençait déjà peut-être à identifier ce nom symbolique avec
la vallée de Cédron.

2. Apoc., c. xv.

3. Costume des prêtres juifs : Ex., xxviii, 39-40; Lév., vii, 3.

4. Ézéchiel, xxii, 31 ; Sophonie, iii, 8; Ps. lxxxix, 6. Cf.
Ézéch., x, 7.

Le temple alors se remplit de la fumée de la majesté divine, et personne n'y peut entrer jusqu'à la fin du jeu des sept coupes [1].

Le premier ange [2] verse sa coupe sur la terre, et un ulcère pernicieux frappe tous les hommes qui portent le caractère de la Bête, et qui adorent son image.

Le deuxième verse sa coupe dans la mer, et la mer est changée en sang, et tous les animaux qui vivent dans son sein meurent.

Le troisième ange verse sa coupe sur les fleuves et sur les sources, et elles sont changées en sang. L'ange des eaux ne se plaint pas de la perte de son élément; il dit : « Tu es juste, Seigneur, être saint, qui es et qui étais; ce que tu viens de faire est équitable. Ils ont versé le sang des saints et des prophètes, et tu leur as donné du sang à boire; ils en sont dignes. ӡ L'autel dit de son côté : « Oui, Seigneur Dieu tout-puissant, tes jugements sont vrais et justes [3]. »

Le quatrième ange verse sa coupe sur le soleil,

---

1. Exode, xl, 34; I Rois, viii, 10-11; Isaïe, vi, 4; et surtout Eccli., xxxix, 28-31 (Vulg., 33-37). L'analogie est grande avec les plaies d'Égypte : Exode, vii-x.

2. Apoc., c. xvi.

3. Comp. *Sagesse,* xi, 15-16; xvi, 1, 9; xvii, 2 et suiv.

et le soleil brûle les hommes comme un feu. Les
hommes, loin de faire pénitence, blasphèment Dieu,
qui a le pouvoir de frapper de telles plaies.

Le cinquième ange verse sa coupe sur le trône
de la Bête (la ville de Rome), et tout le royaume de
la Bête (l'empire romain) est plongé dans les ténèbres. Les hommes se broient la langue de douleur [1] ; au lieu de se repentir, ils insultent le Dieu
du ciel.

Le sixième ange verse sa coupe dans l'Euphrate,
qui se dessèche sur-le-champ, pour préparer la voie
aux rois venant de l'Orient[2]. Alors, de la bouche du
Dragon (Satan), de la bouche de la Bête (Néron), et de
la bouche du Faux Prophète (?), sortent trois esprits
impurs semblables à des grenouilles [3]. Ce sont des
esprits de démons, faisant des miracles. Ces trois
esprits vont trouver les rois de toute la terre, et les
rassemblent pour la bataille du grand jour de Dieu.
(« J'arrive comme un voleur, s'écrie au milieu de tout
cela la voix de Jésus [4]. Heureux celui qui veille et qui
garde ses vêtements, de peur qu'il ne soit réduit à

1. *Sagesse,* xvii, 2 et suiv.
2. Comp. Isaïe, xi, 15-16, et *Carmina sib.,* IV, 137-139.
3. Les grenouilles désignaient les prestidigitateurs et les
arlequins. Artémidore, *Onirocrit.,* II, 15.
4. Comp. Matth., xxiv, 42 ; Luc, xii, 37-39.

courir nu et qu'on ne voie sa honte! ») Ils les rassemblent, dis-je, dans le lieu qui est appelé en
hébreu *Harmagédon*. — La pensée générale de tout
ce symbolisme est assez claire. Nous avons déjà
trouvé chez le Voyant l'opinion adoptée universellement dans la province d'Asie, que Néron, après
s'être échappé de la villa de Phaon, s'était réfugié
chez les Parthes, et que de là il allait revenir pour
écraser ses ennemis. On croyait, non sans motifs
apparents[1], que les princes parthes, amis de Néron
durant son règne, le soutenaient encore, et le fait est
que la cour des Arsacides fut durant plus de vingt
ans le refuge des faux Nérons[2]. Tout cela paraît à
l'auteur de l'Apocalypse un plan infernal[3], conçu
entre Satan, Néron et ce conseiller de Néron qui
a déjà figuré sous la forme de la seconde bête. Ces
créatures damnées sont occupées à former en Orient
une ligue, dont l'armée passera bientôt l'Euphrate et
écrasera l'empire romain. Quant à l'énigme particulière du nom de *Harmagédon,* elle est pour nous
indéchiffrable[4].

1. Suétone, *Néron,* 57.
2. Tacite, *Hist.,* I, 2 ; Suétone, *Néron,* 57 ; Zonaras, XI, 18.
3. Cf. I Rois, XXII, 20 et suiv.
4. Il y a là sûrement une allusion à Zacharie, XII, 11.
L'auteur a probablement en vue un lieu déterminé, qu'il est
impossible de découvrir. L'explication הרומה הגדולה = « la

Le septième ange verse sa coupe dans l'air ; un cri sort de l'autel : « C'en est fait ! » Et il y eut des éclairs, des voix, des tonnerres, un tremblement de terre comme jamais on n'en vit, par suite duquel la grande ville (Jérusalem [1]) se brise en trois morceaux ; et les villes des nations s'écroulent, et la grande Babylone (Rome) revient en mémoire devant Dieu, qui se prépare enfin à lui faire boire la coupe du vin de sa colère. Les îles fuient, les montagnes disparaissent ; des grêlons du poids d'un talent tombent sur les hommes, et les hommes blasphèment à cause de ce fléau.

Le cycle des préludes est achevé ; il ne reste plus qu'à voir se dérouler le jugement de Dieu. Le Voyant nous fait d'abord assister au jugement du plus grand de tous les coupables, la ville de Rome [2]. Un des sept anges qui ont versé les coupes s'approche de Jean et lui dit : « Viens, et je vais te montrer le jugement de la grande courti-

---

grande Rome » est peu vraisemblable. Presque toutes les batailles historiques de la Palestine se livrèrent près de Mageddo (Juges, v, 19 ; II Rois, XXIII, 29 ; Zach., *l. c.*).

1. Comp. XI, 8. Notez, en effet, la manière dont $\dot{\eta}$ $\pi\acute{o}\lambda\iota\varsigma$ $\dot{\eta}$ $\mu\epsilon\gamma\acute{a}\lambda\eta$ est opposé à $\alpha\acute{\iota}$ $\pi\acute{o}\lambda\epsilon\iota\varsigma$ $\tau\tilde{\omega}\nu$ $\dot{\epsilon}\theta\nu\tilde{\omega}\nu$. En outre, il n'est pas naturel que Rome soit désignée deux fois dans le même verset par des noms différents.

2. Apoc., c. XVII.

sane qui est assise sur de grandes eaux [1], avec
laquelle ont forniqué les rois de la terre [2], et qui
a enivré le monde du vin de sa fornication. » Jean
voit alors une femme assise sur une bête toute semblable à celle qui, sortie de la mer, figurait par son
ensemble l'empire romain, par une de ses têtes,
Néron. La bête est écarlate, couverte de noms de
blasphème; elle a sept têtes et dix cornes. La prostituée porte le costume de sa profession; vêtue de
pourpre, couverte d'or, de perles et de pierres précieuses, elle tient à la main une coupe pleine des
abominations et des impuretés de sa fornication. Et
sur son front est écrit un nom, un mystère : « La
grande Babylone, la mère des prostituées et des abominations de la terre. »

Et je vis la femme enivrée du sang des saints et du sang
des martyrs de Jésus. Et j'étais frappé d'un étonnement
extrême. Et l'ange me dit : « Pourquoi t'étonnes-tu? Je vais
te dire ce que signifient et la femme et la bête qui la porte
La bête que tu as vue était et n'est plus, et elle doit remonter de l'abîme [3], puis aller à la perdition; et les habitants

1. Trait pris de Babylone, Jérém., LI, 13, mais qui sera bientôt appliqué métaphoriquement à Rome.

2. Les Hérodes, Tiridate, roi d'Arménie, etc., tous empressés
à visiter Rome, à y donner des fêtes, à lui faire leur cour.

3. Comp. XI, 7. Ἄϐυσσος, dans l'Apocalypse, est non pas le séjour
des morts, mais celui des démons.

de la terre dont le nom n'est pas écrit dans le livre de vie
depuis le commencement du monde seront frappés de
stupeur en voyant reparue la bête qui avait été et qui n'était
plus. C'est ici qu'il faut un esprit intelligent! Les sept têtes
sont sept montagnes sur lesquelles la femme est assise.
Elles représentent aussi sept rois : cinq de ces rois sont
tombés, un d'eux règne actuellement, l'autre n'est pas
encore venu, et, quand il viendra, il durera peu de temps [1].
Quant à la bête qui était et qui n'est plus, elle est le huitième roi, et en même temps elle fait partie des sept rois,
et elle va droit à la perdition. Et les dix cornes que tu as
vues sont dix rois, qui n'ont pas reçu précisément la
royauté, mais qui reçoivent pour une heure un pouvoir égal
à celui des rois et l'exercent conjointement avec la Bête.
Ces dix rois n'ont tous qu'un même avis, et ils font hommage de leur puissance à la Bête. Ils combattront contre
l'Agneau, et l'Agneau les vaincra ; car il est le seigneur des
seigneurs et le roi des rois, et ceux qui ont été appelés et
élus avec lui, ses fidèles enfin, les vaincront aussi. » Et il
ajouta : « Les eaux que tu as vues, sur lesquelles la courtisane est assise, sont les peuples et les nations et les
races et les langues. Et les dix cornes que tu as vues, ainsi
que la Bête elle-même [2], poursuivront de leur haine la courtisane, et la rendront déserte et nue, et ils mangeront ses
chairs [3], et ils la brûleront; car Dieu leur a mis au cœur,

1. Comp. *Ass. de Moïse*, c. 7. Cf. Hilgenfeld, *Nov. Test.
extra can.*, I, p. 113-114.

2. Le texte reçu porte ἐπὶ τὸ θηρίον; l'autorité des manuscrits
(*Alex., Sin.,* etc.) est pour καὶ τό.

3. C'est-à-dire ils la pilleront.

pour accomplir sa volonté, de suivre une pensée unique [1], et
de donner leur royaume à la Bête, jusqu'à ce que les paroles
de Dieu soient accomplies. Et la femme que tu as vue est
la grande ville qui exerce la royauté sur les rois de la
terre. »

Voilà qui est clair. La courtisane, c'est Rome, qui
a corrompu le monde [2], qui a employé son pouvoir
à propager et à fortifier l'idolâtrie [3], qui a persécuté
les saints, qui a fait couler à flots le sang des martyrs.
La Bête, c'est Néron, que l'on a cru mort, qui reviendra, mais dont le second règne sera éphémère et suivi
d'une ruine définitive. Les sept têtes ont deux sens :
elles sont les sept collines sur lesquelles Rome est
assise ; mais elles sont surtout les sept empereurs :
Jules César, Auguste, Tibère, Caligula, Claude,
Néron, Galba [4]. Les cinq premiers sont morts ;
Galba règne pour le moment ; mais il est vieux et
faible ; il tombera bientôt. Le sixième, Néron, qui
est à la fois la Bête et un des sept rois [5], n'est pas

---

1. Le *Codex sinaïticus* porte καὶ ποιῆσαι γνώμην μίαν.

2. Comp. *Carm. sibyllina,* III, 182 et suiv., 356 et suiv.;
V, 161 et suiv.

3. Comparez les deux agadas sur l'origine de Rome : Talm.
de Jér., *Aboda zara,* I, 3 ; Sifré, sect. *Ekeb,* § 52 (édit. Friedmann, p. 86) ; Talm. de Bab., *Schabbath,* 56·b; Midrasch *Schir
hasschirim,* I, 6.

4. Voir ci-dessus, p. 407, 413.

5. Καὶ τὸ θηρίον ὃ ἦν καὶ οὐκ ἔστιν... καὶ ἐκ τῶν ἑπτά ἐστιν.

mort en réalité; il régnera encore, mais peu de temps [1], sera ainsi le huitième roi, puis périra. Quant aux dix cornes, ce sont les proconsuls et les légats impériaux des dix provinces principales, qui ne sont pas de vrais rois [2], mais qui reçoivent de l'empereur leur pouvoir pour un temps limité [3], gouvernent conformément à une seule pensée, celle qui leur vient de Rome, et sont pleinement soumis à l'empire, dont ils tiennent leur pouvoir. Ces rois partiels sont tout aussi malveillants pour les chrétiens que Néron lui-même [4]. Représentants d'intérêts provinciaux, ils humilieront Rome, lui enlèveront le droit de disposer de l'empire, dont elle a joui jusque-là [5], la maltraiteront, y mettront le feu, se partageront ses débris [6]. Cependant Dieu ne veut pas encore le démembrement de l'empire; il inspire aux généraux commandants des armées de province, et à tous ces personnages qui eurent tour à tour le sort de l'empire

---

1. L'auteur, en effet, veut que la catastrophe finale ne soit éloignée que de trois ans et demi.

2. Comparez le sens du mot *dux* dans le Midrasch rabba, *Eka,* I, 5.

3. Μίαν ὥραν.

4. Comp. Commodien, v. 864 et suiv.

5 « Evulgato imperii arcano posse principem alibi quam Romæ fieri. » (Tacite, *Hist.,* I, 4.)

6. Le projet de l'affamer fut au moins bien réel dans le parti de Mucien. Josèphe, *B. J.,* IV, x, 5.

entre leurs mains (Vindex, Verginius, Nymphidius
Sabinus, Galba, Macer, Capiton, Othon, Vitellius,
Mucien, Vespasien), de se mettre d'accord pour
reconstituer l'empire, et, au lieu de s'établir en souverains indépendants, ce qui semblait à l'auteur juif
le parti le plus naturel, de faire hommage de leur
royauté à la Bête [1].

On voit à quel point le pamphlet du chef des
Églises d'Asie entre dans le vif d'une situation qui,
pour des imaginations aussi faciles à frapper que
celles des Juifs, devait sembler étrange; en effet,
Néron, par sa scélératesse et sa folie d'un genre à
part, avait jeté la raison hors des gonds. L'empire,
à sa mort, se trouva comme en déshérence. Après
l'assassinat de Caligula, il y avait encore un parti
républicain; en outre, la famille adoptive d'Auguste
avait tout son prestige; après l'assassinat de Néron,
il n'y avait presque plus de parti républicain, et la
famille d'Auguste était finie. L'empire se trouva
entre les mains des huit ou dix généraux qui exerçaient de grands commandements. L'auteur de
l'Apocalypse, ne comprenant rien à la chose ro-

---

1. Δοῦναι τὴν βασιλείαν αὐτῶν τῷ θηρίῳ. Peut-être l'auteur sup-
pose-t-il un moment que les généraux des différentes provinces
s'entendront pour rétablir Néron. Les règnes d'Othon et de Vitellius furent en effet des réactions en faveur de Néron.

maine, s'étonne que ces dix chefs, qui lui paraissent des rois, ne se soient pas déclarés indépendants, qu'ils aient formé un concert [1], et il attribue ce résultat à une action de la volonté divine [2]. Il est évident que les Juifs d'Orient, pressés par les Romains depuis deux ans, et qui se sentaient mollement serrés depuis juillet 68, parce que Mucien et Vespasien étaient absorbés par les affaires générales, crurent que l'empire allait se dissoudre, et triomphèrent un moment. Ce n'était pas là une vue aussi superficielle qu'on pourrait le croire. Tacite, entamant le récit des événements de l'année au seuil de laquelle fut écrite l'Apocalypse, l'appelle *annum reipublicæ prope supremum* [3]. Ce fut pour les Juifs un grand étonnement, quand ils virent les « dix rois » revenir « à la Bête » (à l'unité de l'empire), et mettre leurs royautés à ses pieds. Ils avaient espéré que la conséquence de l'indépendance des « dix rois » serait la ruine de Rome; antipathiques à une grande organisation centrale de l'État, ils pensaient que les proconsuls et les légats haïssaient Rome, et, les jugeant d'après eux-mêmes, ils supposaient que ces chefs puissants agiraient comme des satrapes, ou bien

1. Μίαν γνώμην (XVII, 13, 17).
2. Verset 17.
3. Tacite, *Hist.*, I, 11. Cf. Jos., *B. J.*, IV, XI, 5.

comme des Hyrcans, des Jannées, rois exterminateurs
de leurs ennemis. Ils savourèrent au moins, en provinciaux haineux, la grande humiliation que la ville
reine du monde éprouva, quand le droit de faire les
souverains passa aux provinces, et que Rome reçut
dans ses murs des maîtres qu'elle n'avait pas acclamés
la première.

Quelle fut la relation de l'Apocalypse avec l'épisode singulier du faux Néron, qui, juste au moment
où écrivait le Voyant de Patmos, remplissait d'émotion l'Asie et les îles de l'Archipel[1]? Une telle coïncidence assurément est des plus singulières. Cythnos
et Patmos ne sont qu'à une quarantaine de lieues
l'une de l'autre, et les nouvelles circulent vite dans
l'Archipel. Les jours où écrivait le prophète chrétien
furent ceux où l'on parla le plus de l'imposteur, salué
par les uns avec enthousiasme, entrevu par les autres
avec terreur. Nous avons montré qu'il s'établit à
Cythnos en janvier 69, ou peut-être en décembre 68.
Le centurion Sisenna, qui toucha à Cythnos, dans
les premiers jours de février, venant d'Orient et
portant aux prétoriens de Rome des gages d'accord
de la part de l'armée de Syrie, eut beaucoup de
peine à lui échapper. Très-peu de jours après, Cal-

1. Voir ci-dessus, p. 351-353.

purnius Asprénas, qui avait reçu de Galba le gouvernement de la Galatie et de la Pamphylie, et
qu'accompagnaient deux galères de la flotte de Misène,
arrive à Cythnos. Des émissaires du prétendant
essayèrent sur les commandants des navires l'effet
magique du nom de Néron; le fourbe, affectant un
air triste, fit appel à la fidélité de ceux qui furent
autrefois « ses soldats ». Il les priait au moins de le
jeter en Syrie ou en Égypte, pays sur lesquels il
fondait ses espérances. Les commandants, soit par
ruse, soit qu'ils fussent ébranlés, demandèrent du
temps. Asprénas, ayant tout appris, enleva l'imposteur par surprise et le fit tuer. Son corps fut
promené en Asie, puis porté à Rome, afin de réfuter ceux de ses partisans qui auraient voulu élever
des doutes sur sa mort[1]. Serait-ce à ce malheureux que feraient allusion les mots : « la Bête
que tu vois était et n'est plus, et elle va sortir de
l'abîme, et elle court à sa perte;... l'autre roi n'est
pas encore venu, et, quand il sera venu, il durera
peu[2] » ? Cela est possible. Le monstre s'élevant

---

1. Tacite, *Hist.*, II, 8-9.

2. Apoc., xvii, 8, 10, 11. Comparez θαυμασθήσονται οἱ κατοικοῦντες
ἐπὶ τῆς γῆς ὅτι ἦν καὶ οὐκ ἔστιν καὶ παρέσται avec *Achaïa atque Asia
falso exterritæ velut Nero adventaret... late terror, multis ad
celebritatem nominis erectis,* et autres passages cités ci-dessus,
p. 421, note 5.

de l'abîme serait une vive image du pouvoir éphémère que le sagace écrivain voyait sortir de la mer
à l'horizon de Patmos. On ne saurait se prononcer
là-dessus avec certitude, car l'opinion que Néron
était chez les Parthes suffit pour tout expliquer;
mais cette opinion n'excluait pas la croyance au
faux Néron de Cythnos, puisqu'on pouvait supposer que l'apparition de celui-ci était bien le retour
du monstre, coïncidant avec le passage de l'Euphrate
par ses alliés d'Orient [1]. En tout cas, il nous paraît
impossible que ces lignes aient été écrites après le
meurtre du faux Néron par Asprénas. La vue du
cadavre de l'imposteur, promené de ville en ville, la
contemplation de ses traits éteints par la mort,
eussent parlé trop évidemment contre les appréhensions du retour de la Bête, dont l'auteur est possédé [2].
Nous admettons donc volontiers que Jean, dans l'île
de Patmos, eut connaissance des événements de l'île
de Cythnos [3], et que l'effet produit sur lui par ces

---

1. Dans les deux passages (sixième trompette et sixième coupe)
relatifs à l'invasion des Parthes, il n'est pas dit que Néron soit
avec eux, mais seulement que l'invasion se fait d'accord avec lui.

2. Ceci réfute l'opinion de ceux qui croient voir dans
l'Apocalypse des allusions aux dernières luttes d'Othon et de
Vitellius.

3. Les mots οὔπω ἦλθεν conviendraient bien au moment où

rumeurs étranges fut la cause principale de la lettre qu'il écrivit aux Églises d'Asie, pour leur apprendre la grande nouvelle de Néron ressuscité.

Interprétant les événements politiques au gré de sa haine, l'auteur, en juif fanatique, a prédit que les commandants de province, qu'il croit pleins de rancune contre Rome, et jusqu'à un certain point d'accord avec Néron, ravageront la ville, la brûleront. Prenant maintenant le fait pour accompli, il chante la ruine de son ennemie [1]. Il n'a pour cela qu'à copier les déclamations des anciens prophètes contre Babylone, contre Tyr [2]. Israël a jalonné l'histoire de ses malédictions : à tous les grands États profanes il a dit : « Heureux qui te rendra le mal que tu nous as fait! » Un ange brillant descend du ciel, et, d'une voix formidable : « Tombée, tombée, dit-il, est la grande Babylone, et elle n'est plus qu'une demeure de démons [3], un séjour d'esprits impurs, un refuge d'oiseaux immondes, parce que toutes les nations ont bu du vin de sa fornication, et que les rois de la

---

l'imposteur ne s'était pas encore dévoilé par des actes publics, quoiqu'on parlât de lui.

1. Apoc , xviii.

2. Comp. surtout Isaïe, xiii, xxiii, xxiv, xxxiv, xlvii, xlviii, lii ; Jérémie, xvi, xxv, li ; Ézéch, xxvi, xxvii.

3. Les bêtes étranges qui habitent dans les ruines passaient pour des démons. Isaïe, xiii, 21; xxxiv, 14.

terre se sont souillés avec elle, et que les marchands
de la terre se sont enrichis de son opulence. » Une
autre voix du ciel se fait entendre :

Sortez d'elle, vous qui êtes mon peuple, de peur de vous
rendre complices de ses crimes et d'être atteints par les plaies
qui vont la frapper. Ses abominations sont arrivées jusqu'au
ciel, et Dieu s'est souvenu de ses iniquités. Rendez-lui ce
qu'elle a fait aux autres; payez-la au double de ses œuvres;
versez-lui le double de la coupe qu'elle a versée aux autres.
Autant elle a eu de gloire et de bien-être, autant donnez-
lui de tourment et d'affliction. « Je suis assise en reine,
disait-elle en son cœur; je ne connaîtrai jamais le deuil. »
Voilà pourquoi ses châtiments viendront tous en un même
jour, mort, désolation, famine, incendie; car puissant est
le Dieu qui la juge. Et l'on verra pleurer sur elle les rois de
la terre qui ont participé à ses impuretés et à ses débauches[1].
A la vue de la fumée de son embrasement : « Malheur!
malheur! » diront ses compagnons de débauche, se tenant
à distance frappés de terreur. « Quoi! la grande, la puissante Babylone!... En une heure est venu son jugement!...»
Et les marchands de la terre se lamenteront; car personne n'achète plus leurs marchandises. Objets d'or et
d'argent, pierres précieuses, perles, fin lin, pourpre, soie,
écarlate, bois de thuia, ivoire, airain, fer, marbre, cinname,
amome, parfums, huiles aromatiques, encens, vin, huile,

---

1. Allusion aux Hérodes, dont les complaisances pour les
Romains blessaient profondément les Juifs, surtout depuis la
révolte de l'an 66.

fleur de farine, froment, bétail, brebis, chevaux, chars, corps [1] et âmes d'hommes;... les marchands de toutes ces choses, qui s'étaient enrichis d'elle, se tenant à distance par'crainte de ses tourments : « Malheur! malheur! diront-ils. Quoi! c'est là cette grande ville qui était vêtue d'écarlate, de pourpre, de fin lin, qui était décorée d'or, de pierres précieuses et de perles! En une heure ont péri tant de richesses! » Et les marins qui venaient vers elle, et tous ceux qui trafiquent de la mer, s'arrêtant à distance, à la vue de la fumée de son incendie, jettent de la poussière sur leur tête, se répandent en cris, en pleurs et en lamentations : « Malheur! malheur! disent-ils. La grande ville qui enrichissait de ses trésors tous ceux qui avaient des vaisseaux sur la mer, voilà qu'en une heure elle a été changée en désert. »

Réjouis-toi de sa ruine, ô ciel; réjouissez-vous, saints, apôtres et prophètes; car Dieu a jugé votre cause et vous a vengés d'elle.

Alors un ange d'une force extraordinaire saisit une pierre grosse comme une meule, et la lance dans la mer, disant :

Ainsi sera précipitée Babylone, la grande ville, et on ne

1. Quand il s'agissait d'esclaves, on comptait par σώματα : inscriptions de Delphes (v. *Journ. asiat*, juin 1868, p. 530-531); Démosthène, *Contre Everge et Mnésibule*, § 11; Tobie, x, 10; II Macch., viii, 11; version grecque de Gen., xxxvi, 6; comp. Gen., xii, 5; Ézéchiel, xxvii, 13; Jos., *Vita*, 75. Cf. Wescher, dans l'*Ann. de l'ass. des études grecques*, 1872, p. 88.

retrouvera plus sa trace ; et la voix des joueurs de cithare et des musiciens, le son de la flûte et de la trompette ne résonneront plus dans ses murs ; les métiers se tairont, et la meule sera muette ; la lumière de la lampe ne brillera plus, et la voix du fiancé et celle de la fiancée [1] ne se feront plus entendre. Car ses marchands étaient les grands de la terre [2], et ce sont ses philtres qui ont égaré toutes les nations. Et à son compte a été trouvé le sang des prophètes et des saints et de tous ceux qui ont été égorgés sur la terre.

La ruine de cette ennemie capitale du peuple de Dieu est l'objet d'une grande fête dans le ciel [3]. Une voix comme celle d'une multitude innombrable se fait entendre et crie : « *Alleluia !* Salut, gloire, puissance à notre Dieu ; car ses jugements sont justes, et il a jugé la grande courtisane, qui a corrompu la terre par sa prostitution, et il a vengé le sang de ses serviteurs versé par elle. » Et un autre chœur répond : « *Alleluia !* la fumée de son incendie monte dans les siècles des siècles. » Alors les vingt-quatre vieillards et les quatre monstres se prosternent et adorent Dieu, assis sur le trône, disant : *Amen! alleluia!*

1. Chanson dialoguée dans le genre du Cantique des cantiques, prise comme exemple des chansons populaires en général.

2. Ce trait, qui convient médiocrement à Rome, est emprunté comme presque tout ce qui précède aux invectives des anciens prophètes contre Tyr.

3. Apoc., c. XIX.

Une voix sort du trône, chantant le Psaume inau-
gural du royaume nouveau : « Louez notre Dieu,
vous tous qui êtes ses serviteurs et qui le craignez,
petits et grands [1]. » Une voix comme celle d'une
foule, ou comme celle des grandes eaux, ou comme
le bruit d'un fort tonnerre, répond : « *Alleluia!* C'est
maintenant que règne le Seigneur Dieu tout-puissant.
Réjouissons-nous et livrons-nous à l'allégresse, et
rendons-lui gloire ; car voici l'heure des noces de
l'Agneau [2] : la toilette de la fiancée [3] est prête ; il lui
a été donné de revêtir une robe de fin lin d'un éclat
doux et pur. » (Le fin lin, ajoute l'auteur, ce sont les
actes de vertu des saints.)

Délivrée, en effet, de la présence de la grande
prostituée (Rome), la terre est mûre pour l'hymen
céleste, pour le règne du Messie. L'ange dit au
Voyant : « Écris : Heureux les invités au festin des
noces de l'Agneau ! » Alors le ciel s'ouvre, et Christ,
appelé ici pour la première fois de son nom mystique, « le Verbe de Dieu [4] », apparaît en vainqueur [5], monté sur un cheval blanc. Il vient fouler

1. Comp. Ps. cxv, 13 ; cxxxiv, 1.

2. Comp Matth., xxii, 2 et suiv. ; xxv, 1 et suiv.

3. L'Église.

4. Ὁ λόγος τοῦ θεοῦ, traduction du chaldéen ,, מימורא די.

5. Toutes ces images sont empruntées à Is., lxiii, 1-3 ; Ps. ii,
9 ; cf. Apoc., i, 16 ; vi, 2 ; xiv, 19.

le pressoir du vin de la colère de Dieu, inaugurer
pour les païens le règne du sceptre de fer. Ses yeux
étincellent. Ses habits sont teints de sang; il porte
sur sa tête plusieurs couronnes, avec une inscription en caractères mystérieux [1]. De sa bouche sort
une épée aiguë, pour frapper les gentils; sur sa
cuisse est écrit son titre : ROI DES ROIS, SEIGNEUR DES
SEIGNEURS. Toute l'armée du ciel le suit sur des chevaux blancs, revêtue de fin lin. On s'attend à un
triomphe pacifique; mais il n'en est pas temps encore.
Quoique Rome soit détruite, le monde romain, représenté par Néron l'Antechrist, n'est pas anéanti. Un
ange debout sur le soleil crie d'une voix forte à tous
les oiseaux qui volent au zénith : « Venez, assem-
blez-vous pour le grand festin de Dieu; venez manger
la chair des rois, et la chair des tribuns, et la chair
des forts, et la chair des chevaux et de leurs cavaliers, et la chair des hommes libres et des esclaves,
des grands et des petits [2]. » Le prophète voit alors
la Bête (Néron) et les rois de la terre (les généraux
de province, presque indépendants) et leurs armées, réunis pour faire la guerre à celui qui est
assis sur le cheval. Et la Bête (Néron) est saisie et

---

1. Ὀνόματα γεγραμμένα paraît la vraie leçon. Cf. *Codex sinaïticus* et Tischendorf.

2. Comp. Ézéch., XXXIX, 17-20.

avec elle le Faux Prophète [1] qui faisait des miracles devant elle; tous deux sont jetés vivants dans l'étang sulfureux qui brûle éternellement [2]. Leurs armées sont exterminées par le glaive qui sort de la bouche de celui qui est assis sur le cheval, et les oiseaux sont rassasiés de la chair des morts.

Les armées romaines, le grand instrument de la puissance de Satan, sont vaincues; Néron l'Antechrist, leur dernier chef, est enfermé en enfer; mais le Dragon, le Serpent antique, Satan existe encore. Nous avons vu comment il fut jeté du ciel sur la terre [3]; il faut maintenant en délivrer la terre à son tour [4]. Un ange descend du ciel, tenant la clef de l'abîme et ayant à la main une grande chaîne. Il saisit le Dragon, le lie pour mille ans, le précipite dans l'abîme [5], ferme à clef l'ouverture du gouffre et la scelle d'un sceau [6]. Pendant mille ans, le diable restera enchaîné. Le mal moral et le mal physique, qui en est la conséquence, seront suspen-

1. Voir ci-dessus, p. 414-422.
2. Les exhalaisons sulfureuses, comme celles de la Solfatare de Pouzzoles, de Callirrhoé et de la mer Morte, étaient tenues pour des émanations d'un lac infernal. V. ci-dessus, p. 333-335.
3. Apoc., xii, 7 et suiv.
4. Apoc., c. xx.
5. Cf. Jud., 6.
6. Comp. Talm. de Bab., *Gittin*, 68 a.

dus, non détruits. Satan ne peut plus séduire les peuples ; mais il n'est pas anéanti pour l'éternité.

Un tribunal est établi pour proclamer ceux qui doivent faire partie du règne de mille ans [1]. Ce règne est réservé aux martyrs. La première place y appartient aux âmes de ceux qui ont été frappés de la hache pour rendre témoignage à Jésus et à la parole de Dieu (les martyrs romains de 64) ; puis viennent ceux qui ont refusé d'adorer la Bête et son image, et qui n'ont pas reçu son caractère sur leur front ni sur leurs mains (les confesseurs d'Éphèse, dont le Voyant fait partie [2]). Les élus de ce premier royaume ressuscitent et règnent mille ans sur la terre avec le Christ. Ce n'est pas que le reste de l'humanité ait disparu, ni même que le monde entier soit devenu chrétien ; le *millenium* est au centre de la terre comme un petit paradis. Rome n'existe plus ; Jérusalem l'a remplacée dans son rôle de capitale du monde ; les fidèles y font un royaume de prêtres [3] ; ils servent Dieu et Christ ; il n'y a plus de grand empire profane, de pouvoir civil hostile à l'Église ; les nations viennent à Jérusalem rendre hommage au Messie, qui les maintient par la terreur. Pendant ces mille années,

1. Daniel, VII, 9, 22, 27.
2. Comp. Apoc., I, 9.
3. Isaïe, LXI, 6.

les morts qui n'ont pas eu part à la première résurrection ne vivent pas ; ils attendent. Les participants
du premier royaume sont donc des privilégiés ; outre
l'éternité dans l'infini, ils auront le *millenium* sur la
terre avec Jésus ; aucune mort ne les atteindra plus.

Quand les mille ans seront accomplis, Satan sera
délivré de sa prison pour quelque temps. Le mal
recommencera sur la terre. Satan déchaîné éga-
rera de nouveau les nations, les poussera d'un
bout à l'autre du monde à des guerres épouvanta-
bles ; Gog et Magog (personnifications mythiques
des invasions barbares [1]) conduiront au combat des
armées plus nombreuses que le sable de la mer.
L'Église sera comme noyée dans ce déluge. Les barbares assiégeront le camp des saints, la cité aimée,

1. Ce mythe vient d'Ézéchiel, ch. xxxviii et xxxix. Chez certaines tribus parlant l'ossète, *Gogh* « montagne » et *Mughogh*
« la grande montagne » désignent deux massifs du Caucase. On
appliqua ensuite ces deux mots aux populations scythiques de
la mer Noire et de la mer Caspienne. Dans Ézéchiel (xxxviii
et xxxix), ils personnifient l'invasion scythique ou barbare en
général. Comparez *Coran,* xviii, 94 et suiv.; xxi, 96. L'application messianique de ce mythe géographique commence à poindre
dans les vers sibyllins (III, 319, 512); elle est bien plus expresse
dans le Targum du Pseudo-Jonathan, Lévitique, xxvi, 44; Nombres, xi, 27 (ou Targ. de Jérus., mêmes endroits). Cf. Talm. de
Bab., *Sanhedrin,* 94 *a,* 97 *b; Aboda zara,* 1 *b.* V. *Zeitschrift
der d. m. G.,* 1867, p. 575.

c'est-à-dire cette Jérusalem, terrestre encore, mais toute sainte, où sont les fidèles amis de Jésus ; le feu du ciel tombera sur eux et les dévorera. Alors Satan, qui les avait séduits, sera jeté dans l'étang de soufre enflammé, où sont déjà la Bête (Néron) et le Faux Prophète (?), et où tous ces maudits vont désormais être tourmentés nuit et jour dans les siècles des siècles.

La création a maintenant accompli sa tâche ; il ne reste plus qu'à procéder au dernier jugement[1]. Un trône éclatant de lumière apparaît, et sur ce trône le juge suprême. A sa vue, le ciel et la terre s'enfuient ; il n'y a plus nulle part de place pour eux. Les morts grands et petits ressuscitent. La Mort et le *Scheol* rendent leurs proies ; la mer de son côté rend les noyés qui, dévorés par elle, ne sont pas descendus régulièrement dans le *Scheol*[2]. Tous comparaissent devant le trône. On apporte les grands livres, où est tenu le compte rigoureux des actions de chaque homme[3] ; on ouvre aussi un autre livre, le « livre de vie », où sont écrits les noms des pré-

1. Comp. Daniel, vii, 9.
2. Cf. Achille Tatius, V, p. 116-117, édit. Jacobs, et la curieuse mosaïque (encore inédite) de Torcello.
3. Malachie, iii, 16 ; Daniel, vii, 10. Comp. Talm. de Bab., *Rosch has-schana,* 16 *b.*

destinés. Alors tous sont jugés selon leurs œuvres. Ceux dont les noms ne sont pas trouvés écrits dans le livre de vie sont précipités dans l'étang de feu. La Mort et le *Scheol* y sont jetés également[1].

Le mal étant détruit sans retour, le règne du bien absolu va commencer[2]. La vieille terre, le vieux ciel ont disparu; une terre nouvelle, un ciel nouveau leur succèdent[3]; il n'y a plus de mer[4]. Cette terre, ce ciel ne sont pourtant qu'un rajeunissement de la terre actuelle, du ciel d'aujourd'hui, et de même que Jérusalem était la perle, le joyau de l'ancienne terre, de même Jérusalem sera encore le centre rayonnant de la nouvelle. L'apôtre voit cette Jérusalem nouvelle descendre du ciel d'auprès de Dieu, vêtue comme une fiancée parée pour son époux. Une grande voix sort du trône : « Voici le tabernacle où Dieu habitera avec les hommes. Les hommes seront désormais son peuple, et il sera toujours pré-

---

1. Comp. Daniel, vii, 11; Luc, xvi, 23; I Cor., xv, 26.

2. Apoc., xxi.

3. Comp. Isaïe, lxv, 17; lvi, 22. Cf. II Petri, iii, 13.

4. La mer est une annulation, une stérilisation d'une partie de la terre, un reste du chaos primitif (תהום), souvent un châtiment de Dieu, engloutissant des pays coupables. Elle est abîme (ἄϐυσσος); or l'abîme est le domaine de Satan (comp. xi, 7; xiii, 1). Dans le paradis (Gen., ii), il n'y avait pas de mer. Comp. Job, vii, 12.

sent au milieu d'eux [1], et il essuiera toute larme de
leurs yeux, et la mort ne sera plus, et il n'y aura plus
ni douleur, ni cris, ni peine [2] ; car tout ce qui était
a disparu. » Jéhovah prend lui-même la parole
pour promulguer la loi de ce monde éternel. « C'eń
est fait. Voilà que je renouvelle toute chose [3]. Je
suis l'A et l'Ω, le commencement et la fin. Celui
qui a soif, je le ferai boire gratuitement à la source
de vie [4]. Le vainqueur possédera tous ces biens, et
je serai son Dieu, et il sera mon fils [5]. Quant aux
timides, aux incrédules, aux abominables, aux meurtriers, aux fornicateurs, aux auteurs de maléfices,
aux idolâtres, aux menteurs, leur part sera l'étang
de soufre et de feu. »

Un ange s'approche alors du Voyant, et lui dit :
« Viens ; je vais te montrer la fiancée de l'Agneau.»
Et il le transporte en esprit sur une montagne élevée, d'où il lui montre en détail la Jérusalem idéale [6],
pénétrée et revêtue de la gloire de Dieu. Son éclat
est celui d'un jaspe cristallin. Sa forme est celle

---

1. Ézéchiel, xxxvii, 27. Comp. II Cor., vi, 16.
2. Isaïe, xxv, 8; lxv, 19.
3. Isaïe, xliii, 19; Jérém., xxxi, 22. Comp. II Cor., v, 17.
4. Isaïe, lv, 1.
5. II Samuel, vii, 14.
6. Tout ce qui suit est emprunté à Ézéchiel, xl, xlvii, xlviii.
Comparez Hérodote, I, 178.

d'un carré parfait [1] de trois mille stades de côté,
orienté selon les quatre vents du ciel et entouré d'un
mur haut de cent quarante-quatre coudées, percé de
douze portes. A chaque porte veille un ange, et au-
dessus est écrit le nom d'une des douze tribus d'Israël. Le soubassement du mur a douze assises de
pierres; sur chacune des assises resplendit le nom
d'un des douze apôtres de l'Agneau [2]. Chacun de ces
lits superposés est orné de pierres précieuses [3], le
premier de jaspe, le second de saphir, le troisième
de calcédoine, le quatrième d'émeraude, le cinquième de sardoine, le sixième de cornaline, le sep-

1. Τὸ ὕψος, au verset 16, ne peut être pris que comme un écart
d'imagination ou une inadvertance de rédaction. Comparez cependant Talm. de Bab., *Baba bathra,* 75 *b.*

2. L'imagination peu précise des juifs se décèle ici. Le
symbolisme entraîne l'auteur à un tableau qui n'est pas satisfaisant pour l'esprit. On entend d'ordinaire les δώδεκα θεμελίους
comme les douze secteurs de soubassement qui vont d'une porte à
l'autre. Nous croyons qu'il vaut mieux superposer les δώδεκα
θεμελίους et en faire des assises, en retrait les unes sur les autres,
au-dessous du mur proprement dit. Les versets 18-20 impliquent
presque nécessairement cette hypothèse. Comparez la construction
des murs du *haram* de Jérusalem, telle qu'elle ressort des fouilles
anglaises. *Palestine exploration fund,* n° 4 (voir aussi *Mém. de
l'Acad. des inscr.,* t. XXVI, 1ʳᵉ partie, pl. 2, 5, et *Les dern.
jours de Jér.,* p. 246). Notez l'emploi du mot θεμέλις dans Josephe
(*Ant.,* VII, xiv, 10; VIII, ii, 9; XV, xi, 3; *B. J.,* V, v, 2) pour
désigner le soubassement du temple.

3. Exode, xxvii, 17-20; xxxix, 10-14.

tième de chrysolithe, le huitième d'aigue-marine, le
neuvième de topaze, le dixième de chrysoprase, le
onzième d'hyacinthe, le douzième d'améthyste. Le
mur lui-même est de jaspe ; la ville est d'un or pur
semblable à un verre transparent ; les portes sont
composées d'une seule grosse perle [1]. Il n'y a pas de
temple dans la ville ; car Dieu lui-même lui sert de
temple, ainsi que l'Agneau. Le trône que le prophète,
au début de sa révélation, a vu dans le ciel est maintenant au milieu de la ville, c'est-à-dire au centre
d'une humanité régénérée et harmoniquement organisée. Sur ce trône sont assis Dieu et l'Agneau. Du
pied du trône sort le fleuve de vie, brillant et transparent comme le cristal, qui traverse la grande rue
de la ville [2] ; sur ses bords fleurit l'arbre de vie [3],
qui pousse douze espèces de fruits, une espèce pour
chaque mois ; ces fruits paraissent réservés aux
Israélites ; les feuilles ont des vertus médicinales
pour la guérison des gentils. La ville n'a besoin
ni de soleil ni de lune pour l'éclairer [4] ; car la gloire
de Dieu l'éclaire, et son lustre est l'Agneau. Les
nations marcheront à sa lumière [5] ; les rois de la

1. Isaïe, LIV, 11-12.
2. Apoc., XXII.
3. Genèse, II, 10-14.
4. Daniel, VII, 27.
5. Isaïe, LX, 3, 5-7, 19-20.

terre lui feront hommage de leur gloire, et ses portes
ne se fermeront ni jour ni nuit, tant sera grande
l'affluence de ceux qui viendront y porter leur tribut. Rien d'impur, rien de souillé n'y entrera [1] ;
seuls ceux qui seront inscrits au livre de vie de
l'Agneau y trouveront place. Il n'existera plus de
division religieuse ni d'anathème [2] ; le culte pur de
Dieu et de l'Agneau ralliera tout le monde. A chaque
heure, ses serviteurs jouiront de sa vue, et son nom
sera écrit sur leurs fronts. Ce règne du bien durera
dans les siècles des siècles.

1. Isaïe, LII, 1.
2. Zacharie, XIV, 11.

CHAPITRE XVII.

L'ouvrage se termine par cet épilogue :

Et c'est moi, Jean, qui entendis et vis toutes ces choses; et, après les avoir vues et entendues, je tombai devant les pieds de l'ange qui me les montrait, pour l'adorer. Et il me dit : « Garde-toi de le faire, je suis ton coserviteur; nous avons un même maître, toi, moi, tes frères les prophètes et ceux qui gardent les paroles de ce livre [1]. Adore Dieu. » Et il me dit ensuite : « Ne scelle [2] pas les discours de la prophétie de ce livre, car le temps est proche! Que l'injuste devienne plus injuste encore; que celui qui est souillé se souille encore [3]; que le juste fasse encore plus de justice; que le saint se sanctifie encore! »

Une voix lointaine, la voix de Jésus lui-même,

1. Précaution contre certaines sectes qui, comme les esséniens, exagéraient le culte des anges. Col., ii, 18.
2. C'est-à-dire ne tiens pas inédits. Cf. Daniel, xii, 4.
3. Daniel, xii, 10.

est censée répondre à ces promesses et les garantir.

∴

« Voilà que je viens vite! Et avec moi j'apporte la récompense que je décernerai à chacun selon ses œuvres [1]. Je suis l'A et l'Ω, le premier et le dernier, le commencement et la fin. Heureux ceux qui lavent leurs robes! Ils auront droit à l'arbre de vie, et ils entreront dans la ville par les portes. Arrière les chiens, les artisans de maléfices, les impudiques, les meurtriers, les idolâtres, quiconque aime et commet le mensonge! Moi, Jésus, j'ai envoyé mon ange pour vous attester ces choses dans les Églises. Heureux qui garde les paroles de la prophétie de ce livre! Je suis la tige et le rejeton de David, l'étoile claire du matin [2]. »

Puis les voix du ciel et celles de la terre s'entre-croisent et arrivent *moriendo* à un finale en accord parfait.

« Viens, » disent l'Esprit [3] et l'épouse [4].— Que celui qui entend cet appel dise aussi : « Viens. » Que celui qui a soif vienne! L'eau de la vie se donne ici gratuitement à qui veut.

(J'affirme à quiconque entendra les paroles de la prophétie contenue en ce livre que, si quelqu'un y ajoute quoi que ce soit, Dieu fera tomber sur lui les plaies décrites en ce livre. Et si quelqu'un retranche quoi que ce soit aux discours du livre de

1. Isaïe, XL, 10.
2. Isaïe, XI, 1.
3. L'esprit prophétique répandu dans l'Église.
4. L'Église.

*cette prophétie, Dieu retranchera sa part de l'arbre de vie et
de la ville sainte dont il est question en ce livre [1].)*

— « Oui, je viens vite, » dit le révélateur de tout ceci.
Amen. Viens, seigneur Jésus.

LA GRACE DU SEIGNEUR JÉSUS SOIT AVEC TOUS.

Nul doute que, présenté sous le couvert du nom le
plus vénéré de la chrétienté, l'Apocalypse n'ait fait sur
les Églises d'Asie une très-grande impression. Une
foule de détails, maintenant devenus obscurs, étaient
clairs pour les contemporains. Ces annonces hardies
d'une prochaine convulsion n'avaient rien qui surprît.
Des discours non moins formels prêtés à Jésus se répandaient chaque jour et se faisaient accepter [2]. Pendant un an, d'ailleurs, les événements du monde purent
sembler une merveilleuse confirmation du livre. Vers
le 1er février, on apprit en Asie la mort de Galba, et
l'avénement d'Othon. Puis chaque jour apporta quelque indice apparent de la décomposition de l'empire :
l'impuissance d'Othon à se faire reconnaître de toutes
les provinces, Vitellius maintenant son titre contre
Rome et le sénat, les deux sanglants combats de
Bédriac, Othon abandonné à son tour, l'avénement de
Vespasien, la bataille dans les rues de Rome, l'incendie du Capitole allumé par les combattants, incendie

1. Deutéron., IV, 2.
2. Matthieu, XXIV.

d'où plusieurs conclurent que les destinées de Rome
tiraient à leur fin, tout cela dut paraître étonnam-
ment conforme aux sombres prédictions du prophète. Les déceptions ne commencèrent qu'avec la
prise de Jérusalem, la destruction du temple, l'affermissement définitif de la dynastie flavienne. Mais la
foi religieuse n'est jamais rebutée dans ses espérances; l'ouvrage, d'ailleurs, était obscur, susceptible en beaucoup d'endroits d'interprétations diverses.
Aussi, peu d'années après l'émission du livre, cher-
cha-t-on à plusieurs chapitres un sens différent de
celui que l'auteur y avait mis. L'auteur avait annoncé
que l'empire romain ne se reconstituerait pas et
que le temple de Jérusalem ne serait pas détruit. Il
fallut sur ces deux points trouver des échappatoires.
Quant à la réapparition de Néron, on n'y renonça
pas de sitôt; sous Trajan encore, des gens du peuple
s'obstinaient à croire qu'il reviendrait [1]. Longtemps
on garda la notion du chiffre de la Bête; une variante
se répandit même dans les pays occidentaux, pour
accommoder ce chiffre aux habitudes latines. Certains exemplaires portaient 616, au lieu de 666 [2]. Or
616 répond à la forme latine *Nero Cæsar* (le *noun*
hébreu valant 50).

1. Dion Chrysostome, orat. XXI, 10.
2. Irénée, *Adv. hær.*, V, XXX, 1.

Durant les trois premiers siècles, le sens général du livre se conserva, au moins pour quelques initiés. L'auteur du poème sibyllin qui date à peu près de l'an 80, s'il n'a pas lu la prophétie de Patmos, en a entendu parler. Il vit dans un ordre d'idées tout à fait analogue. Il sait ce que signifie la sixième coupe. Pour lui, Néron est l'anti-Messie; le monstre s'est enfui derrière l'Euphrate; il va revenir avec des milliers d'hommes [1]. L'auteur de l'Apocalypse d'Esdras (ouvrage daté avec certitude de l'an 96, 97 ou 98) imite notoirement l'Apocalypse de Jean [2], emploie ses procédés symboliques, ses notations, son langage. On peut en dire autant de l'*Ascension d'Isaïe* (ouvrage du second siècle), où Néron, incarnation de Bélial, joue un rôle qui prouve que l'auteur savait le chiffre de la Bête [3]. Les auteurs des poésies sibyllines qui datent du temps des Antonins pénètrent également les énigmes du manifeste apostolique, et en adoptent les utopies, même celles qui, comme le retour de Néron, étaient décidément frappées de caducité [4].

1. *Carm. sib.,* IV, 117 et suiv., 137-139.
2. Comp., par exemple, IV Esdr., iv, 35 et suiv., à Apoc., vi, 9 et suiv.; IV Esdras, vii, 32, à Apoc., xx, 13; IV Esdr., x, 50 et suiv., à Apoc., xxi, 2 et suiv. Voir aussi IV Esdras, xv, 5.
3. *Asc. d'Isaïe,* iv, 2 et suiv.
4. *Carm. sib.,* V, 28 et suiv., 93 et suiv., 105 et suiv., 142

Saint Justin, Méliton paraissent avoir eu l'intelligence à peu près complète du livre. On en peut dire autant de Commodien, qui (vers 250) mêle à son interprétation des éléments d'une autre provenance, mais qui ne doute pas un instant que Néron l'Antechrist ne doive ressusciter de l'enfer pour soutenir une lutte suprême contre le christianisme[1], et qui conçoit la destruction de Rome-Babylone exactement comme on la concevait deux cents ans auparavant[2]. Enfin, Victorin de Pettau (mort en 303) commente encore l'Apocalypse avec un sentiment assez juste. Il sait parfaitement que Néron ressuscité est le véritable Antechrist[3]. Quant au chiffre de la Bête, il était perdu probablement avant la fin du IIe siècle. Irénée (vers 190) se trompe grossièrement sur ce point, ainsi que sur quelques autres d'importance majeure, et ouvre la série des commentaires chimériques et des symbolismes arbitraires[4]. Quelques particularités

et suiv., 363; VIII, 151 et suiv., 169 et suiv. Voir ci-dessus, p. 318, note 3. Cf. *Carm. sib.,* III, 397.

1. *Instr.,* acrost. XLI et XLII, v. 36 et suiv.; *Carmen,* v. 816 et suiv., 831, 845, 862, 878, 903 et suiv. (Pitra, *Spic. Sol.,* I; voir les corrections d'Ebert dans les *Abhandl. der phil.-hist. Classe der sächsischen Gesell. der Wiss.,* t. V, p. 395 et suiv.).

2. Vers 907 et suiv.

3. *Bibl. max. Patr.,* Paris, t. I, p. 580-581.

4. Irénée, *Adv. hær.,* V, xxx, 3. C'est ici la p'us forte objection contre les rapports d'Irénée avec ceux qui avaient vu l'apôtre

subtiles, comme la signification du Faux Prophète et de *Harmagédon,* se perdirent de très-bonne heure.

Après la réconciliation de l'empire et de l'Église, au IVe siècle, la fortune de l'Apocalypse fut gravement compromise. Les docteurs grecs et latins, qui ne séparaient plus l'avenir du christianisme de celui de l'empire, ne pouvaient admettre pour inspiré un livre séditieux, dont la donnée fondamentale était la haine de Rome et la prédiction de la fin de son règne. Presque toute la partie éclairée de l'Église d'Orient, celle qui avait reçu une éducation hellénique, pleine d'aversion pour les écrits millénaires et judéo-chrétiens, déclara l'Apocalypse apocryphe [1]. Le livre avait pris dans le Nouveau Testament grec et latin [2] une position si forte, qu'il fut impossible de l'en expulser; on eut recours, pour se débarrasser des

---

Jean. Commodien, dans ses *Instructiones,* appelle aussi l'Antechrist *Latinus.* — Hippolyte, *De Antichristo,* 50, 52, est bien dévoyé.

1. Voir *Vie de Jésus,* 13e édition, p. 297, note 3; ci-dessus, p. 374-375, note 3. Déjà Denys d'Alexandrie, au IIIe siècle, sans doute par suite de son éducation littéraire, parle de l'Apocalypse d'un ton très-embarrassé, et avoue qu'il n'y comprend rien. Voir surtout Épiph., *De hær.,* LI, 32 et suiv.; Eus., *H. E.,* VII, xxv. Saint Jean Chrysostome n'a pas d'homélies sur l'Apocalypse.

2. Les Syriens et les Arméniens ne l'avaient pas anciennement.

objections qu'il soulevait, aux tours de force exégétiques. L'évidence cependant était écrasante. Les Latins, moins opposés que les Grecs au millénarisme, continuèrent à identifier l'Antechrist avec Néron [1]. Jusqu'aux temps de Charlemagne, il y eut une sorte de tradition à cet égard. Saint Béat de Liebana, qui commente l'Apocalypse en 786, affirme, en y mêlant, il est vrai, plus d'une inconséquence, que la Bête des chapitres XIII et XVII, qui doit reparaître à la tête de dix rois pour anéantir la ville de Rome, est Néron l'Antechrist. Un moment même, il est à deux doigts du principe qui, au XIXe siècle, conduira les critiques à la vraie supputation des empereurs et à la détermination de la date du livre [2].

1. Victorin de Pettau, dans la *Bibl. max. Patrum,* Lugd., III, p. 418; Lactance, *Instit.,* VII, 14-20; *De mort. persec.,* 2; Sulpice Sévère, *Hist. sacra,* II, 28, 29; *Dial.,* II, 14. Dans ces écrits, la théorie primitive de l'Antechrist est modifiée de la même manière que dans le *Carmen* de Commodien. Comparez saint Augustin, *De civ. Dei,* XX, c. 19; saint Jérôme, *in Dan.,* XI, 36; *in Is.,* XVII, 12; Jean Chrysostome, in II Thess., II (Opp., XI, p. 529-530). Qu'on lise le livre VI, *De vitiis Antichristi,* du traité de Malvenda, *De Antichristo;* c'est encore un portrait de Neron.

2. L'édition du texte de saint Béat par Florez (Madrid, 1770) est presque introuvable. M. Didot a collationné les plus importants passages de ce commentaire sur l'exemplaire unique de

Ce n'est que vers le xiie siècle, quand le moyen âge s'enfonce dans la voie d'un rationalisme scolastique assez peu soucieux de la tradition des Pères, que le sens de la vision de Jean se trouve tout à fait compromis [1]. Joachim de Flore peut être considéré comme le premier qui transporta hardiment l'Apocalypse dans le champ de l'imagination sans limites, et chercha, sous les images bizarres d'un écrit de circonstance qui borne lui-même son horizon à trois ans et demi, le secret de l'avenir entier de l'humanité.

Les commentaires chimériques auxquels a donné lieu cette fausse idée ont jeté sur le livre un injuste discrédit. L'Apocalypse a repris de nos jours, grâce à une plus saine exégèse, la place élevée qui lui appartient dans les écritures sacrées. L'Apocalypse est, en un sens, le sceau de la prophétie, le dernier mot d'Israël. Qu'on lise dans les anciens prophètes, dans Joël par exemple [2], la description du « jour de Jéhovah », c'est-à-dire de ces grandes assises que le

l'édition de Florez qui se trouve à Paris, en possession de M. l'abbé Nolte, et sur deux importants manuscrits, dont l'un lui appartient. *Des apocalypses figurées manuscrites et xylographiques* (Paris, 1870), p. 3, 16-17, 24-25, 76-77. Édit. de Florez, p. 438, 498.

1. Et encore il ne se perd pas entièrement. V. *Hist. litt. de la Fr.*, t. XXV, p. 258.

2. Joël, ii, 1 et suiv.

justicier suprême des choses humaines tient de
temps en temps, pour ramener l'ordre sans cesse
troublé par les hommes, on y trouvera le germe
de la vision de Patmos. Toute révolution, toute
convulsion historique devenait pour l'imagination du
juif, obstiné à se passer de l'immortalité de l'âme et
à établir le règne de la justice sur cette terre, un
coup providentiel, prélude d'un jugement bien plus
solennel et plus définitif encore. A chaque événement, un prophète se levait pour crier : « Sonnez,
sonnez de la trompette en Sion ; car le jour de Jého-,
vah vient; il est proche [1]. » L'Apocalypse est la suite
et le couronnement de cette littérature étrange, qui
est la gloire propre d'Israël. Son auteur est le dernier grand prophète; il n'est inférieur à ses de-
vanciers qu'en ce qu'il les imite ; c'est la même
âme, le même esprit. L'Apocalypse offre le phénomène presque unique d'un pastiche de génie, d'un
centon original. Si l'on excepte deux ou trois inventions particulières à l'auteur et d'une merveilleuse
beauté [2], l'ensemble du poëme est composé de traits
empruntés à la littérature prophétique et apocalyp-

---

1. Joël, ii, 1.

2. En particulier, l'épisode des martyrs sous l'autel (ch. vi,
9-11), lignes toutes divines, qui suffiront éternellement à la consolation de l'âme qui souffre pour sa foi ou sa vertu.

tique antérieure, surtout à Ézéchiel, à l'auteur du
livre de Daniel, aux deux Isaïes. Le Voyant chrétien
est le véritable élève de ces grands hommes ; il sait
par cœur leurs écrits, il en tire les dernières conséquences. Il est frère, moins la sérénité et l'harmonie, de ce poëte merveilleux du temps de la captivité,
de ce second Isaïe, dont l'âme lumineuse semble
comme imprégnée, six cents ans d'avance, de toutes
les rosées, de tous les parfums de l'avenir.

Comme la plupart des peuples qui possèdent un
brillant passé littéraire, Israël vivait des images
consacrées par sa vieille et admirable littérature. On
ne composait presque plus qu'avec des lambeaux
des anciens textes ; la poésie chrétienne, en particulier, ne connaissait pas d'autre procédé littéraire [1].
Mais, quand la passion est sincère, la forme, même
la plus artificielle, prend de la beauté. Les *Paroles
d'un croyant* sont à l'égard de l'Apocalypse ce que
l'Apocalypse est à l'égard des anciens prophètes, et
cependant les *Paroles d'un croyant* sont un livre d'un
véritable effet ; on ne le relit jamais sans une vive
émotion.

Les dogmes du temps présentaient comme le style
quelque chose d'artificiel ; mais ils répondaient à un

---

[1]. Voir, par exemple, les cantiques des premiers chapitres de
l'Évangile de Luc.

sentiment profond. Le procédé de l'élaboration théologique consistait en une transposition hardie, appliquant au règne du Messie et à Jésus toute phrase des
anciens écrits qui paraissait susceptible d'une relation vague avec un idéal obscur. Comme l'exégèse
qui présidait à ces combinaisons messianiques était
tout à fait médiocre, les formations singulières dont
nous parlons impliquaient souvent de graves contre-
sens. Cela se voit surtout dans les passages de l'Apocalypse qui concernent Gog et Magog, si on les
compare aux chapitres parallèles d'Ézéchiel. Selon
Ézéchiel, Gog, roi de Magog, viendra, « dans la suite
du temps[1], » quand le peuple d'Israël sera de retour
de la captivité et rétabli en Palestine, lui faire une
guerre d'extermination. Déjà, vers l'époque des tra-
ducteurs grecs de la Bible et de la composition du
livre de Daniel, l'expression qui désigne simplement
dans l'hébreu classique un avenir indéterminé signifiait « à la fin des temps », et ne s'appliquait plus
qu'aux temps du Messie[2]. L'auteur de l'Apocalypse est amené de la sorte à rapporter les chapitres xxxviii et xxxix d'Ézéchiel aux temps mes-

---

1. באחרית הימים, Ezech., xxviii, 8.

2. V. Gesenius, *Thes.*, au mot אחרית, hebr. et chald. Les
juifs du moyen âge appliquent aussi d'ordinaire cette expression
aux temps messianiques. Cf. *Bereschith rabba,* ch. lxxxviii.

sianiques, et à considérer Gog et Magog comme
les représentants du monde barbare et païen qui
survivra à la ruine de Rome, et coexistera avec le
règne millénaire de Christ et de ses saints.

Ce mode de création par voie extérieure, si j'ose
le dire, cette façon de combiner, au moyen d'une
exégèse d'appropriation, des phrases prises çà et là,
et de construire une théologie nouvelle par ce jeu
arbitraire, se retrouvent dans l'Apocalypse pour
tout ce qui touche au mystère de la fin des temps.
La théorie de l'Apocalypse à cet égard se distingue
par des traits essentiels de celle qu'on trouve dans
saint Paul et de celle que les Évangiles synoptiques placent dans la bouche de Jésus. Saint Paul
semble, il est vrai, parfois [1] croire à un règne du
Christ dans le temps, qui aura lieu avant la fin dernière de toutes choses ; mais il ne va jamais à la
même précision que notre auteur. Selon l'Apocalypse,
en effet, l'avénement du futur règne de Christ est
très-proche ; il doit suivre de près la destruction de
l'empire romain. Les martyrs ressusciteront seuls à
cette première résurrection ; le reste des morts ne ressuscitera pas encore. De telles bizarreries étaient la
conséquence de la manière tardive et incohérente

1. I Cor., xv, 24 et suiv.

dont Israël forma ses idées sur l'autre vie. On peut
dire que les juifs n'ont été amenés au dogme de
l'immortalité que par la nécessité d'un tel dogme
pour donner un sens au martyre. Au deuxième livre
des Macchabées, les sept jeunes martyrs et leur mère
sont forts de la pensée qu'ils ressusciteront, tandis
qu'Antiochus ne ressuscitera pas [1]. C'est à propos
de ces héros légendaires qu'on trouve dans la littérature juive les premières affirmations nettes d'une vie
éternelle [2], et en particulier cette belle formule :
« Ceux qui meurent pour Dieu vivent au point de vue
de Dieu [3]. » On voit même poindre une certaine tendance à créer pour eux un sort spécial d'outre-tombe
et à les ranger près du trône de Dieu « dès à présent », sans attendre la résurrection [4]. Tacite fait
de son côté la remarque que les juifs n'attribuent
l'immortalité qu'aux âmes de ceux qui sont morts
dans les combats ou dans les supplices [5].

Le règne de Christ avec ses martyrs aura lieu sur
la terre, à Jérusalem, sans doute, au milieu des na-

1. II Macch., vii, 9, 11, 14, 23, 36. Comp. vi, 26.

2. II Macch., vii, 36; *Sagesse,* ii-v, surtout iii, 4 et suiv.; *De
rationis imperio,* 9, 16, 18, 20.

3. Οἱ διὰ τὸν θεὸν ἀποθανόντες ζῶσι τῷ θεῷ. *De rat. imp.,* 16.

4. Τῷ θείῳ νῦν παρεστήκασι θρόνῳ καὶ μακάριον αἰῶνα βιοῦσι. *De
rat. imp.,* 18.

5. Tacite, *Hist.,* V, 5.

tions non converties, mais tenues en respect autour
des saints. Il ne durera que mille ans [1]. Après ces
mille ans, il y aura un nouveau règne de Satan, où
les nations barbares, que l'Église n'aura pas converties, se feront des guerres horribles et seront sur le
point d'écraser l'Église elle-même. Dieu les extermi-
nera, et alors viendront « la seconde résurrection »,
celle-ci générale, et le jugement définitif, qui sera
suivi de la fin de l'univers. C'est la doctrine qu'on a
désignée du nom de « millénarisme », doctrine fort
répandue dans les trois premiers siècles [2], qui n'a
jamais pu devenir dominante dans l'Église, mais qui
a reparu sans cesse aux diverses époques de son
histoire, et s'appuie sur des textes bien plus anciens
et bien plus formels que tant d'autres dogmes universellement acceptés. Elle fut le résultat d'une exégèse matérialiste, dominée par le besoin de trouver
vraies à la fois les phrases où le royaume de Dieu
était présenté comme devant durer « dans les siècles

1. Cette manière de concevoir le règne messianique comme
distinct de l'état qui suivra le jugement dernier, et comme antérieur à cet état, se retrouve dans l'Apocalypse d'Esdras, écrite
vers l'an 97.

2. Cérinthe, dans Eusèbe, *H. E.*, III, 28; Papias, dans Eusèbe,
H. E., III, 39; Justin, *Dial. cum Tryphon.*, 80-81; Irénée (voir
Eusèbe, III, 39); Tertullien, *Contre Marcion*, III, 24; Lactance,
Instit., VII, 20.

des siècles », et celles où, pour exprimer la longueur indéfinie du règne messianique, il était dit qu'il durerait « mille ans ». Selon la règle des interprètes qu'on appelle *harmonistes,* on mit lourdement bout à bout les données qu'on ne pouvait faire bien coïncider. On fut guidé dans le choix du chiffre *mille* par une combinaison de passages de psaumes, d'où il semble résulter « qu'un jour de Dieu vaut mille ans [1] ». Chez les juifs se retrouve aussi la pensée que le règne du Messie sera non pas l'éternité bienheureuse, mais une ère de félicité durant les siècles qui précéderont la fin du monde. Plusieurs rabbins portent, comme l'auteur de l'Apocalypse, la durée de ce règne à mille ans [2]. L'auteur de l'épître attribuée à Barnabé [3] prétend que, de même que la création a eu lieu en six jours, de même l'accomplissement des destinées du monde se fera en six mille ans (un jour pour Dieu équivalant à mille ans), et qu'ensuite, de même que Dieu se reposa le septième jour, de même aussi, « quand viendra son fils et

1. Ps. xc, 4, rapproché de Ps. lxxxiv, 11. Comp. épître de Barnabé, c. 15; II Petri, iii, 8; Justin, *Dial. cum Tryph.,* 81 ; Irénée, *Adv. hær.,* V, xxiii, 2.

2. *Pesikta rabbathi,* sect. i; *Jalkut* sur les Psaumes, n° 806; Ammonius, dans Mai, *Script. vet. nova coll.,* I, 2e partie, p. 207. Selon l'Apocalypse d'Esdras, vii, 26 et suiv., le règne du Messie sera de quatre cents ans.

3. *Epist. Barnabœ,* 15.

qu'il abolira le temps de l'iniquité, et qu'il jugera les impies, et qu'il changera le soleil et la lune et tous les astres, il se reposera encore le septième jour ». Ce qui équivaut à dire : il régnera mille ans, le règne du Messie étant toujours comparé au sabbat qui termine par le repos les agitations successives d'un développement de l'univers [1]. L'idée de l'éternité de la vie individuelle est si peu familière aux Juifs, que l'ère des rémunérations futures est selon eux renfermée en un chiffre d'années considérable sans doute, mais toujours fini.

La physionomie persane de ces rêves se laisse apercevoir tout d'abord [2]. Le millénarisme et, si l'on peut s'exprimer ainsi, l'apocalyptisme ont fleuri dans l'Iran depuis une époque fort ancienne [3]. Au fond des idées zoroastriennes est une tendance à chiffrer les âges du monde, à compter les périodes de la vie universelle par *hazars*, c'est-à-dire par milliers

1. Commodien et saint Hippolyte fixent également la durée du monde à six mille ans.

2. Des idées très-analogues se retrouvent chez les Étrusques et faisaient sans doute le fond des anciens livres sibyllins, si bien qu'une union toute naturelle s'établit entre le sibyllinisme italiote et l'apocalyptisme juif (Virg., *Ecl.,* iv).

3. Voir l'*Ardaï Viraf-Nameh,* sorte d'apocalypse, qui n'est pas, comme on l'avait cru, une imitation de l'*Ascension d'Isaïe.* Cf. *Sitzungsberichte* de l'Acad. de Munich, 1870, I, 3.

d'années, à imaginer un règne sauveur, qui sera le couronnement final des épreuves de l'humanité [1]. Ces idées, se combinant avec les affirmations d'avenir qui remplissent les anciens prophètes hébreux, devinrent l'âme de la théologie juive dans les siècles qui précédèrent notre ère. Les apocalypses surtout en furent pénétrées; les révélations attribuées à Daniel, à Hénoch, à Moïse sont presque des livres persans par le tour, par la doctrine, par les images. Est-ce à dire que les auteurs de ces livres bizarres eussent lu les écritures zendes, telles qu'elles existaient de leur temps? En aucune façon. Ces emprunts étaient indirects; ils venaient de ce que l'imagination juive s'était teinte aux couleurs de l'Iran. Il en fut de même pour l'Apocalypse de Jean. L'auteur de cette apocalypse, pas plus qu'aucun autre chrétien, n'eut de rapports directs avec la Perse; les données exotiques qu'il transportait dans son livre étaient déjà incorporées avec les *midraschim* traditionnels [2]; notre Voyant les prenait de l'atmosphère où il vivait. Le fait est que, depuis Hoschédar et Hoschédar-mah, les deux prophètes qui précéderont Sosiosch, jusqu'aux plaies qui frapperont le monde à la veille des grands jours,

1. *Zeitschrift der d. m. G.*, 1867, p. 571 et suiv.; Théopompe, dans le traité *De Iside et Osir.*, 47.
2. *Zeitschrift*, endroit précité, p. 552 et suiv.

jusqu'aux guerres des rois entre eux, qui seront les
symptômes de la lutte suprême, tous les éléments de
la mise en scène apocalyptique se retrouvent dans
la théorie parsie des fins du monde [1]. Les sept cieux,
les sept anges, les sept esprits de Dieu, qui re-
viennent sans cesse dans la vision de Patmos, nous
transportent aussi en plein parsisme et même au delà.
Le sens hiératique et apotélesmatique du nombre
sept semble avoir, en effet, son origine dans la doctrine babylonienne des sept planètes réglant le destin
des hommes et des empires. Des rapprochements
plus frappants encore se remarquent dans le mystère
des sept sceaux [2]. De même que, selon la mythologie
assyrienne, chacune des sept tables du destin [3]
était dédiée à l'une des planètes; de même les
sept sceaux ont des relations singulières avec les
sept planètes, avec les jours de la semaine et avec
les couleurs que la science babylonienne rattachait
aux planètes. Le cheval blanc, en effet, semble répondre à la Lune, le cheval rouge à Mars, le che-

1. Traité *De Iside et Osir.*, endroit cité; Spiegel, *Parsigram-
matik,* p. 194; *Zeitschrift der d. m. G.,* vol. cité (1867), p. 573,
575-577.

2. Voir aussi Apoc., i, 16; xii, 1.

3. Nonnus, XLI, 340 et suiv.; cf. XII, 31 et suiv. Cf. J. Bran-
dis, *Die Bedeutung der sieben Thore Thebens* (Berlin, 1867),
p. 267-268.

val noir à Mercure[1], le cheval jaune[2] à Jupiter[3].

Les défauts d'un tel genre sont sensibles, et on essayerait vainement de se les dissimuler. Des couleurs dures et tranchées, une absence complète de tout sentiment plastique, l'harmonie sacrifiée au symbolisme, quelque chose de cru, de sec et d'inorganique, font de l'Apocalypse le parfait antipode du chef-d'œuvre grec, dont le type est la beauté vivante du corps de l'homme ou de la femme. Une sorte de matérialisme appesantit les conceptions les plus idéales de l'auteur. Il entasse l'or; il a comme les Orientaux un goût immodéré des pierres précieuses. Sa Jérusalem céleste est gauche, puérile, impossible, en contradiction avec toutes les bonnes règles de l'architecture, qui sont celles de la raison. Il la fait brillante aux yeux, et il ne songe pas à la faire sculpter par un Phidias. Dieu, de même, est pour lui une « vision smaragdine », une sorte de gros diamant, éclatant de mille feux, sur un trône[4]. Certes, le Jupiter Olympien était un symbole bien

1. La couleur de Mercure était le bleu foncé, facile à confondre avec le noir.

2. Χλωρός désigne à la fois le jaune et le vert.

3. Sur les diverses couleurs mises en rapport avec les planètes, voir Chwolsohn, *Die Ssabier*, III, p. 658, 671, 676, 677. Comp. le manuscrit supplément turc de la Biblioth. nat., n° 242.

4. Apoc., IV, 3.

supérieur à cela. L'erreur qui parfois a trop porté
l'art chrétien vers la décoration riche trouve sa racine
dans l'Apocalypse. Un sanctuaire des jésuites, en or
et en lapis-lazuli, est plus beau que le Parthénon,
dès qu'on admet cette idée, que l'emploi liturgique
d'une matière précieuse honore Dieu.

Un trait plus fâcheux fut cette haine sombre du
monde profane, qui est commune à notre auteur et à
tous les faiseurs d'apocalypses, en particulier à l'auteur
du livre d'Hénoch. Sa rudesse, ses jugements
passionnés et injustes sur la société romaine nous
choquent, et justifient jusqu'à un certain point ceux
qui résumaient la doctrine nouvelle en *odium humani
generis*[1]. Le pauvre vertueux est toujours un peu porté
à regarder le monde qu'il ne connaît pas comme plus
méchant que ce monde n'est en réalité. Les crimes
des riches et des gens de cour lui apparaissent singulièrement grossis. Cette espèce de fureur vertueuse,
que certains barbares, tels que les Vandales, devaient
ressentir quatre cents ans plus tard contre la civilisation, les juifs de l'école prophétique et apocalyptique
l'eurent au plus haut degré. On sent chez eux un reste
de l'ancien esprit des nomades, dont l'idéal est la vie
patriarcale, une aversion profonde pour les grandes

1. Tacite, *Ann.*, XV, 44.

villes envisagées comme des foyers de corruption, une jalousie ardente contre les puissants États, fondés sur un principe militaire dont ils n'étaient pas capables, ou qu'ils n'admettaient pas.

Voilà ce qui a fait de l'Apocalypse un livre à beaucoup d'égards dangereux. C'est le livre par excellence de l'orgueil juif. Selon l'auteur, la distinction des juifs et des païens durera jusque dans le royaume de Dieu. Pendant que les douze tribus mangent des fruits de l'arbre de vie, les gentils doivent se contenter d'une décoction médicinale de ses feuilles [1]. L'auteur regarde les gentils, même croyant à Jésus, même martyrs de Jésus, comme des enfants d'adoption, comme des étrangers introduits dans la famille d'Israël, comme des plébéiens admis par grâce à s'approcher d'une aristocratie [2]. Son Messie est essentiellement le messie juif; Jésus est pour lui avant tout le fils de David [3], un produit de l'Église d'Israël, un membre de la famille sainte que Dieu a choisie; c'est l'Église d'Israël qui opère l'œuvre salutaire par cet élu sorti de son sein [4]. Toute pratique susceptible d'établir un lien entre la race pure et les

---

1. Apoc., xxii, 2, εἰς θεραπείαν τῶν ἐθνῶν, trait ironique.
2. Apoc., vii, 9; xiv, 3.
3. Apoc., v, 5.
4. Apoc., ii, 9; iii, 9; xi, 19; xiv, 1-3. Cf. xii et suiv.; xxi, 12.

païens (manger les viandes ordinaires, pratiquer le
mariage dans les conditions ordinaires) lui paraît
une abomination. Les païens en bloc sont à ses yeux
des misérables, souillés de tous les crimes, et qui ne
peuvent être gouvernés que par la terreur. Le monde
réel est le royaume des démons. Les disciples de Paul
sont des disciples de Balaam et de Jézabel. Paul lui-
même n'a pas de place parmi « les douze apôtres de
l'Agneau », seule base de l'Église de Dieu ; et l'Église
d'Éphèse, création de Paul, est louée « d'avoir mis
à l'épreuve ceux qui se disent apôtres sans l'être, et
d'avoir trouvé qu'ils ne sont que des menteurs ».

Tout cela est bien loin de l'Évangile de Jésus.
L'auteur est trop passionné ; il voit tout comme à tra--
vers le voile d'une apoplexie sanguine, ou à la lueur
d'un incendie. Ce qu'il y avait de plus lugubre à Paris,
le 25 mai 1871, ce n'étaient pas les flammes ; c'était la
couleur générale de la ville, quand on la voyait d'un
point élevé : un ton jaune et faux, une sorte de
pâleur mate. Telle est la lumière dont notre auteur
colore sa vision. Rien ne ressemble moins au pur
soleil de Galilée. On sent dès à présent que le genre
apocalyptique, pas plus que le genre des épîtres, ne
sera la forme littéraire qui convertira le monde. Ce
sont ces petits recueils de sentences et de paraboles
que dédaignent les traditionistes exacts, ce sont ces

aide-mémoire où les moins instruits et les moins bien renseignés déposent pour leur usage personnel ce qu'ils savent des actes et des paroles de Jésus[1], qui sont destinés à être la lecture, le charme de l'avenir. Le simple cadre de la vie anecdotique de Jésus valait évidemment mieux pour enchanter le monde que le pénible entassement de symboles des apocalypses et les touchantes exhortations des lettres d'apôtres. Tant il est vrai que Jésus, Jésus seul, eut, dans l'œuvre mystérieuse de la croissance chrétienne, toujours la grande, la triomphante, la décisive part. Chaque livre, chaque institution chrétienne vaut en proportion de ce qu'elle contient de Jésus. Les Évangiles synoptiques, où Jésus est tout, et dont on peut dire en un sens qu'il est le véritable auteur, seront par excellence le livre chrétien, le livre éternel [2].

L'Apocalypse, cependant, occupe dans le canon sacré une place à beaucoup d'égards légitime. Livre de menaces et de terreur, l'Apocalypse donna un corps à la sombre antithèse que la conscience chrétienne, mue par une profonde esthétique, voulut opposer à Jésus. Si l'Évangile est le livre de Jésus, l'Apocalypse est le livre de Néron. Grâce à l'Apoca-

---

1. Papias, dans Eusèbe, *H. É.*, III, 39.

2. La rédaction des Évangiles sera l'objet principal de notre tome V.

lypse, Néron a pour le christianisme l'importance
d'un second fondateur. Sa face odieuse a été inséparable de celle de Jésus. Grandissant de siècle en
siècle, le monstre sorti du cauchemar de l'an 64 est
devenu l'épouvantail de la conscience chrétienne,
le géant sombre du soir du monde[4]. Un in-folio de
550 pages a été composé sur sa naissance et son
éducation, sur ses vices, ses richesses, ses écrins,
ses parfums, ses femmes, sa doctrine, ses miracles
et ses festins.

L'Antechrist a cessé de nous effrayer, et le livre
de Malvenda[1] n'a plus beaucoup de lecteurs. Nous
savons que la fin du monde n'est pas aussi proche
que le croyaient les illuminés du premier siècle,
et que cette fin ne sera pas une catastrophe subite.
Elle aura lieu par le froid, dans des milliers de
siècles, quand notre système ne réparera plus suffisamment ses pertes, et que la Terre aura usé le trésor
de vieux soleil emmagasiné comme une provision de
route dans ses profondeurs. Avant cet épuisement du
capital planétaire, l'humanité aura-t-elle atteint la
science parfaite, qui n'est pas autre chose que le pou-

---

4. Aujourd'hui encore, en arménien, le nom de l'Antechrist
est *Neren.* Voir le grand dictionnaire de l'Académie arménienne
de Saint-Lazare, au mot *Neren.*

2. Th. Malvenda, *De Antichristo libri XI* (Rome, 1604, in-fol.).

voir de maîtriser les forces du monde, ou bien la terre,
expérience manquée entre tant de millions d'autres,
se glacera-t-elle avant que le problème qui tuera la
mort ait été résolu? Nous l'ignorons. Mais, avec le
Voyant de Patmos, au delà des alternatives chan-
geantes, nous découvrons l'idéal, et nous affirmons
que l'idéal sera réalisé un jour. A travers les nuages
d'un univers à l'état d'embryon, nous apercevons les
lois du progrès de la vie, la conscience de l'être
s'agrandissant sans cesse, et la possibilité d'un état
où tous seront dans un être définitif (Dieu) ce que
les innombrables bourgeons de l'arbre sont dans
l'arbre, ce que les myriades de cellules de l'être
vivant sont dans l'être vivant, — d'un état, dis-je,
où la vie du tout sera complète, et où les individus
qui auront été revivront en la vie de Dieu, verront,
jouiront en lui, chanteront en lui un éternel *Alleluia*.
Quelle que soit la forme sous laquelle chacun de nous
conçoit cet avénement futur de l'absolu, l'Apocalypse
ne peut manquer de nous plaire. Elle exprime symboliquement cette pensée fondamentale que Dieu est,
mais surtout qu'il sera. Le trait y est lourd, le contour mesquin; c'est le crayon grossier d'un enfant
traçant avec un outil qu'il ne sait point manier le
dessin d'une ville qu'il n'a point vue. Sa naïve peinture de la cité de Dieu, grand joujou d'or et de perles,

n'en reste pas moins un élément de nos songes.
Paul a mieux dit sans doute, quand il résume le but
final de l'univers en ces mots : « Pour que Dieu soit
tout en tous [1]. » Mais longtemps encore l'humanité
aura besoin d'un Dieu qui demeure avec elle [2], com-
patisse à ses épreuves, lui tienne compte de ses luttes,
« essuie toute larme de ses yeux ».

1. Ἵνα ᾖ ὁ θεὸς πάντα ἐν πᾶσιν. I Cor., xv, 28.
2. Σκηνώσει μετ' αὐτῶν. Apoc., xxi, 3.

CHAPITRE XVIII.

AVÉNEMENT DES FLAVIUS.

Le spectacle du monde, nous l'avons déjà dit, ne répondait que trop aux rêves du Voyant de Patmos. Le régime des coups d'État militaires portait ses fruits. La politique était dans les camps, et l'empire était aux enchères. Il y eut des assemblées chez Néron où l'on put voir réunis sept futurs empereurs et le père d'un huitième[1]. Le vrai républicain Verginius, qui voulait l'empire pour le sénat et le peuple, n'était qu'un utopiste[2]. Galba, vieux général honnête, qui refuse de se prêter à cette orgie militaire, est vite perdu. Les soldats un moment eurent l'idée de tuer tous les sénateurs, pour faciliter le gouverne-

1. Galba, Othon, Vitellius, Vespasien, Titus, Domitien, Nerva, Trajan père.
2. Dion Cassius, LXIII, 25.

31

ment[1]. L'unité romaine semblait sur le point de se
briser. Ce n'était pas seulement chez les chrétiens
qu'une situation aussi tragique inspirait des prédictions sinistres. On parla d'un enfant à trois têtes, né
en 68 à Syracuse, et on y vit le symbole des trois
empereurs qui s'élevèrent en moins d'un an et qui
coexistèrent même tous les trois ensemble durant
plusieurs heures.

Quelques jours après que le prophète d'Asie achevait d'écrire son œuvre étrange, Galba était tué et
Othon proclamé (15 janvier 69). Ce fut comme une
résurrection de Néron. Sérieux, économe, désa-
gréable, Galba était en tout le contraire de celui
qu'il avait remplacé[2]. S'il avait réussi à faire préva-
loir son adoption de Pison, il eût été une sorte de
Nerva, et la série des empereurs philosophes eût
commencé trente ans plus tôt; mais la détestable
école de Néron l'emporta. Othon ressemblait à ce
monstre; les soldats et tous ceux qui avaient aimé
Néron retrouvaient en lui leur idole. On l'avait vu à
côté de l'empereur défunt, jouant le rôle du premier
de ses mignons, rivalisant avec lui par son affectation de fastueuses débauches, ses vices et ses folles

1. Tacite, *Hist.*, I, 80 et suiv.; Suétone, *Othon*, 8; Dion Cassius, LXIV, 9, et les *excerpta Vaticana*, p. 111 (Sturz).

2. Suétone, *Galba*, 12-15.

prodigalités. Le bas peuple lui donna dès le premier
jour le nom de Néron, et il paraît qu'il le prit lui-
même dans quelques lettres. Il souffrit en tout cas
qu'on dressât des statues à la Bête ; il rétablit la
coterie néronienne dans les grands emplois, et s'an-
nonça hautement comme devant continuer les principes inaugurés par le dernier règne. Le premier
acte qu'il signa fut pour procurer l'achèvement de la
Maison Dorée [1].

Ce qu'il y avait de plus triste, c'est que l'abaissement politique où l'on était arrivé ne donnait pas la
sécurité. L'ignoble Vitellius avait été proclamé quelques jours avant Othon (2 janvier 69) en Germanie.
Il ne se désista pas. Une horrible guerre civile, comme
il n'y en avait pas eu depuis celle d'Auguste et d'Antoine, parut inévitable ; l'imagination publique était
très-excitée ; on ne voyait qu'affreux pronostics [2] ; les
crimes de la soldatesque répandaient partout l'effroi.
Jamais on ne vit pareille année ; le monde suait le
sang. La première bataille de Bédriac, qui laissa
l'empire à Vitellius seul (vers le 15 avril), coûta la vie
à quatre-vingt mille hommes [3]. Les légionnaires dé-

1. Tacite, *Hist.*, I, 13, 78 ; Suétone, *Othon,* 7 ; Dion Cass.,
LXIV, 8 ; Plutarque, *Vie de Galba,* 19 ; *Vie d'Othon,* 3.

2. Tacite, *Hist.*, I, 86, 90 ; Suétone, *Othon,* 7, 8, 11 ; Dion
Cassius, LXIV, 7, 10 ; Plutarque, *Galba,* 23 ; *Othon,* 4.

3. Dion Cassius, LXIV, 10.

bandés pillaient le pays et se battaient entre eux[1]. Les peuples s'en mêlaient; on eût dit l'éboulement d'une société. En même temps, les astrologues, les charlatans de toute espèce pullulaient : la ville de Rome était à eux [2]; la raison semblait confondue devant un déluge de crimes et de folies qui défiait toute philosophie. Certains mots de Jésus, que les chrétiens se répétaient tout bas[3], les tenaient dans une espèce de fièvre continue; le sort de Jérusalem surtout était pour eux l'objet d'une ardente préoccupation.

L'Orient, en effet, n'était pas moins troublé que l'Occident. Nous avons vu qu'à partir du mois de juin de l'année 68, les opérations militaires des Romains contre Jérusalem furent suspendues. L'anarchie et le fanatisme ne diminuèrent pas pour cela parmi les Juifs. Les violences de Jean de Gischala et des zélateurs étaient au comble [4]. L'autorité de Jean reposait principalement sur un corps de Galiléens, qui commettait tous les excès imaginables. Les Hiérosolymites se soulevèrent enfin, et forcèrent Jean avec ses sicaires à se réfugier dans le temple; mais on le

1. Tacite, *Hist.*, II, 66-68. Cf. *Agricola*, 7.
2. Dion Cassius, LXV, 1; Tacite, *Hist.*, II, 62; Suét., *Vit.*, 14; Zonaras, VI, 5.
3. Matth., xxiv, 6-7.
4. Jos., *B. J.*, VII, viii, 1.

craignait tellement que, pour se préserver de lui, on
se crut obligé de lui opposer un rival. Simon fils de
Gioras, originaire de Gérasa, qui s'était distingué dès
le commencement de la guerre, remplissait l'Idumée
de ses brigandages. Déjà il avait eu à lutter contre
les zélateurs, et deux fois il s'était montré menaçant
aux portes de Jérusalem. Il y revenait pour la troisième fois, quand le peuple l'appela, croyant ainsi se
mettre à l'abri d'un retour offensif de Jean. Ce nouveau maître entra dans Jérusalem au mois de mars
de l'an 69. Jean de Gischala resta en possession du
temple. Les deux chefs cherchaient à se surpasser
l'un l'autre en férocité. Le Juif est cruel, quand il est
maître. Le frère des Carthaginois, à l'heure suprême,
se montrait dans son naturel. Ce peuple a toujours
renfermé une admirable minorité ; là est sa grandeur ;
mais jamais on ne vit dans un groupe d'hommes
tant de jalousie, tant d'ardeur à s'exterminer réciproquement. Arrivé à un certain degré d'exaspération, le Juif est capable de tout, même contre sa
religion. L'histoire d'Israël nous montre des gens
enragés les uns contre les autres [1]. On peut dire de
cette race le bien qu'on voudra et le mal qu'on
voudra, sans cesser d'être dans le vrai ; car, répé-

---

1. Voir, par exemple, Jos., *B. J.*, VII, xi ; *Vita*, 76.

tons-le, le bon juif est un être excellent, et le méchant juif est un être détestable[1]. C'est ce qui explique la possibilité de ce phénomène, en apparence inconcevable, que l'idylle évangélique et les horreurs racontées par Josèphe aient été des réalités sur la même terre, chez le même peuple, vers le même temps.

Vespasien, durant ce temps, restait inactif à Césarée. Son fils Titus avait réussi à l'engager dans un réseau d'intrigues, savamment combiné. Sous Galba, Titus avait espéré se voir adopter par le vieil empereur. Après la mort de Galba, il comprit qu'il ne pouvait arriver au pouvoir suprême que comme successeur de son père. Avec l'art du politique le plus consommé, il sut tourner les chances en faveur d'un général sérieux, honnête, sans éclat, sans ambition personnelle, qui ne fit presque rien pour aider à sa propre fortune. Tout l'Orient y contribua. Mucien et les légions de Syrie souffraient impatiemment de voir les légions de l'Occident disposer seules de l'empire; elles prétendirent faire l'empereur à leur tour; or Mucien, sorte de sceptique plus jaloux de disposer du pouvoir que de l'exercer, ne voulait pas de la pourpre pour lui-même. Malgré sa vieillesse, sa naissance bourgeoise, son

1. Ceci s'applique surtout aux juifs d'Orient.

intelligence secondaire, Vespasien se trouva ainsi désigné. Titus, âgé de vingt-huit ans, relevait d'ailleurs
par son mérite, son adresse, son activité, ce que le
talent de son père avait d'un peu obscur. Après la
mort d'Othon, les légions d'Orient ne prêtèrent qu'à
regret le serment à Vitellius. L'insolence des soldats
de Germanie les révoltait. On leur avait fait croire
que Vitellius voulait envoyer ses légions favorites en
Syrie et transporter sur les bords du Rhin les légions
de Syrie, aimées dans le pays, et que beaucoup
d'alliances y avaient attachées.

Néron, d'ailleurs, quoique mort, continuait de
tenir le dé des choses humaines, et la fable de sa
résurrection n'était pas sans avoir quelque vérité
comme métaphore. Son parti lui survivait. Vitellius,
après Othon, se posait, à la grande joie du petit
peuple, en admirateur déclaré, en imitateur, en ven-
geur de Néron. Il protestait que, à son avis, Néron
avait donné le modèle du bon gouvernement de la
république. Il lui fit faire des funérailles magnifiques,
ordonna de jouer ses morceaux de musique, et, à la
première note, se leva transporté, pour donner le
signal des applaudissements [1]. Les personnes sensées

1. Tacite, *Hist.*, II, 71, 95; Suétone, *Vit.*, 11; Dion Cassius,
LXV, 4, 7. S'il était permis d'admettre dans l'Apocalypse des
retouches *post eventum,* on pourrait supposer que les versets 12,

et honnêtes, fatiguées de ces misérables parodies d'un règne abhorré, voulaient une forte réaction contre Néron, contre ses hommes, contre ses bâtiments; elles réclamaient surtout la réhabilitation des nobles victimes de la tyrannie. On savait que les Flavius joueraient consciencieusement ce rôle. Enfin, les princes indigènes de Syrie se prononçaient fortement pour un chef dans lequel ils voyaient un protecteur contre le fanatisme des Juifs révoltés. Agrippa II et Bérénice, sa sœur, étaient corps et âme aux deux généraux romains. Bérénice, bien qu'âgée de quarante ans, gagnait Titus par des secrets contre lesquels un jeune homme ambitieux, travailleur, étranger au grand monde, uniquement préoccupé jusque-là de son avancement, ne sut pas se mettre en garde; elle s'empara même du vieux Vespasien par ses amabilités et ses cadeaux. Les deux chefs roturiers, jusque-là pauvres et simples, furent séduits par le charme aristocratique d'une femme admirablement belle [1], et par les dehors d'un monde

13 du chapitre XVII se rapportent à ces tentatives des généraux pour rétablir le régime néronien. J'ai fait beaucoup d'essais pour voir si Othon ne serait pas la seconde Bête ou le Faux Prophète. Les versets XIII, 12, 16-17, s'expliqueraient très-bien dans cette hypothèse; mais les versets 13-15 résistent à une telle interprétation.

1. Bustes, au musée de Naples, et aux *Uffizj* de Florence, n° 312 (conjecture).

brillant qu'ils ne connaissaient pas. La passion que
Titus conçut pour Bérénice ne nuisit en rien à ses
affaires; tout indique, au contraire, qu'il trouva
dans cette femme rompue aux intrigues de l'Orient
un agent des plus utiles. Grâce à elle, les petits rois
d'Émèse, de Sophène, de Comagène, tous parents
ou alliés des Hérodes, et plus ou moins convertis
au judaïsme [1], furent acquis au complot [2]. Le juif
renégat Tibère Alexandre, préfet de l'Égypte, y
entra pleinement [3]. Les Parthes mêmes se déclarèrent
prêts à le soutenir [4].

Ce qu'il y a de plus extraordinaire, c'est que les
Juifs modérés tels que Josèphe y adhérèrent aussi, et
voulurent à toute force appliquer au général romain
les idées qui les préoccupaient. Nous avons vu que
l'entourage juif de Néron avait réussi à lui persuader
que, détrôné à Rome, il trouverait à Jérusalem un
nouveau royaume, qui ferait de lui le plus grand
potentat de la terre [5]. Josèphe prétend que, dès
l'an 67, au moment où il fut fait prisonnier par les

1. Jos., *Ant.,* XIX, ix, 1.
2. Tacite, *Hist,* II, 2, 81. Cf. Suét., *Titus,* 7; Josèphe, *B. J.,*
XII, vii, 1-3.
3. Voir *Mém. de l'Acad. des inscr.,* t. XXVI, 1re part., p. 294
et suiv. Cf. *les Apôtres,* p. 252; *Saint Paul,* p. 106-107.
4. Tacite, *Hist.,* II, 82; IV, 51.
5. Suétone, *Néron,* 40.

Romains, il prédit à Vespasien l'avenir qui l'attendait [1], d'après certains textes contenus dans ses Écritures sacrées. A force de répéter leurs prophéties,
les Juifs avaient fait croire à un grand nombre de
personnes, même non affiliées à leur secte, que
l'Orient allait l'emporter, et que le maître du monde
sortirait bientôt de la Judée [2]. Déjà Virgile avait
endormi les vagues tristesses de son imagination
mélancolique en appliquant à son temps un *Cumœum
carmen* qui semble avoir eu quelque parenté avec
les oracles du second Isaïe [3]. Les mages, chaldéens, astrologues, exploitaient aussi la croyance en
une étoile d'Orient, messagère d'un roi des Juifs,
réservé à de hautes destinées; les chrétiens prenaient
fort au sérieux ces chimères [4]. La prophétie était à
double sens, comme tous les oracles [5]; elle parut

1. Jos., *B. J.,* III, viii, 3, 9 ; IV, x, 7. Cf. Suétone, *Vesp.,* 5;
Dion Cassius, LXVI, 1 ; Appien, cité par Zonaras, XI, 16. Noter
la réflexion de Zonaras. Cf. Tac., *Hist.,* I, 10 ; II, 1, 73, 74, 78 ;
Suét., *Vesp.,* 5; Jos., *B. J.,* III, viii, 3.

2. Jos., *B. J.,* VI, v, 4; Suétone, *Vesp.,* 4; Tacite, *Hist.,* V, 13.

3. Virg., Ecl. iv. Comp. Suétone, *Aug.,* 94, et le passage
cité par Servius, sur *Æn.,* VI, 799.

4. Matth., ii, 1-2. Comp. Nombres, xxiv, 17.

5. Χρησμὸς ἀμφίβολος : Jos., *l. c.* (cf. *B. J.,* III, viii, 3) : *ambages,*
Tacite, *l. c.* Josèphe paraît avoir surtout en vue le passage Dan.,
ix, 25-27. Ce qui prouve que la prédiction n'était pas, du reste,
très-sérieuse dans l'esprit de Josèphe, c'est qu'on ne la trouve

suffisamment justifiée, si le chef des légions de
Syrie, établi à quelques lieues de Jérusalem, arrivait
à l'empire en Syrie, par suite d'un mouvement
syrien [1]. Vespasien et Titus, entourés de Juifs, prêtaient l'oreille à ces discours, et y trouvaient plaisir.
Tout en déployant leur talent militaire contre les fanatiques de Jérusalem, les deux généraux avaient assez
de penchant pour le judaïsme, l'étudiaient, montraient
de la déférence pour les livres juifs [2]. Josèphe avait
pénétré fort avant dans leur familiarité, surtout dans
celle de Titus, par son caractère doux, facile, insi-
nuant [3]. Il leur vantait sa loi, leur racontait les
vieilles histoires bibliques, qu'il arrangeait souvent à
la grecque, parlait mystérieusement des prophéties.
D'autres Juifs entrèrent dans les mêmes sentiments [4],
et firent accepter à Vespasien une sorte de rôle
messianique. Des miracles s'y joignirent; on parla

que dans la *Guerre des Juifs,* écrite sous Vespasien. Il l'omet dans
son autobiographie, écrite en 94, époque où ses deux protecteurs
étaient morts, et où on pouvait prévoir la chute de Domitien.

1. Jos., *B. J.,* VI, v, 4.

2. Jos., *Vita,* 65, 75.

3. Jos., *B. J.,* III, viii, 8, 9; *Vita,* 75.

4. Talmud de Bab, *Gittin,* 56 *a* et *b; Aboth derabbi
Nathan,* ch. iv, fin (comp. Midrasch *Eka,* i, 5), récit sur Johanan
ben Zakaï, tout à fait parallèle à celui de Josèphe, et qui peut
être un écho de ce dernier.

de guérisons assez analogues à celles qui sont racontées dans les Évangiles, opérées par ce Christ d'un
genre nouveau [1].

Les prêtres païens de Phénicie ne voulurent pas
rester en arrière dans ce concours de flatterie.
L'oracle de Paphos [2] et l'oracle du Carmel [3] soutin-
rent avoir annoncé d'avance la fortune des Flavius.
Les conséquences de tout ceci se développèrent plus
tard. Arrivés avec l'appui de la Syrie, les empereurs
flaviens furent bien plus ouverts que les dédaigneux
Césars aux idées syriennes. Le christianisme péné-
trera au cœur même de cette famille, y comptera des
adeptes, et grâce à elle entrera dans une phase tout
à fait nouvelle de ses destinées.

Vers la fin du printemps de 69, Vespasien sembla
vouloir sortir de l'oisiveté militaire où le tenait la
politique. Le 29 avril, il se mit en campagne, et
parut avec sa cavalerie devant Jérusalem. Pendant
ce temps, Céréalis, un de ses lieutenants, brûlait
Hébron; toute la Judée était soumise aux Romains,
excepté Jérusalem et les trois châteaux de Masada,

1. Tacite, *Hist.*, IV, 81-82; Suétone, *Vesp.*, 7; Dion Cassius,
LXVI, 8.
2. Tacite, *Hist.*, II, 2-4; Suétone, *Titus,* 5.
3. Suétone, *Vesp.*, 5; Tacite, *Hist.*, II, 78. Cf. faux Scylax,
§ 104; Jamblique, *De pyth. vita,* 14, 15.

d'Hérodium et de Machéro, occupés par les sicaires. Ces quatre places exigeaient des siéges difficiles. Vespasien et Titus hésitèrent à s'y engager dans l'état précaire où l'on était, à la veille d'une nouvelle guerre civile, où ils pouvaient avoir besoin de toutes leurs forces. Ainsi fut encore prolongée d'une année la révolution qui, depuis trois ans, tenait Jérusalem dans l'état de crise le plus extraordinaire dont l'histoire ait gardé le souvenir[1].

Le 1ᵉʳ juillet, Tibère Alexandre proclama Vespasien à Alexandrie, et lui fit prêter serment; le 3, l'armée de Judée le salua Auguste à Césarée; Mucien, à Antioche, le fit reconnaître par les légions de Syrie, et, le 15, tout l'Orient lui obéissait. Un congrès eut lieu à Beyrouth, où il fut décidé que Mucien marcherait sur l'Italie, pendant que Titus continuerait la guerre contre les Juifs, et que Vespasien attendrait l'issue des événements à Alexandrie. Après une sanglante guerre civile (la troisième qu'on eût vue depuis dix-huit mois), le pouvoir resta définitivement aux Flavius. Une dynastie bourgeoise, appliquée aux affaires, modérée, n'ayant pas la force de race des Césars, mais exempte aussi de leurs égarements, se substitua ainsi aux héritiers du titre créé par

1. Tacite, *Hist.*, V, 10.

Auguste. Les prodigues et les fous avaient tellement
abusé de leur privilége d'enfants gâtés, que l'on
accueillit avec bonheur l'avénement d'un brave
homme, sans distinction, péniblement arrivé par
son mérite, malgré ses petits ridicules, son air vulgaire, son manque d'usage. Le fait est que la
dynastie nouvelle conduisit pendant dix ans les
affaires avec sens et jugement, sauva l'unité romaine
et donna un complet démenti aux prédictions des
juifs et des chrétiens, qui voyaient déjà dans leurs
rêves l'empire démantelé, Rome détruite. L'incendie du Capitole le 19 décembre, le terrible massacre qui eut lieu dans Rome le lendemain[1] purent
un moment leur faire croire que le grand jour était
arrivé. Mais l'établissement incontesté de Vespasien
(à partir du 20 décembre) leur apprit qu'il fallait se
résigner à vivre encore, et les força de trouver des
biais pour ajourner leurs espérances à un avenir
plus éloigné[2].

Le sage Vespasien, bien moins ému que ceux qui
se battaient pour lui conquérir l'empire, usait le

1. Tacite, *Hist.*, III, 83; Dion Cassius, LXV, 19; Josèphe,
B. J., IV, xi, 4.

2. Josèphe lui-même avoue que le sort de l'empire avait paru
désespéré, et que l'affermissement de Vespasien sauva la chose
romaine contre toute espérance (*B. J.*, IV, xi, 5).

temps à Alexandrie, auprès de Tibère Alexandre. Il
ne revint à Rome que vers le mois de juillet[1] de
l'année 70, peu avant la ruine totale de Jérusalem.
Titus, au lieu de pousser la guerre de Judée, avait
suivi son père en Égypte ; il resta auprès de lui jusque
vers les premiers jours de mars.

Les luttes dans Jérusalem ne faisaient que s'aggraver.. Les mouvements fanatiques sont loin d'exclure chez ceux qui s'en font les acteurs la haine, la
jalousie, la défiance ; associés ensemble, des hommes
très-convaincus et très-passionnés se suspectent
d'ordinaire, et c'est là une force ; car la suspicion
réciproque crée entre eux la terreur, les lie comme
par une chaîne de fer, empêche les défections, les
moments de faiblesse. C'est la politique artificielle et
sans conviction qui procède avec les apparences de
la concorde et de la civilité. L'intérêt crée la coterie ;
les principes créent la division, inspirent la tentation de décimer, d'expulser, de tuer ses ennemis.
Ceux qui jugent les choses humaines avec des idées
bourgeoises croient que la révolution est perdue
quand les révolutionnaires « se mangent les uns les
autres ». C'est là, au contraire, une preuve que la
révolution a toute son énergie, qu'une ardeur imper-
sonnelle y préside. — On ne vit jamais cela plus clai-

1. Voir Tillemont, note 7 sur *Vesp.*

rement que dans ce terrible drame de Jérusalem. Les
acteurs semblent avoir entre eux un pacte de mort.
Comme ces rondes infernales où, selon la croyance
du moyen âge, on voyait Satan formant la chaîne
entraîner à un gouffre fantastique des files d'hommes
dansant et se tenant par la main ; de même la révolution ne permet à personne de sortir du branle
qu'elle mène. La terreur est derrière les com-
parses ; tour à tour exaltant les uns et exaltés par
les autres, ils vont jusqu'à l'abîme ; nul ne peut
reculer ; car derrière chacun est une épée cachée, qui,
au moment où il voudrait s'arrêter, le force à marcher en avant.

Simon, fils de Gioras, commandait dans la ville[1] ;
Jean de Gischala avec ses assassins était maître du
temple. Un troisième parti se forma, sous la conduite d'Éléazar, fils de Simon, de race sacerdotale,
qui détacha une partie des zélotes de Jean de Gischala, et s'établit dans l'enceinte intérieure du temple,
vivant des provisions consacrées qui s'y trouvaient,
et de celles que l'on ne cessait d'apporter aux prêtres

---

1. Le pouvoir de Bar-Gioras fut plus régulier que celui de Jean
de Gischala. On a des monnaies de lui, et non, à ce qu'il semble, de
Jean (voir ci-dessus, p. 274, note 2, et Madden, p. 166 et suiv.). Bar-
Gioras seul fut reconnu pour vrai chef (ὁ ἄρχων αὐτῶν) par les Romains, et seul exécuté (Dion Cassius, LXVI, 7). Tacite met Jean
et Simon sur le même pied (Hist., V, 12, notez la transposition).

comme prémices. Ces trois partis[1] se faisaient
une guerre continuelle ; on marchait sur des tas
de cadavres ; on n'enterrait plus les morts. D'immenses provisions de blé avaient été faites, qui
eussent permis de résister des années. Jean et Simon
les brûlèrent pour se les arracher réciproquement[2].
La situation des habitants était horrible ; les gens
paisibles faisaient des vœux pour que l'ordre fût rétabli par les Romains ; mais tous les passages étaient
gardés par les terroristes ; on ne pouvait s'enfuir.
Cependant, chose étrange ! du bout du monde on
venait encore au temple. Jean et Éléazar recevaient
les prosélytes, et profitaient de leurs offrandes. Souvent les pieux pèlerins étaient tués au milieu de leurs
sacrifices, avec les prêtres qui faisaient la liturgie pour
eux, par les traits et les pierres des machines de Jean.
Les révoltés agissaient avec activité au delà de l'Euphrate, pour avoir du secours soit des juifs de ces
contrées, soit du roi des Parthes. Ils s'étaient imaginé
que tous les juifs d'Orient prendraient les armes. Les
guerres civiles des Romains leur inspiraient de folles
espérances ; comme les chrétiens, ils croyaient que

---

1. Tacite, *Hist.,* V, 12.
2. Jos, *B. J.,* V, I, 4; Tacite, *Hist.,* V, 12, Midrasch rabba, sur
Koheleth, VII, 11; Talm. de Bab., *Gittin,* 56 *a;* Midrasch rabba,
sur *Eka,* I, 5.

l'empire allait se démembrer. Jésus, fils de Hanan, avait beau parcourir la ville en appelant pour la détruire les quatre vents du ciel; à la veille de leur extermination, les fanatiques proclamaient Jérusalem capitale du monde, de la même manière que nous avons vu Paris investi, affamé, soutenir encore que le monde était en lui, travaillait par lui, souffrait avec lui.

Ce qu'il y a de plus bizarre, c'est qu'ils n'avaient pas tout à fait tort. Les exaltés de Jérusalem qui affirmaient que Jérusalem était éternelle, pendant qu'elle brûlait, étaient bien plus près de la vérité que les gens qui ne voyaient en eux que des assassins. Ils se trompaient sur la question militaire, mais non sur le résultat religieux éloigné. Ces jours troubles marquaient bien, en effet, le moment où Jérusalem devenait la capitale spirituelle du monde. L'Apocalypse, expression brûlante de l'amour qu'elle inspirait, a pris place parmi les écritures religieuses de l'humanité, et y a sacré l'image de « la ville aimée ». Ah! qu'il ne faut jamais dire d'avance qui sera dans l'avenir saint ou scélérat, fou ou sage! Un brusque changement dans l'itinéraire d'un navire fait d'un progrès un recul, d'un vent contraire un vent favorable. A la vue de ces révolutions, accompagnées de tonnerres et de tremblements, mettons-

nous avec les bienheureux qui chantent : « Louez
Dieu ! » ou avec les quatre animaux, esprits de l'univers, qui, après chaque acte de la tragédie céleste,
disent : AMEN.

CHAPITRE XIX.

Enfin le cercle de fer se resserra autour de la cité maudite pour ne plus se relâcher. Dès que la saison le permit, Titus partit d'Alexandrie, gagna Césarée, et, de cette ville, à la tête d'une armée formidable, s'avança vers Jérusalem. Il avait avec lui quatre légions, la 5ᵉ *Macédonique*, la 10ᵉ *Fretensis*, la 12ᵉ *Fulminata*, la 15ᵉ *Apollinaris*, sans parler de nombreuses troupes auxiliaires fournies par ses alliés de Syrie, et de beaucoup d'Arabes venus pour piller[1]. Tous les Juifs ralliés, Agrippa[2], Tibère

---

1. Tacite, *Hist.*, V, 1 ; comp. le singulier midrasch sur *Eka*, ɪ, 5 (Derenbourg, p. 291).

2. Tacite (*l. c.*) fait assister Agrippa au siége. Il est remarquable que Josèphe ne lui donne de rôle dans aucun épisode. La lettre d'Agrippa (Jos., *Vita*, 65) semble supposer qu'il fut présent aux opérations. Peut-être demanda-t-il à Josèphe d'effacer des circonstances qui ne pouvaient que le rendre odieux à ses coreligionnaires.

Alexandre, devenu préfet du prétoire[1], Josèphe, le futur historien, l'accompagnaient; Bérénice attendit sans doute à Césarée. La valeur militaire du capitaine répondait à la force de l'armée. Titus était un remarquable militaire, et surtout un excellent officier du génie, avec cela homme de grand sens, profond politique et, vu la cruauté des mœurs du temps, assez humain. Vespasien, irrité de la satisfaction que les Juifs témoignèrent en voyant éclater les guerres civiles et des efforts qu'ils faisaient pour amener une invasion des Parthes[2], avait recommandé une grande rigueur. La douceur, selon lui, était toujours interprétée comme une marque de faiblesse par ces races orgueilleuses, persuadées qu'elles combattent pour Dieu et avec Dieu.

L'armée romaine arriva à Gabaath-Saül[3], à une lieue et demie de Jérusalem, dans les premiers jours d'avril. On était presque à la veille des fêtes de pâque; un nombre énorme de juifs de tous les pays étaient réunis dans la ville[4]; Josèphe porte le

1. Voir *Mémoires de l'Académie des inscriptions*, XXVI, 1ʳᵉ partie, p. 299 et suiv.

2. Jos., *B. J.*, VI, vi, 2.

3. Très-probablement *Tuleil el-Foul*. Robinson, *Bibl. Res.*, I, p. 577 et suiv.

4. Une circonstance comme celle de Lydda (Jos., *B. J.*, III,

nombre de ceux qui périrent durant le siége à onze
cent mille[1]; il semblait que toute la nation se fût
donné rendez-vous pour l'extermination. Vers le
10 avril, Titus établit son camp à l'angle de la tour
Pséphina (*Kasr-Djaloud* d'aujourd'hui). Quelques
avantages partiels remportés par surprise et une
blessure grave que reçut Titus donnèrent d'abord
aux Juifs une confiance exagérée en leur force et
apprirent aux Romains avec quel soin ils devaient se
garder, dans cette guerre de furieux.

La ville pouvait compter entre les plus fortes du·
monde[2]. Les murailles étaient un type parfait de ces
constructions en blocs énormes qu'affectionna toujours
la Syrie[3]; à l'intérieur, l'enceinte du temple, celle de

XIX, 4) prouve combien le concours pour les fêtes était extraordinaire. Cf. Jos., *B. J.,* II, xiv, 3.

1. Jos., VI, ix, 3 (cf. V, xiii, 7). Il y a là beaucoup d'exagération. Tacite parle de six cent mille assiégés (*Hist.,* V, 13;
cf. Orose, VII, 9; Malala, p. 260). L'enceinte, réduite encore
au bout d'un mois par la prise du quartier nord de la ville,
n'eût pas contenu tant de monde, et l'eau, dont Jérusalem est
si mal fournie, n'eût pas suffi. Voir *Vie de Jésus,* p. 388,
13ᵉ édit.

2. Tacite, *Hist.,* V, 11. L'enceinte répondait à celle d'aujour-
d'hui, excepté du côté du sud. Cf. Saulcy, *Dern. jours de
Jérus.,* plans, p. 218 et suiv.

3. Jos., *B. J,* V, iv, 2, 4; VI, ix, 4; VII, i, 4; Tacite, *Hist.,*
V, 11.

la ville haute, celle d'Acra formaient comme des murs de refend et semblaient autant de remparts[1]. Le nombre des défenseurs était très-grand ; les provisions, quoique diminuées par les incendies, abondaient encore. Les partis à l'intérieur de la ville continuaient de se battre ; mais ils se réunissaient pour la défense. A partir des fêtes de pâque, la faction d'Éléazar disparut à peu près, et se fondit dans celle de Jean[2]. Titus conduisit l'opération avec un savoir consommé ; jamais les Romains n'avaient montré une poliorcétique aussi savante[3]. Dans les derniers jours d'avril, les légions avaient franchi la première enceinte du côté du nord, et étaient maîtresses de la partie septentrionale de la ville[4]. Cinq jours après, le second mur, le mur d'Acra, était forcé. La moitié de la ville fut ainsi au pouvoir des Romains. Le 12 mai, ils attaquèrent la forteresse Antonia. Entouré de Juifs qui tous, excepté peut-être Tibère Alexandre, souhaitaient la conservation de la ville et du temple, dominé plus qu'il ne l'avouait par son amour pour Bérénice, qui paraît avoir été une juive

1. Tacite, *Hist.*, V, 8, 11 ; Dion Cassius, LXVI, 4 ; *Jos., B. J.*, V, iv et v.

2. Jos., *B. J.*, V, iii, 1 ; Tacite, V, 12.

3. Tac., *Hist.*, V, 13.

4. Pour toute cette topographie, voir Saulcy, *Les dern. jours de Jér.*, 218 et suiv., et les plans cités ci-dessus, p. 245, note.

pieuse et fort dévouée à sa nation[1], Titus chercha, dit-on, les moyens de conciliation, fit des offres acceptables[2]; tout fut inutile. Les assiégés ne répon-

1. Jos., *B. J.*, II, xv, 1; xvi, 1, 3. Ces princesses hérodiennes se montrent à nous dans le Talmud et dans Josèphe comme dévotes, portées à faire des vœux et très-attachées au temple (Derenbourg, p. 253, 290, notes). Agrippa aussi paraît avoir été un juif très-exact. Talm. de Bab , *Succa,* 27 *a*; *Pesachim,* 107 *b*.

2. Un doute peut être élevé sur ce point; car nous verrons Josèphe exalter systématiquement la douceur des Flavius et soutenir que les rigueurs qu'ils ont commises, les malheurs qui ont eu lieu sont venus uniquement de l'opiniâtreté des Juifs (*B. J.,* V, ix; VI, ii, vi; cf. VI, iii, 5). Sulpice-Sévère (II, 30), qui paraît ici, comme dans beaucoup d'autres endroits (voir ci-après, p. 511, note), copier des parties aujourd'hui perdues de Tacite, dit tout le contraire : *quia nulla neque pacis neque deditionis copia dabatur.* Certainement, un parti pris de détruire Jérusalem est plus conforme, chez Titus, et aux règles générales de la politique romaine et à l'intérêt de sa famille, l'intention d'asseoir la dynastie nouvelle sur un exploit éclatant et sur une entrée triomphale dans Rome se montrant chez lui avec évidence. Jérusalem aurait ainsi payé en quelque sorte les frais d'établissement de la dynastie nouvelle. D'un autre côté, il ne faut pas oublier l'influence qu'avaient prise sur son esprit Agrippa, Bérénice et même des personnages de second ordre tels que Josèphe, lesquels pouvaient très-bien faire valoir à ses yeux la reconnaissance qu'auraient les juifs modérés de Rome, d'Alexandrie et de Syrie envers le sauveur du temple. Tacite, ici comme dans l'affaire du conseil de guerre, prête peut-être *a priori* à Titus un idéal de dureté romaine, conforme aux idées qui avaient prévalu depuis Trajan. Dion Cassius (LXVI, 4 et 5) est tout à fait d'accord avec Josèphe; mais son témoignage, outre qu'il n'est peut-être

dirent aux propositions du vainqueur que par des sarcasmes.

Le siége alors prit un caractère d'horrible cruauté. Les Romains déployèrent l'appareil des plus hideux supplices; l'audace des Juifs ne fit que s'accroître. Le 27 et le 29 mai, ils brûlèrent les machines des Romains et les attaquèrent jusque dans leur camp. Le découragement se mit parmi les assiégeants; plusieurs se persuadèrent que les Juifs disaient vrai, que Jérusalem était en effet imprenable; la désertion commença. Titus, renonçant à l'espérance d'emporter la place de vive force, la bloqua étroitement. Un mur de contrevallation, rapidement élevé[1] (commen-

qu'une reproduction des assertions de l'historien juif, prouve simplement qu'à côté de la version de Tacite, il y avait une autre version destinée à montrer l'humanité de Titus. La tradition talmudique semble savoir quelque chose des négociations en vue d'empêcher la ruine complète de la ville (*Aboth derabbi Nathan,* c. IV et VI). Il est remarquable que Josèphe fut largement récompensé, dès l'an 70 (*Vita,* 76), d'avoir servi d'instrument à des essais de conciliation. Peut-être Titus laissait-il poursuivre ces tentatives, tout en sachant bien qu'elles ne réussiraient pas, et en réservant sa liberté d'action. Une très-grande part, en tout cas, doit être faite dans les récits de Josèphe à l'exagération, au désir de se donner de l'importance et à la prétention d'avoir rendu des services considérables à sa nation. Certains de ses coreligionnaires lui reprochaient sa trahison. N'était-cc pas une excellente réponse que de se montrer usant de la faveur de Titus pour détourner de son pays le plus de mal possible (*Vita,* 75)?

cemcnt de juin), et doublé du côté de la Pérée d'une
ligne de *cástella,* couronnant les sommets du mont
des Oliviers, sépara totalement la ville du dehors[2].
Jusque-là on s'était procuré des légumes des environs; la famine maintenant devint terrible[3]. Les
fanatiques, pourvus du nécessaire, s'en souciaient
peu[4]; des perquisitions rigoureuses, accompagnées
de tortures, étaient faites pour découvrir le blé
caché. Quiconque avait sur le visage un certain air
de force passait pour coupable de recéler des vivres.
On s'arrachait de la bouche les morceaux de pain.
Les plus terribles maladies se développèrent au
sein de cette masse entassée, affaiblie, enfiévrée.
D'affreux récits circulaient et redoublaient la terreur.

A partir de ce moment, la faim, la rage, le
désespoir, la folie habitèrent Jérusalem. Ce fut une
cage de fous furieux, une ville de hurlements et de

1. Voir Saulcy, *Les dern. jours de Jér.,* p. 309 et suiv., et le
plan p. 222.

2. C'est à quoi Luc (xix, 43) fait allusion.

3. Le souvenir de cette famine est très-vif dans les traditions
talmudiques. Talm. de Bab., *Gittin,* 56 *a* et *b; Aboth deratbi
Nathan,* c. vi; Midrasch sur *Koh.,* vii, 11; sur *Eka,* i, 5. Comp.
Jos., *B. J.,* VI, iii, 3; Sulp. Sév., II, 30 (probablement d'après
Tacite).

4. Les raffinements de férocité gratuite que leur prête Josèphe
(l. V et VI) sont peu vraisemblables.

cannibales, un enfer. Titus, de son côté, était atroce;
cinq cents malheureux par jour étaient crucifiés à la
vue de la ville avec des raffinements odieux; le bois
ne suffisait plus pour faire les croix, et la place manquait pour les dresser.

Dans cet excès de maux, la foi et le fanatisme
des Juifs se montraient plus ardents que jamais.
On croyait le temple indestructible[1]. La plupart
étaient persuadés que, la ville étant sous la protection spéciale de l'Éternel, il était impossible qu'elle
fût prise[2]. Des prophètes se répandaient parmi le
peuple, annonçant un prochain secours. La confiance
à cet égard était telle, que plusieurs qui eussent pu se
sauver restaient pour voir le miracle de Jéhovah. Les
frénétiques, cependant, régnaient en maîtres. On tuait
tous ceux qui étaient soupçonnés de conseiller la
capitulation. Ainsi périt, par ordre de Simon, fils de
Gioras, le pontife Matthias, qui avait fait recevoir ce
brigand dans la ville. Ses trois fils furent exécutés
sous ses yeux. Plusieurs personnes de marque furent
également mises à mort. Il était défendu de former
le moindre rassemblement; le seul fait de pleurer
ensemble, de tenir une réunion était un crime.
Josèphe, du camp des Romains, essayait vainement

1. *Hénoch*, CXIII, 7.
2. Josèphe, *B. J.*, VI, II, 1; v, 2.

de nouer des intelligences dans la place; il était sus-
pect des deux côtés [1]. La situation en était venue
au point où la raison et la modération n'ont plus
aucune chance de se faire écouter.

Titus cependant s'ennuyait de ces longueurs; il ne
respirait que Rome, ses splendeurs et ses plaisirs[2];
une ville prise par la famine lui paraissait un exploit
insuffisant pour inaugurer brillamment une dynastie.
Il fit donc construire quatre nouveaux *aggeres* pour
une attaque de vive force. Les arbres des jardins de
la banlieue de Jérusalem furent coupés jusqu'à une
distance de quatre lieues. En vingt et un jours, tout
fut prêt. Le 1er juillet, les Juifs essayèrent l'opération
qui leur avait réussi une première fois : ils sortirent
pour brûler les tours de bois; mais leur manœuvre
échoua complétement. Dès ce jour, le sort de la ville
fut irrévocablement écrit. Le 2 juillet, les Romains
commencèrent à battre et à saper la tour Antonia.
Le 5 juillet, Titus en fut maître et la fit presque
entièrement démolir, pour ouvrir un large passage à
sa cavalerie et à ses machines vers le point où con-
vergeaient tous ses efforts et où devait se livrer la
lutte suprême.

Le temple, ainsi que nous l'avons dit, était, par

1. Comparez *Aboth derabbi Nathan,* iv.
2. Tacite, *Hist.,* V, 11.

son mode particulier de construction, la plus redoutable des forteresses[1]. Les Juifs qui s'y étaient retranchés avec Jean de Gischala se préparèrent à la bataille. Les prêtres eux-mêmes étaient sous les armes. Le 17, le sacrifice perpétuel cessa, faute de ministres pour l'offrir. Cela fit une grande impression sur le peuple[2]. On le sut hors de la ville. L'interruption du sacrifice était pour les Juifs un phénomène aussi grave que l'eût été un arrêt dans la marche de l'univers. Josèphe saisit cette occasion pour essayer de nouveau de combattre l'obstination de Jean. La forteresse Antonia n'était qu'à soixante mètres du temple. Des parapets de la tour, Josèphe cria en hébreu, par ordre de Titus (si du moins le récit de la *Guerre des Juifs* n'est pas mensonger), que Jean pourrait se retirer avec tel nombre de ses hommes qu'il voudrait, que Titus se chargeait de faire continuer par des Juifs les sacrifices légaux, qu'il laissait même à Jean le choix de ceux qui les offriraient. Jean refusa d'entendre. Ceux que n'aveuglait pas le fanatisme se sauvèrent à ce moment auprès des Romains. Tout ce qui resta choisit la mort.

Le 12 juillet, Titus commença les approches

1. Tacite, *Hist.*, V, 12.
2. C'est l'objet d'un jeûne le 17 du dixième mois (tammuz). Voir Mischna, *Taanith*, iv, 6.

contre le temple[1]. La lutte fut des plus acharnées.
Le 28, les Romains étaient maîtres de toute la galerie du nord, depuis la forteresse Antonia jusqu'au
val de Cédron. L'attaque commença alors contre le
temple lui-même. Le 2 août, les plus puissantes
machines se mirent à battre les murs, admirablement
construits, des exèdres qui entouraient les cours intérieures; l'effet en fut à peine sensible; mais, le 8 août,
les Romains réussirent à mettre le feu aux portes. La
stupeur des Juifs fut alors inexprimable; ils n'avaient
jamais cru que cela fût possible; à la vue des
flammes qui petillaient, ils versèrent sur les Romains
un flot de malédictions.

Le 9 août, Titus donna ordre qu'on éteignît le
feu et tint un conseil de guerre où assistaient Tibère
Alexandre, Céréalis et ses principaux officiers[2]. Il
s'agissait de savoir si l'on brûlerait le·temple. Plusieurs étaient d'avis que, tant que l'édifice subsiste-
rait, les Juifs ne demeureraient point en repos. Quant
à Titus, il est difficile de savoir comment il opina;
car nous avons sur ce point deux récits opposés.
Selon Josèphe, Titus fut d'avis de sauver un ouvrage

1. Pour la topographie, voir Vogüé, *Le temple de Jér.*, p. 60–
61; pl. xv, xvi.

2. Voir Léon Renier, dans les *Mém. de l'Acad. des inscr.*,
t. XXVI, 1re partie, p. 269 et suiv.

si admirable, dont la conservation ferait honneur à
son règne et prouverait la modération des Romains.
Selon Tacite[1], Titus aurait insisté sur la nécessité de
détruire un édifice auquel se rattachaient deux
superstitions également funestes, celle des juifs et
celle des chrétiens. « Ces deux superstitions, aurait-
il ajouté, bien que contraires l'une à l'autre, ont la
même source; les chrétiens viennent des juifs; la
racine arrachée, le rejeton périra vite. »

Il est difficile de se décider entre deux versions
aussi absolument inconciliables; car, si l'opinion
prêtée à Titus par Josèphe peut très-bien être regardée comme une invention de cet historien, jaloux de
montrer la sympathie de son patron pour le judaïsme,
de le laver aux yeux des juifs du méfait d'avoir
détruit le temple, et de satisfaire l'ardent désir
qu'avait Titus de passer pour un homme très-mo-

1. M. Bernays (*Ueber die Chronik des Sulpicius Severus,*
Berlin, 1861, p. 48 et suiv.) a démontré que le passage de Sulpice-Sévère, II, xxx, 6-7, est tiré presque mot à mot de la partie
perdue des *Histoires* de Tacite. Tacite aurait lui-même puisé ses
renseignements dans le livre qu'Antonius Julianus, l'un des officiers du conseil de guerre, composa sous le titre *De Judæis*
(Minucius Felix, *Octav.*, 33; Tillemont, *Hist. des emp.*, I, p. 588).
Orose, comme Sulpice-Sévère, eut entre les mains le texte complet
des *Histoires;* mais il reste dans le vague : *diu deliberavit...* Il
finit cependant par attribuer l'incendie à Titus : *incendit ac
diruit* (VII, 9).

déré[1], on ne saurait nier que le bref discours mis par Tacite dans la bouche du capitaine victorieux ne soit, non-seulement pour le style, mais pour l'ordre des idées, un reflet exact des sentiments de Tacite lui-même. On a le droit de supposer que l'historien latin, plein contre les juifs et les chrétiens de ce mépris, de cette mauvaise humeur qui caractérise l'époque de Trajan et des Antonins, a fait parler Titus comme un aristocrate romain de son temps, tandis qu'en réalité le bourgeois Titus eut pour les superstitions orientales plus de complaisance que n'en avait la haute noblesse qui succéda aux Flavius[2]. Vivant depuis trois ans avec des Juifs, qui lui avaient vanté leur temple comme la merveille du monde, gagné par les caresses de Josèphe[3], d'Agrippa, et plus encore de Bérénice, il put très-bien désirer la conservation d'un sanctuaire dont plusieurs de ses familiers lui présentaient le culte comme tout pacifique. Il est

1. Se rappeler que l'*Histoire de la guerre des Juifs* fut (Josèphe du moins nous l'assure) soumise à la censure de Titus, à l'approbation d'Agrippa, qu'elle fut en un mot rédigée dans le sens qui pouvait le plus flatter l'amour-propre de Titus et servir la politique des Flavius. Jos., *Vita,* 63; *Contre Apion,* I, 9.

2. Suétone, *Titus,* 5; Philostrate, *Apoll.,* VI, 29. Voir ci-après, p. 531-532.

3. La fortune de Josèphe vint de la sympathie particulière que Titus avait pour lui. *B. J.,* III, VIII, 8 et 9.

donc possible que, comme le veut Josèphe, des ordres aient été donnés pour que le feu allumé la veille fût éteint, et pour que, dans l'effroyable tumulte que l'on prévoyait, des mesures fussent prises contre l'incendie. Il entrait dans le caractère de Titus, à côté d'une réelle bonté, beaucoup de pose et un peu d'hypocrisie. La vérité est sans doute qu'il n'ordonna pas l'incendie, comme le dit Tacite, qu'il ne l'interdit pas, comme le veut Josèphe, mais qu'il laissa faire, en réservant des apparences pour toutes les thèses qu'il lui conviendrait de laisser soutenir dans les régions diverses de la publicité. Quoi qu'il en soit de ce point, difficile à trancher, un assaut général fut décidé contre l'édifice, déjà privé de ses portes. Pour des militaires exercés, ce qui restait à faire n'était plus qu'un effort sanglant peut-être, mais dont l'issue n'offrait rien de douteux.

Les Juifs prévinrent l'attaque. Le 10 août[1], au matin, ils engagèrent un combat furieux, sans succès. Titus se retira dans l'Antonia pour se reposer et se préparer à l'assaut du lendemain. Un détachement fut laissé pour empêcher que l'incendie ne se rallu-

---

1. Le grand jeûne des juifs pour la destruction du temple se célèbre le 9 du mois de ab, qui répond à peu près au mois d'août. Jos., *B. J.*, VI, iv, 5 ; Mischna, *Taanith*, iv, 6 (cf. Dion Cassius, LXVI, 7).

mât. Alors eut lieu, selon Josèphe, l'incident qui
amena la ruine du bâtiment sacré. Les Juifs se jetèrent avec rage sur le détachement qui veillait près
du feu; les Romains les repoussent, entrent pêle-mêle
dans le temple avec les fuyards. L'irritation des
Romains était au comble. Un soldat, « sans que personne le lui commandât, et comme poussé par un
mouvement surnaturel, » prit une solive tout en feu,
et, s'étant fait soulever par un de ses compagnons,
jeta le tison par une fenêtre qui donnait sur les exèdres
du côté septentrional[1]. La flamme et la fumée s'élevèrent rapidement. Titus reposait à ce moment sous
sa tente. On courut le prévenir. Alors, s'il en faut
croire Josèphe, une sorte de lutte se serait établie
entre lui et ses soldats. Titus, de la voix et du geste,
ordonnait d'éteindre le feu; mais le désordre était
tel, qu'on ne le comprenait pas; ceux qui ne pouvaient douter de ses intentions affectaient de ne
pas l'entendre. Au lieu d'arrêter l'incendie, les
légionnaires l'attisaient. Entraîné par le flot des
envahisseurs, Titus fut porté dans le temple même.
Les flammes n'avaient pas atteint l'édifice central. Il
vit intact ce sanctuaire dont Agrippa, Josèphe, Bérénice lui avaient parlé tant de fois avec admiration,

---

1. Voir le plan et la restauration du temple, par M. de Vogüé.
Le temple de Jérus., pl. xv et xvi.

et le trouva supérieur encore à ce qu'on lui en avait dit. Titus redoubla d'efforts, fit évacuer l'intérieur, et donna même ordre à Liberalis, centurion de ses gardes, de frapper ceux qui refuseraient d'obéir. Tout à coup un jet de flammes et de fumée s'élève de la porte du temple. Au moment de l'évacuation tumultuaire, un soldat avait mis le feu à l'intérieur. Les flammes gagnaient de tous les côtés; la position n'était plus tenable; Titus se retira.

Ce récit de Josèphe renferme plus d'une invraisemblance. Il est difficile de croire que les légions romaines se soient montrées aussi indociles envers un chef victorieux. Dion Cassius prétend, au contraire, que Titus eut besoin d'employer la force pour déterminer les soldats à pénétrer dans un lieu entouré de terreurs[1], et dont tous les profanateurs passaient pour avoir été frappés de mort. Une seule chose est certaine, c'est que Titus, quelques années après, était bien aise que, dans le monde juif, on racontât la chose comme le fait Josèphe, et qu'on attribuât l'incendie du temple à l'indiscipline de ses soldats, ou plutôt à un mouvement surnaturel de

---

1. Dion Cassius, LXVI, 6. Comp. Josèphe lui-même, XI, ɪɪ, 3. Josèphe, ayant été témoin des événements, est très-exact dans certains tableaux; mais l'ensemble de son récit est faussé par toutes sortes d'inventions et d'arrière-pensées.

quelque agent inconscient d'une volonté supérieure[1].
L'*Histoire de la guerre des Juifs* fut écrite vers la fin
du règne de Vespasien, en 76 au plus tôt, quand déjà
Titus aspirait à être les « délices du genre humain »,
et voulait passer pour un modèle de douceur et de
bonté. Dans les années précédentes, et dans un autre
monde que celui des Juifs, il avait sûrement accepté
des éloges d'un ordre différent. Parmi les tableaux
qu'on promena au triomphe de l'an **71**, était l'image
« du feu mis aux temples[2] », sans qu'assurément on
cherchât alors à présenter ce fait autrement que
comme glorieux. Vers le même temps, le poëte de
cour Valerius Flaccus propose à Domitien comme le
plus bel emploi de son talent poétique de chanter la
guerre de Judée, et de montrer son frère semant partout les torches incendiaires :

..... Solymo nigrantem pulvere fratrem,
Spargentemque faces et in omni turre furentem[3].

La lutte pendant ce temps était ardente dans les

---

1. Δαιμονίῳ ὁρμῇ τινι χρώμενος (Jos., *B. J.*, VI, ιv, 5); *Dei nutu*
(Sulp. Sev., II, 30). Josèphe va jusqu'à présenter les Juifs comme
la cause première du malheur. Λαμβάνουσι δ'αἱ φλόγες ἐκ τῶν οἰκείων
τὴν ἀρχὴν καὶ τὴν αἰτίαν (Jos., *l. c.*; cf. VI, ιι, 9).

2. Jos., *B. J.*, VII, v, 5.

3. *Argonautica*, I, 13. Dans le Talmud, l'incendie du temple
est attribué à « Titus le méchant ». Talm. de Bab., *Gittin*, 56 *a*.

cours et les parvis. Un affreux carnage se faisait
autour de l'autel, sorte de pyramide tronquée, surmontée d'une plate-forme, qui s'élevait devant le
temple; les cadavres de ceux qu'on tuait sur la plate-
forme roulaient sur les degrés et s'entassaient au
pied. Des ruisseaux de sang coulaient de tous côtés;
on n'entendait que les cris perçants de ceux qu'on
égorgeait et qui mouraient en adjurant le ciel. Il
était temps encore de se réfugier dans la ville haute;
plusieurs aimèrent mieux se faire tuer, regardant
comme un sort digne d'envie de mourir pour leur
sanctuaire; d'autres se jetaient dans les flammes;
d'autres se précipitaient sur les épées des Romains;
d'autres se perçaient eux-mêmes ou s'entre-tuaient[1].
Des prêtres qui avaient réussi à gagner la crête de
la toiture du temple, arrachaient les pointes qui s'y
trouvaient avec leurs scellements de plomb, et les lan-
çaient sur les Romains; ils continuèrent jusqu'au moment où la flamme les enveloppa. Un grand nombre
de Juifs s'étaient assemblés autour du lieu saint, sur
la parole d'un prophète qui leur avait assuré que
c'était là le moment même où Dieu allait faire apparaître pour eux les marques du salut[2]. Une galerie où
s'étaient retirés six mille de ces malheureux (presque

1. Dion Cassius, LXVI, 6.
2. Jos., *B. J.*, VI, v, 2.

tous des femmes, des enfants) fut brûlée. Deux
portes du temple et une partie de l'enceinte réservée
aux femmes furent seules conservées pour le moment.
Les Romains plantèrent leurs enseignes sur la place
où avait été le sanctuaire et leur offrirent le culte
qu'ils avaient accoutumé.

Restait la vieille Sion, la ville haute, la partie
la plus forte de la cité, ayant ses remparts encore
intacts, où s'étaient sauvés Jean de Gischala, Simon,
fils de Gioras, et un grand nombre de combattants
qui avaient réussi à se frayer un chemin à travers les
vainqueurs. Ce repaire de forcenés exigea un nouveau siége. Jean et Simon avaient établi le centre
de leur résistance dans le palais des Hérodes, situé
vers l'emplacement de la citadelle actuelle de Jérusalem, et couvert par les trois énormes tours d'Hippicus, de Phasaël et de Mariamne. Les Romains
furent obligés, pour enlever ce dernier refuge de
l'obstination juive, de construire des *aggeres* contre
le mur occidental de la ville, vis-à-vis du palais [1].
Les quatre légions furent occupées à ce travail
l'espace de dix-huit jours (du 20 août au 6 septembre). Pendant ce temps, Titus fit promener

---

1. C'est-à-dire contre le mur qui part de la citadelle actuelle
et enclôt les jardins des Arméniens. Saulcy, *Les dern. jours de
Jér.*, p. 409-410, et plan, p. 222.

l'incendie sur les parties de la ville qui étaient en son pouvoir. La ville basse surtout et Ophel jusqu'à Siloam furent détruits systématiquement. Beaucoup de Juifs appartenant à la bourgeoisie purent s'échapper. Quant aux gens de condition inférieure, on les vendit à très-bas prix. Ce fut l'origine d'une nuée d'esclaves juifs, qui, s'abattant sur l'Italie et les autres pays de la Méditerranée, y portèrent les éléments d'une nouvelle ardeur de propagande. Josèphe en évalue le nombre à quatre-vingt-dix-sept mille [1]. Titus accorda leur grâce aux princes de l'Adiabène. Les habits pontificaux, les pierreries, les tables, les coupes, les candélabres, les tentures lui furent remis. Il ordonna de les conserver soigneusement, pour les faire servir au triomphe qu'il se préparait, et auquel il voulait donner un cachet particulier de pompe étrangère en y étalant le riche matériel du culte juif.

Les *aggeres* étant achevés, les Romains commencèrent à battre le mur de la ville haute; dès la première attaque (7 septembre), ils en renversèrent une partie, ainsi que quelques tours. Exténués par la faim, minés par la fièvre et la fureur, les défenseurs n'étaient plus que des squelettes. Les légions entrè-

---

1. Jos., *B. J.,* VI, ix, 3.

rent sans difficulté. Jusqu'à la fin du jour, les soldats brûlèrent et tuèrent. La plupart des maisons où ils s'introduisaient pour piller étaient pleines de cadavres. Les malheureux qui purent s'échapper se sauvèrent dans Acra, que la force romaine avait presque évacué, et dans ces vastes cavités souterraines qui sillonnent le sous-sol de Jérusalem [1]. Jean et Simon [2] faiblirent à ce moment. Ils possédaient encore les tours d'Hippicus, de Phasaël et de Mariamne, les ouvrages d'architecture militaire les plus étonnants de l'antiquité [3]. Le bélier eût été impuissant contre des blocs énormes, assemblés avec une perfection sans égale et reliés par des crampons de fer. Égarés, éperdus, Jean et Simon quittèrent ces ouvrages imprenables, et cherchèrent à forcer la ligne de contrevallation du côté de Siloam. N'y réussissant pas, ils allèrent rejoindre ceux de leurs partisans qui s'étaient cachés dans les égouts.

1. Dion Cassius, LXVI, 5; Jos., *Ant.*, XV, xi, 7; *B. J.*, V, iii, 1; Tacite, *Hist.*, V, 12; Catherwood, plan; Vogüé, *Le temple de Jér.*, pl. i, xvii.

2. L'accusation de lâcheté que porte contre eux Josèphe est peu conforme à la vraisemblance, et tient sans doute à la haine que l'historien juif leur a vouée.

3. Jos., *B. J.*, VI, ix, 1. Les assises inférieures de l'une de ces tours existent encore aujourd'hui et excitent l'étonnement, quoique les blocs aient été descellés, puis remontés à contresens.

Le 8, toute résistance était finie. Les soldats étaient las. On tua les infirmes qui ne pouvaient marcher. Le reste, femmes, enfants, fut poussé comme un troupeau vers l'enceinte du temple et enfermé dans la cour intérieure qui avait échappé à l'incendie [1]. Dans cette multitude parquée pour la mort ou l'esclavage, on fit des catégories. Tout ce qui avait combattu fut massacré. Sept cents jeunes gens, les plus beaux de taille et les mieux faits, furent réservés pour suivre le triomphe de Titus. Parmi les autres, ceux qui avaient passé l'âge de dix-sept ans furent envoyés en Egypte, les fers aux pieds, pour les travaux forcés, ou répartis entre les provinces pour être égorgés dans les amphithéâtres. Ceux qui avaient moins de dix-sept ans furent vendus. Le triage des prisonniers dura plusieurs jours, durant lesquels il en mourut, dit-on, des milliers, les uns parce qu'on ne leur donna pas de nourriture, les autres parce qu'ils refusèrent d'en accepter.

Les Romains employèrent les jours suivants à brûler le reste de la ville, à en renverser les murailles, à fouiller les égouts et les souterrains. Ils y trou-

---

1. Cette enceinte avait environ cent dix mètres de long sur quatre-vingt-dix de large. C'est bien peu pour la foule que Josèphe y renferme. Cependant il fut à cet égard témoin tout à fait oculaire. *Vita,* 75.

vèrent de grandes richesses, beaucoup d'insurgés vivants qui furent tués sur-le-champ, et plus de deux mille cadavres, sans parler de quelques prisonniers que les terroristes y avaient enfermés. Jean de Gischala, contraint par la faim à sortir, demanda quartier aux vainqueurs, qui le condamnèrent à une prison perpétuelle. Simon, fils de Gioras, qui avait des provisions, resta caché jusqu'à la fin d'octobre. Manquant de vivres alors, il prit un parti singulier. Revêtu d'un justaucorps blanc, avec un manteau de pourpre, il sortit inopinément de dessous terre, à l'endroit où avait été le temple [1]. Il s'imaginait par là étonner les Romains, simuler une résurrection, peut-être se faire passer pour le Messie. Les soldats furent, en effet, un peu surpris d'abord; Simon ne voulut se nommer qu'à leur commandant Terentius Rufus. Celui-ci le fit enchaîner, manda la nouvelle à Titus, qui était à Panéas, et fit diriger le prisonnier sur Césarée.

Le temple et les grandes constructions furent démolis jusqu'aux fondements. Le soubassement du temple fut cependant conservé [2], et constitue ce

_____

1. Le terre-plein du *haram* renferme, en effet, beaucoup de réduits souterrains.

2. Saint Jérôme, *In Zach.*, xiv, 2. L'extraordinaire hauteur de ce soubassement n'a pu être comprise que depuis les fouilles des Anglais. Les fondations du temple lui-même furent visibles

qu'on appelle aujourd'hui le *Haram esch-schérif*. Titus voulut aussi garder les trois tours d'Hippicus, de Phasael et de Mariamne, pour faire connaître à la postérité contre quels murs il avait eu à lutter. La muraille du côté occidental fut laissée debout pour abriter le camp de la légion 10e *Fretensis*, qui était destinée à tenir garnison sur les ruines de la ville prise. Enfin, quelques édifices de l'extrémité du mont Sion échappèrent à la destruction et restèrent à l'état de masures isolées[1]. Tout le reste disparut[2]. Du mois de septembre 70 jusque vers l'an 122, où Adrien la rebâtit sous le nom d'*Ælia Capitolina*, Jérusalem ne fut qu'un champ de décombres[3], dans un coin duquel se dressaient les tentes d'une légion[4],

jusqu'au temps de Julien. Comp. Hégésippe, dans Eus., *H. E.*, II, xxiii, 18.

1. Épiphane, *De mensuris*, c. 14.

2. Jos., *B. J.*, VII, i, 1; Luc, xix, 44; Épiphane, *De mensuris*, c. 14; Lactance, *Inst. div.*, IV, 21; Orose, VII, 9. Les assertions contraires d'Eusèbe (*Demonstr. evang.*, VI, 18) et de saint Jérôme (*In Zach.*, c. xiv) viennent du désir de voir réalisées certaines prophéties. Il est évident, du reste, qu'une telle destruction se borna pour le moment à desceller les pierres et à les renverser.

3. Nous examinerons plus tard avec détail quel fut l'état de Jérusalem durant ces cinquante-deux années, et en quel sens il put être question pendant ce temps d'une Église de Jérusalem.

4. Sur l'emplacement actuel du patriarcat latin. Jos., *B. J.*, VII, i, 1; Clermont-Ganneau, *Comptes rendus de l'Acad. des inscr.*, 1872, p. 158 et suiv.

veillant toujours. On croyait voir à chaque instant se rallumer l'incendie qui couvait sous ces pierres calcinées; on tremblait que l'esprit de vie ne revînt en ces cadavres qui semblaient encore, du fond de leur charnier, lever le bras pour affirmer qu'ils avaient avec eux les promesses de l'éternité.

CHAPITRE XX.

Titus paraît être resté environ un mois aux environs de Jérusalem, offrant des sacrifices, récompensant ses soldats[1]. Les dépouilles et les captifs furent envoyés à Césarée. La saison déjà fort avancée empêcha le jeune capitaine de partir pour Rome. Il employa l'hiver à visiter diverses villes d'Orient, et à donner des fêtes. Il traînait avec lui des troupes de prisonniers juifs qu'on livrait aux bêtes, qu'on brûlait vifs, ou qu'on forçait de combattre les uns contre les autres[2]. A Panéas, le 24 octobre, jour de la naissance de son frère Domitien, plus de deux mille cinq cents Juifs périrent dans les flammes ou dans des jeux horribles. A Beyrouth, le 17 novembre, le même

1. Inscription dans *Mém. de l'Acad. des inscr.*, t. XXVI, 1re partie, p. 290.
2. *B. J.*, VII, ii; iii, 1; v, 1.

nombre de captifs fut sacrifié pour célébrer le jour
de naissance de Vespasien. La haine des Juifs était le
sentiment dominant des villes syriennes; ces hideux
massacres étaient salués avec joie. Ce qu'il y a de
plus affreux peut-être, c'est que Josèphe et Agrippa
ne quittèrent pas Titus durant ce temps et furent·
témoins de ces monstruosités.

Titus fit ensuite un long voyage en Syrie et
jusqu'à l'Euphrate. A Antioche, il trouva la population exaspérée contre les juifs. On les accusait d'un
incendie qui avait failli consumer la ville. Titus se
contenta de supprimer les tables de bronze où étaient
gravés leurs priviléges [1]· Il fit présent à la ville d'Antioche des *chérubim* ailés qui recouvraient l'arche.
Ce trophée singulier fut placé devant la grande porte
occidentale de la ville, qui prit de là le nom de porte
des *Chérubim*. Près de là, il consacra un quadrige à
la Lune, pour le secours qu'elle lui avait prêté durant
le siége. A Daphné, il fit élever un théâtre sur l'emplacement de la synagogue; une inscription indiquait
que ce monument avait été construit avec le butin
fait en Judée [2].

D'Antioche, Titus revint à Jérusalem. Il y trouva
la 10ᵉ *Fretensis,* sous les ordres de Terentius Rufus,

---

1. Jos., *B. J.,* VII, ɪɪɪ, 2-4.
2. Malala, p. 261; cf. p. 281 (édit. de Bonn).

toujours occupée à fouiller les caves de la ville détruite. L'apparition de Simon, fils de Gioras, sortant des égouts, lorsqu'on croyait qu'il ne s'y trouvait plus personne, avait fait recommencer les battues souterraines ; en effet, chaque jour on découvrait quelque malheureux et de nouveaux trésors. En voyant la solitude qu'il avait créée, Titus ne put, dit-on, se défendre d'un mouvement de pitié. Les Juifs qui l'approchaient exerçaient sur lui une influence croissante ; la fantasmagorie d'un empire oriental, que l'on avait fait briller aux yeux de Néron et de Vespasien, reparaissait autour de lui, et allait jusqu'à exciter des ombrages à Rome [1]. Agrippa, Bérénice, Josèphe, Tibère Alexandre étaient plus en faveur que jamais, et plusieurs auguraient pour Bérénice le rôle d'une nouvelle Cléopâtre. Au lendemain de la défaite des révoltés, on s'irritait de voir des gens de la même sorte honorés, tout-puissants [2]. Quant à Titus, il acceptait de plus en plus l'idée qu'il remplissait une mission providentielle ; il se complaisait à entendre citer les prophéties où l'on disait qu'il était question de lui. Josèphe [3] prétend qu'il rapporta sa victoire

1. Suétone, *Titus*, 5.
2. Juvénal, sat. i, 128-130, passage qui se rapporte à Tibère Alexandre.
3. *B. J.*, VI, ix, 1. Sans doute on peut soupçonner ici une

à Dieu, et reconnut qu'il avait été l'objet d'une faveur surnaturelle. Ce qu'il y a de frappant, c'est que Philostrate[1], cent vingt ans après, admet pleinement cette donnée et y prend l'occasion d'une correspondance apocryphe entre Titus et son Apollonius. A l'en croire, Titus aurait refusé les couronnes qu'on lui offrait, alléguant que ce n'était pas lui qui avait pris Jérusalem, qu'il n'avait fait que prêter son ministère à un dieu irrité. Il n'est guère admissible que Philostrate ait connu le passage de Josèphe. Il puisait à la légende, devenue banale, de la modération de Titus.

Titus revint à Rome vers le mois de mai ou de juin 71. Il tenait essentiellement à un triomphe qui surpassât tout ce qu'on avait vu jusque-là. La simplicité, le sérieux, les façons un peu communes de Vespasien n'étaient pas de nature à lui donner du prestige auprès d'une population qui avait été habituée à demander avant tout à ses souverains la prodigalité, le grand air. Titus pensa qu'une entrée

arrière-pensée systématique de Josèphe (voyez ci-dessus, p. 504-505, note, 509 et 510-513). Cependant Titus, quelques années après, ayant, dit-on, approuvé de tels passages (Jos., *Vita*, 65), on peut en conclure qu'ils répondaient par quelques côtés à sa nature et à sa pensée. Et, si l'on doute de la réalité d'une telle approbation, il reste au moins que Josèphe crut faire sa cour en écrivant ainsi.

1. *Vie d'Apoll.*, VI, 29.

solennelle serait d'un excellent effet, et parvint à sur-
monter à cet égard les répugnances de son vieux père.
La cérémonie fut organisée avec toute l'habileté des
décorateurs romains de ce temps ; ce qui la distin-
gua fut la recherche de la couleur locale et de la
vérité historique[1]. On se plut aussi à reproduire les
rites simples de la religion romaine, comme si on eût
voulu l'opposer à la religion vaincue. Au début de la
cérémonie, Vespasien figura en pontife, la tête plus
qu'à demi voilée dans sa toge, et fit les prières solen-
nelles ; après lui, Titus pria selon le même rite. Le
défilé fut une merveille ; toutes les curiosités, toutes
les raretés du monde, les précieux produits de l'art
oriental, à côté des œuvres achevées de l'art gréco-
romain, y figurèrent ; il semble qu'au lendemain
du plus grand danger que l'empire eût couru, on
tînt à faire un pompeux étalage de ses richesses. Des
échafaudages roulants, s'élevant à la hauteur de trois
et quatre étages, excitaient l'universelle admiration ;
on y voyait représentés tous les épisodes de la
guerre ; chaque série de tableaux se terminait par
la vive effigie de l'apparition étrange de Bar-Gioras
et de la façon dont il fut pris. Le visage pâle et les
yeux hagards des captifs étaient dissimulés par les

1. Jos., *B. J.,* VII, v, 3-7.

superbes vêtements dont on les avait revêtus. Au
milieu d'eux était Bar-Gioras, mené en grande
pompe à la mort. Puis venaient les dépouilles du
temple, la table d'or, le chandelier d'or à sept branches, les voiles de pourpre du Saint des saints, et,
pour clore la série des trophées, le captif, le vaincu,
le coupable par excellence, le livre de la *Thora*. Les
triomphateurs fermaient la marche. Vespasien et
Titus montaient deux chars séparés[1]. Titus était
rayonnant; quant à Vespasien, qui ne voyait en tout
cela qu'un jour perdu pour les affaires, il s'ennuyait,
ne cherchait pas à dissimuler sa vulgaire tournure
d'homme occupé, exprimait son impatience de ce que
la procession ne marchait pas plus vite, et disait à
mi-voix : « C'est bien fait !... Je l'ai mérité !... Ai-je
été assez inepte !... A mon âge[2] ! » Domitien, richement costumé, monté sur un cheval magnifique, cara-
colait autour de son père et de son frère aîné.

On arriva ainsi par la voie Sacrée au temple de
Jupiter Capitolin, terme ordinaire de la marche triomphale. Au pied du *clivus capitolinus*, on faisait une
halte pour se débarrasser de la partie triste de la

1. Josèphe, qui vit la cérémonie, le dit formellement. Zonaras
(XI, 17) les place sur un même char; encore le dit-il d'une manière peu expresse.

2. Suétone, *Vesp.*, 12.

cérémonie, l'exécution des chefs ennemis. Cet odieux
usage fut observé de point en point. Bar-Gioras,
extrait de la troupe des captifs, se vit traîné la corde
au cou, avec d'ignobles outrages, à la roche Tar-
péienne; là on le tua. Quand un cri eut annoncé
que l'ennemi de Rome n'était plus, une immense
acclamation s'éleva; les sacrifices commencèrent.
Après les prières accoutumées, les princes se retirèrent au Palatin; le reste de la journée s'écoula pour
toute la ville dans la joie et les festins.

Le volume de la *Thora* et les tentures du sanctuaire furent portés au palais impérial; les objets
d'or et en particulier la table des pains et le chandelier furent déposés dans un grand édifice que
Vespasien fit bâtir vis-à-vis du Palatin, de l'autre
côté de la voie Sacrée, sous le nom de temple de la
Paix, et qui fut en quelque sorte le musée des Flavius[1]. Un arc de triomphe en marbre pentélique, qui
existe encore aujourd'hui, garda le souvenir de cette
pompe extraordinaire et l'image des objets principaux qui y furent portés[2]. Le père et le fils prirent à
cette occasion le titre d'*imperatores;* mais ils récusè-

1. Ce temple, dédié en 75, fut brûlé entièrement sous Commode. Il y a donc bien peu de fond à faire sur ce que dit Procope
(*De bello vand*, II, 9).

2. Il ne fut achevé que sous Domitien. Voir l'inscription dans
Orelli, n° 758.

rent l'épithète de *Judaïque* [1], soit parce qu'il s'attachait au nom de *judæi* quelque chose d'odieux et de
ridicule [2]; soit pour indiquer que cette guerre de
Judée avait été, non pas une guerre contre un peuple
étranger, mais une simple révolte d'esclaves com-
primée; soit par suite de quelque pensée secrète
analogue à celle dont Josèphe et Philostrate nous ont
transmis l'expression exagérée. Un monnayage où
figurait la Judée enchaînée, pleurant sous un palmier,
avec la légende IVDAEA CAPTA, IVDAEA DEVICTA,
garda le souvenir de l'exploit fondamental de la
dynastie des Flavius. On continua de frapper des
pièces à ce type jusque sous Domitien [3].

La victoire était complète, en effet. Un capitaine
de notre race, de notre sang, un homme comme
nous [4], à la tête de légions dans le rôle desquelles
nous rencontrerions, si nous pouvions le lire, plusieurs de nos aïeux, venait d'écraser la forteresse du
sémitisme, d'infliger à la théocratie, cette redoutable

1. Dion Cassius, LXVI, 7.

2. Voir la plaisanterie de Cicéron sur *Hierosolymarius* (*Ad Att.,* II, ix).

3. Madden, *Jewish coinage,* p. 183-197.

4. Les Flavius étaient originaires de la Gaule cisalpine. Les portraits de Titus et de Vespasien nous montrent deux figures communes, du genre de celles auxquelles nous sommes le plus habitués.

ennemie de la civilisation, la plus grande défaite qu'elle eût jamais reçue. C'était le triomphe du droit romain, ou plutôt du droit rationnel, création toute philosophique, ne présupposant aucune révélation, sur la *Thora* juive, fruit d'une révélation. Ce droit, dont les racines étaient en partie grecques, mais où le génie pratique des Latins eut une si belle part, était le don excellent que Rome faisait aux vaincus en retour de leur indépendance. Chaque victoire de Rome était un progrès de la raison ; Rome apportait dans le monde un principe meilleur à plusieurs égards que celui des Juifs, je veux dire l'État profane, reposant sur une conception purement civile de la société. Tout effort patriotique est respectable ; mais les zélotes n'étaient pas seulement des patriotes ; c'étaient des fanatiques, sicaires d'une tyrannie insupportable. Ce qu'ils voulaient, c'était le maintien d'une loi de sang, qui permettait de lapider le mal pensant. Ce qu'ils repoussaient, c'était le droit commun, laïque, libéral, qui ne s'inquiète pas de la croyance des individus. La liberté de conscience devait sortir à la longue du droit romain, tandis qu'elle ne fût jamais sortie du judaïsme. Du judaïsme ne pouvait sortir que la synagogue ou l'Église, la censure des mœurs, la morale obligatoire, le couvent, un monde comme celui du ve siècle, où l'humanité eût perdu toute sa vigueur, si les barbares ne l'eussent relevée. Mieux vaut, en effet, le règne de l'homme de guerre que le règne temporel du prêtre ; car l'homme de guerre ne gêne pas l'esprit ; on pense librement sous lui, tandis que le prêtre demande à ses sujets l'impossible, c'est-à-dire de croire certaines choses et de s'engager à les trouver toujours vraies.

Le triomphe de Rome était donc légitime à quelques égards. Jérusalem était devenue une impossibilité ; laissés à eux-mêmes, les Juifs l'eussent démolie. Mais une grande lacune devait rendre cette victoire de Titus infructueuse. Nos races occidentales, malgré leur supériorité, ont toujours montré une déplorable nullité religieuse. Tirer de la religion romaine ou gauloise quelque chose d'analogue à l'Église était une entreprise impossible. Or tout avantage remporté sur une religion est inutile, si on ne la remplace par une autre, satisfaisant au moins aussi bien qu'elle le faisait aux besoins du cœur. Jérusalem se vengera de sa défaite ; elle vaincra Rome par le christianisme, la Perse par l'islamisme, détruira la patrie antique, deviendra pour les meilleures âmes la cité du cœur. La plus dangereuse tendance de sa *Thora,* loi en même temps morale et civile, donnant le pas aux questions sociales sur les questions militaires et politiques, dominera dans l'Église. Durant tout le moyen âge, l'individu, censuré, surveillé par la communauté, redoutera le prône, tremblera devant l'excommunication ; et ce sera là un juste retour après l'indifférence morale des sociétés païennes, une protestation contre l'insuffisance des institutions romaines pour améliorer l'individu. C'est certainement un détestable principe que le droit de coercition accordé aux communautés religieuses sur leurs membres ; c'est la pire erreur de croire qu'il y a une religion qui soit exclusivement la bonne, la bonne religion étant pour chaque homme celle qui le rend doux, juste, humble et bienveillant ; mais la question du gouvernement de l'humanité est difficile ; l'idéal est bien haut et la terre est bien bas ; à moins de ne hanter que le désert du philosophe, ce qu'on rencontre à chaque pas, c'est la folie, la sottise et la passion. Les sages antiques ne réussirent à s'attribuer quelque autorité que par des impostures qui, à défaut de la force matérielle, leur donnaient un pouvoir d'imagination. Où en serait la civilisation, si durant des siècles on n'avait cru que le brahmane foudroyait par son regard, si les barbares n'avaient été convaincus des vengeances terribles de saint Martin de Tours ? L'homme a besoin d'une pédagogie morale, pour laquelle les soins de la famille et ceux de l'État ne suffisent pas.

Dans l'enivrement du succès, Rome se souvenait à peine que l'insurrection juive vivait encore dans
le bassin de la mer Morte. Trois châteaux, Hérodium[1], Machéro[2] et Masada[3] étaient toujours entre
les mains des Juifs. Il fallait avoir pris son parti de
fermer les yeux à l'évidence pour garder encore
quelque espoir après la prise de Jérusalem. Les rebelles se défendirent avec autant d'acharnement que
si la lutte en avait été à son début. Hérodium n'était
guère qu'un palais fortifié; il fut pris sans de grands
efforts par Lucilius Bassus. Machéro présenta beaucoup de difficultés; les atrocités, les massacres, les
ventes de troupeaux entiers de Juifs recommencèrent.
Masada fit une des plus héroïques résistances dont
l'histoire militaire se souvienne. Éléazar, fils de Jaïre,
petit-fils de Judas le Gaulonite, s'était emparé de
cette forteresse dès les premiers jours de la révolte,
et en avait fait un repaire de zélotes et de sicaires.
Masada occupe le plateau d'un immense rocher de
près de cinq cents mètres de haut, sur le bord de la
mer Morte. Pour s'emparer d'une telle place, il fallut

1. Saulcy, *Voyage en terre sainte,* I, p. 168 et suiv.; Guérin,
Descr. de la Pal., III, p. 122 et suiv.

2. Parent, *Machœrous* (Paris, 1868); Vignes, notes.

3. Saulcy, *Voy. autour de la mer Morte,* I, p. 199 et suiv.;
pl. xi, xii et xiii; G. Rey, *Voy. dans le Haouran,* p. 285 et
suiv.; pl. xxv et xxvi.

que Fulvius Silva fît de véritables prodiges. Le
désespoir des Juifs fut sans bornes, quand ils se
virent forcés dans un asile qu'ils avaient cru imprenable. A l'instigation d'Éléazar, ils se tuèrent les
uns les autres, et mirent le feu au monceau qu'ils
avaient fait de leurs biens. Neuf cent soixante personnes périrent ainsi. Ce tragique épisode arriva le
15 avril 72.

La Judée, par suite de ces événements, fut bou-
leversée de fond en comble. Vespasien ordonna de
vendre toutes les terres qui étaient devenues sans
maître par la mort ou la captivité de leurs proprié-
taires[1]. On lui suggéra, paraît-il, l'idée qui vint
plus tard à Adrien, de rebâtir Jérusalem sous un
autre nom et d'y établir une colonie. Il ne le voulut
pas, et annexa tout le pays au domaine propre de
l'empereur[2]. Il donna seulement à huit cents vétérans
le bourg d'Emmaüs, près de Jérusalem[3], et en fit
une petite colonie, dont la trace s'est conservée jusqu'à nos jours dans le nom du joli village de Kulo-

1. Jos., *B. J.*, VII, vi, 6.

2. Ἰδίαν αὐτῷ τὴν χώραν φυλάττων (*l. c.*). Cela contredit un peu
κελεύων πᾶσαν γῆν ἀποδόσθαι. Φυλάττων doit sans doute s'appliquer au
prix de vente. Sur le sens de ἰδίαν, comp. *Corpus inscr. græc.*,
n° 3751 ; Mommsen, *Inscr. regni Neap.*, n° 4636; Henzen,
n° 6926 ; Strabon, XVII, i, 12.

3. Voir ci-dessus, p. 301-302, note.

nié. Un tribut spécial (*fiscus*) fut imposé aux Juifs. Dans tout l'empire, ils durent payer annuellement au Capitole la somme de deux drachmes qu'ils avaient accoutumé de payer jusque-là au temple de Jérusalem[1]. La petite coterie des Juifs ralliés, Josèphe, Agrippa, Bérénice, Tibère Alexandre, choisit Rome pour séjour. Nous la verrons continuer d'y jouer un rôle considérable, tantôt amenant pour le judaïsme des moments de faveur à la cour, tantôt poursuivie par la haine des croyants exaltés, tantôt concevant plus d'une espérance, notamment quand il s'en fallut de peu que Bérénice ne devînt la femme de Titus et ne tînt le sceptre de l'univers.

Réduite en solitude, la Judée resta tranquille; mais l'énorme ébranlement dont elle avait été le théâtre continua de provoquer des secousses dans les pays voisins. La fermentation du judaïsme dura jusque vers la fin de l'an 73. Les zélotes échappés au massacre, les volontaires du siége, tous les fous de Jérusalem se répandirent en Égypte et en Cyrénaïque. Les communautés de ces pays, riches, conservatrices, fort éloignées du fanatisme palestinien,

---

1. Jos., *B. J.*, VII, vi, 6; Dion Cassius, LXVI, 7; Suétone, *Domitien*, 12; Appien, *Syr.*, 50; Origène, *Epist. ad Afric.*, de Susanna, vol. I, p. 28 A, édit. de la Rue; Martial, VII, LIV; la célèbre monnaie de Nerva, Madden, p. 199.

sentirent.le danger que leur apportaient ces forcenés.
Elles se chargèrent elles-mêmes de les arrêter et de
les livrer aux Romains. Beaucoup s'enfuirent jusque
dans la haute Égypte, où ils furent traqués comme des
bêtes fauves[1]. A Cyrène, un sicaire nommé Jonathas,
tisserand de son métier, fit le prophète, et, comme
tous les faux messies, persuada à deux mille *ébionim*
ou pauvres de le suivre dans le désert, où il promettait
de leur faire voir des prodiges et d'étonnantes apparitions[2]. Les Juifs sensés le dénoncèrent à Catulle,
gouverneur du pays; mais Jonathas s'en vengea par
des délations, qui amenèrent des maux sans fin.
Presque toute la juiverie de Cyrène, l'une des plus
florissantes du monde[3], se vit exterminée; ses biens
furent confisqués au nom de l'empereur. Catulle, qui
montra en cette affaire beaucoup de cruauté, fut
désavoué par Vespasien; il mourut dans d'affreuses
hallucinations, qui, selon certaines conjectures, auraient fourni le sujet d'une pièce de théâtre à décors
fantastiques, « le Spectre de Catulle[4] ».

Chose incroyable! Cette longue et terrible agonie
ne fut pas immédiatement suivie dé la mort. Sous

1. Jos., *B. J.,* VII, x, 1 ; Eusèbe, C*hron.,* ad ann. 73.
2. Jos., *B. J.,* VII, xi, 1.
3. Strabon, cité par Jos., *Ant.,* XIV, vii, 2.
4. Juvénal, sat. viii, v. 186.

Trajan, sous Adrien, nous verrons le judaïsme national revivre et livrer encore de sanglants combats;
mais le sort était évidemment jeté; le zélote était
vaincu sans retour. La voie tracée par Jésus, comprise d'instinct par les chefs de l'Église de Jérusalem, réfugiés en Pérée, devenait décidément la véritable voie d'Israël. Le royaume temporel des Juifs
avait été odieux, dur, cruel; l'époque des Asmonéens, où ils jouirent de l'indépendance, fut leur plus
triste époque. Était-ce l'hérodianisme, le sadducéisme, cette honteuse alliance d'un principat sans
grandeur avec le sacerdoce, qu'il fallait regretter?
Non certes; là n'était pas le but du « peuple de
Dieu ». Il fallait être aveugle pour ne pas voir que
les institutions idéales que poursuivait « l'Israël de
Dieu » ne comportaient pas l'indépendance nationale.
Ces institutions, étant incapables de créer une armée,
ne pouvaient exister que dans la vassalité d'un grand
empire, laissant beaucoup de liberté à ses raïas, les
débarrassant de la politique, ne leur demandant
aucun service militaire. L'empire achéménide avait
entièrement satisfait à ces conditions de la vie juive;
plus tard, le califat, l'empire ottoman y satisferont
encore, et verront se développer dans leur sein des
communautés libres comme celles des Arméniens, des
Parsis, des Grecs, nations sans patrie, confréries

suppléant à l'autonomie diplomatique et militaire par l'autonomie du collége et de l'Église.

L'empire romain ne fut pas assez flexible pour se prêter ainsi aux nécessités des communautés qu'il englobait. Des quatre empires, ce fut, selon les juifs, le plus dur et le plus méchant [1]. Comme Antiochus Épiphane, l'empire romain fit dévoyer le peuple juif de sa vocation véritable en le portant par réaction à former un royaume ou un État séparé. Cette tendance n'était nullement celle des hommes qui représentaient le génie de la race. A quelques égards, ces derniers préféraient les Romains. L'idée d'une nationalité juive devenait chaque jour une idée arriérée. une idée de furieux et de frénétiques, contre laquelle des hommes pieux ne se faisaient pas scrupule de réclamer la protection des conquérants. Le vrai juif, attaché à la *Thora,* faisant des livres saints sa règle et sa vie, aussi bien que le chrétien, perdu dans l'espérance de son royaume de Dieu, renonçait de plus en plus à toute nationalité terrestre. Les principes de Judas le Gaulonite qui furent l'âme de la grande révolte, principes anarchiques, d'après lesquels, Dieu seul étant « maître », aucun homme n'a le droit

1. Apocalypse de Baruch, dans Ceriani, *Monum. sacra et prof.,* I, p. 82, et V, p. 136.

de prendre ce titre[1], pouvaient produire des bandes de fanatiques analogues aux Indépendants de Cromwell; ils ne pouvaient rien fonder de durable. Ces éruptions fébriles étaient l'indice du profond travail qui minait le sein d'Israël, et qui, en lui faisant suer le sang pour l'humanité, devait nécessairement l'amener à périr dans d'affreuses convulsions.

Les peuples doivent choisir, en effet, entre les destinées longues, tranquilles, obscures de celui qui vit pour soi, et la carrière troublée, orageuse de celui qui vit pour l'humanité. La nation qui agite dans son sein des problèmes sociaux et religieux est presque toujours faible comme nation. Tout pays qui rêve un royaume de Dieu, qui vit pour les idées générales, qui poursuit une œuvre d'intérêt universel, sacrifie par là même sa destinée particulière, affaiblit et détruit son rôle comme patrie terrestre. Il en fut ainsi de la Judée, de la Grèce, de l'Italie; il en sera peut-être ainsi de la France. On ne porte jamais impunément le feu en soi. Jérusalem, ville de bourgeois médiocres, aurait poursuivi indéfiniment sa médiocre histoire. C'est parce qu'elle eut l'incomparable honneur d'être le berceau du christianisme qu'elle fut victime des Jean de Gischala, des Bar-

1. Jos., *B. J.,* VII, viii, 6; x, 1.

Gioras, en apparence fléaux de leur patrie, en réalité instruments de son apothéose. Ces zélateurs que
Josèphe traite de brigands et d'assassins étaient des
politiques du dernier ordre, des militaires peu capables ; mais ils perdirent héroïquement une patrie qui
ne pouvait être sauvée. Ils perdirent une ville matérielle ; ils ouvrirent le règne de la Jérusalem spirituelle, assise, en sa désolation, bien plus glorieuse
qu'elle ne le fut aux jours d'Hérode et de Salomon.

Que voulaient, en effet, les conservateurs, les
sadducéens ? Ils voulaient quelque chose de mesquin :
la continuation d'une ville de prêtres, comme Émèse,
Tyane ou Comane. Certes, ils ne se trompaient pas,
quand ils affirmaient que les soulèvements d'enthousiastes étaient la perte de la nation. La révolution et
le messianisme ruinaient l'existence nationale du
peuple juif ; mais la révolution et le messianisme
étaient bien la vocation de ce peuple, ce par quoi il
contribuait à l'œuvre universelle de la civilisation.
Nous ne nous trompons pas non plus, quand nous
disons à la France : « Renonce à la révolution,
ou tu es perdue ; » mais, si l'avenir appartient à
quelqu'une des idées qui s'élaborent obscurément au
sein du peuple, il se trouvera que la France aura
justement sa revanche par ce qui fit en 1870 et
en 1871 sa faiblesse et sa misère. A moins de bien

violentes entorses données à la vérité (tout en ce
genre est possible), nos Bar-Gioras, nos Jean de
Gischala ne deviendront jamais de grands citoyens;
mais on fera leur part, et on verra peut-être que
mieux que les gens sensés, ils étaient dans les secrets
du destin.

Comment le judaïsme, privé de sa ville sainte
et de son temple, va-t-il se transformer? Comment
le talmudisme sortira-t-il de la situation que les événements ont faite à l'Israélite? C'est ce que nous verrons dans notre cinquième livre. En un sens, après
la production du christianisme, le judaïsme n'avait
plus de raison d'être. Dès ce moment, l'esprit de vie
est sorti de Jérusalem. Israël a tout donné au fils
de sa douleur, et s'est épuisé dans cet enfantement.
Les *élohim* qu'on crut entendre murmurer dans le
sanctuaire : « Sortons d'ici! sortons d'ici! » disaient
vrai. La loi des grandes créations est que le créateur
expire virtuellement en transmettant l'existence à un
autre : après l'inoculation complète de la vie à celui
qui doit la continuer, l'initiateur n'est plus qu'une
tige sèche, un être exténué. Il est rare cependant que
cette sentence de la nature s'accomplisse sur-le-
champ. La plante qui a porté sa fleur ne consent
pas à mourir pour cela. Le monde est plein de ces
squelettes ambulants qui survivent à l'arrêt qui les a

frappés. Le judaïsme est du nombre. L'histoire n'a
pas de spectacle plus étrange que celui de cette conservation d'un peuple à l'état de revenant, d'un
peuple qui, pendant près de mille ans, a perdu le
sentiment du fait, n'a pas écrit une page lisible, ne
nous a pas transmis un renseignement acceptable.
Faut-il s'étonner qu'après avoir ainsi vécu des siècles hors de la libre atmosphère de l'humanité, dans
une cave, si j'ose le dire, à l'état de folie partielle, il
en sorte pâle, étonné de la lumière, étiolé?

Quant aux conséquences qui résultèrent pour le
christianisme de la ruine de Jérusalem, elles sont si
évidentes que dès à présent on peut les indiquer.
Déjà même plusieurs fois nous avons eu l'occasion de
les laisser entrevoir[1].

La ruine de Jérusalem et du temple fut pour le
christianisme une fortune sans égale. Si le raisonnement prêté par Tacite à Titus est exactement rapporté[2], le général victorieux crut que la destruction
du temple serait la ruine du christianisme aussi bien
que celle du judaïsme. On ne se trompa jamais plus
complétement. Les Romains s'imaginaient, en arrachant la racine, arracher en même temps le rejeton;
mais le rejeton était déjà un arbuste qui vivait de sa

1. Voir *Saint Paul,* p. 495-496.
2. Voir ci-dessus, p. 511.

vie propre. Si le temple avait survécu, le christianisme eût été certainement arrêté dans son développement. Le temple survivant aurait continué d'être
le centre de toutes les œuvres judaïques. On n'eût
jamais cessé de l'envisager comme le lieu le plus
saint du monde[1], d'y venir en pèlerinage, d'y apporter des tributs. L'Église de Jérusalem, groupée autour
des parvis sacrés, eût continué, au nom de sa primauté, d'obtenir les hommages de toute la terre, de
persécuter les chrétiens des Églises de Paul, d'exiger
que, pour avoir le droit de s'appeler disciple de
Jésus, on pratiquât la circoncision et on observât le
code mosaïque. Toute propagande féconde eût été interdite; des lettres d'obédience signées de Jérusalem
eussent été exigées du missionnaire[2]. Un centre
d'autorité irréfragable, un patriarcat composé d'une
sorte de collége de cardinaux, sous la présidence de
personnes analogues à Jacques, juifs purs, appartenant à la famille de Jésus, se fût établi[3], et eût
constitué un immense danger pour l'Église naissante.

1. Voir ci-dessus, p. 401.

2. Voir *Saint Paul,* p. 292, et surtout les lettres en tête des
Homélies pseudo-clémentines.

3. De nos jours, un fait analogue se produit dans le judaïsme,
et semble susceptible d'acquérir beaucoup de gravité. Les juifs de
Jérusalem passent tous pour des *hakamim* ou savants, n'ayant
d'autre métier que la méditation de la Loi. Comme tels, ils ont droit

Quand on voit saint Paul, après tant de mauvais procédés, rester toujours attaché à l'Église de Jérusalem, on conçoit quelles difficultés eût présentées une rupture avec ces saints personnages. Un tel schisme eût été considéré comme une énormité, équivalant à l'abandon du christianisme. La séparation d'avec le judaïsme eût été impossible ; or cette séparation était la condition indispensable de l'existence de la religion nouvelle, comme la section du cordon ombilical est la condition de l'existence d'un être nouveau. La mère allait tuer l'enfant. Le temple, au contraire, une fois détruit, les chrétiens n'y pensent plus ; bientôt même ils le tiendront pour un lieu profane [1] ; Jésus sera tout pour eux.

L'Église de Jérusalem fut du même coup réduite à une importance secondaire. Nous la verrons se

à l'aumône, et s'envisagent comme devant être nourris par les juifs du monde entier. Leurs quêteurs circulent dans tout l'Orient, et même les riches israélites de l'Europe se regardent comme obligés de subvenir à leurs besoins. Voir *Saint Paul,* p. 94, 421 et suiv. D'un autre côté, les décisions du grand rabbin de Jérusalem tendent à obtenir une autorité universelle, tandis qu'autrefois les docteurs étaient égaux ou que du moins leur crédit dépendait de leur réputation. De la sorte se formera peut-être dans l'avenir pour le judaïsme un centre doctrinal à Jérusalem.

1. « Ecclesia Dei jam per totum orbem uberrime germinante, hoc (templum) tanquam effœtum ac vacuum nullique usui bono commodum arbitrio Dei auferendum fuit. » Orose, VII, 9.

reformer autour de l'élément qui faisait sa force, les *desposyni,* les membres de la famille de Jésus, les fils de Clopas; mais elle ne régnera plus. Ce centre de haine et d'exclusion une fois détruit, le rapprochement des partis opposés de l'Église de Jésus deviendra facile. Pierre et Paul seront réconciliés d'office, et la terrible dualité du christianisme naissant cessera d'être une plaie mortelle. Oublié au fond de la Batanée et du Hauran, le petit groupe qui se rattachait aux parents de Jésus, aux Jacques, aux Clopas, devient la secte ébionite, et meurt lentement d'insignifiance et d'infécondité.

La situation ressemblait en bien des choses à celle du catholicisme de nos jours. Aucune communauté religieuse n'a jamais eu plus d'activité intérieure, plus de tendance à émettre hors de son sein des créations originales que le catholicisme depuis soixante ans. Tous ces efforts sont pourtant restés sans résultat pour une seule cause; cette cause, c'est le règne absolu de la cour de Rome. C'est la cour de Rome qui a chassé de l'Église Lamennais, Hermes, Dœllinger, le P. Hyacinthe, tous les apologistes qui l'avaient défendue avec quelque succès. C'est la cour de Rome qui a désolé et réduit à l'impuissance Lacordaire, Montalembert. C'est la cour de Rome qui, par son *Syllabus* et son concile, a coupé tout avenir aux catholiques libéraux. Quand est-ce que ce triste état de choses changera? Quand Rome ne sera plus la ville pontificale, quand la dangereuse oligarchie qui s'est emparée du catholicisme aura cessé d'exister. L'occupation de Rome par le roi d'Italie sera probablement un jour comptée dans l'histoire du catholicisme pour un événement aussi heureux que la destruction de Jérusalem l'a été dans l'histoire du christianisme. Presque tous les catholiques en ont gémi, de même sans doute que les judéo-chrétiens de l'an 70 regardèrent la destruction du temple comme la plus sombre calamité. Mais la suite montrera combien ce jugement est superficiel. Tout en pleurant sur la fin de la Rome papale, le catholicisme en tirera les plus grands avantages. A l'uniformité matérielle et à la mort on verra succéder dans son sein la discussion, le mouvement, la vie et la variété.

FIN DE *L'ANTECHRIST*

APPENDICE

DE LA VENUE DE SAINT PIERRE A ROME ET DU SÉJOUR
DE SAINT JEAN A ÉPHÈSE.

Tout le monde convient que, dès la fin du second
siècle, la croyance générale des Églises chrétiennes était
que l'apôtre Pierre souffrit le martyre à Rome, et que
l'apôtre Jean vécut à Éphèse jusqu'à un âge avancé. Les
théologiens protestants, dès le xvie siècle, se prononcèrent
vivement contre le voyage de saint Pierre à Rome[1]. Quant à
l'opinion du séjour de Jean à Éphèse, c'est seulement de
nos jours qu'elle a trouvé des contradicteurs.

La raison pour laquelle les protestants attachèrent tant
d'importance à nier la venue de Pierre à Rome est facile
à saisir. Durant tout le moyen âge, la venue de Pierre à
Rome fut la base des prétentions exorbitantes de la papauté.
Ces prétentions se fondaient sur trois propositions qu'on
tenait pour être de foi : 1° Jésus conféra lui-même à Pierre

---

1. La première thèse à cet égard est de 1520. Luther ne l'approuva
pas. Flacius Illyricus, Saumaise rendirent l'opinion dont il s'agit classique dans l'école protestante.

une primauté dans son Église ; 2º cette primauté a dû se transmettre aux successeurs de Pierre ; 3º les successeurs de Pierre sont les évêques de Rome, Pierre, après avoir résidé à Jérusalem, puis à Antioche, étant venu définitivement fixer son séjour à Rome. — Ébranler ce dernier fait, c'était donc renverser de fond en comble l'édifice de la théologie romaine. On y dépensa beaucoup de savoir ; on montra que la tradition romaine n'était pas appuyée sur des témoignages directs bien solides ; mais on traita légèrement les preuves indirectes; on s'engagea surtout dans une voie fâcheuse à propos du passage *I Petri*, v, 13. Que Βαϐυλών en ce passage désigne réellement Babylone sur l'Euphrate, c'est là une thèse insoutenable, d'abord parce que vers cette époque « Babylone », dans le style secret des chrétiens, désigne toujours Rome; en second lieu, parce que le christianisme au 1er siècle sortit à peine de l'empire romain et se répandit fort peu chez les Parthes.

Pour nous, la question a bien moins d'importance qu'elle n'en avait pour les premiers protestants [1], et elle est plus facile à résoudre avec impartialité. Nous ne croyons nullement que Jésus ait eu le dessein d'établir un chef dans son Église, ni surtout d'attacher cette primauté à la succession épiscopale d'une ville déterminée. L'épiscopat, d'abord, n'existait guère dans la pensée de Jésus ; en outre, s'il fut une ville au monde, parmi celles dont Jésus connut le nom, à laquelle il ne pensa pas pour y attacher la série des chefs de son Église, c'est sans doute Rome. On lui eût probablement fait horreur, si on lui eût dit que cette ville de

---

1. La dernière et la plus savante forme des doutes protestants sur ce point se trouve dans les deux essais de M. Lipsius : *Chronologie der rœmischen Bischœfe bis zur Mitte der vierten Jahrhunderts* (Kiel, 1869) *Die Quellen der rœmischen Petrussage* (Kiel, 1872).

perdition, cette cruelle ennemie du peuple de Dieu, se targuerait un jour de sa royauté satanique pour réclamer le droit d'hériter du nouveau titre de puissance fondé par le Fils. Que Pierre ait été à Rome, ou qu'il n'y ait pas été, cela n'a donc pour nous aucune conséquence morale ou politique ; c'est là une curieuse question d'histoire ; il n'y faut chercher rien de plus.

Disons d'abord que les catholiques se sont exposés aux objections les plus péremptoires de la part de leurs adversaires avec leur malheureux système de la venue de Pierre à Rome en l'an 42, système emprunté à Eusèbe et à saint Jérôme, et qui porte la durée du pontificat de Pierre à vingt-trois ou vingt-quatre ans. Rien de plus inadmissible. Il suffit, pour ne garder aucun doute à cet égard, de considérer que la persécution dont Pierre fut l'objet à Jérusalem de la part d'Hérode Agrippa I (*Act ,* XII) eut lieu l'année même où mourut Hérode Agrippa, c'est-à-dire en l'an 44 (Jos., *Ant.,* XIX, VIII, 2) [1]. Apollonius l'anti-montaniste [2] (fin du II° siècle), Lactance [3] (commencement du IV°), ne croyaient pas non plus certainement que Pierre eût été à Rome en 42, le premier, quand il affirme avoir appris par tradition que Jésus-Christ avait défendu à ses apôtres de sortir de Jérusalem avant douze ans révolus depuis sa mort ; le second, quand il dit que les apôtres employèrent les vingt-cinq années qui suivirent la mort de Jésus-Christ à prêcher l'Évangile dans les provinces, et que Pierre ne vint à Rome qu'après l'avénement de Néron. Il serait superflu de combattre longuement une thèse qui ne peut plus avoir un seul défenseur raisonnable. On peut aller beaucoup plus loin, en effet,

1. Voir *les Apôtres,* p. 249.
2. Cité par Eusèbe, *H. E.,* V, XVIII, 14.
3. *De mortibus persecutorum,* 2.

et affirmer que Pierre n'était pas encore venu à Rome quand Paul y fut amené, c'est-à-dire en l'an 61. L'épître de Paul aux Romains, écrite vers l'an 58, ou du moins qui n'a pas pu être écrite plus de deux ans et demi avant l'arrivée de Paul à Rome, est ici un argument très-considérable ; on ne concevrait guère saint Paul écrivant aux fidèles dont saint Pierre était le chef, sans qu'il fît la moindre mention de ce dernier. Ce qui est encore plus démonstratif, c'est le dernier chapitre des *Actes des apôtres*. Ce chapitre, surtout les versets 17-29, ne se comprennent pas, si Pierre était à Rome quand Paul y arriva. Tenons donc pour absolument certain que Pierre ne vint pas à Rome avant Paul, c'est-à-dire avant l'an 61, à peu près.

Mais n'y vint-il pas après Paul ? Voilà ce que les critiques protestants n'ont jamais réussi à prouver. Non-seulement ce voyage tardif de Pierre à Rome n'offre aucune impossibilité, mais de fortes raisons militent en sa faveur. Je crois que les personnes qui liront notre récit avec suite trouveront que tout s'arrange assez bien dans cette hypothèse. Outre que les témoignages des Pères du IIe et du IIIe siècle ne sont pas sans valeur dans la question, voici trois raisonnements dont la force ne me paraît pas à dédaigner.

1° Une chose incontestable, c'est que Pierre est mort martyr. Les témoignages du quatrième Évangile, de Clément Romain, du fragment qu'on appelle *Canon de Muratori,* de Denys de Corinthe, de Caïus, de Tertullien ne laissent aucun doute à cet égard[1]. Que le quatrième Évangile soit apocryphe, que le XXIe chapitre y ait été ajouté postérieurement; n'importe. Il est clair que nous avons, dans les versets où Jésus annonce à Pierre qu'il mourra du même supplice

---

1. Voir ci-dessus, p. 186 et suiv.

que lui, l'expression d'une opinion établie dans les Églises avant l'an 120 ou 130, et à laquelle on faisait des allusions comme à une chose connue de tous. Or on ne se figure pas que saint Pierre soit mort martyr ailleurs qu'à Rome. Ce n'est guère qu'à Rome, en effet, que la persécution de Néron eut de la violence. A Jérusalem, à Antioche, le martyre de Pierre s'explique beaucoup moins bien.

2° Le second raisonnement se tire du verset v, 13, de l'épître attribuée à Pierre. « Babylone, » en ce passage, désigne évidemment Rome. Si l'épître est authentique, le passage est décisif. Si elle est apocryphe, l'induction qui se tire dudit passage n'est pas moins forte. L'auteur, en effet, quel qu'il soit, veut faire croire que l'ouvrage en question est bien l'ouvrage de Pierre. Il a dû par conséquent, pour donner de la vraisemblance à sa fraude, disposer les circonstances de lieu d'une façon conforme à ce qu'il savait et à ce que l'on croyait de son temps sur la vie de Pierre. Si, dans une telle disposition d'esprit, il a daté la lettre de Rome, c'est que l'opinion reçue au temps où cette lettre fut écrite était que saint Pierre avait résidé à Rome. Or, en toute hypothèse, la *I*ᵃ *Petri* est un ouvrage fort. ancien, et qui jouit très-vite d'une haute autorité [1].

3° Le système qui sert de base aux Actes ébionites de saint Pierre est aussi bien digne de considération. Ce système nous montre saint Pierre suivant partout Simon le Magicien (entendez par là saint Paul) pour combattre ses fausses doctrines. M. Lipsius [2] a porté dans l'analyse de cette curieuse légende une admirable sagacité de critique. Il a

---

1. Voir l'introduction en tête de ce volume, p. vii.
2. *Rœmische Petrussage*, p. 13 et suiv., surtout p. 16, 18, 41-42. Cf. *Recognit.*, I, 74; III, 65; Épître apocryphe de Clément à Jacques, en tête des Homélies, ch. 1.

montré que la base des rédactions diverses qui nous en
sont arrivées fut un récit primitif, écrit vers l'an 130,
récit dans lequel Pierre venait à Rome pour vaincre Si-
mon-Paul au centre de sa puissance, et trouvait la mort,
après avoir confondu ce père de toutes les erreurs. Il
paraît difficile que l'auteur ébionite, à une date aussi
reculée, eût pu donner tant d'importance au voyage
de Pierre à Rome, si ce voyage n'avait pas eu quelque
réalité. Le système de la légende ébionite doit avoir un
fond de vérité, malgré les fables qui s'y mêlent. Il est
très-admissible que saint Pierre soit venu à Rome, comme
il vint à Antioche, à la suite de Paul et en partie pour neu-
traliser son influence. La communauté chrétienne, vers
l'an 60, était dans un état d'âme qui ne ressemblait en
rien à la tranquille attente des vingt années qui suivirent
la mort de Jésus. Les missions de Paul et les facilités que
les Juifs trouvaient dans leurs voyages avaient mis à la
mode les expéditions lointaines. L'apôtre Philippe est de
même désigné par une tradition ancienne et persistante
comme étant venu se fixer à Hiérapolis.

Je regarde donc comme probable la tradition du séjour
de Pierre à Rome ; mais je crois que ce séjour a été de courte
durée, et que Pierre souffrit le martyre peu de temps après
son arrivée dans la ville éternelle. Une coïncidence favorable
à ce système est le récit de Tacite, *Annales,* XV, 44. Ce récit
offre une occasion toute naturelle pour y rattacher le martyre de Pierre. L'apôtre des judéo-chrétiens fit sans doute
partie de la catégorie des suppliciés que Tacite désigne par
crucibus affixi, et ce n'est pas sans raison que le Voyant
de l'Apocalypse place « les apôtres [1] » parmi les saintes

---

1. Apoc., XVIII, 20.

victimes de l'an 64, qui applaudissent à la destruction
de la ville qui les a tués.

La venue de Jean à Éphèse, ayant une valeur dogmatique bien moins considérable que la venue de Pierre à
Rome, n'a pas excité d'aussi longues controverses. L'opinion généralement reçue jusqu'à ces derniers temps était
que l'apôtre Jean, fils de Zébédée, mourut très-vieux dans
la capitale de la province d'Asie. Même ceux qui refusaient
de croire que durant ce séjour l'apôtre eût écrit le quatrième
Évangile et les épîtres qui portent son nom, même ceux
qui niaient que l'Apocalypse fût son ouvrage, continuaient
de croire à la réalité du voyage attesté par la tradition.
Le premier, Lützelberger, en 1840, éleva sur ce point des
doutes raisonnés ; mais il fut peu écouté. Des critiques
auxquels on ne peut pas reprocher un excès de crédulité,
Baur, Strauss, Schwegler, Zeller, Hilgenfeld, Volkmar, tout
en faisant une large part à la légende dans les récits sur
le séjour de Jean à Éphèse, persistèrent à regarder comme
historique le fait même de la venue de l'apôtre en ces
parages. C'est en 1867, dans le premier volume de sa *Vie de
Jésus* [1], que M. Keim a dirigé contre cette opinion tradi-
tionnelle une attaque tout à fait sérieuse. La base du système de M. Keim est qu'on a confondu *Presbyteros Johannes*
avec Jean l'apôtre, et que les récits des écrivains ecclésiastiques sur celui-ci doivent s'entendre du premier. Il fut
suivi par MM. Wittichen et Holtzmann. Plus récemment
M. Scholten, professeur à l'université de Leyde, dans un
travail étendu, s'est efforcé de ruiner les unes après les
autres toutes les preuves de la thèse autrefois reçue, et de

1. Pages 161-167. Comparez tome III (1871-72), p. 44-45, 477, notes.

démontrer que l'apôtre Jean n'a jamais mis les pieds en
Asie[1].

L'opuscule de M. Scholten est un vrai chef-d'œuvre d'ar-
gumentation et de méthode. L'auteur passe en revue, non-
seulement tous les témoignages qu'on allègue pour ou contre
la tradition, mais encore tous les écrits où il pourrait et, selon
lui, où il devrait en être question. Le savant professeur de
Leyde avait été autrefois d'un avis différent. Dans ses longues
argumentations contre l'authenticité du quatrième Évangile, il avait fortement insisté sur le passage où Polycrate
d'Éphèse, vers la fin du second siècle, présente Jean comme
ayant été en Asie une des colonnes du parti juif et quar-
todéciman. Mais ce n'est pas à un ami de la vérité qu'il en
coûte, dans ces difficiles questions, de se modifier et de se
réformer.

Les arguments de M. Scholten ne m'ont pas convaincu.
Ils ont mis le voyage de Jean en Asie au nombre des faits
douteux; ils ne l'ont pas mis au nombre des faits certainement apocryphes; je trouve même que les chances de
vérité sont encore en faveur de la tradition. Moins probable,
selon moi, que le séjour de Pierre à Rome, la thèse du
séjour de Jean à Éphèse garde sa vraisemblance, et je
pense que, dans plusieurs cas, M. Scholten a fait preuve
d'un scepticisme exagéré. Comme je me suis plus d'une
fois permis de le dire, un théologien n'est jamais un critique parfait. M. Scholten a l'esprit trop élevé pour se
laisser jamais dominer par des vues d'apologétique ou de
dogmatique; mais le théologien est si habitué à subor-
donner le fait à l'idée, que rarement il se place au simple

1. *De apostel Johannes in Klein-Azië.* Leyde, 1871. M. Holtzmann a
repris la question dans sa *Kritik der Eph. und Kolosserbriefe* (Leipzig,
1872), p. 314-324.

point de vue de l'historien. Depuis vingt-cinq ans, en particulier, nous voyons l'école protestante libérale se laisser
emporter à des excès de négation, où nous doutons que la
science laïque, qui ne voit en ces études que de simples
recherches intéressantes, doive la suivre. La situation religieuse en est venue à ce point qu'on croit rendre la défense
des croyances surnaturelles plus facile en faisant bon
marché des textes et en les sacrifiant largement qu'en
maintenant leur authenticité. Je suis persuadé qu'une critique dégagée de toute préoccupation théologique trouvera
un jour que les théologiens protestants libéraux de notre
siècle ont été trop loin dans le doute, et qu'elle se rappro-
chera, non certes pour l'esprit, mais pour quelques résultats, des anciennes écoles traditionnelles.

Entre les écrits passés en revue par M. Scholten, l'Apocalypse tient naturellement le premier rang. C'est ici le
point où l'illustre critique se montre le plus faible. De trois
choses l'une : ou l'Apocalypse est de l'apôtre Jean,— ou elle
est d'un faussaire qui a eu l'intention de la faire passer pour
un ouvrage de l'apôtre Jean,— ou elle est d'un homonyme de
l'apôtre Jean, tel que Jean-Marc ou l'énigmatique *Presbyteros
Johannes*. Dans la troisième hypothèse, il est clair que l'Apocalypse n'a rien à voir avec le séjour de l'apôtre Jean en Asie;
mais cette hypothèse est bien peu plausible, et en tout cas,
ce n'est pas celle qu'adopte M. Scholten. M. Scholten est
pour la seconde hypothèse. Il croit l'Apocalypse apocryphe
à la manière du livre de Daniel; il pense que le faussaire
a voulu, selon un procédé très-ordinaire chez les juifs du
temps, se couvrir du prestige d'un personnage respecté, qu'il
a choisi l'apôtre Jean comme une des colonnes de l'Église de
Jérusalem, et qu'il s'est présenté aux Églises d'Asie sous ce
nom vénérable. Un tel faux ne se concevant guère du vivant
de l'apôtre, M. Scholten admet que Jean était mort avant 68.

Mais ce système renferme de vraies impossibilités. Quoi qu'il en soit de l'authenticité de l'Apocalypse, j'ose dire que les arguments qu'on tire de cet écrit pour établir la vérité d'un séjour de Jean en Asie sont aussi forts dans la seconde des hypothèses ci-dessus énoncées que dans la première. Il ne s'agit pas ici d'un livre se produisant comme le livre de Daniel, des siècles après la mort de l'auteur à qui on l'attribue. L'Apocalypse fut répandue parmi les fidèles d'Asie dans l'hiver de 68-69, pendant que les grandes luttes entre les généraux pour la compétition de l'empire et l'apparition du faux Néron de Cythnos tenaient tout le monde dans une attente fiévreuse. Si l'apôtre Jean était mort, comme le veut M. Scholten, c'était depuis peu; en tout cas, dans l'hypothèse de M. Scholten, les fidèles d'Éphèse, de Smyrne, etc., savaient parfaitement à cette date que l'apôtre Jean n'avait jamais visité l'Asie. Quel accueil durent-ils faire au récit d'une vision donnée comme ayant eu lieu à Patmos, à quelques lieues d'Éphèse, récit adressé aux sept principales Églises d'Asie par un homme qui est censé connaître les replis cachés de leur conscience, qui distribue aux unes les plus durs reproches, aux autres les éloges les plus exaltés, qui prend avec elles le ton d'une autorité incontestée, qui se présente comme ayant été le co-partageant de leurs souffrances, si cet homme n'avait jamais été ni à Patmos ni en Asie, si leur imagination se l'était toujours représenté sédentaire à Jérusalem? Il faut supposer le faussaire doué de bien peu de sens pour avoir créé de gaieté de cœur à son livre de telles raisons de défaveur. Pourquoi place-t-il à Patmos la scène de la prophétie? Cette île n'avait eu jusque-là aucune importance, aucune signification. On n'y abordait jamais que quand on allait d'Éphèse à Rome ou de Rome à Éphèse. Pour ces sortes de traversées, Patmos offrait un très-bon port de relâche, à une petite journée d'Éphèse. C'était la première ou la dernière escale, selon les règles de la petite navigation décrite dans les *Actes,* et dont le principe essentiel était de s'arrêter autant que possible tous les soirs. Patmos ne pouvait être un but de voyage; un homme allant à Éphèse ou venant d'Éphèse a seul pu y toucher. Même en admettant la non-authenticité de l'Apocalypse, les trois premiers chapitres de ce livre constituent donc une forte probabilité en faveur de la thèse du séjour de Jean en Asie, de la même manière que la *I^a Petri,* même apocryphe, est un très-bon argument pour le séjour de Pierre à Rome. Le faussaire, quelle que soit la crédulité du public auquel il s'adresse, cherche toujours à créer pour son écrit des conditions où il soit acceptable. Si l'auteur de la *I^a Petri* se croit obligé de dater son écrit de Rome ; si l'auteur de l'Apocalypse se figure donner un bon exorde à sa vision en la faisant écrire au seuil de l'Asie, presque en face d'Éphèse, et en l'adressant avec des conseils qui rappellent ceux d'un directeur de conscience aux Églises d'Asie, c'est que Pierre a été à Rome, c'est que Jean a été en Asie. Denys d'Alexandrie, dès la fin du IIIe siècle, sentit parfaitement ce que la question ainsi posée avait d'embarrassant[1]. Éprouvant contre l'Apocalypse cette antipathie que ressentirent tous les Pères grecs possédés du véritable esprit hellénique, Denys accumule les objections contre l'attribution d'un pareil écrit à l'apôtre Jean; mais il reconnaît que l'ouvrage ne peut avoir été composé que par un personnage ayant vécu en Asie, et il se rabat sur les homonymes de l'apôtre ; tant ressort avec évidence cette proposition que l'auteur vrai ou supposé de l'Apocalypse s'est trouvé en rapport avec l'Asie.

1. Cf. Eusèb⸱, *H. E.,* VII, 25.

La discussion de M. Scholten, relative au texte de Papias, est très-importante. Ç'a été le sort de cet ἀρχαῖος ἀνήρ d'être mal compris, depuis Irénée, qui en fait à tort certainement un auditeur de l'apôtre Jean, jusqu'à Eusèbe, qui suppose à tort aussi qu'il a connu directement *Presbyteros Johannes*. M. Keim avait déjà montré que le texte de Papias bien entendu prouve plutôt contre que pour le séjour de l'apôtre Jean en Asie. M. Scholten va plus loin; il conclut du passage en question que même *Presbyteros Johannes* n'a pas demeuré en Asie. Il croit que ce personnage, distinct pour lui de l'apôtre Jean, demeurait en Palestine et était contemporain de Papias. Nous convenons avec M. Scholten que, si le passage de Papias est correct, il est une objection contre le séjour de l'apôtre en Asie. Mais est-il correct? Les mots ἢ τί Ἰωάννης ne sont-ils pas une interpolation? A ceux qui trouveraient ce retranchement arbitraire, je répondrai que, si l'on maintient ἢ τί Ἰωάννης, les mots οἱ τοῦ κυρίου μαθηταί, placés après Ἀριστίων καὶ ὁ πρεσβύτερος Ἰωάννης, font de la phrase de Papias un ensemble bizarre et incohérent. Ce qui confirme pourtant les doutes de M. Scholten, c'est un passage de Papias cité par Georges Hamartolus[1], et d'après lequel Jean aurait été tué par les Juifs. Cette tradition paraît avoir été créée pour montrer la réalisation d'une parole du Christ (Matth., xx, 23; Marc, x, 39); elle n'est pas conciliable avec le séjour de Jean à Éphèse, et si Papias l'a vraiment adoptée[2], c'est qu'il n'avait pas la

1. Publié pour la première fois par M. l'abbé Nolte, dans la *Theol. Quartalschrift* (journal de théologie catholique de Tubingue), 1862, p. 466. Cf. Holtzmann, *Kritik der Eph. und Kol.*, p. 322; Keim, *Gesch. Jesu von Nazara*, III, p. 44-45, note; et les nouvelles observations de M. Scholten, *Theologisch Tijdschrift* (Amsterdam et Leyde), 1872, p. 325 et suiv.

2. Il reste sur ce point quelque doute. Georges Hamartolus ajoute qu'Origène était également de cet avis; ce qui est tout à fait faux. Voir

moindre notion de la venue de Jean dans la province d'Asie.
Or il serait bien surprenant qu'un homme zélé comme Papias pour la recherche des traditions apostoliques eût ignoré
un fait aussi capital, qui se serait passé dans le pays même
qu'il habitait.

L'omission de toute mention relative au séjour de Jean en
Asie dans les épîtres attribuées à saint Ignace et dans Hégésippe donne certainement à réfléchir. A partir de l'an 180, au
contraire, la tradition est définitivement fixée. Apollonius
l'anti-montaniste, Polycrate, Irénée, Clément d'Alexandrie,
Origène n'ont pas un doute sur l'honneur insigne dont la
ville d'Éphèse a joui. Parmi les textes qu'on peut alléguer[1],
deux sont surtout remarquables : celui de Polycrate, évêque
d'Éphèse (vers 196) et celui d'Irénée (même temps), dans sa
lettre à Florinus. M. Scholten se débarrasse trop légèrement
du texte de Polycrate. Il est grave de trouver à Éphèse au
bout d'un siècle la tradition si nettement affirmée. « Le
peu d'esprit critique de Polycrate, dit M. Scholten, ressort
de cette circonstance qu'il nous présente Jean comme
orné du πέταλον, faisant ainsi remonter par anachronisme
jusqu'à l'âge apostolique l'usage existant déjà de son temps
de reporter à l'évêque chrétien la dignité de grand prêtre. »
Autrefois M. Scholten n'en jugeait pas ainsi; il voyait dans
ce πέταλον, et dans le titre de ἱερεύς donné à l'apôtre Jean
par Polycrate, la preuve que l'apôtre fut en Asie le chef du
parti judéo-chrétien. Il avait raison. Le πέταλον, loin d'être
un insigne épiscopal du second siècle, n'est attribué qu'à
deux personnages, et à deux personnages du Ier siècle, savoir

Origène, *In Matth.*, tomus XVI, 6. Héracléon met aussi Jean parmi les
apôtres martyrs. Clém. d'Alex., *Strom.*, IV, 9. Des faits comme le miracle
de l'huile bouillante et le passage Apoc., I, 9, suffisaient pour justifier
de telles assertions.

1. Voir ci-dessus, p. 207-208, note.

à Jacques et à Jean, tous deux appartenant au parti judéo-
chrétien, et que ce parti crut exalter en leur attribuant les
prérogatives des grands prêtres juifs. M. Keim et M. Scholten reprochent également à Polycrate de croire que le Philippe qui vint se fixer à Hiérapolis avec ses filles prophétesses
est l'apôtre Philippe. Je crois que Polycrate a raison, et que,
si l'on compare attentivement le verset *Actes,* xxi, 8, aux
passages de Papias, de Proclus, de Polycrate, de Clément
d'Alexandrie, sur Philippe et ses filles résidant à Hiérapolis[1],
on se convaincra que c'est de l'apôtre qu'il s'agit. Le verset
des *Actes* a tout l'air d'une interpolation. M. Holtzmann[2]
semble adopter sur ce point l'hypothèse que j'avais proposée
dans mes *Apôtres;* j'y tiens plus que jamais.

Le passage le plus curieux des Pères de l'Église sur
la question qui nous occupe est le fragment de l'épître
d'Irénée à Florinus, qu'Eusèbe nous a conservé[3]. C'est
une des belles pages de la littérature chrétienne au second siècle : « Ces opinions-là, Florinus, ne sont pas d'une
saine doctrine ;... ces opinions ne sont pas celles que
te transmirent les anciens qui nous ont précédés et qui
avaient connu les apôtres. Je me souviens que, quand
j'étais enfant, dans l'Asie inférieure, où tu brillais alors par
ton emploi à la cour, je t'ai vu près de Polycarpe, cherchant à acquérir son estime. Je me souviens mieux des
choses d'alors que de ce qui est arrivé depuis, car ce
que nous avons appris dans l'enfance croît avec l'âme,
s'identifie avec elle ; si bien que je pourrais dire l'endroit
où le bienheureux Polycarpe s'asseyait pour causer, sa
démarche, ses habitudes, sa façon de vivre, les traits de

1. Voir ci-dessus, p. 342-344, et *les Apôtres,* p. 151, note.
2. *Judenthum und Christenthum,* p. 719.
3. *Hist. eccl.,* V, 20.

son corps, sa manière d'entretenir l'assistance, comment il racontait la familiarité qu'il avait eue avec Jean et avec les autres qui avaient vu le Seigneur. Et ce qu'il leur avait entendu dire sur le Seigneur, et sur ses miracles, et sur sa doctrine, Polycarpe le rapportait, comme l'ayant reçu des témoins oculaires du Verbe de vie, le tout conforme aux Écritures. Ces choses, grâce à la bonté de Dieu, je les écoutais dès lors avec application, les consignant non sur le papier, mais dans mon cœur, et toujours, grâce à Dieu, je les recorde authentiquement. Et je peux attester, en présence de Dieu, que si ce bienheureux et apostolique vieillard eût entendu quelque chose de semblable à tes doctrinés, il aurait bouché ses oreilles et se serait écrié selon sa coutume : « O bon Dieu, à quels temps m'as-tu réservé, « pour que je doive supporter de tels discours ! » et il eût pris la fuite de l'endroit où il les aurait ouïs. »

On voit qu'Irénée ne fait point ici appel, comme dans la plupart des autres passages où il parle du séjour de l'apôtre en Asie, à une tradition vague ; il retrace à Florinus des souvenirs d'enfance sur leur maître commun Polycarpe; un de ces souvenirs est que Polycarpe parlait souvent de ses relations personnelles avec l'apôtre Jean. M. Scholten a bien vu qu'il faut ou admettre la réalité de ces rapports, ou déclarer apocryphe l'épître à Florinus. Il se décide pour ce second parti. Ses raisons m'ont paru faibles. Et d'abord, dans le livre *Contre les hérésies*[1], Irénée s'exprime presque de la même manière que dans la lettre à Florinus. La principale objection de M. Scholten se tire de ce que, pour expliquer de telles relations entre Jean et Polycarpe, il faut supposer à l'apôtre, à Polycarpe, à Irénée une extraordinaire longévité. Je ne suis pas très-frappé de cela. Jean

1. *Adv. hær.*, III, iii, 4.

peut n'être mort que vers l'an 80 ou 90. Irénée écrivait vers 180. Irénée était donc à la même distance des dernières années de Jean que nous le sommes des dernières années de Voltaire. Or, sans aucun miracle de longévité, notre confrère et ami M. de Rémusat a parfaitement connu l'abbé Morellet, qui lui parlait longuement de Voltaire. La difficulté que l'on croit trouver dans le fait rapporté par Irénée vient de ce que l'on place le martyre de Polycarpe en 166, 167, 168 ou 169, sous Marc-Aurèle. Polycarpe avait à ce moment-là quatre-vingt-six ans ; il serait donc né l'an 80, 81, 82 ou 83, ce qui le ferait bien jeune à la mort de Jean. Mais la date du martyre de Polycarpe doit être réformée. Ce martyre eut lieu sous le proconsulat de Quadratus. Or M. Waddington a démontré d'un façon qui ne laisse guère de place au doute que le proconsulat de Quadratus en Asie doit être placé en 154-155, sous le règne d'Antonin le Pieux[1]. Polycarpe serait donc né en 68 ou 69 ; si l'apôtre a vécu jusqu'en 90, ce à quoi rien ne s'oppose (il pouvait avoir une dizaine d'années de moins que Jésus), il n'est pas invraisemblable que Polycarpe ait eu dans son enfance des entretiens avec lui. Ce ne sont pas les Actes du martyre de Polycarpe qui assignent pour date à ce martyre le règne de Marc-Aurèle ; c'est Eusèbe qui, par un calcul erroné, dont M. Waddington rend très-bien compte, a cru que le proconsulat de Quadratus tomba sous ce règne.

Une difficulté au système chronologique que nous venons d'exposer est le voyage que Polycarpe fit à Rome sous le pontificat d'Anicet[2]. Anicet, selon la chronologie reçue, de-

---

1. Dans les *Mém. de l'Acad. des inscr. et belles-lettres,* t. XXVI 2ᵉ partie (1867), p. 232 et suiv. Comp. Waddington, *Fastes des provinces asiatiques* (1872), 1ʳᵉ partie, p. 219-221.

2. Eusèbe, *Hist. eccl.,* iv, 14 ; *Chron.,* à l'année 155.

vint évêque de Rome en l'an 154 au plus tôt. On est donc un peu serré pour trouver une place au voyage de Polycarpe. Les résultats de M. Waddington paraissant décisifs, s'il fallait, pour être conséquent à ces résultats, reculer un peu l'arrivée d'Anicet au pontificat, on ne devrait pas hésiter, vu surtout que les listes pontificales offrent un trouble à cet endroit, et que plusieurs listes mettent Anicet avant Pius. Il est regrettable que M. Lipsius, qui a donné récemment un très-bon travail sur la chronologie des évêques de Rome jusqu'au IVe siècle, n'ait pas connu le mémoire de M. Waddington; il y eût trouvé la matière d'une importante discussion.

« Est-il vraisemblable, dit M. Scholten, qu'un vieillard déjà presque centenaire ait entrepris un tel voyage, et cela dans un temps où il était plus pénible de voyager que de nos jours? » — Les voyages d'Éphèse ou de Smyrne à Rome étaient ce qu'il y avait de plus facile. Un négociant d'Hiérapolis nous apprend dans son épitaphe[1] qu'il a fait soixante-douze fois le voyage d'Hiérapolis en Italie en doublant le cap Malée; ce négociant continua par conséquent ses traversées jusqu'à un âge aussi avancé que celui où Polycarpe fit son voyage de Rome. De telles navigations en été (on voyageait très-peu pendant l'hiver) n'entraînaient aucune fatigue. Il est possible que Polycarpe ait exécuté son voyage à Rome pendant l'été de 154, et ait souffert le martyre à Smyrne le 23 février 155[2]. L'hypothèse de M. Keim[3], d'après laquelle le Jean qu'aurait connu Polycarpe ne serait pas Jean l'apôtre, mais *Presbyteros Johannes,* est pleine d'invraisemblances. Si ce *Presbyteros* fut, comme nous le croyons, un

1. *Corpus inscr. græcarum,* no 3920.
2. *Mém. de l'Acad.,* vol. cité, p. 240.
3. *Geschichte Jesu von Nazara,* I, p. 161 et suiv.

personnage secondaire, disciple de Jean l'apôtre, florissant
de l'an 100 à l'an 120 à peu près, la confusion de Polycarpe
ou d'Irénée serait inconcevable. Que le *Presbyteros* ait été
vraiment un homme de la grande génération apostolique,
un égal des apôtres, qu'on ait pu confondre avec eux,
nous avons dit ailleurs nos objections contre ce système[1].
Ajoutons que même alors l'erreur de Polycarpe ne serait
pas beaucoup plus facile à expliquer.

Une des parties les plus curieuses de l'opuscule de
M. Scholten est celle où il revient sur la question du quatrième Évangile, qu'il a déjà traitée avec tant de développement, il y a quelques années. Non-seulement M. Scholten
n'admet pas que cet Évangile soit l'œuvre de Jean; mais
encore il lui refuse toute relation avec Jean; il nie que Jean
soit le disciple nommé plusieurs fois dans cet Évangile avec
mystère et désigné comme « le disciple que Jésus-aimait ».
Selon M. Scholten, ce disciple n'est pas un personnage
réel. Le disciple immortel qui, en opposition avec les autres
disciples du maître, doit vivre jusqu'à la fin des siècles
par la force de son esprit, ce disciple dont le témoignage,
reposant sur la contemplation spirituelle, est d'une authenticité absolue, ne doit être identifié avec aucun des apôtres
galiléens; c'est un personnage idéal. Il m'est tout à fait
impossible d'admettre cette opinion. Mais ne compliquons
pas une question difficile par une autre plus difficile encore.
M. Scholten a ébranlé plusieurs des étais sur lesquels on
appuyait autrefois l'opinion du séjour de l'apôtre Jean en
Asie; il a prouvé que ce fait ne sort pas de la pénombre
où nous entrevoyons presque tous les faits de l'histoire
apostolique; en ce qui concerne Papias, il a soulevé une
objection à laquelle il n'est pas facile de répondre; néan-

1. Voir l'Introduction en tête de ce volume, p. XXIII-XXVI.

moins, il n'a pas réfuté tous les arguments qu'on peut alléguer en faveur de la tradition. Les premiers chapitres de
l'Apocalypse, la lettre d'Irénée à Florinus, le passage de
Polycrate restent trois bases solides, sur lesquelles on ne
saurait édifier une certitude, mais que M. Scholten, malgré sa dialectique pressante, n'a pas renversées.

TABLE

DES MATIÈRES

Pages.

INTRODUCTION. — CRITIQUE DES PRINCIPAUX DOCUMENTS ORIGINAUX EMPLOYÉS DANS CE LIVRE..................... I

Chap

I. Paul captif à Rome............................ 1

II. Pierre à Rome................................ 26

III. État des Églises de Judée. — Mort de Jacques............ 46

IV. Dernière activité de Paul........................ 73

V. Les approches de la crise........................ 109

VI. L'incendie de Rome............................ 123

VII. Massacre des chrétiens. — L'esthétique de Néron........ 153

VIII. Mort de saint Pierre et de saint Paul.............. 182

IX. Le lendemain de la crise........................ 202

X. La révolution en Judée........................ 226

XI. Massacres en Syrie et en Égypte.................. 249

XII. Vespasien en Galilée. — La terreur à Jérusalem, fuite des chrétiens.................................. 264

XIII. Mort de Néron.............................. 301

XIV. Fléaux et pronostics.......................... 321

Chap.		Pages.
xv.	Les apôtres en Asie...............................	340
xvi.	L'Apocalypse..........................	380
xvii.	Fortune du livre................................	454
xviii.	Avénement des Flavius...........................	481
xix.	Ruine de Jérusalem................................	500
xx.	Conséquences de la ruine de Jérusalem.................	525

Appendice. — De la venue de saint Pierre a Rome et du séjour
     de saint Jean a Éphèse........................... 551

Paris. — J. Claye, imprimeur, 7, rue Saint-Benoit. — [1833]